빗나간 기대

준비되지 않은 통일

안정식 저

2020년 10월 20일 초판 1쇄
2024년 3월 7일 초판 2쇄

글 안정식
펴낸곳 늘품플러스
펴낸이 전미정
디자인 고은미 정진영
교정·교열 황진아
출판등록 2004년 3월 18일, 제2-4350호
주소 서울 중구 퇴계로 235 남산센트럴자이아파트A동상가 211호
전화 02-2275-5326
팩스 02-2275-5327
이메일 go5326@naver.com
홈페이지 www.npplus.co.kr
ISBN 979-11-88024-42-1 03340

정가 18,000원
ⓒ 안정식, 2020

우리는 '준비되지 않은 통일'에 대비해야 한다

이 책을 써야겠다고 생각하게 된 계기는 2016년 2월 박근혜 대통령의 개성공단 전면 중단 조치이다. 당시만 해도 필자는 개성공단을 우리 정부가 중단시킬 것이라는 생각은 하지 못했다. 많은 우여곡절이 있었지만 개성공단은 10년 넘게 지속돼 온 남북관계의 상징이었다. 북한이 가끔씩 출입제한 조치를 취하거나 근로자들을 몇 개월씩 전면 철수시키는 몽니를 부리기는 했어도 개성공단을 폐쇄하지는 않았고, 우리 정부도 천안함 폭침에 대한 대응 조치로 전면적인 대북제재를 단행하면서도 개성공단만큼은 유지했다. 진보와 보수 정권을 넘나들면서도 지속된 개성공단은 우리 정부의 대북정책 일관성을 상징하는 마지막이자 유일한 지표였다.

10년 넘게 유지됐던 개성공단이 하루아침에 문을 닫으면서 필자는 '대한민국에서 대북정책이라는 것은 가능한가'라는 깊은 회의에 빠지게 됐다. 2000년 6·15 남북공동선언 이후 본격화됐던 남북교류의 시대가 16년 만에 완전히 물거품으로 되돌아갔기 때문이다. 북한이라는 상대를 대상으로 하는 대북정책은 수십 년 동안 일관성을 유지해도 성과를 거둘 수 있을지 장담할 수 없는데, 10년 넘은 공든 탑이 하루아침에 무너져 내린 상황에서 대북정책을 논한다는 것이 어떤 의미가 있는지 회의가 들 뿐이었다. 아직도 개성공단 가동 중단 조치가 발표됐던 날 보도를 마치고 퇴근하면서 느꼈던 먹먹함을 잊을 수가 없다.

필자는 이후 한동안 방황했다. 대북정책의 의미를 찾을 수 없는 상황에서 북한 문제에 대해 기사를 쓰고 비평을 하는 것이 어떤 의미가 있는지 공허할 뿐이었다. 그렇게 몇 개월이 지나던 어느 날 필자의 머리를 번개처럼 스치고 지나가는 생각이 있었다.

> "10년 넘은 공든 탑이 하루아침에 무너져 내리는 것. 이게 바로 대한민국의 현실이 아닐까. 지금까지 공든 탑이 무너져서는 안 된다는 생각 때문에, 공든 탑이 무너져 내릴 수밖에 없는 현실을 외면해 온 것은 아닐까?"

내가 바라는 '기대'와 세상사에서 실제 일어나는 '현실'은 다를 수 있다는 생각, 그리고 우리가 실제 대면해야 하는 세상은 머릿속에 그리는 '기대'가 아니라 냉정한 '현실'이라는 생각이 가슴속에 다가왔다. 통일에 대한 준비도 나의 '기대'보다는 대한민국의 '현실'에 기반한 것이어야 한다는 고민이 이때부터 머리를 파고들었다.

정권이 바뀔 때마다 널뛰기하듯이 바뀌는 대북정책. 통일을 위해 지극히 바람직하지 않은 것이지만 우리가 당면하고 있는 엄연한 대한민국의 현실이다. 진보와 보수가 적대적으로 분열된 상황에서 대북정책의 일관성이라는 것은 지켜질 수 없으며, 우리의 대북정책으로 북한의 점진적 변화를 유도한다는 것 또한 과도한 기대에 불과하다. 유감스럽게도 한반도에서 북한의 점진적 변화를 통해 남북이 자연스럽게 하나가 되는 소프트랜딩 통일, 우리의 예상하에 점진적인 통일의 경로를 밟아가는 준비된 통일을 이룩한다는 것은 어려운 일이 돼버린 것이다.

필자는 이 책에서 준비되지 않은 통일이 이뤄질 가능성에 대해 점검하고자 한다. 우리가 예상하지 않은 상황에서 갑자기 이뤄지는 통일, 이른바 하드랜딩 통일이 이뤄질 가능성과 그 대처방안에 대해 검토해 보려 하는 것이다. 국내에 많은 북한 전문가들이 있지만 하드랜딩 통일에 대해 관심을 갖고 연구하는 사람이 별로 없다는 것도 필자가 이러한 작업을 진행한 이유이다.

북한의 점진적 변화를 통한 소프트랜딩 통일, 우리가 예상할 수 있는 준비된 통일이 이뤄진다면 필자가 한 일은 쓸데없는 일이 될 것이다. 그렇게 된다면 필자도 쌍수를 들어 환영할 것이다. 하지만 만약 준비되지 않은 통일, 하드랜딩 통일이 현실화될 가능성이 있다면 이에 대한 준비도 필요하지 않겠느냐는 것이 필자의 생각이다.

통일이 될지 안 될지 모르는데 통일의 구체적인 현안에 대해 논의하는 것이 다소 뜬금없다고 생각할 수도 있다. 또 하드랜딩 통일에 대해 논의하는 것은 진영 논리가 횡행하는 우리 사회의 현실에서 보수 꼴통으로 치부될 위험성을 어느 정도 감수해야 하는 측면도 있다. 때문에 이 책을 내놓기까지 많은 고민이 있었다. 그렇지만, 대한민국이 당면하고 있는 정치적 분열이 조만간 개선될 기미가 보이지 않는다는 점을 감안할 때, 어떤 통일 방향이 가장 현실적일지 독자들에게 생각할 기회를 제공해야겠다는 차원에서 용기를 내보기로 했다.

4년이 넘는 자료조사와 집필 과정에서 기존 연구들의 많은 도움을 받았다. 다만, 기존 이론들을 현실에 적용하기 어렵다고 생각되는 부분은 새로운 시각으로 재해석을 시도했고, 남북관계와 통일에 대한 필자의 시각을 가미했다. 여기에는 25년 가까운 직장생활과 현장 기자로서의 취재 경험이 도움이 되었다. 조직생활을 하다 보면 이론상으로는 아무리 발상이 좋아도 현실에서 실행이 어려운 일들을 볼 수 있기 때문이다. 그럼에도 불구하고 세부 부문별로 내용이 미진한 부분이 있다면 전적으로 필자의 능력 부족 탓이다.

긴 시간 동안 자료조사와 집필, 수정을 계속하다 보니 애초 기술했던 원고의 상당 부분이 통째로 날아간 부분도 많고 참고문헌을 밝히는 것이 의미가 없을 정도로 초고가 개작된 부분도 많다. 때문에 참고문헌들을 일일이 각주로 표시하기보다는 각 주제별로 도움이 된 자료들을 뭉뚱그려 미주로 표시하는 방법을 많이 활용했다. 또, 필자가 참고했던 모든 자료들이 이 책의 내용을 구성하는 데 도움이 되었던 만큼, 원고 수정 과정에서 관련 내용이 삭제되었더라도 초고를 작성할 때 참고했던 자료들은 책 말미의 참고문헌에 가급적 남겨 놓았다.

이 책은 다음과 같이 구성된다. 1장은 하드랜딩 통일이 현실화될 가능성이 높은 이유와 실제 하드랜딩 통일이 이뤄진다면 어떤 방식으로 통일이 진행될 것인가에 대한 내용이다. 2장은 하드랜딩 통일이 현실화될 경우 우리가 맞닥뜨려야 할 부작용과 이를 극복하기 위한 방안을 담았다. 3장은 통일 과정에서 우리가 추구해야 할 가치와 방향에 관한 부분이다. 마지막으로 4장은 한국 사회 분열의 문제와 이런 상황 속에서 통일에 필요한 리더십은 무엇인지를 고찰해 보고자 했다.

책이 나오기까지 많은 분들이 도움을 주셨다. 먼저, 지금은 하늘나라에 계시지만 필자의 북한 공부에 많은 가르침을 주셨던 함택영 교수님, 긴 원고를 읽어보시고 책의 부족한 부분을 보완하도록 중요한 조언을 해 주신 북한대학원대학교의 구갑우 교수님께 감사를 드린다. 홍양호 전 통일부 차관님은 이명박 정부 초기 상황을 이해하는 데 도움을 주셨고, 사회복지제도와 방송기술과 관련된 부분에서는 서울대 사회복지연구소 오혜인 연구원과 SBS 보도기술팀 한웅 선배가 내용을 검토해 주셨다. 긴 시간 동안 이 모든 작업이 가능할 수 있었던 것은 북한전문기자로서 북한 관련 업무에 꾸준히 천착할 수 있게 해 준 SBS 보도본부의 모든 식구들과 통일외교팀 선후배들의 지원이 있었기 때문이다. 많이 팔릴 것 같지 않은 책임에도 선뜻 출간을 결정해준 늘품플러스 측에도 진심으로 감사드리고, 출간 지원을 해 준 한국언론진흥재단에도 사의를 표한다. 마지막으로 몇 년 동안이나 집에 자료를 쌓아놓고 원고와 씨름하던 필자를 묵묵히 성원해 준 가족들에게도 다시 한 번 감사의 뜻을 전한다.

2017년 북한의 계속된 ICBM 도발과 더욱더 강력해진 유엔제재를 생각할 때 개성공단을 끝까지 유지하기는 쉽지 않았을 것이다. 어찌 보면 강력한 유엔제재에 앞서 조금 빨리 이뤄진 개성공단 가동 중단 조치가 필자로 하여금 이 책을 쓰게 만들었는지도 모르겠다.

결과적으로 이 책을 출간할 시점이 되고 보니, 개성공단 가동 중단 조치와는 별개로 필자가 해야 할 일을 한 것이 아닌가 하는 생각을 해 보게 된다. 필자가 이 책을 써야겠다고 생각하게 된 근본적인 원인, 즉 진보와 보수의 적대적 분열은 계속되고 있기 때문이다. 이 책이 통일에 대한 고민과 함께, 적대적 분열이 우리 사회에 미치는 부정적 영향에 대해서도 진지하게 생각해 보는 계기가 되었으면 한다.

2 통일 후유증, 감내해야 한다면 조금 덜 힘들게

3 어떤 통일한국을 만들 것인가

4 통일 시대를 이끌 리더십을 기대하며

1

왜
'준비되지 않은
통일'인가

남북 간의 교류와 협력을 점진적으로 늘려나가 자연스럽게 남북을 하나로 만드는 소프트랜딩 통일, 우리의 예상하에 이뤄지는 준비된 통일이 바람직하다는 데 부인할 사람은 없을 것이다. 하지만, 현실은 기대와는 다른 법이다. 소프트랜딩 통일이 바람직하다는 것과 소프트랜딩 통일이 실제로 이뤄질 것인가 하는 것은 전혀 다른 문제다.

진보-보수 간 적대적 분열로 정권이 교체될 때마다 널뛰기하듯 달라지는 대북정책, 우리는 우리의 힘으로 북한의 변화를 이끌고 통일의 길로 나아갈 수 있는 주체적 역량을 스스로 소진해 왔다. 각각의 정권들은 자신들의 임기 안에 무엇인가를 이룰 수 있을 것처럼 자신했지만, 기껏 5년 혹은 정권 재창출이 된다 해도 10년의 임기 안에 성과를 낼 수 있는 대북정책은 없다. 지금의 한국사회에서는 어느 정부의 대북정책도 성공할 수 없는 것이다.

1

북한이 빨리 망하면
큰 일입니다

준비된 통일을 위한 조건

노무현 정부 후반부인 2006년부터 통일부를 출입하며 북한 취재를 담당했던 필자는 노무현 정부 마지막 해인 2007년 정부의 모 고위인사와의 식사 자리에 참석했다. 이 자리에서 고위인사는 식사 시작에 앞서 건배사를 하게 되었는데 건배사 내용이 이랬다.

> "북한이 빨리 망하면 큰일입니다. 서서히 망하게 해야 합니다. 우리의 관리 범위 내에서 망하게 해야 합니다."

노무현 정부는 김대중 정부에 이어 대북 포용정책을 추진하고 있던 정부였다. 김대중 정부가 햇볕정책이라는 이름을 사용하기도 했던 포용정책은 따뜻한 햇볕으로 북한이 빗장을 풀게 만들고 북한의 점진적인 변화를 유도함으로써 통일의 길로 나아간다는 정책이었다. 그런데 이러한 정책을 추진하고 있는 정부의 고위인사가 '북한이 망하게 해야 한다'는 표현을 한 것이다.

'북한이 망한다'는 표현이 다소 과격해 보이기는 하지만, 이 말의 본질은 북한 체제를 강제로 무너뜨린다기보다 북한의 변화를 유도하겠다는 뜻이다. 세습독재 체제인 지금의 북한 체제로는 남북통일이 어렵기 때문에, 북한 체제의 변화를 유도해 자유민주주의와 시장경제를 기반으로 하는 통일을 이루겠다는 것이 포용정책의 궁극적 목표였던 것이다.

그런데, 여기서 더 주목해 볼 말이 있다. 북한이 망하게 하되, "서서히", "우리의 관리 범위 내에서" 망하게 해야 한다는 말이다.

이는 북한의 변화를 유도하되 점진적으로, 즉 충격을 최소화하는 방향으로 해야 한다는 말이다. 북한이 급격하게 변화해 분단 체제가 급속하게 허물어지는 상황이 올 경우 남이나 북이나 충격이 만만치 않을 것이기 때문에, 조금씩 조금씩 우리가 적응할 수 있는 속도로 북한의 변화를 유도해 통일의 길로 가야 한다는 것이 포용정책이 지향하는 통일의 길이다. 북한이 점진적으로 변화해갈 경우 우리 또한 그러한 변화에 서서히 적응해갈 것이기 때문에, 통일의 관문에 들어설 때에도 충격을 크게 느끼지 않을 것이라고 상상해 볼 수 있다. 우리 스스로도 알지 못하는 사이에 준비된 통일을 맞이하게 되는 것이다.

흔히 소프트랜딩Soft landing, 즉 연착륙이라고 불리는 통일 방식이 바로 이렇게 점진적으로 이뤄지는 통일을 말한다. 원래 소프트랜딩은 비행기나 우주선이 착륙 과정에서 별다른 충격 없이 그야말로 유연하게 내려앉는 것을 말하는데 정치, 경제적으로 좀 더 확장된 의미로 사용된다. 과열된 경기를 진정시킬 때 실업증가 등의 충격을 수반하지 않도록 하는 것이라든가 남북통일 과정에서 충격을 최소화하는 것과 같은 의미로 소프트랜딩이라는 용어가 사용되고 있는 것이다.

이에 반해 하드랜딩Hard landing, 경착륙은 비행기나 우주선이 땅에 내려앉을 때 큰 충격을 일으키며 착륙하는 것을 말한다. 상황이 변화되는 과정에서 충격을 그대로 받는 상황, 즉 남북통일 과정에서 분단 70년의 충격을 완충시키지 못하고 그대로 감수해야 하는 통일, 사전 준비를 제대로 하지 못한 채 갑작스럽게 이뤄지는 통일을 하드랜딩 통일이라고 볼 수 있다.

하드랜딩 통일 피하고 싶은 건 인지상정

남한 사람이든 북한 사람이든 통일로 인해 자신의 삶에 큰 충격이 오는 것은 원하지 않을 것이므로 하드랜딩 통일을 가급적 피하고 싶은 것은 당연한 일이다. 가능하다면 소프트랜딩 방식으로, 다시 말해 점진적으로 준비된 통일을 이뤄가는 것이 좋다는 데 대해 부인할 사람은 없을 것이다.

때문에, 통일에 대한 논의들은 대체로 어떻게 하면 소프트랜딩을 이룰 수 있을 것인가 하는 쪽에 집중돼 왔다. 비정치적인 사회, 문화, 체육 등의 분야에서 교류 협력을 확대하다 보면 자연스런 통일의 길로 갈 수 있을 것이라든가, 그것만으로는 부족하니 정상회담 같은 정치적인 분야의 접촉도 적극적으로 함께 추진해야 된다라든가 하는 것들이다. 햇볕정책 또는 포용정책이라는 이름으로 북한과의 교류 협력을 확대하는 정책을 펴 왔던 것도 남북통일을 어떻게 하면 소프트랜 딩 방식으로 이룰 것인가에 대한 고민의 소산이었다고 볼 수 있다. 교 류 협력을 점차 확대해 남북 간 이질성이 줄어들고 자연스럽게 통합[1] 의 정도가 높아지면 그 자체가 통일로 가는 길이므로 통일 과정에서 의 부작용을 걱정할 필요가 없게 된다.

반면, 하드랜딩 통일에 대한 논의는 지금까지 제대로 이뤄진 적이 없었다. '북한 체제가 불안하니 언제 어떤 일이 일어날지 모른다', '통 일은 새벽처럼 올 수 있다'는 말처럼 하드랜딩 통일의 가능성을 예고 하는 말들은 많았지만, 그래서 그다음에 구체적으로 무엇을 어떻게 해야 되는 것인지에 대해 진지하고 체계적으로 논의가 진행되지는 않 았다. 이른바 '북한 급변사태'에 대한 임시 대비계획, 즉 북한 정권이 갑자기 무너졌을 때 어떻게 대처할 것인가에 대한 비상계획이 언론보 도 형태로 간헐적으로 나오기도 했지만, 북한 지역을 군사적으로 평 정하는 것 외에[2] 휴전선 인근 지역에 대규모 난민촌을 건설하고 긴급 구호물자를 지급한다는 수준을 벗어나지 못했다.

하드랜딩 방식으로 갑자기 통일이 이뤄질 경우 소프트랜딩 통일보 다 훨씬 많은 준비가 필요할 텐데, 정작 하드랜딩 통일이 다가오면 우 리 사회가 당장 어떤 변화를 겪게 되는지, 또 통일은 어떤 절차를 거 쳐 완수되어야 하며, 갑작스런 통일에서 오는 혼란과 충격을 최소화 하려면 어떤 대책을 세워야 하는지 등에 관해 우리가 알고 있는 정보 는 별로 없다. 하드랜딩 통일은 바람직하지 않은 것이니, 바람직하지 도 않고 일어나서도 안 될 현상에 대해 논의하는 것 자체가 어찌 보면 불필요한 것이라 생각했을 수도 있다.

이렇게 부족한 정보는 하드랜딩 통일에 대한 막연한 불안감으로 이어진다. 준비되지 않은 통일이 이뤄지면 나에게 어떤 일이 닥칠지 모르니 통일이 갑작스럽게 되는 것보다는 차라리 지금처럼 분단된 채로 살아가는 것이 좋지 않을까 하는 생각이 자연스럽게 형성되는 것이다. 젊은 세대를 중심으로 조금씩 높아지는 통일회의론에는 통일이 초래할 부담에 대한 우려와 함께 미지의 통일에 대한 불안감도 한 몫을 하고 있다.

준비된 통일을 위한 조건

연말이나 연초가 되면 정부 부처별로 청와대에 업무보고가 이뤄진다. 각 부처가 1년 동안 어떤 정책을 어떻게 실행하겠다는 계획을 대통령과 국민에게 밝히는 것이다.

경제부처나 사회 관련 부처의 업무보고는 국민들에게도 많은 관심의 대상이 된다. 어느 지역에 도로나 철도를 건설하겠다든가 학생들의 무상급식은 어디까지 확대하고 범칙금은 얼마로 조정하겠다든가 하는 식으로 우리 실생활에 직접 영향을 미치는 내용들이 발표되기 때문이다. 정부가 발표했다고 해서 100% 집행되는 것은 아니지만, 대규모 관료조직과 물리력, 예산집행권을 갖고 있는 정부의 정책은 특별한 장애요소가 등장하지 않는 한 그대로 실현될 가능성이 높다.

하지만, 통일부의 업무보고는 관심의 대상이 되는 경우가 별로 없다. 남북관계를 담당하는 부처이니만큼 북한을 상대로 하는 업무를 계획하는데 이는 통일부가 하고 싶다고 해서 되는 것이 아니기 때문이다. 통일부의 1년 업무가 잘 되느냐 아니냐는 거의 전적으로 북한에 달려 있다. 통일부 장관의 업무수행도 개인의 능력보다는 '북한의 호응'이라는 운에 달려 있다는 얘기도 나온다. 대북정책은 북한이라는 상대를 대상으로 하는만큼 우리의 마음대로 되는 것이 아니고 효과를 내기도 그만큼 쉽지 않다.

준비된 통일, 즉 소프트랜딩 통일은 이러한 제약조건에서도 우리의 대북정책을 통해 북한을 점진적으로 변화시킬 수 있을 때 성취될 수 있다. 북한이 남한을 믿고 변화할 수 있도록 남북 간 신뢰를 조성해 북한의 변화를 이끌어야 하는 것이다. 이러한 구상이 실현되려면 남북 간 신뢰가 상당 수준으로 형성돼야 하는데 이는 단기간에 해결될 수 있는 것이 아니다. 오랜 기간에 걸쳐 일관된 신뢰조성정책이 실행되고 앞으로도 이러한 정책에 변화가 없을 것이라는 확신을 줬을 때 북한의 변화를 기대해 볼 수 있다.

사실 우리 정부의 일관된 대북 신뢰조성정책, 포용정책만으로 소프트랜딩 통일의 기반이 마련되는 것도 아니다. 여기에는 최소한 두 가지 조건이 더 필요하다.

첫째, 동북아 정세에 중요한 영향을 미치는 미국의 대북정책이 한국의 대북 포용정책과 궤를 같이해야 한다. 북한의 행동 결정에는 동북아의 국제정세, 특히 미국의 대북정책이 중요한데, 만약 미국이 대북 강경정책을 실시한다면 우리 정부의 포용정책에도 불구하고 북한의 변화를 유도하기는 힘들 것이다. 따라서, 미국에 대북 강경책을 가진 정부가 들어서면 한미 간 긴밀한 협의를 통해 미국의 대북정책을 우리 정부의 대북정책과 조화시키는 노력이 긴요하다. 다행히 탈냉전 이후의 사례를 보면, 미국 행정부는 초기에 한국 행정부와 다른 대북정책을 갖고 있었다고 하더라도 시간이 지나면서 한국의 대북정책과 조율된 모습을 보이는 경향을 보여줬다. 한미 동맹의 중요성과 한반도 문제의 직접 당사자인 우리 정부의 협조 없이 북한 문제를 풀 수 없다는 현실적인 측면이 반영된 것인데, 이는 우리의 노력 여하에 따라 미국의 대북정책을 우리가 원하는 방향으로 유도할 가능성이 있다는 것을 시사한다.

둘째, 북한이 우리가 원하는 방향으로 움직여줘야 한다. 북한은 나름의 전략을 갖고 움직이는 독립적인 존재이다. 우리 정부가 아무리 북한의 변화를 유도하려고 한들, 북한이 변하지 않겠다고 마음먹으면 이를 강제할 방법은 없다. 변화를 시도하는 주체는 남한이 아니라 북한이기 때문이다. 경우에 따라서는 우리 정부가 호의를 갖고 포용의 손길을 내밀어도 북한이 기존 체제를 강화하는 쪽으로 이를 역이용할 가능성도 있다.

김대중 정부 당시 대북 포용정책의 상징어로 사용됐던 햇볕정책의 어원은 이솝 우화에서 나온 것이다. 외투를 입고 있는 나그네에게 강한 바람을 불게 했으나 나그네는 외투를 오히려 꽁꽁 싸맸고 따뜻한 햇볕을 비추니 외투를 벗었다는 데에서 착안해, 바람보다는 햇볕이 외투를 벗기는 데 더 효과가 있다는 포용정책의 논리로 사용된 것이다. 하지만, 이솝 우화 속의 나그네는 햇볕의 의도를 모르고 있었다는 것을 간과해서는 안 된다. 나그네가 외투를 벗기려는 햇볕의 의도를 알고 이에 저항하려 했다면, 외투를 벗는 대신 그늘 밑에 들어가거나 햇볕을 이용해 태양열 발전으로 전기를 생산한 뒤 선풍기나 에어컨을 트는 방식으로 외투를 계속 꽁꽁 싸맸을 수도 있다. 대북 포용정책을 펼친다고 해서 북한이 우리가 원하는 방식으로 꼭 움직이리라는 보장은 없는 것이다.

따라서, 우리가 일관된 대북 포용정책을 편다는 것은 북한의 변화를 이끌기 위한 최소한의 필요조건에 불과하다. 일관된 대북정책하에 소프트랜딩 통일을 추구해도 한반도 주변의 국제정세나 북한의 전략에 따라 우리가 원하는 결과가 나타날 수도 있고 아닐 수도 있다. 다만, 적어도 우리가 일관된 대북 포용정책을 실시한다면 소프트랜딩 통일을 추구할 수 있으리라는 희망은 가져볼 수 있을 것이다. 우리 스스로 할 수 있는 최대한의 노력을 하다 보면 좋은 결과를 기대해 볼 수 있을 것이라는 측면에서 말이다.

하지만, 최소한의 필요조건인 일관된 대북 포용정책마저 제대로 실행되지 않는다면 소프트랜딩 통일의 가능성은 기대조차 할 수 없다. 남한의 대북정책이 언제 어떻게 바뀔지 모르는데 북한이 무엇을 믿고 변화를 시도할 생각을 하겠는가. 가변적인 대북정책하에서는 남북 간의 신뢰나 북한의 변화라는 것을 기대하기 어렵다. 소프트랜딩 통일의 최소한의 필요조건인 '일관된 포용정책'은 그것만으로는 소프트랜딩 통일을 담보할 수 없지만 그것이 없이는 소프트랜딩 통일을 기대해 볼 수도 없는 기본적인 것이기도 하다.

포용정책이 소프트랜딩 통일로 이어지지 않은 경우도

독일은 통일 준비 과정만으로 보면 대동독 포용정책의 일관성을 꾸준히 지키며 동독의 변화를 유도했던 사례로 볼 수 있다. 소프트랜딩 통일을 위한 필요조건을 충실히 이행한 것이다. 하지만 독일 통일은 갑작스러운 흡수통일, 다시 말해 하드랜딩 통일의 대표적인 사례가 되고 말았다. 소프트랜딩 통일을 위한 준비를 꾸준히 진행한다고 해서 결과가 반드시 그렇게 되는 것은 아니라는 것을 실증적으로 보여주는 사례이다.

독일에서는 1969년 사민당의 빌리 브란트가 수상으로 선출된 뒤, '작은 걸음의 정책', '접근을 통한 변화'로 상징되는 동방정책이 시작됐다. 힘이 아니라 대화와 접근을 통해 양독 관계를 개선하고 장기적으로 통일을 모색한다는 정책이었다. 이러한 동방정책은 1974년 헬무트 슈미트 수상 집권기는 물론, 1982년 기민당의 헬무트 콜 수상으로 정권이 교체된 뒤에도 변하지 않고 계속됐다. 브란트의 동방 정책이 정권 교체와 관계없이 독일 통일 때까지 20년 가까이 지속된 것이다.

동서독 간 교류 수준을 보면 양독 관계가 어느 정도였는지 짐작할 수 있다. 통일 직전인 1980년대 중반 서독인의 동독 방문은 연간 500~600만 명 수준에 달했고 동독인의 서독 방문은 연간 160~170만 명 수준이었다. 동독 주민 상당수가 서독의 TV나 라디오를 시청했고, 세상 돌아가는 일을 동독 방송보다는 서독 방송을 통해 파악하는 경우가 많았다.[3] 이는 서베를린이 동독 영토 한가운데에 있었다는 점, 양독 간에는 내전을 치르지 않아 서로에 대한 적대감이 크지 않았다는 점 등이 영향을 미친 결과지만, 교류 협력의 확대를 통한 동독의 변화 유도라는 측면에서 준비된 통일을 향한 가장 모범적인 경로를 따라가고 있었다고 볼 수 있다.

하지만, 이런 독일조차도 통일은 하드랜딩 방식으로 이뤄졌다. 동구 사회주의권 붕괴라는 역사적 흐름 속에서 동독 정권이 갑작스럽게 붕괴되고, 서독으로의 흡수통일 방식으로 통일이 진행됐던 것이다.

독일 통일의 사례는 역사의 도도한 흐름이 인간의 기대를 뛰어넘는 방식으로 진행될 수 있음을 보여주는 것이기도 하다. 동서독이 교류 협력을 발전시켜가는 과정에서 동구 사회주의권 붕괴라는 외부 충격이 일어나리라는 것을 누가 상상이나 할 수 있었겠는가. 이렇듯 현실에서는 생각지도 않은 변수들이 등장하기 때문에, 두 체제를 점진적으로 통합해나간다는 소프트랜딩 통일의 구상이 현실화되는 것은 결코 쉬운 일이 아니다.

2

노무현 정부처럼 하지는
않을 것

정권 교체되면 달라지는 대북정책

2019년 1월 30일 김경수 경남도지사가 드루킹 댓글 조작 관련 혐의로 1심에서 징역 2년을 선고받고 법정구속됐다. 더불어민주당은 반발했고 자유한국당은 환영했다. 그날 나온 각 당의 반응은 다음과 같다.

"정해 놓은 결론에 도달하기 위해 증거가 부족한 억지논리를 스스로 사법신뢰를 무너뜨리는 방식으로 인정해 최악의 판결을 내렸다. 특검의 '짜맞추기' 기소에 이은 법원의 '짜맞추기' 판결에 강한 유감을 표한다."
(더불어민주당 대변인 오후 현안 브리핑, 2019년 1월 30일)

"권력에 의해 묻힐 뻔했던 '진실'이 밝혀져 민주주의와 정의를 구현하고, 대한민국을 바로세우는 큰 역할을 한 사법당국의 판단은 당연하다."
(자유한국당 수석대변인 논평, 2019년 1월 30일)

사법부는 민주당에게는 사법신뢰를 무너뜨리는 곳으로, 한국당에게는 민주주의와 정의를 구현하는 곳으로 평가됐다. 그런데, 2019년 4월 17일 김경수 지사가 보석으로 석방되자 여야의 평가는 정반대로 뒤집힌다. 4월 17일 나온 여야의 반응을 보자.

> "형사소송법의 대원칙과 관련 법 조항에 따라 김경수 경남지사의 보석 결정을 내린 법원의 현명한 판단을 존중한다."
> (더불어민주당 대변인 오후 현안 서면 브리핑, 2019년 4월 17일)
>
> "대한민국에 더 이상의 사법정의는 존재하지 않는가 … 사실상 공정한 재판의 포기라고 비판하지 않을 수 없다."
> (자유한국당 대변인 논평, 2019년 4월 17일)

3개월 만에 사법부는 민주당에게는 현명한 판단을 하는 곳으로, 한국당에게는 사법정의와 공정한 재판을 포기하는 곳으로 바뀌었다. 사법부가 불과 3개월 만에 사법신뢰를 무너뜨리는 곳에서 현명한 판단을 하는 곳으로 탈바꿈하거나, 정의를 구현하는 곳에서 정의를 포기하는 곳으로 급전직하하지는 않았을 터인데 여야의 판단은 180도로 돌변했다. 여야가 사물을 있는 그대로 객관적으로 평가하는 것이 아니라 '내 편이냐 네 편이냐'라는 관점에서 바라보고 있기 때문이다.

'내로남불'의 시대

김경수 지사 사례와 관련된 것만이 아니다. 정치, 사회적 현안에 대해 우리 사회에서 여야, 진보와 보수가 반응하는 방식은 '내 편에 유리한가 아닌가'에 따라 달라진다. 내 편이 한 일이라면 설사 잘못된 점이 있다 하더라도 무조건 옹호하고, 상대편이 한 일이라면 어떤 꼬투리라도 잡아 일단 비판부터 하고 본다. 해당 사안이 우리 사회의 공정성과 합리성, 미래지향적 발전에 어떤 영향을 줄 것인가 하는 문제는 부차적이다.

'내가 하면 로맨스 남이 하면 불륜'이라는 '내로남불'은 이제 우리 사회를 관통하는 시대어가 되었다. 사물의 본질에 관심을 기울이기보다는 '내 편이냐 네 편이냐'에 주력하는 진보-보수 간 편가르기 싸움이 우리 사회에 횡행하고 있다.

원래 진보와 보수는 정치, 경제, 사회적 가치에 대한 입장차에서 비롯되는 개념이다.[4] 북한에 대해 '적'보다는 '동포'라는 인식을 보다 강하게 가지고 있는지, 시장에 대한 국가의 개입을 보다 찬성하는 쪽인지, 성장보다는 분배가 보다 중요하다고 생각하는지, 사회적 권위보다는 평등이 더 중요하다고 보는지 등에 따라 진보와 보수는 분류될 수 있다. 다만 이러한 가치들에 대해 모두가 진보적이거나 모두가 보수적인 사람은 많지 않다. 북한에 대해 동포라는 인식을 강하게 느끼면서도 성장이 더 중요하다고 생각할 수도 있고, 사회적 권위보다 평등이 중요하다고 느끼면서도 시장에 대해서는 국가가 최소한으로 개입해야 한다고 생각할 수도 있다. 진보와 보수가 합리적으로 경쟁하고 있다면 여러 가치들에 대한 엇갈린 선택이 가능하고 또 존중받아야 한다.

하지만 우리 사회의 진보-보수는 대단히 획일적이다. 정치적 가치에 대해 진보적인 사람은 경제, 사회적 가치에 대해서도 진보적인 틀에서 벗어나기 어렵다. 이 틀에서 벗어난다는 것은 진영에서 이탈하는 것으로 내 편으로부터 공격받을 것을 각오해야 하기 때문이다. 이러한 진영 갈등은 지역과 결합되면서 더욱 강해진다. 영호남의 해묵은 지역 갈등 속에 호남은 진보 성향, 영남은 보수 성향이라는 색채가 더해지면서 우리 사회의 이념 갈등은 이념에 지역색이 가미된 대결주의적 양상으로 전개되고 있다.

모든 사회쟁점이 진보-보수 진영의 틀 속에서 다뤄지다 보니 쟁점을 둘러싼 이성적 토론과 합의는 불가능해진다. 쟁점에 대한 논의는 적대적 혐오와 조롱 속에 진행되며, 상대의 주장을 이해하려 하기보다는 '반민주'나 '반국가' 같은 굴레로 상대를 재단하고 집단적으로 비난하기 일쑤다. 대립이 일상화되면서 대치의 수준이 높아지고 극단이 또 다른 극단을 부르는 악순환을 불러오고 있다.

이념이란 것도 개인의 삶을 윤택하게 하는 측면에서 의미 있는 것일 텐데, 이념 대립이 사회 갈등을 증폭시키고 우리 사회를 생산적이지 않은 방향으로 끌고 갈 때 그러한 이념이 어떤 의미를 갖고 있는 것인지 의문을 품지 않을 수 없다. 한 사회는 진보-보수의 날개로 난다고 하는데, 진보와 보수가 견제와 균형 속에 대한민국이라는 새를 높이 날게 하고 있는지, 새의 몸통을 독점하려는 소모적 투쟁 속에 새의 비행조차 위태롭게 하고 있는지 생각해 볼 시점이다.

노무현 대통령의 탄핵과 자살

민주주의는 다양성 속에 존재한다. 너와 내가 다르다는 것을 인정하고 서로의 차이를 용인하는 것에서부터 민주주의가 작동한다. 다만, 이러한 차이는 공동체의 기반을 흔드는 것이어서는 곤란하며 대화와 타협을 통해 적정선의 균형점을 찾아갈 수 있는 것이어야 한다.

하지만, 우리 사회의 이념 대립은 상대와의 공존을 인정하고 있는 것인지 무색할 정도로 적대적이다. 나와 생각은 다르지만 상대는 상대대로 존재할 가치가 있다고 느끼는 것이 아니라 상대는 이 땅에서 없어져야 할 존재, 타도의 대상으로 보는 시각이 강하다.

우리 사회의 이념 대립이 이렇게 험악해진 것은 역사적 경험과 무관치 않다. 한국 사회의 역사적 특수성이 타협과 공존보다는 투쟁과 적대의 문화를 만들어냈기 때문이다.

우리 사회의 이념 대립을 적대적으로 만든 시초는 분단과 전쟁이다.

해방과 함께 찾아온 분단, 그리고 뒤이은 전쟁은 남북 간의 적대감을 최고조로 끌어올렸다. 중간지대는 사라지고 남한이냐 북한이냐를 선택해야 하는 상황에서 어떤 이념을 가지는가 하는 것은 사상의 자유를 논하는 차원이 아니라 삶과 죽음을 결정하는 문제였다. 남한 사회에서 친북으로 지칭된다는 것, 반국가단체인 북한을 옹호하거나 북한에 관심을 갖는 것은 모든 정치적 권리를 박탈당하는 것과 함께 때로는 죽음까지 감수해야 하는 것이었고, 이른바 '빨갱이'라는 말은 이 땅에서 제대로 살아갈 수 없는 주홍글씨와 같은 낙인이나 다름없었다.

상대가 타협의 대상이 아니라 괴멸의 대상인 상황에서 상대와의 타협과 공존이란 있을 수 없었고, 흑백의 냉전 이데올로기가 우리 사회를 지배하는 상황에서 이성적인 토론이 이뤄질 수 없었다. 한국전쟁은 수많은 인명의 살상을 가져왔다는 점에서 비극적이었지만, 대한민국 출범 초기부터 우리 사회의 이념 구도를 흑 아니면 백이라는 식의 비타협적 구도로 만들었다는 점에서도 비극적이었다.

냉전 이데올로기와 함께 우리 사회의 이념 지형을 험악하게 변모시킨 것은 독재 체제이다. 민주주의와 인권을 억압하는 독재 체제가 한동안 계속되고 이에 저항하는 사람들이 고문과 투옥을 당하는 엄혹한 상황이 이어지면서 민주 대 반민주의 구도는 타협의 범위를 넘어서기 시작했다. 민주화 운동 또한 목숨을 걸어야 하는 처절한 상황으로 전개되기 시작한 것이다.

특히, 대규모 유혈 참극이 벌어진 광주 민주화 운동과 수많은 대학생들의 분신과 투신, 박종철 고문치사 사건 등은 군사독재 정권의 부도덕성을 각인시키는 계기가 됐고, 민주화운동 세력에게 반민주 세력은 더 이상 공존의 대상이 아닌 타도와 괴멸의 대상으로 인식되기에 이르렀다. 1980년대 대학가에서 대학생들이 시위를 막는 경찰들을 에너미Enemy, 즉 '적'으로 지칭했던 것은 반민주 세력에 대한 적대감을 상징적으로 보여준다.

군사 문화가 사회 전반으로 파급된 것 또한 우리 사회의 이념 갈등을 부추긴 요인 중의 하나다. '까라면 까'라는 식의 무조건적 명령 속에 선택지는 명령에 따를 것이냐 거부할 것이냐는 두 가지로 압축됐다. 이유를 대는 것은 용납되지 않으며, 아군이냐 적군이냐 하는 이분법적 사고가 횡행하면서 합리적 의견 개진과 이성적 토론은 설 자리를 잃고 집단적 대립이 일상화하는 계기가 되었다.

민주화와 여야 간 수평적 정권 교체 이후 냉전과 독재의 잔재는 잦아들었지만, 우리 사회의 이른바 진보와 보수 진영의 갈등은 사그라들지 않았다. 특히 2000년대 들어 진보-보수 간 대립의 주요한 계기가 된 사건은 노무현 대통령의 탄핵과 자살이다. 2004년 노무현 대통령 탄핵사태는 많은 국민들의 의사와는 동떨어지게 대통령의 임기를 중도에 중단시키려 했다는 점에서 큰 충격과 역풍을 불러왔고, 노 대통령의 열렬한 지지자들과 반대 세력 간의 적대적 분열을 심화시켰다. 여기에다 2009년 노무현 대통령 자살은 이 분열의 골을 메우기 힘들 정도로 갈라놓는 계기가 됐다. 이명박 정부 출범 이후 수사과정에서 노 대통령이 자살이라는 비극적 방식으로 생을 마감하자 노 대통령의 핵심 지지 세력과 반대 세력 간에는 치유하기 힘든 상처가 패이게 됐다. 진보 세력, 특히 친노 세력과 보수 세력 사이에 사생결단의 싸움이 시작된 것이다.

괴멸의 대상이 된 진보와 보수

　우리 사회의 이념 대립이 험악해진 것은 이와 같은 역사적 연원에 기인한 것이지만, 진보-보수 간 적대적 분열이 심화된 데에는 도덕적 우월성에 대한 진보의 과신도 한몫을 하고 있다. 긴 시간에 걸친 민주화 투쟁 과정에서 진보는 폭압적인 독재정권에 저항하며 도덕적 정당성을 확보했다. 군사정부의 보수적 집권 세력은 반민주적일 뿐 아니라 부패했고, 이에 저항하는 진보는 개인의 영달을 떠나 고난 속에서도 민주주의라는 고귀한 가치를 지키기 위해 노력했다는 측면에서 박수를 받을 만했다. 민주화 운동 과정에서 진보의 입장에 선다는 것은 그 자체로 도덕적임을 자부하는 측면이 있었다. 2018년 12월 청와대의 민간인 사찰 의혹이 불거지자 김의겸 청와대 대변인이 "문재인 정부의 유전자에는 민간인 사찰이 존재하지 않는다"며 이른바 'DNA

론'까지 들고나온 것은 진보가 가지는 도덕적 우월성에 대한 과신을 단적으로 드러낸다.

진보가 도덕적 선으로 인식되면서 보수는 부정부패한 기득권 세력으로 치부되는 경향이 생겼다. 진보의 입장에서 볼 때 보수는 같이 타협해나가야 할 대상이 아니라 독재의 후예로 반민족, 반민주, 반자주, 반통일 세력으로 인식된다. 보수세력의 뿌리가 군사독재정권과 맞닿아 있을뿐더러, 근본이 바뀌지 않는 유전자의 논리로 보면 보수 세력의 유전자는 과거로부터 결코 변하지 않았을 것이기 때문이다.

진보나 보수나 상대 세력에 배타적이지만 배타성에 관한 한 진보가 보수보다 훨씬 강한 것도 이러한 도덕적 우월성에 기반하고 있기 때문이다. 특히 1980년대 민주화 시대를 연 주역인 86세대1960년대에 태어나 1980년대에 대학생활을 했던 세대는 독재를 무너뜨렸다는 동질감 속에 독특한 집단주의와 선민選民의식을 발전시켰다. "민주화된 세상을 우리가 만들었으며 나는 옳고 도덕적"이라는 의식이다. 우리 편은 선善이고 상대는 악惡이라는 이분법적 사고에 익숙한 86세대는 도덕적 우월성을 기반으로 보수를 심정적으로 인정하려 하지 않는다. 보수를 우리 사회에서 함께해야 할 공존의 또 다른 축으로 인정하는 데 부정적인 것이다.

하지만 진보가 반드시 도덕적인 것은 아니며, 설사 과거에 도덕적이었다고 해서 계속 도덕적일 것이라는 보장은 없다. 세상의 모든 것은 변하게 마련이고 중요한 것은 현재이기 때문이다. 기득권층에 편입된 진보가 재산 불리기와 자녀교육에 올인하며 사회의 불평등 구조를 심화시키는 이중성과 위선을 보여준 사례도 한둘이 아니다.

결국 자신들도 별로 도덕적이지 않으면서 자기편의 잘못은 모른척하고 상대편의 잘못에는 과잉반응이라 할 정도로 비난에 열을 올리는 행태는 진보 세력이나 보수 세력이나 사실 다를 것이 없다. 진보의 배타성과 혐오가 보수의 배타성과 혐오를 유발하면서 이념 갈등을 부추기는 데 일조하고 있을 뿐이다.

물론 보수에 대한 혐오는 우리 사회에 건전한 보수 세력이 확실하게 자리 잡지 못하고 있는 현실과도 연관돼 있다. 보수 세력이 퇴행적 수구 세력과 결별하지 못하고 지역적 틀에 안주하면서 건전한 보수의 가치를 내세우지 못하는 것이 진보의 도덕적 과신을 유지시키는 데 일조하고 있다. 보수의 혁신은 우리 사회가 추구해야 할 또 하나의 과제임이 분명하지만, 그렇다고 해서 진보의 도덕적 과신이 정당성을 인정받을 수 있는 것은 아니다.

대립의 골이 깊어질 대로 깊어진 한국사회. 지금 대한민국의 진보와 보수가 서로를 인정하는 공존의 필요성을 공유하고 있는가. 대한민국의 진보와 보수는 총만 들지 않았을 뿐 서로를 괴멸시켜야 하는 '적'으로 인식하고 있다. 대한민국은 지금 사실상 내전 상태다.

10년 넘은 공든 탑 무너지게 하는 한국의 대북정책

한국 사회의 적대적 분열은 대북정책에도 그대로 반영되고 있다. 북한의 변화를 유도하기 위해서는 일관된 대북정책이 행해져야 하지만, 여야 간 정권 교체가 이뤄질 때마다 대북정책은 급변하고 있다. 적대적 세력과의 싸움에서 승리해 정권을 잡았는데 기존 정책을 그대로 유지하는 것이 어쩌면 이상할 수도 있다. 대북정책은 더구나 정권의 색깔이 명확히 드러나는 분야이기 때문이다.

분단과 한국전쟁 이후 적대적 관계를 벗어나지 못했던 남북관계를 새로운 화해 협력의 단계로 변화시킨 계기는 김대중 정부의 햇볕정책이다. 역사상 최초의 남북정상회담을 가능하게 한 햇볕정책은 북한과의 교류 협력을 통해 북한의 변화를 점진적으로 유도한다는 전형적인 소프트랜딩 접근방법을 채택한 것이었다.

보수 세력이 햇볕정책을 부정적으로 평가하기도 하지만, 사실 햇볕정책은 북한에 대한 유화정책만을 의미하는 것이 아니었다. "북한이 서서히 망하게 해야 한다"고 했던 노무현 정부 고위인사의 말처럼, 햇볕정책의 궁극적 목표는 이솝 우화에서처럼 북한의 외투를 벗기는 것이었다. 한반도 통일의 궁극적인 지향점은 포용정책을 추진했던 김대중-노무현 정부나 이를 비판했던 보수 세력이나 크게 다르지 않았던 것이다.

노무현 정부까지 이어진 대북 포용정책으로 남북관계는 교류 협력의 제도화 단계로까지 들어서는 듯했다. 정부 차원에서 장관급회담과 경제협력추진위원회 회의가 주기적으로 열리고, 매년 계속되는 이산가족 상봉과 각 분야의 사회문화교류, 동쪽으로는 금강산 관광 서쪽으로는 개성공단이라는 남북 경협의 두 축이 형성됐기 때문이다. 2007년 말 노무현 정부의 임기를 얼마 안 남기고 여야 정권 교체가 확실시되는 상황이었지만 "어떤 정권이 들어서더라도 남북 교류 협력의 큰 흐름이 바뀌기는 어려울 것"이라는 것이 당시의 대체적인 분위기였다.

하지만, 결과는 예상과는 정반대였다. 이명박 정부 들어 삐걱거리기 시작한 남북관계는 관광객 피살로 인한 금강산 관광 중단으로 휘청대더니, 2010년 천안함 폭침과 연평도 포격으로 결정타를 맞았다. 2010년 5·24 대북제재 조치는 개성공단을 제외한 거의 모든 남북관계를 중단시킴으로써 대북 포용정책을 빈사상태에 몰아넣었다. 이명박 정부가 처음부터 대북 압박정책을 목표로 한 것은 아니었다 하더라도 'ABRAnything But Roh: 노무현과는 반대로'이라는 말이 나올 정도로 노무현 정부 시기의 정책들을 뒤집는 과정에서 북한을 상대로 한 포용정책의 기조가 유지될 리 없었다. 박근혜 정부 들어 더욱 악화된 남북관계는 2016년 2월 개성공단 전면중단 조치로 사실상의 종언을 고했다. 김대중-노무현 정부 동안 형성된 남북관계가 완전히 원점으로 돌아간 것이다.

미국의 정권 교체와 대북정책 변화도 일관된 대북 포용정책을 펴는데 장애로 작용했다. 클린턴 정부 시절 클린턴 대통령의 방북까지 거론될 정도로 급진전되던 북미관계는 부시 정부 출범 이후 급격히 냉각됐다. 북한은 이란, 이라크와 함께 '악의 축'으로 지칭됐다. 우여곡절 끝에 9·19 공동성명이라는 합의가 채택됐지만 BDA* 사태로 합의는 공전됐고 북한의 1차 핵실험 이후 다시 궤도에 올랐던 6자회담도 검증 문제로 좌초했다. 부시 대통령의 뒤를 이은 오바마 정부도 북미관계의 돌파구를 찾지 못했고, 트럼프 정부 또한 북미정상회담이라는 역사적 사건을 이뤄내긴 했지만 북미관계는 여전히 답보상태이다.

---

* BDA: 방코델타아시아(Banco Delta Asia)라는 마카오 은행. 2005년 미국이 북한의 돈세탁 창구로 BDA를 지목하자, 고객들의 예금인출 사태에 직면한 BDA가 지불동결 조치를 취하면서 북한 자금 2,500만 달러가 동결됐다. 북한이 2,500만 달러를 돌려줄 것을 요구하면서 6자회담은 표류하기 시작했고, 이러한 교착 상태가 북한의 1차 핵실험으로까지 이어졌다.

돌이켜보면 남북미관계가 선순환적으로 발전하며 북한의 점진적 변화를 이끌었던 시기는 김대중-클린턴 정부 시기 정도가 거의 전부였다. 한미 모두 합법적으로 정권 교체가 가능하고 교체된 정권마다 새로운 대북정책을 입안하는 상황에서 일관된 대북정책을 유지하기는 무척이나 어렵다. 하지만, 한국민의 입장에서 더 큰 책임을 따지자면 우리 정부의 대북정책 비일관성을 지적하지 않을 수 없다.

미국의 정권 교체야 우리가 어쩔 수 없는 현실적 측면이 있지만, 지지부진한 북한 문제에 피로감을 느껴온 미국 정부는 그동안 우리 정부의 대북정책 역할에 기대를 걸었던 측면이 많았다. 네오콘인 부시 정부의 대북 강경책도 김대중-노무현 대통령의 설득과 반발에 의해 상당 부분 완화되면서 우리 정부의 자율적 영역이 행사될 여지가 많았고,[5] 오바마 정부는 '전략적 인내'라는 명분으로 사실상 대북정책에서 적극적 행동을 취하지 않아 우리 정부가 하기에 따라서는 대북정책의 키를 쥘 수도 있었다. '화염과 분노'로 대변되던 트럼프 정부의 대북정책에도 문재인 정부가 영향을 주었음은 물론이다. 우리가 대북정책의 일관성을 지키면서 미국의 대북정책을 견인하려 했다면 한반도 상황을 우리가 원하는 방향으로 이끌고 갈 수 있었다는 얘기다.

이명박 정부: 차별성 강조하다 궤도 벗어난 남북관계

2007년 대통령 선거를 앞두고 북한은 대선 이후 남한의 새로운 정부에서 남북관계가 어떻게 바뀔지가 초미의 관심사였다. 이 당시 대북회담에 나섰던 통일부 당국자는 북한이 협상 과정에서 '누가 남한의 차기 대통령이 될 것인지'를 집요하게 물어왔다고 말했다. 대선 직전 이명박 후보의 승세가 확실해지자, 북한의 질문은 '이명박 후보가 대통령이 되면 남북관계가 어떻게 될 것 같으냐'로 바뀌었다. 김대중-노무현으로 이어진 10년의 진보 정권이 보수 정권으로 교체될 경우 남북관계에 어떤 변화를 가져올 것인지 북한으로서도 긴장되는 상황이었던 것이다.

북한의 우려는 일정 부분 현실로 나타났다. 이명박 후보 당선 이후 인수위가 꾸려진 직후부터 노무현 정부의 대북 포용정책이 변화하리라는 조짐이 보이기 시작했기 때문이다.

2007년 12월 30일 대통령직 인수위는 "남북정상회담 후속합의로 차기정부와 국가재정에 부담을 주는 사업은 자제해야 한다"고 밝혔다. 2007년 10월 4일 노무현 대통령과 김정일 위원장의 남북정상회담 합의문, 즉 10·4 선언이 나온 뒤 노무현 정부는 남북 간 후속회담을 통해 후속절차를 밟아가는 과정이었는데, 새로운 대통령 당선인이 나온 상태에서 이러한 후속 조치를 서두르지 말라고 인수위가 주문한 것이다. 2008년 1월 7일 통일부의 인수위 업무보고에서 인수위는 한발 더 나아갔다. 남북 경협사업은 북핵 상황에 맞춰 이행해야 한다며, 10·4 선언의 상당 부분을 재검토하겠다고 밝힌 것이다.

이명박 정부 출범 이후인 2008년 3월 4일 스위스 제네바에서 열린 유엔 인권이사회에서 남한 대표가 북한 인권상황을 공개적으로 비판한 것은 대북정책의 변화를 상징적으로 보여준 것이었다. 조희용 당시 외교부 대변인은 "남북관계를 이유로 북한 인권 문제를 뒷전으로 미루지 않겠다"고 밝혔다. 정부 출범 과정에서의 통일부 폐지 논란, 남북관계가 북핵 문제를 앞서갈 수 없다는 새 정부의 방침은 이제 세상이 바뀌었음을 남에게도 북에게도 시사하고 있었다.

이명박 정부 초대 통일부 차관이었던 홍양호 전 차관은 북한이 이 무렵 새 정부의 대북정책에 불만을 가지게 된 주요한 이유로 크게 세 가지를 지적한다.

첫째, 새 정부가 10·4 선언을 무시하고 있다는 것이다. 이명박 정부 출범 이전인 인수위 시기부터 새 정부쪽 인사들 사이에서는 10·4 선언을 그대로 이행할 수 없다는 얘기가 흘러나왔다. 막대한 예산이 소요되는 10·4 선언 합의는 재검토가 불가피하며, 일부는 이행하기 어렵다는 얘기들이 언론 보도를 통해 전해졌다. 북한으로서는 김정일 위원장이 합의한 남북 합의문을 새 정부가 무시한다는 불만을 가질 수 있었다.

둘째, 이명박 정부 초대 통일부 장관이었던 김하중 장관이 개성공단과 북핵 문제를 연계시킨 것이다. 김하중 장관은 2008년 3월 19일 개성공단 입주기업 대표들과 간담회를 가졌는데, 이 자리에서 "북핵 문제가 타결되지 않는다면 개성공단을 확대하기 어렵다"고 언급했다. 질의응답 과정에서 질문에 대한 답변 형식으로 나온 말이었다.

셋째, 김태영 합참의장의 북한 핵시설 타격 발언이다. 김태영 합참의장은 2008년 3월 26일 국회 인사청문회에서 북한 핵에 대한 대비책을 묻는 질문에 "북한군이 핵을 가지고 있을 만한 장소를 확인해서 사용하기 전에 타격하는 것"이라고 군인으로서 원론적인 답변을 했는데 북한이 이를 문제 삼았다는 것이다.[6]

이명박 대통령 당선 이후 사태의 추이를 관망하던 북한은 드디어 공개적으로 반발하기 시작했다. 2008년 3월 6일 북한은 조평통 대변인 담화를 통해 이명박 정부를 "독재정권의 후예"라고 비난했다. 3월 27일부터는 직접적인 행동에 나서기 시작했다. 27일 개성공단에 있는 남북경협사무소의 우리 측 공무원들을 전원 철수시킨 데 이어, 28일에는 서해상으로 단거리미사일을 발사하고 'NLL은 유령선'이라며 서해 군사충돌 가능성을 시사하더니, 29일에는 김태영 합참의장의 발언을 문제 삼아 남북 당국 간 대화를 전면 중단하겠다고 경고했다. 2007년까지 이어지던 남북 화해 협력의 분위기가 순식간에 싸늘해진 것이다.

그렇다면, 이 당시 이명박 정부의 대북정책은 노무현 정부의 대북정책과는 정말 천양지차로 달랐던 것일까?

홍양호 전 차관은 이명박 정부도 남북관계를 잘 해 보려는 생각을 가지고 있었다고 말한다. 새 정부 초기 남북관계 유지와 개선을 위한 대책을 청와대 고위관계자들과 논의했을 때 청와대 측도 수긍하고 있었다는 것이다. 물론 북핵 문제의 해결을 우선시하고 노무현 정부의 대북정책을 '퍼주기'로 바라보는 등 기본적인 편차는 존재했다.

이명박 정부가 남북관계 개선에 관심이 있었다는 사실은 다음의 사례에서도 알 수 있다. 김하중 통일부 장관이 2008년 5월 기자들과의 간담회 자리에서 한 다음의 언급들을 보자.

"정부의 남북관계 발전에 대한 입장은 확고하고, 정부는 모든 문제를 대화로 푼다는 원칙을 견지하고 있다. 북한과 기꺼이 대화할 용의가 있다."

"남북관계가 한 차원 높게 발전하기 위해서는 남북 간 연락사무소 설치가 중요하다."

"6·15 남북공동선언 기념행사가 민간단체 간 사회문화교류행사로 잘 진행되기를 기대한다."

"대북 인도적 지원은 핵과 연계하지 않고 추진한다."

"「비핵개방 3000」* 구상 가동 전에도 민간 경협이나 인도지원은 계속될 것이다."

"북한 식량사정이 어려운데, 북한이 요구하면 인도적 차원에서 검토할 것이다."

"이산가족 문제는 남북대화가 재개되면 최우선 과제로 협의할 것이다."

"북한은 이명박 대통령에 대한 비방을 그만둬야 한다."

"우리는 한번도 6·15 선언*과 10·4 선언을 폐기한다고 한 적이 없다. 다만, 남북 간에는 7·4 공동성명이나 1991년 남북기본합의서 같은 다른 합의들도 있는 만큼, 남북 협의를 통해 무엇이 가능한 것인지 검토하자는 것이다."

* 비핵개방 3000: 북한이 핵을 포기하고 개혁, 개방에 나선다면 10년 안에 북한의 1인당 국민소득을 3,000 달러가 되도록 돕겠다는 이명박 정부의 대북 구상
* 6·15 선언: 2000년 김대중 대통령과 김정일 위원장간의 남북정상 합의문

　이명박 정부의 특성을 나타내는 부분이 있긴 하지만, 전반적인 내용은 남북관계의 유지, 발전에 무게를 두고 있다. 이명박 대통령도 2008년 4월 미국 방문 도중 워싱턴포스트지와의 회견을 통해 "서울과 평양에 연락사무소 같은 상설 대화기구를 설치하자"는 뜻을 밝히기도 했다.

하지만 이명박 정부의 이런 구상에도 불구하고 새 정부 출범 직후부터 남북 화해 분위기는 순식간에 얼어붙었다. 실질적인 대북정책의 변화 이상으로 노무현 정부와의 차별성이 과도하게 강조됐기 때문이다.

2007년 대선이 치러지기 이틀 전인 12월 17일 필자는 한 통일부 당국자와 얘기를 나눌 기회가 있었다. 당시는 대선에서 이명박 후보가 당선될 것이라는 것이 거의 확실시되던 시기였다.

이 당국자는 2007년 11월 말 남한을 방문한 김양건 북한 통일전선부장에 화답하는 형태로 이재정 통일부장관이나 김만복 국정원장이 방북하는 방안이 있을 수 있다면서, 이때 대통령 당선인 측 인사가 함께 방북해 북측 인사들을 만난다면 좋을 것 같다고 말했다. 2003년 1월 임동원 대통령 특보가 김대중 대통령의 특사 자격으로 방북할 때 노무현 당선인 측의 이종석 인수위원이 함께 갔던 것을 떠올린 것이다. 하지만, 이 같은 방북 구상을 이명박 캠프의 외교안보 쪽 인사에게 넌지시 언급했더니 일언지하에 거절하더라고 이 당국자는 말했다. 당시 이명박 후보 쪽에서 ABR_{Anything But Roh: 노무현과는 반대로}이라는 말이 나오는 상황에서 노무현 정부 인사와 이명박 정부 인사가 함께 손을 잡고 행동한다는 것은 어쩌면 무리한 상상이었는지 모른다.

이명박 당선인 측은 인수위 시절부터 노무현 정부의 대북정책에 부정적이었다. 통일부는 인수위 업무보고에서 북한에 끌려다녔다는 비판을 받았고, 존폐 논란 끝에 조직은 간신히 살아남았지만 많은 인원을 감축당해야만 했다. 이명박 정부 출범 직후인 2008년 3월 워싱턴을 방문했던 정부 고위당국자는 "대북 인도적 지원 방식을 놓고 여러 고민이 있을 수 있지만 참여정부_{노무현 정부}처럼 하지는 않을 것"이라고 밝혔다. 2007년 대선 직전 필자와 만난 통일부 당국자도 "이명박 캠프 쪽 분위기는 남북관계를 하더라도 노무현 정부를 승계하는 것이 아니라 독자적으로 하겠다는 뜻으로 보인다"고 밝혔다. 대북정책의 구체적 내용이 무엇이냐를 떠나 '노무현 정부와는 다르게'라는 것이 이명박 정부의 초기 기준점이었던 것이다.

물론 이명박 정부 초기 남북관계가 어긋나기 시작한 것을 이명박 정부 탓으로만 돌릴 수는 없다. 남한에서 여야 간 정권 교체가 된 만큼 북한도 이에 맞춰 변화하려는 모습을 보여야 했다. 그러나 북한은 남한의 새 정부 정책을 기존 정부처럼 돌려놓겠다는 아집 속에 새 정부 길들이기에 나섰고, 이것이 남북관계를 갈수록 악화시킨 원인이 되기도 했다. 하지만, 애초 남북관계에 완전히 부정적이지는 않았던 이명박 정부가 전임 노무현 정부와의 차별성을 강조하다 남북관계를 궤도에서 이탈시킨 것은 한국 정치의 분열이 가져 온 쓸쓸한 자화상이다.

우리는 주체적 역량을 발휘할 자산을 스스로 소진시켜 왔다

독일의 경우 사민당의 동방정책이 1982년 기민당으로 정권이 교체된 뒤에도 계속됐다. 기민당의 콜 총리는 독일정책에 대해서는 이전 정부의 정책을 계승하겠다는 뜻을 밝혔고, 실제로 자신의 말을 지켰다. 독일에서 정권 교체에도 불구하고 동방정책이 유지된 것은 기민당 측이 정권을 잡기 이전부터 독일정책에 관해 정책전환을 시작한 점, 연정의 하위 파트너였던 자민당의 당수 겐셔가 사민당 정권에 이어 기민당 정권에서도 외상직을 그대로 수행한 점 등이 영향을 미쳤지만, 보수 세력인 콜 총리와 기민당이 독일정책에 관한 한 정파적 이

해관계를 떠나 실용주의적 태도를 취한 것이 주요인이었음을 부인할 수 없다.[7]

하지만, 한국의 경우 정권이 진보와 보수로 바뀔 때마다 대북정책도 널뛰기를 하면서 점진적으로 북한의 변화를 유도한다는 것은 점점 현실화되기 어려운 상황이 됐다. 진보-보수 간 정권 교체에 따라 대북정책이 어떻게 바뀔지 모르는데 북한이 무엇을 믿고 변화를 시도할 생각을 하겠는가. 핵을 포기하면 체제안전을 보장하고 경제발전을 돕겠다는 약속을 믿었다가 남한의 정권이 바뀐 뒤 공수표가 되면 손해 보는 것은 북한일 텐데 말이다. 이제 북한은 남한의 대북정책을 믿으면 안 된다는 것을 학습효과로 알고 있다. 비단 학습효과가 아니더라도 지금 보수야당으로 정권 교체가 되면 대북정책이 크게 뒤바뀌리라는 점은 삼척동자도 짐작할 수 있는 것이다. 북한은 '역시 믿을 것은 자기 자신밖에 없으며 쉽사리 외투를 벗어서는 안 된다'는 생각을 하고 있을 것이다.

대북정책의 일관성이 지켜지지 않은 책임을 보수 세력에게만 돌릴 수는 없다. 보수 세력이 집권한 뒤 진보정권의 정책을 뒤집게 만든 것은 진보의 도덕적 선민의식에 따른 보수에 대한 배타성과 이에 기반한 진보-보수 양 진영의 적대적 분열이 영향을 미쳤기 때문이다. 외나무다리 혈투에서 승리한 세력에게 패자의 정책을 계승하라는 것은 가당치도 않은 얘기이다.

이러한 적대적 대립은 보수 세력의 대북 압박정책에도 심각한 하자를 낳았다. 아무리 국제사회를 추동해 북한에 대한 압박을 강화한다 한들, 남한의 정권이 바뀌면 대북정책이 또 바뀔 것이라 생각하는 북한이 그에 맞춰 변화할 리는 없다. 북한 입장에서는 '남한에서 정권이 바뀔 때까지 조금만 더 참고 견디자'라고 생각하는 것이 현실적일 수 있다. 포용정책이든 압박정책이든 몇 년 단위로 바뀌는 대북정책으로는 북한의 변화를 견인하기는커녕 북한이 남한의 가변적인 대북정책을 어떻게 이용해먹을 것인지 생각하게 만듦으로서 북한의 내성만 키울 뿐이다.

세계열강들의 힘이 부딪히는 지정학적 위치에 존재하는 한반도에서 우리가 북한 문제를 다룰 역량이 부족하다고 생각하는 사람들이 있다. 우리가 주변 열강들에 비해 국력이 제일 뒤지는 만큼 우리 독자적으로 상황 변화를 이끌기는 어렵다는 것이다. 그동안 한반도의 상황이 외부 변수에 의해 영향을 받았던 적이 많았던 만큼 이러한 시각을 가지는 것도 일면 이해가 간다.

하지만 이런 피동적 시각은 중대한 오류를 갖고 있다. 한반도 문제의 직접 당사자인 우리를 주변국과 똑같은 기준에 놓고 생각하는 오류이다. 어떤 상황에서든 당사자와 주변국은 역할과 비중이 다르다. 주변국들이 아무리 목소리를 높여도 직접 당사자들이 목소리를 크게 내면 주변국들이 반대하는 데는 한계가 있다.

한반도 문제의 직접 당사자인 우리가 북한 문제에 대해 역량을 발휘할 수 있는 영역은 분명히 존재한다. 그것은 우리가 주변국이 아닌 바로 당사자이기 때문이다. 이러한 역량은 남북한이 직접 당사자로서의 목소리를 주변에 함께 낼 수 있을 때 결정적으로 발휘된다. 어떤 주변 열강도 당사자들의 목소리를 무시할 수는 없는 것이다.

하지만, 유감스럽게도 우리는 그러한 주체적 역량을 발휘할 자산을 스스로 소진시켜왔다. 진보-보수 간 적대적 분열로 인해 여야 간 정권이 바뀔 때마다 널뛰기하듯 다른 대북정책을 들고 나옴으로써, 남한의 대북정책으로 북한의 변화를 이끌고 통일의 길로 나아갈 수 있는 역량을 스스로 소진시킨 것이다. 각각의 정권들은 자신들의 임기 안에 무엇인가를 이룰 수 있을 것처럼 자신했지만, 기껏 5년 혹은 정권 재창출이 된다 해도 10년의 임기 안에 성과를 낼 수 있는 대북정책은 없다.

이해찬 더불어민주당 대표가 '민주당 20년 집권론'을 제기한 적이 있지만, 민주당 20년 집권이 실현된다 해도 달라질 것은 별로 없어 보인다. 북한의 변화를 이끌 대북정책의 일관성은 예측 가능성이 있어야 하는데, 대통령 선거 때마다 정권 교체의 가능성이 있고 정권이 교체되면 대북정책이 변할 것이 예측되는 상황에서는 대북정책이 효과를 발휘하기 어렵다. 민주당이 결과적으로 20년을 집권한다 한들 여야 간의 적대적 분열이 계속되는 한 북한은 계속해서 다음 선거의 가변성을 주시할 수밖에 없기 때문에 쉽사리 변화하려 하지 않을 것이다.

같은 맥락에서 보수 정부가 20년을 집권한다 해도 크게 달라질 것은 없다. 결국 지금의 한국사회에서는 진보 정부든 보수 정부든 어느 정부의 대북정책도 성공할 수 없는 것이다.

현재로서는 진보-보수 간 적대적 대립이 단기간에 사라질 것으로 보이지 않는다는 점에서, 앞으로도 우리가 일관된 대북정책으로 북한의 변화를 이끌기는 쉽지 않아 보인다. 우리 스스로의 역량으로 북한의 변화를 견인해 준비된 통일을 할 가능성이 잘 보이지 않는다는 것이다.

3

'김일성 장군의 노래'로
시작하는 TV

북한 체제의 경직성

지금까지 살펴본 것은 우리 대북정책의 비일관성이 북한의 점진적 변화를 이끌지 못하고 있다는 측면에서 초점이 남한에 맞춰진 것이었다. 하지만, 한반도에서 준비된 소프트랜딩 통일이 어려운 것은 남한 때문만이 아니다. 북한에도 중요한 원인이 있다. 북한 체제의 경직성, 다시 말해 북한 체제가 적극적인 개혁 개방을 할 수 있는 체제가 아니라는 것도 중요한 원인이다. 여기서는 소프트랜딩 통일을 어렵게 하는 북한 체제의 문제점에 대해 살펴보기로 한다.

앞서 일관된 대북 포용정책이 소프트랜딩 통일을 위한 최소한의 필요조건임을 언급하면서, 북한이 우리가 원하는 방향으로 변한다는 조건이 추가로 충족돼야 소프트랜딩 통일이 가능할 수 있다고 지적했다. 북한이 우리가 원하는 방향으로 변한다는 것은 이솝 우화에서 나그네가 외투를 벗는 것을 의미하는 것으로, 현실의 예를 들자면 북한이 중국이나 베트남처럼 개혁 개방의 길을 걷는 것을 말한다.

　그렇다면 중국, 베트남의 개혁 개방은 어떤 수준의 변화를 의미하는가? 개혁이라는 측면에서 보면, 중국 베트남은 사회주의라는 외피는 유지하고 있지만 공산당 독재라는 점을 제외하면 다른 부분에서는 사실상 자본주의화된 상태이다. 계획경제와 집단소유라는 사회주의 원칙들은 이미 찾아보기 어렵게 됐고, 우리 기업들이 중국이나 베트남에 진출하더라도 시장경제 원칙하에 사업을 진행하는 데 큰 지장이 없다.

　특히 여기서 주목할 점은 이런 개혁을 가능하게 한 공산당 내의 구조이다. 중국이나 베트남이나 공산당이 독재하고 있지만 이들 나라의 독재는 북한처럼 최고지도자 이외의 것은 전혀 용납되지 않는 체제가 아니다. 중국의 경우 마오쩌둥과 덩샤오핑 이후의 집단 지도 체제는 당내 파벌 간 권력분점과 견제가 이뤄지고 있고, 이런 당내 민주주의 속에서 중국 공산당은 개혁의 길을 열어갈 수 있었다. 또, 이러한 대내 개혁의 동력은 외부와의 소통, 즉 대외 개방으로 이어지는 토대가 됐다.

　중국의 개방 수준을 살펴보자. 중국은 여전히 정치적 자유에는 제약이 많지만 외부세계와의 소통이라는 측면에서는 열려있는 편이다. 수많은 외국인들이 관광과 비즈니스를 위해 중국을 방문하고 중국 국민들이 외부를 여행하는 데에도 큰 지장이 없다. 중국 내에서는 인터넷 검색 차단 등 민감한 정보가 통제되지만, 수많은 중국인들이 검색 차단이 없는 외국을 자유롭게 여행하는 만큼 외부세계의 정보가 중국에 차단된다고 볼 수는 없다. 독재는 독재지만 외부세계와 소통 가능한 독재인 것이다.

일부 사람들은 북한도 여건만 마련되면 중국, 베트남과 같은 개혁 개방이 가능할 것이라고 말한다. 북미 적대관계와 같은 북한이 느끼는 안보위협이 사라지고 한반도에 평화분위기가 조성되면 북한도 충분히 외부세계와의 소통을 추구할 것이라는 것이다. 과연 그럴까?

왕조적 독재 체제인 북한

북한 체제의 특수성을 알아보기 위해 사회주의 일반에 대한 얘기부터 시작하기로 하자.

사회주의에서의 당은 민주주의 국가의 당과는 의미가 다르다. 대한민국의 경우 2020년 현재 더불어민주당이 집권여당이지만 더불어민주당이 곧 대한민국인 것은 아니다. 대한민국은 여당 뿐 아니라 야당 등 기타 정치 세력과 여러 사회 시스템의 총합이다.

하지만 사회주의 국가에서 당은 국가 그 자체이다. 북한으로 따지면 조선노동당이 곧 조선민주주의인민공화국, 즉 북한인 것이다. 때문에, 조선노동당의 일거수일투족은 북한의 움직임을 파악하는 매우 중요한 잣대가 된다.

그런데, 북한에서 조선노동당은 김일성 일가의 당이다. 김일성-김정일-김정은이라는 김 씨 일가를 제외하고는 조선노동당을 설명할 수 없다. 조선노동당 운영의 기본 틀이 되는 당 규약2016년 개정의 서문 일부를 보자.

> "조선로동당은 위대한 김일성-김정일주의 당이다."
>
> "위대한 김일성 동지와 김정일 동지는 천재적인 예지와 비범한 령도력, 불굴의 의지와 인민에 대한 열렬한 사랑을 지니시고 … 탁월한 사상리론가, 걸출한 령도자, 인민의 자애로운 어버이이시다."
>
> "경애하는 김정은 동지는 조선로동당을 위대한 김일성 동지와 김정일 동지의 당으로 강화발전시키고 주체혁명을 최후승리에로 이끄시는 조선로동당과 조선인민의 위대한 령도자이시다."

이상의 문구에서 보듯 조선노동당은 김일성 일가의 당이며, 조선노동당이 곧 북한인만큼 북한은 김일성 일가의 나라이다. 북한이라는 체제를 어떻게 파악할지를 놓고 학자들에 따라 다소 편차는 있지만 전체주의와 술탄주의술탄은 이슬람교에서 말하는 최고통치자, 즉 왕의 개념의 결합으로 보는 데에는 큰 무리가 없는데,[8] 이를 쉽게 풀어 말하면 왕조 시스템이 남아 있는 독재국가라는 뜻이다. 독재는 독재인데 그냥 독재가 아니라 조선시대나 고려시대처럼 최고지도자가 왕처럼 떠받들어지는 봉건적 형태의 시스템이 남아 있다는 것이다.

북한의 실상을 보면 김일성 일가는 봉건 시대의 왕보다도 더 절대적인 권력을 행사하고 있다. 북한 전역에는 김일성, 김정일의 동상과 모자이크 벽화가 건립돼 있으며 주민들은 중요한 날마다 참배하는 것이 당연시된다. 북한 주민들은 김일성, 김정일 얼굴이 들어간 배지를 다는 것이 일반화돼 있으며, 북한 조선중앙TV는 매일 애국가남한과는 다른 북한의 애국가 이후 '김일성 장군의 노래', '김정일 장군의 노래'로 방송을 시작한다. 북한 내에서 김일성 일가에 대한 비판이란 상상할 수 없으며 모든 문학작품과 영화, 노래, 출판물, 심지어 아이들이 배우는 교과서까지 김일성 일가에 대한 찬양 없이는 내용이 만들어질 수 없다.

북한은 김일성의 사상이 아니면 보지도 듣지도 말하지도 말라는 김일성 왕국이 되었고 이른바 백두혈통, 즉 김 씨 일가는 북한 내에서 우상화를 넘어 신격화되는 단계에 이르렀다. 아직 세상물정을 모르고 북한 당국이 주입하는 교육에만 노출돼 있는 아이들이나 청소년들이 김정은이 등장할 때마다 열광적으로 환호하고 때로는 눈물을 흘리기까지 하는 모습들은 김일성 일가에 대한 우상화 작업이 북한 내에서 어느 정도로 행해지고 있는지를 짐작할 수 있게 한다.

이러한 우상화는 세습으로 권력을 승계한 김정일이나 김정은이 자신의 권력을 더욱 공고히 하기 위해 전임자를 우상화하는 작업을 계속해 왔기 때문이다. 권력의 정당성이 국민의 지지로부터 나오는 것이 아니라 백두혈통, 이른바 김일성의 후손이라는 것에서 나오는 체제에서 김일성 일가에 대한 우상화는 김정일이나 김정은에게 자신의 권력을 확고히 하기 위한 필수적인 작업이었던 것이다. 이렇게 김일성 일가에 대한 절대적인 숭배 작업이 계속되면서 북한 내에 다른 정치적 파벌이라는 것은 존재할 수 없게 되었다. 다른 파벌을 형성한다는 것은 반당, 반국가 행위나 다름없고 자신은 물론 가족들까지 죽음을 각오해야 하는 일이 돼버린 것이다.

중국에서는 마오쩌둥에 대한 우상화 움직임이 일부 있었지만 혈족이 아닌 다른 사람으로의 지도자 교체가 이뤄지면서 우상화가 크게 문제되지 않았다. 또, 중국 공산당은 마오쩌둥과 덩샤오핑 이후에는 복수의 통치 엘리트와 파벌이 권력을 공유하는 집단 지도 체제를 형성함으로써 당내 파벌 간 권력분점과 견제가 작동할 수 있게 했다. 이러한 권력분점과 견제는 공산당 내에 다양한 개혁을 추진할 수 있는 토대로 작용했고, 무기명 비밀투표에 의한 정책 결정과 간부 선발 시 공개추천과 직접투표, 간부 임기제한와 연령제한 같은 중국식 당내 민주주의가 추진되는 발판이 됐다. 전문가들은 중국 공산당이 변화하는 환경에 능동적으로 대응하며 개혁 개방을 지속적으로 추진할 수 있었던 바탕에 당내 민주주의와 당 개혁이 자리 잡고 있다고 평가한다.[9] 베트남의 경우 베트남 공산당의 창시자이자 민족해방의 상징적 존재인 호치민이 집단 지도 체제를 강조하며 개인숭배를 용납하지 않았기 때문에 애초부터 우상화가 설 자리가 없었다.

하지만 북한의 경우 권력을 자식에게 물려주는 세습을 계속하다 보니 우상화가 갈수록 심화되고 당내 파벌 형성이나 당내 개혁은 꿈도 꾸기 어려운 상황이 됐다. 문제는 이와 같이 지도자가 우상화된 체제에서는 내부 개혁은 물론 외부와의 교류가 쉽지 않다는 것이다. 외부 세계와 접촉해 외부의 정보가 자유롭게 유통되는 순간 김일성 일가에 대한 허구적 우상화는 설 자리를 잃게 되기 때문이다.

김정은 정권의 전복을 바라는 이른바 '북한 민주화 운동' 단체들이 가장 중점적으로 하는 일이 북한에 외부 정보를 유입시키는 일이고, 북한이 외부 정보 유입에 극도로 민감하게 반응하는 이유는 외부 정보 유입이 북한 체제에 절대적으로 위험하다는 인식 때문이다. 지금의 김일성 일가 우상화 독재 시스템은 외부 정보에 극히 취약하며 폐쇄성을 벗어버리는 순간 존립이 위태로워진다.

당내 민주주의가 전혀 작동할 수 없는 지금의 북한 체제에서 개혁과 개방을 언급할 수 있는 사람은 최고지도자뿐이다. 이는 최고지도자의 생각에 따라 개혁 개방이 다소 진전될 수도 있지만, 최고지도자가 마음을 바꿔먹으면 개혁 개방이 바로 후퇴할 수도 있다는 것을 의미한다. 그런데, 세습 독재 체제인 북한에서 최고지도자 김정은이 선택할 수 있는 개혁 개방의 범위에는 한계가 있다. 권력을 내려놓을 생각이 없는 한, 김정은에게 가장 중요한 것은 개혁 개방이 자신과 백두혈통의 권력을 훼손하지 않아야 하기 때문이다.

북한 개혁 개방의 최대치는

북한 개혁의 최대치는 김정은의 절대권력에 영향을 주지 않는 수준이다. 다시 말해, 김정은의 개혁은 주로 경제 부문과 일부 사회 부문에 행해질 수 있지만, 정치 부문까지는 확대될 수 없다.

실제로 김정은 집권 이후 경제 부문에서는 상당한 정도의 개혁이 추진됐다. 사회주의기업책임관리제[10]나 포전담당책임제[11] 같은 것이 대표적인 예이다.[12] 인민생활 향상이라는 측면에서 김정은은 자본주의적 인센티브 제도를 받아들이는 실용주의적 태도를 보이고 있다. 모란봉악단 공연에 등장한 미키마우스와 전반적으로 산뜻해진 평양주민의 복장에서 보듯 사회 부문에서의 변화도 계속 시도될 것으로 보인다. 하지만 이러한 개혁이 당내 민주주의 등 정치 부문으로까지 확대되지는 못할 것이며, 중국 공산당에서 가능했던 지속적인 개혁 개방으로의 동력을 북한의 조선노동당이 창출하기도 힘들 것이다.

김정은이 선택할 수 있는 개방의 최대치는 제한적인 지역 개방일 것으로 보인다. 개성공단과 같이 특정지역을 북한의 다른 지역과 격리해 외부에 개방하는 것이다. 김정은 시대 들어 북한은 개성이나 나선, 황금평-위화도, 신의주 같은 경제특구 외에, 은정첨단기술개발구와 청진경제개발구 같은 22개의 경제개발구 조성 계획을 발표한 바있다. 또, 원산갈마관광지구나 양덕온천지구 같은 관광지역에 대한 개방도 추진 중이다. 지금은 유엔 제재로 유명무실한 상태지만 이 지역에 대한 개방이 본격적으로 추진되더라도 개성공단처럼 외부 유인물이나 외부와의 통신을 엄격히 금지하거나 해당 지역 북한 주민과의 접촉을 최소화시키는 등 외부정보 유입을 막는 데 최대한의 노력을 할 것으로 보인다.

김정은이 독재 체제를 유지하면서 외부와 소통하기를 원한다면 독재의 수준을 낮춰야 한다. 우리나라의 박정희 유신 정권이나 전두환 정권, 중국의 공산당 일당독재처럼, 독재를 하더라도 외부세계와 그럭저럭 지낼 수 있는 수준의 독재를 해야 한다는 것이다. 이렇게 하려면 김일성 일가에 대한 극단적인 우상화는 포기해야 한다. 이는 다시 말해, 김정은이 북한 체제에서 누리고 있는 절대적인 기득권을 어느 정도 내려놓아야 한다는 것인데, 역사적으로 권력자가 자신의 권력을 스스로 제한한 적이 있었는지 의심스럽다.

김정은은 "수령을 신비화하지 말라"는 등 과거와 같은 맹목적인 우상화, 신격화로부터 탈피하려는 모습을 일부 보여주고 있다. 하지만 그가 자신의 절대적인 기득권을 상당 부분 포기할 생각을 하지 않는다면 그러한 변화에는 한계가 명확하다. 경제 부문에 대한 개혁과 제한된 지역에 대한 개방 등 일부 변화를 추진할 수는 있겠지만 중국, 베트남과 같은 수준의 적극적인 개혁 개방은 하지 못할 것이며 북한 체제의 경직성 또한 해소되지 않을 것이다. 북한 체제의 경직성이 해소되지 않는 한 북한의 변화를 통한 준비된 소프트랜딩 통일도 어렵다.

중국, 베트남의 개혁 개방이 가능했던 정치적 환경

중국, 베트남에는 어떤 정치적 환경이 조성되었기에 개혁 개방이라는 과감한 정책 방향의 전환이 가능했을까?

번스Valerie Bunce는 사회주의 체제에서 권력승계는 정책혁신의 기회로 작용한다고 말한다. 이때 새로운 지도자가 혁신을 시도하는 경우는 혁신이 자신의 이해관계에 맞을 때이다. 혁신을 통해 정책의 우선순위를 변화시키면서 지지기반을 확대할 수 있다고 믿을 때 새로운 지도자는 혁신을 시도한다.[13] 쉽게 말해, 혁신이 정치적 이득이 될때 지도자는 혁신을 시도하는 것이다.

중국과 베트남에서 개혁 개방이 가능했던 것은 덩샤오핑鄧小平과 응우옌 반 린Nguyen Van Linh으로 권력승계가 이뤄진 것과 관련이 있다. 번스가 말한 대로 새로운 지도자로의 권력승계는 정책혁신의 기회로 작용하는데, 두 사람이 집권할 당시 중국과 베트남의 상황은 '사회주의 이데올로기 고수'보다는 개혁을 추진하는 쪽이 지지기반 확대에 도움이 되었다. 덩샤오핑이나 응우옌 반 린에게는 개혁을 선택하는 쪽이 정치적 이득과 부합했다는 뜻이다. 두 나라의 사례를 좀 더 자세히 살펴보자.

중국의 경우 본격적인 개혁 개방은 덩샤오핑의 권력 장악과 함께 시작되었다. 덩샤오핑이 개혁을 내세운 것은 덩샤오핑이 문화대혁명의 피해자로 3년간의 숙청 생활을 거치면서 중국의 문제점을 인식하고 개혁의 필요성을 느낀 점도 있지만, 마오쩌둥의 후계자인 화궈펑과의 권력투쟁 과정에서 개혁 정책을 내세우는 것이 정치적으로 유리했기 때문이었다.

덩샤오핑이 등장하던 시기의 중국의 상황을 살펴보자. 마오쩌둥은 중국 혁명을 이끈 상징적인 존재이긴 하지만 대약진운동과 문화대혁명 등 일련의 실책을 계속하면서 중국 인민들의 삶은 궁핍에 허덕이고 있었다. 마오쩌둥 이후의 새로운 지도자는 이러한 경제적 난관에 해답을 제시해야 하는 상황이었다.

하지만 문화대혁명의 실질적인 수혜자이자 마오쩌둥에 의해 후계자로 지명된 화궈펑은 마오쩌둥의 과업에 대해 비판할 수 없는 태생적인 한계를 가지고 있었다. 화궈펑으로서는 마오쩌둥에 대한 부정은 곧 자신의 정당성을 부정하는 것이었고, 문화대혁명으로부터 배출된 젊은 세대의 지지로부터 자신을 고립시키는 것이었기 때문이다. 화궈펑은 이에 따라 사인방을 비롯한 일부 급진파를 제거하기는 했지만 그보다 더 멀리 나갈 수는 없었다. 화궈펑은 마오쩌둥의 유지를 기본적으로 계승함으로써 변화를 최소한으로 한정시키려 했고, 문화대혁명기의 일부 극좌적인 잘못만 바로잡는다면 문화대혁명이 남긴 상처는 치유되고 정치적 혼란 또한 종식될 것이라는 입장을 취했다.

화궈펑이 이렇게 현상유지적인 정책을 취하자 덩샤오핑은 개혁을 주창하면서 화궈펑을 공격할 수 있는 위치에 서게 됐다. 덩샤오핑과 문화대혁명 당시 정치적 숙청을 당했던 원로 혁명가들은 화궈펑이 문화대혁명의 영향을 과소평가하고 있다고 반박하면서 문화대혁명의 과오를 시정하고 개혁을 추진할 것을 요구했다. 마오쩌둥의 이념 우선주의에 대한 반대와 실용적 정책의 옹호가 이들이 주창하는 개혁정책의 방향이었다. 이러한 공격이 목표로 하는 정치적인 종착점은 물론 화궈펑의 낙마였다. 덩샤오핑과 그의 세력들에게는 마오쩌둥 시기의 오류를 비판하면서 개혁을 추진하는 것이 지지 세력 확산과 권력의 쟁취라는 정치적 이해관계에 정확히 부합했던 것이다.[14]

베트남의 경우에도 본격적인 개혁 개방으로의 변화는 응우옌 반 린Nguyen Van Linh의 권력 장악과 함께 시작되었다. 응우옌 반 린은 베트남 통일 이후 호치민시 서기로 있으면서 각종 개혁정책을 정력적으로 추진해 상당한 성과를 내기도 했으나, 보수파의 반발로 1982년 제5차 당대회에서 정치국원 겸 서기직을 박탈당한 채 실각했던 인물이었다. 그러던 그가 불과 4년 뒤에 열린 1986년 제6차 당대회에서 공산당 서기장으로 선출되었다. 베트남 공산당 정치사에서 볼 때, 직전 전당대회에서 축출됐던 인사가 다음 전당대회에서 서기장으로 선출된 것은 극히 이례적인 일이었다.

응우옌 반 린의 서기장 선출에는 고르바초프의 영향력이 많이 작용했다는 것이 일반적인 시각인데, 1982년부터 소련공산당 내에서 베트남에 관한 일체를 담당하던 고르바초프는 베트남 개혁을 위해 응우옌 반 린이 1985년 다시 정치국원으로 복권되고 1986년 서기장으로 선출되는데 있어 상당한 영향력을 행사한 것으로 알려지고 있다. 응우옌 반 린은 이 같은 과정을 통해 서기장직에 올랐기 때문에 개혁정책을 통해 집권의 정당성을 설파해야 하는 상황이었다.

응우옌 반 린이 개혁을 선택할 수밖에 없었던 또 다른 이유는 당시 베트남이 처해 있던 경제적 상황에 있었다. 베트남 공산당은 1975년 무력에 의한 통일을 이룬 이후 북베트남의 사회주의 노선을 남쪽에다 기계적으로 적용하는 급진적 통일전략을 실행했다. 하지만 그 결과는 1980년대 중반 베트남이 세계에서 가장 가난한 20개국 중의 하나로 자리매김 하는 처참한 결과로 나타났다.

위기에 처한 베트남 지도부는 어떻게든 타개책을 찾아야 하는 상황이었다. 결국 베트남 공산당은 1986년 제6차 당대회에서 역사상 처음으로 그동안의 실책과 무능에 대해 스스로를 비판했다. 베트남 공산당 중앙위원회의 정치보고서에 의하면, 공산당 지도부는 경제 사회적인 지도력의 실수와 역부족이 당의 사상적이고 조직적인 활동 부족과 간부들의 노력 부족 때문이라고 선언했다. 인구는 급증하는데 농업과 제조업의 생산량은 거의 제자리걸음을 하고 있으며, 국가생산은 사회적 소비를 충족시키기에 불충분하고, 노동자들의 생활은 심각한 어려움에 처해 있다는 체제 실패에 대한 반성문이 공산당 보고서에 명문화됐다. 응우옌 반 린의 공산당 서기장 선출은 바로 이러한 분위기 속에서 이뤄졌던 것이다.

베트남의 상황이 이러했기 때문에 응우옌 반 린으로서는 개혁을 통해 베트남 인민들에게 희망을 제시해야 할 필요가 있었다. 무능력한 전임 공산당 노선에 대한 비판 위에서 개혁정책을 추진하는 것이 지지 세력 확산과 정치적 이득이 되었음은 물론이다. 개혁정책을 추진하다 숙청됐던 린으로서는 전임 공산당 지도부의 과오에서 상대적으로 자유로웠기 때문에 전임 노선을 비판하는 데 따른 부담도 가질 필요가 없었다.[15]

지도자 교체 없는 개혁 개방은 가능한가

이상에서 살펴 본 중국과 베트남의 개혁 개방은 다음과 같은 정치적 환경 속에서 이뤄졌다고 볼 수 있다. 첫째 새로운 지도자가 등장했고, 둘째 전임자 혹은 전임 노선과의 차별성을 부각하며 개혁을 추진하는 것이 새로운 지도자에게 정치적 이득이 되는 조건에서 개혁 추진이 가능했던 것이다.

다른 나라의 예를 오래 들어 다소 지루했을 수 있는데 우리나라의 예를 살펴보자.

1993년 출범한 김영삼 정부는 전임 노태우 정부의 여당 후보로 출마해 당선된 것이었다. 야합이라는 비난을 무릅쓰고 3당 합당에 응해 당시 여당인 민자당의 대통령 후보로 선출돼 대선에서 야당의 김대중 후보를 누르고 대통령에 당선된 것이다. 따라서, 형식적으로 보면 노태우 정부의 정권재창출이 이뤄진 것이었는데, 김영삼 정부의 출범 이후의 행보는 이와는 사뭇 달랐다.

김영삼 대통령은 자신의 정부를 '문민정부'라는 별칭으로 부르기 시작했다. '문민정부'라는 것은 박정희-전두환-노태우로 이어지는 군사정부와는 분리된다는 뜻으로, 전임 정부와의 차별성을 강조한 것이었다. 여당의 후보로 대통령에 당선됐으면서도 전임 정부를 계승하는 것이 아니라 전임 정부와의 차별화를 시도한 것이다.

전임 정부와의 차별성을 강조하면서 김영삼 대통령은 집권 초기 하나회 척결과 금융실명제 실시 등 과감한 개혁 조치들을 취해나갔다. 5·18 특별법을 제정해 전두환, 노태우 두 전직 대통령을 법정에 세우기도 했다. 이러한 개혁 조치에 힘입어 김영삼 대통령의 지지율은 한때 90%에 육박하기도 했다.

김영삼 대통령이 이러한 과감한 개혁 조치를 취했던 것은 오랜 민주화 운동 과정에서 쌓아 온 개혁에 대한 신념도 있었겠지만, 전임 정권과의 차별화를 통해 과감한 개혁 조치를 취하는 것이 지지 세력 확산이라는 정치적 이해관계에 부합하는 측면도 있었기 때문이었다. 김영삼 대통령이 만약 노태우 정부의 계승을 강조하며 현실에 안주하려 했다면 민주화 운동 세력의 반발에서 자유롭지 못했을 것이고 취임 초기 엄청난 지지율도 얻지 못했을 것이다.

정치인에게 있어 과감한 개혁은 정치적 이해관계와 떨어뜨려 생각할 수 없다. 전임자와의 차별성을 강조하는 것이 정치적 이해관계에 부합한다고 할 때 과감한 정책 전환을 시도할 수 있는 것이다.

이제 우리의 관심인 북한으로 돌아와 보자.

북한이 중국이나 베트남 같은 과감한 수준의 개혁 개방을 할 수 있을까?

이 질문에 긍정적 답변을 하기 위해서는 김정은이 전임 정권과 차별화될 정도로 과감한 정책 전환을 하는 것이 김정은에게 정치적 이득이 될 것이라고 말할 수 있어야 한다. 하지만, 김정은의 권력 기반을 보면 이 질문에 긍정적 답변을 하기는 어려워 보인다.

누구나 알다시피 김정은은 김일성의 손자이고 김정일의 아들이기 때문에 후계자가 되었다. 북한의 후계자론은 후계자의 품격과 자질에서 핵심을 이루는 요소가 '수령에 대한 충실성'이라고 말한다. 후계자의 정당성 기준을 수령인 김일성을 얼마나 충실하게 계승하고 있느냐에 두고 있는 것이다. 김정은이 김일성, 김정일의 후계자가 된 것은 이른바 백두혈통으로 김일성을 충실히 계승하고 있다고 인정받았기 때문이며, 실제로 김정은은 집권 이후 김일성을 모델로 한 이미지 정치를 자주 활용하고 있다. 덩샤오핑이나 응우옌 반 린이 전임자와의 차별을 기반으로 지지 세력을 넓히고 권력을 확고히 하는 구조였다면, 김정은의 권력은 기본적으로 전임자를 계승하는 데에서 정당성을 확보하는 구조인 것이다.

현실 정치라는 측면에서 볼 때, 급격한 정치적 환경의 변화 없이 과거와 확연히 구분되는 과감한 정책 전환이 이뤄지기는 쉽지 않다. 기본적으로 현실에 안주하는 것이 정치적 이득인 지도자가 자신의 권력 기반이 흔들릴 수 있는 위험성을 감수하면서까지 외부와의 소통을 추구하는 개혁 개방에 적극적일 것이라고는 기대하기 어렵다. 김정은이 일부 개혁 개방을 시도할 수는 있겠으나 그 범위는 앞서 살펴본 것과 같은 한계 안에서 이뤄질 것이며, 북한이 본격적 의미의 체제 전환 단계로 들어서는 것은 쉽지 않아 보인다.

우리가 추구하는 것이 중국과 베트남의 변화에 비견될 정도로 북한이 과감한 개혁과 대외 개방을 하는 것이라면, 전임자와의 차별성을 강조하는 것이 정치적 이득이 되는, 적어도 부담스럽지 않은 새로운 지도자의 등장 없이 북한의 과감한 변화가 가능할 것인지 의문이다.

북한은 핵을 포기할 수 있을까

북핵 문제를 여기서 살펴보려고 하는 것은 북한 핵 문제가 남아 있는 한 남북 간 교류 협력을 증진시켜 소프트랜딩 통일을 추진하는 것이 어렵기 때문이다. 북핵 문제는 남북 간 문제일 뿐 아니라 전 세계적 차원의 문제이며, 북핵으로 인한 유엔의 대북제재가 해소되지 않는 한 남북 간 교류 협력은 한계가 명확하다. 결국 북한이 핵을 포기할 수 있느냐가 남북의 준비된 통일이 가능할 것인가를 결정하는 또 하나의 가늠좌가 될 것이다.*

* 인도, 파키스탄처럼 북한이 사실상의 핵보유국으로 인정받는 경우를 생각해 볼 수 있지만, 미국이 북한을 사실상의 핵보유국으로 인정하고 관계 개선에 나설 실익이 높지 않아 보인다. 인도, 파키스탄은 대중국 견제, 테러와의 전쟁 등 필요로 인해 미국이 이들의 핵보유를 묵인한 채 관계 개선에 나섰지만, 북한의 경우 미국이 핵보유를 묵인하면서까지 관계 개선에 나설 이유를 찾기 어렵다. 북미관계 개선이 아무리 진행되더라도 북한이 미국편에 서서 중국을 견제하는 모습은 상상하기 어렵다. 미국 입장에서는 북한을 불량국가로 그대로 남겨 두면서 군비증강의 명분으로 활용하는 것이 오히려 이익이라고 생각할 것이다.

북한은 핵을 포기하려면 체제안전이 보장되어야 한다고 말한다. 미국의 대북 적대정책이 계속되는 한 안보를 보장하기 위해 핵을 포기할 수 없다는 것이다. 이런 맥락에서 북한이 자주 주장하는 것이 이른바 대북 적대정책의 철회이다.

그런데, 대북 적대정책의 철회가 구체적으로 어떤 조치들을 가리키는지 북한이 공식적으로 제시한 적은 없다. 북한의 여러 입장 표명에서 짐작할 수 있는 것들은 있지만, 구체적으로 이런저런 조치들을 취해야 대북 적대정책의 철회로 받아들일 것이라는 식으로 북한 정부가 명백하게 정식화한 것은 없다는 것이다.

대북 적대정책은 문구 자체로만 보면 북한을 적대시하고 위협하는 모든 요소들을 포함한다. 김일성 일가에 대한 비난 같은 정치적 사안, 북한에 가해지는 각종 제재 같은 경제적 사안, 북한 인권에 대한 문제 제기 같은 사회적 사안들이 모두 북한이 생각하는 적대정책에 포함될 수 있다.

북한이 가장 민감해 하는 적대정책은 역시 군사 부문이라고 볼 수 있다. 한미연합군사훈련과 전략폭격기·항공모함·핵잠수함 등 전략자산의 한반도 전개, F-35 스텔스 전투기 등 북한이 위협으로 느끼는 첨단무기의 한반도 배치, 주한미군과 주일미군 기지에 배치된 북한 공격 무기 등이 적대정책의 산물로 거론될 수 있다.

뿐만 아니다. 북한이 위협으로 느끼는 무력을 따지자면 주일미군 차원을 넘어 괌 기지의 미군 무기들, 하와이 인도태평양사령부의 미군 전력과 더 나아가 미국 본토의 무기들까지 해당될 수 있다. 전략폭격기나 항공모함이 한반도 주변으로 전개되지 않는다 하더라도 미국 본토에서 북한을 타격할 수 있는 ICBM이 있는 만큼, 미국이 가지고 있는 모든 전략무기들이 폐기되지 않는 한 북한이 느끼는 군사위협은 여전히 남게 된다.

그렇다고 북한이 대북 적대정책 철회라는 명분으로 미국에게 모든 전략무기의 폐기를 요구할 수 있는가? 미국이 응할 리도 없거니와 이것은 현실성이 없는 얘기이다.

결국 북한의 안보위협을 해소하는 문제는 미국이 대북 공격수단을 어디까지 포기할 것이냐에 달려 있는 것이 아니다. 북한의 안보위협 문제는 군사적 차원에서 해결될 수 있는 것이 아니며, 궁극적으로 북한이 미국 주도의 국제사회에 얼마나 편입될 수 있느냐에 달려 있다. 전 세계에 수많은 나라들이 존재하지만 미국과 적대관계가 아닌 나라들은 미국이 핵무기를 가지고 있다고 해서 미국으로부터 안보위협을 느끼지 않는다. 한국, 일본처럼 미국과 동맹인 경우에는 두말할 나위도 없지만, 미국과 동맹관계가 아닌 나라라고 해도 미국 주도의 국제

사회에서 자유롭게 교류 협력을 추진하는 나라라면 안보에 심각한 불안감을 가지고 있지는 않다. 쉽게 말해 트럼프 타워가 평양에 건설되고 미국인들이 평양에서 관광과 사업을 하는데 전혀 지장이 없고, 북한 사람들이 미국을 자유롭게 왕래하며 외부 정보를 받아들이고 소통하는 데 크게 지장이 없는 세상이 되면 북한의 안보위협 문제는 저절로 해결되는 것이다.

북한이 국제사회에 편입되려면 대외 개방이 이뤄져야 한다. 외부와의 교류를 상당한 수준으로 허용하고 외부 정보의 유입도 허용해야 한다. 하지만 앞서 지적한대로 북한 체제의 경직성으로 볼 때 중국, 베트남과 같은 수준의 적극적인 대외 개방은 힘들 것이다.

북한이 국제사회에 편입되지 못한다면 북한의 안보위협은 궁극적으로 해소되지 않는다. 북미협상을 통해 미국이 북한에 대한 군사대응 태세를 아무리 낮춰도 북한이 느끼는 안보상의 위협은 여전히 사라지지 않는다. 한반도 정전협정이 평화협정으로 대체되고 북미관계 정상화가 이뤄진다고 해서 북한의 안전이 절대적으로 담보되는 것도 아니다. 미국이 외교관계를 맺고 있는 나라라고 해서 절대로 전쟁을 하지 않는 것은 아니기 때문이다. 북한이 미국 주도의 국제사회에 편입되지 않는 한, 북한 입장에서 보면 핵을 포기할 수 있는 대외여건은 마련되지 않는다.

한국과 미국의 대북정책이 정권이 바뀔 때마다 가변적이라는 점도 북한의 핵포기를 어렵게 하는 요소이다. 김대중-클린턴 정부 당시 남북미 관계가 분단 이후 처음으로 화해 협력의 분위기에 접어들었을 때만 해도 북한은 경제협력의 대가로 핵을 포기하는 것을 진지하게 고려했을지 모른다. 하지만 한국과 미국에서 정권이 교체된 뒤 대북 정책이 급변하는 것을 보고, 안보를 위해 절대로 핵을 포기해서는 안 된다는 결심을 다지게 됐을 것이다. 그동안의 역사가 북한에게는 학습효과로 작용하고 있는 것이다.

지금 상황에서 현실적으로 가능한 핵협상 타결의 지점은 북한이 대부분의 핵을 포기하되 일부 핵무기를 안전판으로 숨겨두고 미국은 이를 어느 정도 묵인한 채 정치적으로 타협하는 수준일 것 같다. 북한의 안보 불안감을 생각할 때 북한이 핵을 전면 포기한 상태로 타협에 이르기는 어려울 것이기 때문이다. 북한이 지하시설 어딘가에 핵무기를 일부 숨겨두더라도 전반적인 비핵화 작업이 잘 진행되게 되면, 일부 의심시설에도 불구하고 미국과 국제사회 내에서 정치적 타협의 목소리가 높아질 것이다. 현실적으로 미국이 북한의 모든 지하시설을 샅샅이 뒤져보는 것도 불가능한 만큼, 일정 정도 검증이 진행되고 나면 핵협상은 정치적 타협의 문제로 전환되게 된다.

이러한 타협이 완전한 북한 비핵화와는 거리가 있는 것 아니냐는 생각을 할 수도 있지만, 이러한 타협도 충분한 의미를 가지는 것은 북한이 은닉한 핵무기의 수명이 그리 길지 않을 것이기 때문이다. 북한이 지하에 은닉한 핵무기를 제대로 보관하려면 온도와 습도 조절 등 막대한 전기에너지와 관리 노하우가 필요한데, 북한의 능력으로는 수년에 걸쳐 핵무기 품질관리를 하기 어렵다. 북한과 미국이 적절한 정치적 타협을 이룬 뒤 한반도의 평화가 어느 정도 정착돼 북한이 수년 동안 핵무기를 다시 꺼내 쓸 이유가 없어진다면 지하에 은닉한 핵무기는 그대로 고철로 변하게 될 것이다. 시간이 흐름에 따라 북한 핵 문제가 해결의 길로 갈 수 있는 것이다.

하지만, 2018~2019년의 핵협상 과정에서 북한이 보여준 태도를 보면, 북한은 이 정도의 협상에 나설 의사도 없는 듯하다. 북한은 영변 핵시설의 폐기 의사를 밝혔지만 그 이상으로는 나가지 않았고, 비핵화의 로드맵, 즉 어떤 경로를 통해 비핵화를 할 것인지에 대해서도 제대로 논의에 나선 적이 없다. 아마도 북한은 체제의 안전보장을 위해 핵보유가 불가피하다는 생각을 가지고 있는 듯하다.

북한 체제의 경직성으로 인해 북한이 국제사회에 편입되기도 어렵고, 북한이 일부 핵무기만 숨겨두는 선의 적극적인 타협에 나설 의사도 없다면, 북한 핵 문제가 해결되기는 어렵다. 북핵 문제가 해결되지 않는다면 남북 간 교류 협력을 증진시켜 소프트랜딩 통일을 이루는 것도 쉽지 않다.

4

역사상
가장 아름다운 실수

독일 같은 흡수통일 이뤄지나

하드랜딩 통일, 즉 준비되지 않은 통일에 대해 얘기하는 것은 보수 꼴통으로 치부될 위험성을 어느 정도 감수해야 한다. 북한의 점진적 변화를 통해 준비된 방식으로 통일을 이룩하는 소프트랜딩 통일 방식이 있는데, 북한 정권의 붕괴 같은 돌발적인 상황을 상정하는 하드랜딩 통일을 논의하는 것은 북한에 대한 적대감이 강하게 배어 있는 것으로 인식될 가능성이 높기 때문이다.

남북 간의 교류 협력을 점진적으로 늘려나가 자연스럽게 남북을 하나로 만드는 소프트랜딩 통일이 바람직하다는 데는 이견의 여지가 있을 수 없다. 하드랜딩 통일에 관한 책을 쓰고 있는 필자도 남북한이 소프트랜딩 방식으로 준비된 통일을 이룰 수 있다면 당연히 쌍수를 들어 환영할 것이다.

하지만, 현실은 기대와는 다른 법이다. 소프트랜딩 통일이 바람직하다는 것과 소프트랜딩 통일이 실제로 이뤄질 것인가 하는 것은 전혀 다른 문제다. 정권 교체 때마다 달라지는 우리 대북정책의 비일관성과 그러한 비일관성을 초래하는 우리 사회의 적대적 분열이 당분간 해소될 기미가 보이지 않는다는 점, 북한이 체제의 경직성으로 인해 외부세계와의 소통을 허용해야 하는 개혁 개방에 적극적으로 나서기 어렵다는 점 등을 감안하면 소프트랜딩 방식의 남북한 통일이 현실화되기는 쉽지 않다.

어렵더라도 우리가 가야할 길이라면 꾸준히 노력해야 한다고 할 수도 있다. 원하는 결과가 나올 것이냐의 여부를 떠나 우리가 바라는 방향이라면 꿋꿋이 갈 길을 가야 하지 않느냐는 것이다. '지성이면 감천'이라고 꾸준히 노력하다 보면 좋은 결과가 생길 수도 있을 테니 말이다.

하지만, 여기서 이런 질문을 던져본다. 선의를 갖고 노력하기만 하면 모든 문제가 해결되는 것인가.

산 속에서 길을 잃은 아이를 구조하는 과정에서 아이가 남겨 놓은 흔적을 정확히 탐지하지 못하면 잘못된 방향으로 구조작업을 하게 된다. 구조대가 아이를 구하려는 선의를 갖고 있다 하더라도 상황판단을 잘못하면 의미 없는 구조작업을 하게 되는 것이다. 여기서 중요한 것은 선의보다는 냉철하고 정확한 상황판단이다.

흔히 선의로 하는 행동에는 아무 문제가 없다고 생각하는 경향이 있다. 좋은 뜻으로 하는 일인 만큼 결과가 어떻게 되느냐가 꼭 중요한 것은 아니라는 것이다. 꼴찌에게도 박수를 보낼 수 있는 학교나 동아리 수준의 문제라면 이 말은 어느 정도 옳다.

하지만, 행동의 결과가 많은 사람들에게 영향을 미치는 중요한 것이라면 상황은 달라진다. 좋은 뜻을 가지고 일을 추진한다고 해도 현실적인 문제 해결에 도움을 주지 못한다면 그러한 행동에 높은 점수를 줄 수는 없다. 선의를 갖고 노력했다는 이유만으로 모든 책임에서 벗어나는 것은 아니라는 것이다.

통일이라는 사안도 우리가 선의에만 기대 일을 추진하기에는 감당해야 할 위험이 너무 크다. 소프트랜딩 통일에 대한 선의로만 일을 추진했다가 그와는 다른 상황, 즉 하드랜딩 통일이라는 상황이 준비 없이 갑자기 펼쳐지면 우리 사회에는 엄청난 혼란이 야기될 수 있다. 선의보다는 객관적이고 냉정한 판단으로 앞으로 다가올 상황에 대비하는 것이 필요하다.

물론, 필자가 반드시 하드랜딩 통일이 이뤄질 것이라고 단언하는 것은 아니다. 역사의 흐름이 어떻게 흘러갈지는 아직 아무도 모른다. 하지만, 지금 이 시점에서 북한의 점진적 변화를 통해 우리가 충분히 준비한 가운데 이뤄지는 소프트랜딩 통일의 가능성과 우리가 예상하고 준비하지 못한 채 갑작스럽게 이뤄지는 하드랜딩 통일의 가능성을 비교한다면, 소프트랜딩 통일의 가능성이 반드시 높다고는 말할 수 없을 것이다. 하드랜딩 통일의 가능성이 엄연히 존재하는 것이 현실이라면, 우리 사회가 하드랜딩 통일에 대한 대비를 어느 정도 해두는 것도 필요하지 않겠느냐는 것이다.

시민혁명으로 무너진 동독

하드랜딩 통일이 이뤄진다면 통일은 어떤 방식으로 진행될까? 가장 먼저 떠오르는 것은 독일통일이다. 동독이 붕괴되고 서독을 중심으로 흡수통일이 이뤄진 독일통일이 가장 대표적인 하드랜딩 방식의 통일이기 때문이다.[16] 독일의 사례를 간단히 살펴보자.

1985년 소련에서 고르바초프가 공산당 서기장에 취임한 뒤 '페레스트로이카개혁'와 '글라스노스트개방'를 추진하고 1989년 '브레즈네프 독트린'이 폐기되면서 동유럽에는 변화의 바람이 불기 시작했다. '브레즈네프 독트린'이란 동유럽 국가들의 주권은 소련의 지도적 역할이 제한받지 않는 범위에서만 가능하다는 것으로, 1950~1960년대 동독, 헝가리, 체코슬로바키아의 자유화 운동을 소련이 무력으로 진압하면서 내세운 명분이었다. '브레즈네프 독트린'이 폐기됐다는 것은 동유럽 국가들의 변화에 소련이 간섭하지 않는다는 것을 의미했다.

동유럽 국가 중 폴란드와 헝가리가 개혁에 앞장선 가운데 동독에서도 변화의 움직임이 시작됐다. 동독에서의 변화는 크게 두 갈래로 진행됐다. 하나는 동독 주민들의 서독으로의 대탈출이었고, 다른 하나는 동독 내에서의 대규모 민주화 시위였다.

동독 주민들의 탈출은 1989년 여름 헝가리로 휴가를 나온 일부 동독인들이 오스트리아를 거쳐 서독으로 탈출하면서 시작됐다. 헝가리가 오스트리아와의 철조망을 제거하면서 동서 유럽을 가로막고 있던 '철의 장막'이 걷히기 시작했던 것이다. 1989년 6월 헝가리와 오스트리아 외무장관이 상징적으로 국경 철조망을 자른데 이어, 8월 국경도시 쇼프론에서 진행된 '범 유럽 피크닉' 행사를 계기로 국경이 잠시 개방되면서 수백 명의 동독인들이 서방세계로 탈출했다. 독일 일간지는 이날의 대규모 탈출을 다음과 같이 보도했다.

"그들은 나무로 된 문을 밀어제쳤다. 그리고는 서로 팔을 끼고 '위 쉘 오 버컴'이라는 노래를 합창한 뒤 자유의 세계로 돌진해갔다. 토요일인 이날 저녁 국경을 넘어 오스트리아로 탈출한 동독인들의 수는 약 7백 명에 달 했다. 서방 세계로의 탈출 가운데 이처럼 극적이고 규모가 큰 것은 처음 있는 일이었다. 탈출에 성공한 동독인들은 서로 부둥켜안고 울음을 터뜨 렸고 어떤 사람들은 엎드려 땅에 입을 맞추기도 했다."

제2차 세계대전 이후 동유럽 공산 체제와 서유럽 민주 체제를 분단 시켰던 '철의 장막'이 뚫리면서 헝가리-오스트리아 국경을 넘는 동독 인들의 탈출이 이어졌고, 부다페스트헝가리와 프라하체코, 바르샤바폴란 드 주재 서독 대사관과 동베를린 서독 대표부에도 수많은 동독인들이 몰려들기 시작했다. 동독인들의 탈출 사태가 심각해지자, 동독 정부 는 헝가리 정부에게 헝가리에 있는 동독인들을 동독으로 돌려보낼 것 을 요청했다. 그러나 헝가리 정부는 서독 정부와의 협상 끝에 서독 편 에 섰고 오스트리아 국경을 전면 개방했다. 이 과정에서 서독은 헝가 리에게 10억 마르크의 경제 원조를 약속했다. 1989년 9월 말까지 2 만 5,000여 명의 동독인들이 헝가리-오스트리아를 거쳐 서독으로 넘 어갔다.

프라하와 바르샤바의 서독 대사관에 머물고 있던 동독인들도 서독 으로 갈 기회를 얻었다. 동독은 처음에는 이들이 서독으로 갈 수 있도 록 허용해달라는 서독의 요청을 거부했지만, 이들이 열차를 이용해 동독 지역을 거쳐 서독으로 가는 것을 허용했다. 허용의 명분은 '추 방'이었다. 프라하와 바르샤바에 머물고 있던 동독 탈출민들은 열차 를 타고 동독으로 들어온 뒤 신분증을 회수당하고 서독으로 보내졌다. "프라하와 바르샤바 주재 서독 대사관의 걷잡을 수 없는 상황을 해결하고자 체코, 폴란드, 서독 정부와 협의한 끝에 무책임한 반사회적 반역자들과 범죄자들을 특별열차 편으로 동독 영토를 경유해 서독으로 추방하기로 했다"는 것이 동독 외무성이 발표한 성명이었다. 동독인들이 서독으로 직접 탈출하게 하는 것보다 동독 정부에 의해 추방되게 하는 것이 동독 정부의 자존심을 세울 수 있는 방법으로 생각한 것 같다는 게 당시 서독 정부 관계자의 분석이었지만, 이런 방식의 서독 '추방'은 동독 주민들의 서독으로의 탈출 욕구를 더욱 부채질하는 결과를 가져왔다. 헝가리, 체코, 폴란드 등을 거쳐 1989년 말까지 약 35만 명의 동독 주민들이 서독으로 탈출했다. 특히 서독으로 탈출한 동독 주민들은 의사, 버스 기사, 기능공 등 전문인력들인 데다 대부분 젊은 층이어서, 동독 지역은 공장이 제대로 가동되지 않고 병원에서 의사와 간호사가 부족해지는 등 상황이 갈수록 악화됐다.

〈그림 1〉 동독 주민들의 탈출 경로

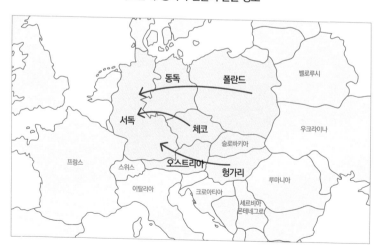

동독 주민들의 대탈출과 함께 동독 내에서는 민주화 시위가 점차 확산되고 있었다. 시위의 계기는 1989년 5월에 치러진 동독 지방의회 선거였다. 동독은 이 선거에서 과거처럼 미리 지명한 후보에 대한 찬성을 강요하고 선거 조작을 했지만, 이러한 부정선거는 동독 반정부 시위를 결집시키는 계기로 작용했다.

　시위의 중심은 라이프치히의 니콜라이 교회였다. 니콜라이 교회는 1983년 말부터 월요 예배 뒤 교회로부터 300미터 떨어진 칼 마르크스 광장까지 조용히 걸으면서 무언의 시위를 하는 전통이 있었는데,[17] 이것이 5월 부정선거를 계기로 여행의 자유를 요구하는 시위로 발전되기 시작했다. 월요 예배가 끝나고 칼 마르크스 광장까지 행진해가면 예배에 참석하지 않았던 사람들까지 광장에서 합류해 대규모 시위로 이어졌던 것이다. 평소 100여 명에 불과하던 월요 예배 참석자는 5월 부정선거를 계기로 급속도로 늘어났고, 10월 2일 월요 예배와 시위에 참석한 사람들은 1만 명을 넘어섰다. 라이프치히 월요 시위는 11월 6일 50만 명으로 규모가 대폭 확대됐고, 시위대의 요구 내용도 여행 자유에서 언론과 신앙의 자유, 자유선거와 베를린 장벽 철거 등 체제 개혁을 요구하는 쪽으로 강도가 높아졌다. 10월 말에는 시위가 드레스덴, 할레, 마그데부르크, 슈베린, 동베를린 등으로 확산됐고, 11월 4일 동베를린 알렉산더 광장 시위에는 100만 명의 주민들이 참가해 자유선거와 공산당 일당 독재 폐지, 내각 퇴진 등을 요구했다. 주민들의 대탈출과 대규모 시위 속에 동독 정부는 획기적인 대책을 내놓지 않을 수 없는 상황이 됐다.

　결국, 동독 공산당 정치국과 내각은 획기적인 여행 자유화 조치를 마련했다. 동독 주민들이 해외여행을 할 경우 여행 목적 등을 제출하지 않아도 여행을 신청할 수 있고, 여행 허가는 즉시 내려지며 여행 거부는 특별한 경우에만 예외로 적용된다는 내용이었다. 동독 공산당 중앙위원회 대변인 샤보브스키는 11월 9일 기자회견에서 이 같은 새 여행법을 발표했는데, "이 법률이 언제부터 발효되느냐"는 기자의 질문에 내용을 잘 모른 채 "제가 알기로는 즉각"이라고 잘못 대답했다. 그의 대답이 언론을 통해 "동독이 국경을 개방했다"는 내용으로 보도되면서 동독 주민들이 베를린 장벽으로 몰려들었고 그날 장벽은 완전히 개방됐다. 당시 동독 지도부는 여행 규제를 완화하는 것을 고려했을 뿐인데, 샤보브스키의 실수가 베를린 장벽의 개방을 불러온 것이다. 독일 ZDF 방송은 샤보브스키의 발언을 "역사상 가장 아름다운 실수"로 표현했다. 베를린 장벽의 완전 개방으로 독일은 사실상 통일의 길로 들어서게 됐고 약 11개월 뒤인 1990년 10월 3일 완전히 통일됐다.

동독과는 다른 북한

독일 통일은 소련의 변화와 동구 사회주의권 붕괴라는 역사적 흐름 속에서 가능했다. 독일 외부의 충격이 상당한 영향을 미친 것이다. 외부의 충격이 동독의 붕괴로 이어지는 과정에서는 앞에서 살펴본 것과 같이 동독 주민들의 대규모 민주화 시위와 대탈출이 중요한 역할을 했다.

하지만, 북한의 상황은 동독과 같지 않다. 동독처럼 외부의 충격이 있을 가능성이 높지 않고, 대규모 시위나 주민 대탈출이 생기기도 쉽지 않다. 동독과는 다른 북한의 특수성을 대규모 시위 가능성과 주민

대탈출이라는 측면에서 살펴보자.

북한에서 대중시위에 의한 시민 혁명이 가능할까. 우리의 4·19 혁명이나 1987년 6월 민주항쟁 같은 전 국민적 저항이 가능하겠냐는 이야기다.

결론부터 말하자면 북한에서 시민 혁명에 의한 체제 붕괴가 일어나기는 어렵다. 북한의 상황이 동독이나 남한처럼 대중시위가 일어날 수 있는 여건이 아니기 때문이다.

동독과 북한의 차이를 이해하기 위해 1980년대 말 동구 사회주의권 붕괴에 대한 이야기를 잠깐 해 보기로 한다. 1980년대 말 동구 사회주의권 국가들이 연쇄적으로 무너졌지만 동구권 사회주의가 붕괴되는 형태가 모두 같았던 것은 아니다. 어떤 나라들은 대규모 대중시위에 의해 그야말로 정권이 붕괴되는 형태로 사회주의가 무너진 반면, 어떤 나라들은 정권과 반정부 세력들이 타협하는 방식으로 사회주의가 자본주의 체제로 전환됐다. 이 같은 차이가 나타난 것은 각 나라들이 갖고 있는 역사적 발전 경험과 근대화 수준의 차이가 달랐기 때문인데, 여기서 동구 사회주의 체제 전환의 각 유형별 차이를 일일이 설명하지는 않겠다.[18]

다만 우리가 주목하는 동독의 사례를 설명하면 이렇다. 동독은 1, 2차 세계대전 중간 시기에 자유민주주의를 경험하는 등 체코와 함께 사회주의 성립 이전에 가장 서유럽적인 발전경로를 가지고 있던 국가였다. 민주주의를 한 차례 경험하면서 국민들이 민주주의에 대한 기억을 갖고 있었다는 얘기다. 때문에 동독 주민들은 2차 대전 패전 이후 사회주의 정권이 성립된 뒤 정권의 사회주의적 조치에 순응하는 입장이 아니었다. 동독 정권은 이에 따라 혹시라도 있을 수 있는 주민들의 저항을 억누르기 위해 억압적인 통치를 시행해야 했다. 동독 주민들의 민주주의에 대한 욕구가 정권의 강력한 통제에 의해 억눌려 있었던 것이다.

하지만 억압이 가해진다고 해서 민주주의의 경험이 잊히는 것은 아니었기 때문에, 동독 주민들은 여건만 주어진다면 민주화 시위에 나설 수 있는 잠재적 역량을 충분히 보유하고 있었다. 동독에서 1989년 5월 부정선거를 계기로 대규모 시위가 일어나고 체제 개혁을 요구하는 목소리가 나올 수 있었던 것은 동독 주민들 사이에 민주주의에 대한 열망이 잠재적으로 자리 잡고 있었기 때문이었다.

그러나 북한은 사정이 다르다. 북한 지역은 조선이라는 봉건 체제가 망한 뒤 바로 일제 강점기로 진입했고 해방 이후 성립된 사회주의 정권 또한 민주주의와는 거리가 멀었다. 북한 체제는 이후 김일성 일가에 대한 우상화와 신격화가 강조되는 왕조적 독재 시스템으로 변화했기 때문에 주민들이 민주주의를 경험할 기회가 없었다.

북한 주민들은 지금 민주주의가 무엇인지 모른다. 국경 등을 통해 전해지는 소식을 통해 민주주의라는 말은 들어봤을지 모르지만, 민주주의가 어떤 개념이고 민주주의를 어떻게 하는 것인지는 알지 못한다. 경험을 해 보지 못했기 때문이다. 민주주의에 대한 경험이 없으니 자유와 인권, 개인의 정치적 권리, 집회의 자유 등에 대한 인식도 박약할 수밖에 없다.

남한 사회의 민주주의가 어떻게 정착돼왔는지 민주화의 역사를 되짚어보면 민주주의는 단순히 제도가 소개된다고 해서 자리 잡는 것이 아니라는 것을 알 수 있다. 민주주의는 국민들의 의식과 민주화를 위한 노력, 그것을 통해 얻어진 성취만큼 발전하는 것이며 어느 날 갑자기 저절로 얻어지지 않는다. 따라서, 민주주의의 경험이 전혀 없는 북한에서 정치적 공간이 조금 열린다고 해서 민주화를 위한 대규모 시위가 발생하는 것은 거의 불가능하다.

북한에서 시민혁명이 일어나기는 어렵다[19]

앞서 언급한 동구 사회주의 체제 전환 유형 가운데 북한과 가장 비슷한 나라는 루마니아였다.[20] 루마니아는 사회주의 성립 이전에 저개발 국가였고 국민들도 민주주의의 경험을 갖고 있지 않았다. 때문에 공산당이 정권을 잡고 독재적 조치를 취할 때에도 국민들 사이에 별다른 잠재적 저항이 존재하지 않았다.

차우셰스쿠가 정권을 잡은 뒤에는 북한과 같은 왕조적 시스템이 더해졌다. 차우셰스쿠가 살았던 마을은 성지가 되고 차우셰스쿠의 생일은 루마니아 최고의 명절이 됐으며, 최고지도부는 차우셰스쿠의 혈족을 중심으로 구성돼 차우셰스쿠의 부인, 형제, 아들들이 여러 직책을 독점했다. 또, 차우셰스쿠의 아들 니쿠는 차우셰스쿠의 권력승계자로 알려지고 있었다. 따라서 일반적인 상황이라면 민주화를 위한 시위가 스스로 일어날 수는 없는 상황이었다.

이런 루마니아에서조차 대중시위가 가능했던 것은 동구 사회주의권의 연이은 붕괴라는 외부적 충격 때문이었다. 고르바초프가 사회주의 위성국들에게 개혁을 강력히 촉구하면서 변화를 거부하던 공산 정권들은 큰 위기에 봉착하게 됐고, 소련이 동구권에 군사적으로 개입하지 않겠다며 브레즈네프 독트린을 철회하면서 결정적으로 반체제 세력들의 입지가 강화되었다. 그리고 한번 시작된 탈사회주의 바람은 지정학적으로 인접해 있는 사회주의 국가들에게 연쇄적으로 영향을 주면서 루마니아에까지 파급되었다.

하지만, 북한은 루마니아나 동독처럼 외부적 충격을 받을 가능성이 높지 않다. 북한에게 가장 큰 영향을 줄 수 있는 사회주의 국가는 중국인데, 현재로서는 중국이 단시간 내에 급속한 위기에 처하거나 북한에 강력한 민주화 압박을 가하지는 않을 것으로 보인다. 중국 입장에서는 북한이 어떻게든 유지되는 게 국익이라고 생각하기 때문이다. 북한과 중국의 관계도 동독과 소련의 관계보다는 독립적이어서 중국에서 오는 충격이 북한 정권의 존립에 영향을 미칠 정도로 결정적이지는 않다고 봐야 한다.

북한에서 대중시위가 발생하기 어려운 또 하나의 이유는 집단행동을 억제하는 폭압적 통치 체제가 아직은 효과적으로 작동하고 있기 때문이다. 김 씨 일가는 체제를 보위하는 핵심 세력만큼은 운명공동체임을 강조하며 특별히 관리하고 있고, 정권에 저항하는 사람들은 무자비하게 죽이고 가족과 친척들까지 정치범수용소로 끌고 가는 등 공포정치를 계속하고 있다. 동독과 체코, 루마니아의 주민들이 거리로 나올 수 있었던 것은 헝가리, 폴란드에서의 체제 전환 소식과 소련의 군사개입이 없을 것이라는 신호 등으로 인해 대중시위에 가담해도 별다른 문제가 없을 것이라는 확신이 있었기 때문인데, 북한의 폭압적 통치 시스템은 대중들이 행동에 나서는 것을 막고 있는 상황이다.

북한 내에 반체제 세력의 구심점이 될 만한 그 어떤 것도 존재하지 않는 점도 대중시위를 어렵게 하는 요인이다. 과거 남한의 군사정권 시절에는 김대중이나 김영삼 같은 야당 정치인이 반정부 세력의 구심점 역할을 하며 민주화 시위를 이끌었지만, 북한에서 이러한 구심점 역할을 할 사람이나 조직은 찾기 힘든 실정이다. 반체제 세력의 구심점이 될 사람이나 조직을 논하기에 앞서, 그러한 논의가 이뤄질 수 있는 최소한의 정치적 공간마저 보이지 않는 것이 지금 북한의 현실이다.

대중시위가 발생하기 위해서는 반체제 세력의 정보유통도 중요한데 이 부분에 있어서도 북한은 심각한 한계를 가지고 있다.

동독이나 루마니아에서 대중시위가 가능했던 것은 주민들이 외부 언론을 통해 동구 사회주의권의 혁명적인 상황을 알 수 있었기 때문이다. 동독 주민들은 이미 상당수가 서독의 방송을 보고 있는 상황이었기 때문에 유럽 전반의 상황이나 동독 내부의 상황을 동독 정부의 통제 없이 실시간으로 알 수 있었다. 동독 주민들이 서독으로 대탈출을 하고 동독 내에서 부정선거에 대한 시위가 대규모로 확산되는 것을 전해 들으면서 시민 혁명에 나설 때가 됐다는 생각을 하게 된 것이다. 그 누구도 독재권력으로부터 자유로울 수 없었던 루마니아에서조차 대중시위를 통한 체제 전환이 가능했던 것은 헝가리 텔레비전이나 자유유럽 라디오 방송망과 같은 정보유통의 역할이 결정적이었다. 루마니아 주민들은 이러한 통신망을 통해 루마니아 내에서 무슨 일이 일어나고 있는지를 알 수 있었고, 자신들이 어떤 행동을 해야 할지를 결정하게 되었던 것이다.

동구 사회주의권의 사례처럼 대중시위가 일어나기 위해서는 상시적으로 주민 대다수에게 다가갈 수 있는 반체제 세력의 독자적인 통신망이 있어야 한다. 평양에서 수십만이 모여서 시위를 벌인 것을 청진이나 함흥, 원산, 신의주에서도 실시간으로 알 수 있고, 이에 호응해서 전국적으로 대중들의 움직임이 동시다발적으로 일어나야 체제를 변화시킬만한 동력이 창출되는 것이다. 반체제 세력이 독자적인 통신망을 가지고 있지 못하거나 정부가 통신망을 철저히 차단하는 상황에서는 지속적인 대규모 대중시위가 사실상 불가능하다. 대중들이 어디서 무슨 일이 벌어지고 있는지 알 수 없기 때문이다.

하지만, 북한의 모든 정보는 기본적으로 북한 정권에 의해 통제된다. 북한 정권이 원하지 않는 정보는 공식 채널로는 유통되지 않는 것이다. 이런 상황에서는 한 지역에서 대중시위가 일어나도 다른 지역으로 파급되기 어렵다. 소문에 소문으로 말이 퍼져가긴 하겠지만, 신속한 정보유통으로 전국에서 대규모 대중시위가 동시다발적으로 일어나기는 어려운 것이다.

물론 KBS '한민족방송'이나 '국민통일방송', '자유북한방송' 같은 민간단체들이 대북 라디오방송을 통해 북한 주민들에게 북한 내외부의 소식을 전파하는 노력들을 계속하고 있다. 또, 북한 내 휴대전화 보급이 급속히 늘면서 주민들 사이에 정보유통의 속도가 빨라진 점도 주목해 볼 만하다. 조명균 통일부 장관은 2018년 11월 국회에서 북한에 보급된 휴대전화가 600만 대에 이른다고 밝힌 적이 있다. 이 수치에 따르면 2018년 기준으로 북한 주민 4명당 1명꼴로 휴대전화를 가진 셈이다.

하지만 이 정도 수준으로 대중시위가 전국적으로 파급될 정도의 실시간 정보유통이 가능할지는 아직 회의적이다. 보다 본격적인 의미의 정보유통방법이 마련돼야 북한 사회의 변화를 가능하게 할 대중시위가 일어날 것으로 보인다.

희망이 보이지 않는 경제상황의 파탄이 북한 체제를 위기로 몰아갈 수 있지 않겠느냐는 생각을 해 볼 수도 있으나, 북한 주민들은 경제파탄에 어느 정도 적응돼 있을 뿐 아니라 경제 위기는 특정 정치 세력의 의식적 노력에 의해 집단행위로 표출되지 않는 한 체제를 뒤흔들만한 요소로 작용하지 않는다는 것이 전문가들의 견해이다. 다시 말해, 특정 정치 세력이 의도를 가지고 경제위기를 정치적 시위로 발전시키려는 노력을 하지 않는 한, 경제적으로 어렵다는 이유만으로 체제붕괴를 이끌만한 대중시위가 발생하지는 않는다는 것이다.

이런 점들을 종합해 볼 때, 동독에서와 같은 대중시위가 북한에서 일어나기는 어려울 것으로 보인다. 동독에서와 같은 시민 혁명으로 북한 체제가 붕괴되기는 어렵다는 것이다.

북한 주민들의 대탈출도 현실화되기 어렵다

독일 통일 과정에서 동독 주민들의 서독으로의 대탈출이 이뤄졌듯이 남북한이 하드랜딩 방식으로 통일될 경우 북한 주민들도 남한으로 대거 탈출하는 사태가 벌어질 것인가. 하드랜딩 통일에 대비한 이른바 '북한 급변사태' 논의 계획에서 빠지지 않고 등장하는 것이 북한 지역이 혼란에 빠질 경우 통제권을 어떻게 확보할 것인가 하는 것과 북한 주민들이 대거 남하할 경우 이에 어떻게 대응할 것인가 하는 부분이다. 경기도와 강원도 북부 지역에 대규모 텐트촌을 만들어 북한 주민들을 임시 수용하는 방안이 거론되기도 한다.

하지만, 이 같은 우려가 현실화될 가능성은 높지 않다. 독일과 남북한의 지리적 여건이 다르기 때문이다. 독일의 경우 〈그림 1〉에서 보듯 여러 나라와 국경을 맞대고 있기 때문에 외부로부터의 주민 유입을 막기가 쉽지 않은 구조다. 동독 주민들이 헝가리와 오스트리아를 거쳐 서독으로 탈출한 것이 좋은 예이다.

하지만, 남한은 북한과만 경계를 접하고 있다. 북한 탈출민들이 다른 나라를 통해 남한으로 쏟아져 들어올 길은 없는 것이다. 북중 국경지역을 통해 중국으로 탈출한 북한 주민들이 제3국을 통해 입국하는 사례가 늘 수는 있겠지만 그 수에는 한계가 있을 것이다.

북한 주민들이 남한으로 오는 방법은 휴전선을 통과하는 것인데, 남북한 사이에는 셀 수 없을 정도로 많은 지뢰가 깔린 비무장지대가 있다. 아무나 마음먹는다고 휴전선을 통과해 남쪽으로 넘어올 수 없는 것이다. 휴전선을 통과해 남쪽으로 오려면 남북한 사이의 육로 통행로인 경의선과 동해선 통로를 이용할 수밖에 없고, 이 길목만 통제하면 북한 주민들이 남한으로 넘어올 수 있는 통로는 없다. 물론, 동해안이나 서해안에서 소형 목선을 타거나 헤엄치는 방법으로 넘어오는 사람이 있을 수 있지만, 그 수는 소수에 불과할 것이며 해경이나 해군에 의해 통제 가능한 수준일 것이다. 따라서, 하드랜딩 통일이 이뤄지더라도 북한 주민들의 남하를 통제할 수 없는 사태는 일어나지 않을 것이며, 북한 주민들의 남하를 어느 정도 수준에서 허용할 것이냐는 전적으로 남한 정부의 정책적 선택에 달려 있다.

지금까지 살펴본 것과 같이 동서독과 남북한의 여건은 여러모로

다르기 때문에, 하드랜딩 통일이 이뤄진다고 해도 독일과 같은 방식
으로 한반도의 통일이 이뤄질 것이라고 보기는 어렵다.

5

군복도 통일되지 않았던
예멘 통일

하드랜딩 통일의 유형

하드랜딩 방식의 통일이란 보통 한 체제가 무너지면서 다른 체제와
합쳐지는 것으로 이해할 수 있다. 북한 체제가 무너져 남한 체제와 합
쳐지거나 남한 체제가 무너져 북한 체제와 합쳐지는 경우이다. 다만
여기에서는 북한 체제가 무너져 남한 체제에 흡수되는 것을 논의의
대상으로 한다. 자유와 인권이 보장되는 않는 북한 체제로 통일이 되
는 것은 바람직하지 않을 뿐 아니라, 남북의 국력이나 한미 동맹을 기
초로 하는 국제관계 등을 따져보더라도 북한 체제로의 통일은 현실성
이 없기 때문이다.

　하드랜딩 통일은 크게 무력통일과 평화통일로 나눠볼 수 있다. 무
력통일은 전쟁을 통해 통일을 이룩하는 것이고, 평화통일은 전쟁을
하지 않고 통일을 이룩하는 것이다. 무력통일의 사례로는 베트남의
통일과 예멘의 2차 통일을 들 수 있다. 평화통일은 다시 이질적인 체

제가 정치적 합의에 의해 통일을 이룩하는 방식과, 한 체제가 무너지면서 다른 체제에 흡수되는 방식으로 나눌 수 있다. 이질적인 체제가 정치적 합의에 의해 통일을 이룰 수 있느냐는 의문이 들겠지만 예멘의 1차 통일이 이런 방식으로 이뤄졌기 때문에 이 같은 개념을 설정한 것이다. 물론 예멘의 1차 통일은 실패로 끝났다. 한 체제가 무너지면서 다른 체제에 흡수되는 방식은 붕괴되는 체제에 통치력을 가진 정부가 존재하는 경우와 붕괴되는 체제가 아예 무정부상태의 혼란에 빠지는 경우로 분류해 볼 수 있다. 붕괴되는 체제에 통치력을 가진 정부가 존재했던 경우는 독일의 사례를 들 수 있다. 붕괴되는 체제가 무정부상태라면 통일을 위해서는 치안 확보 차원의 군사작전이 필요해지게 된다. 이상의 논의를 도식화하면 〈그림 2〉와 같다.

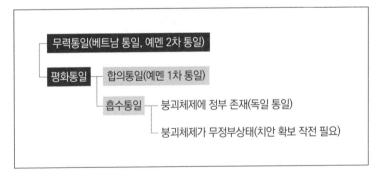

〈그림 2〉 하드랜딩 통일의 유형

무력통일

무력통일이란 전쟁을 통해 통일을 이루는 경우이다. 베트남의 경우 17도선을 경계로 북쪽에는 공산정부, 남쪽에는 민주정부가 존재했다. 이 상태에서 남베트남의 공산화를 방지하기 위해 미국, 한국 등이 참전했지만 원하는 성과를 거두지 못한 채 결국 남베트남에서 철수했고 1974년 북베트남이 전면공격을 실시해 1975년 4월 남베트남을 무력으로 점령하면서 공산화 통일이 달성됐다.

예멘의 2차 통일 역시 무력에 의한 통일이다. 이슬람 중심의 자본주의 체제인 북예멘과 사회주의 체제인 남예멘은 협상을 통해 1990년 5월 통일을 선포했지만 남북 예멘의 화학적 결합은 이뤄지지 않았다. 군의 지휘 체제도 이원화된 상태였다. 결국 통일 4년만인 1994년 4월 남북 예멘의 군대가 충돌해 약 8백 명의 사망자가 발생하는 내전 상태에 들어갔으며, 남예멘 지도부가 다시 분리독립을 선언했으나 상비병력에서 우세했던 북예멘군이 남예멘군을 물리치고 승리하면서 무력에 의한 재통일이 이뤄졌다.

1950년 한국전쟁 또한 무력에 의한 통일 시도이다. 북한은 기습 남침으로 남한을 무력으로 점령해 통일하려 했지만 미국 등 유엔군의 참전과 국군의 반격으로 성공을 거두지 못했다.

무력통일은 막대한 인명과 재산 피해를 발생시킨다는 점에서 피해야 할 통일 방법이다. 현실성으로 보더라도 한미 동맹을 바탕으로 남한이 안보태세를 확실히 하고 있는 한 북한이 남침을 감행하지 못할 것이며, 남한이 무력 통일을 위해 먼저 북침을 실행할 가능성은 없으므로 실현 가능성이 거의 없는 방안이라고 볼 수 있다.

하드랜딩 평화통일① – 합의통일

이질적인 체제가 정치적 합의에 의해 통일을 이룬 경우는 예멘의

1차 통일이다.[21] 자본주의 체제인 북예멘과 사회주의 체제인 남예멘은 분단 기간 동안 1972년과 1979년 두 번이나 남북전쟁을 치를 정도로 적대관계였지만 1990년 전격적으로 통일을 선포했다.

남북 예멘의 통일에 영향을 준 것은 국제정세의 변화와 경제적 이익, 아랍연맹의 중재 노력 등이다. 구소련의 영향권에 있던 남예멘은 1980년대 말 고르바초프가 개혁 개방 추진을 요구하고 군사, 경제적 원조를 감축하면서 생존을 위해 북예멘 및 서방진영과 협력을 추진할 수밖에 없는 상황에 놓이게 됐다. 북예멘의 경우 핵심 원조국인 사우디아라비아의 영향권에 있었는데 사우디는 북예멘을 장악한 부족 세력에 재정을 지원하며 남북 예멘 간 통합을 견제하고 있었다. 이러한 사우디의 영향력은 1987년 이후 북예멘이 석유수출을 통해 재정 능력을 어느 정도 확보하면서 줄어들었고 이는 통일에 긍정적 요인이 됐다.

여기에다 남북 예멘의 국경 지대에서 발견된 50억 배럴 규모의 대규모 유전은 통일의 욕구를 높이는 요인으로 작용했다. 경제적 어려움을 겪고 있던 남북 예멘인들에게 국경지대의 공동개발을 통해 경제적 위기를 극복해야 한다는 인식을 불러일으킨 것이다. 이 밖에 아랍연맹의 지속적인 중재 노력 또한 예멘 통일에 긍정적으로 작용했다.

1988년 남북 정상회담을 통해 통일논의를 본격화한 예멘은 1989년 11월 '통일정부에 관한 협정'을 체결했고 1990년 5월 22일 통일을 선포했다. 대통령은 북예멘이 부통령은 남예멘이, 국방장관은 남예멘이 참모총장은 북예멘이 맡는 식의 권력배분이었다. 남북 예멘이 대체로 1 대 1로 권력을 양분하기로 했지만, 실질적으로 국력의 우위에 놓여 있던 북예멘이 대통령평의회 위원 5명 중 대통령을 포함한 3명을, 각료 39명 중 20명을, 통일의회 의원 270명 중 159명을 가져가는 북예멘 주도의 통일이기도 했다.

하지만 이러한 정치적 통일은 다른 부문의 통합으로 이어지지 못했다. 먼저 물리력을 가지고 있는 군의 경우 통일 이후에도 남북 예멘군이 별도의 지휘를 받으면서 별개의 조직으로 활동했다. 군복도 기존의 복장을 계속 착용할 정도였다. 사회적으로도 이슬람 정신이 통합의 기조가 되면서 남북 예멘 주민 간 갈등을 심화시켰다. 북예멘의 보수주의자들은 모든 법의 근원으로 이슬람 율법을 강조했지만 남예멘에서는 중산층을 중심으로 불만이 제기됐다. 이슬람권에서 허용되는 일부다처제와 여성에 대한 사회활동 제한, 음주 허용 문제 등을 둘러싼 갈등이었다. 특히 통일 예멘에서 가장 교육 수준이 높았던 남예멘의 아덴 주민들은 북예멘 보수주의자들의 주장에 반감이 심했다. 그러나 남북 예멘의 지도자들은 권력배분에만 관심을 가졌을 뿐 사회통합에 대해서는 별로 신경을 쓰지 않았다. 결국 이렇게 겉돌던 통일은 무력충돌로 이어지면서 예멘의 1차 통일은 실패했다.

예멘의 1차 통일이 합의에 의한 통일이었음에도 하드랜딩 통일 사례에 포함시킨 것은 점진적인 통합과정을 통해 통일의 충격을 최소화한 것이 아니라, 정치적 협상에 의해 이질적인 사회 체제를 일거에 결합시킴으로써 통일의 충격이 그대로 전달되도록 했기 때문이다. 그러한 충격은 통일이라는 틀이 견뎌내지 못할 정도로 강력했고 통일은 실패했다.

예멘의 1차 통일 실패에서 보듯 사회통합에 대한 노력 없이 정치적인 협상만으로 적대적인 두 개의 체제가 하나로 통일되지는 않는다. 마찬가지로 북한의 통일방식인 '고려연방제'가 1국가 2체제를 내세우며 남북의 제도와 사상을 그대로 둔 채 정치적 타협에 의한 통일을 추구하고 있으나 가능하지 않은 통일방식이라고 볼 수 있다. 제도와 사상이 다르고 적대감이 여전히 남아 있는 지금의 남북 상황에서는 정치적 협상에 의한 합의통일은 가능하지 않다.

하드랜딩 평화통일② – 흡수통일

하드랜딩 방식의 평화통일 가운데 흡수통일은 한 체제가 무너지면서 다른 체제에 흡수되는 방식이다. 여기에는 붕괴되는 체제에 정부가 존재해 질서가 유지되는 경우와 붕괴되는 체제가 아예 무정부상태의 혼란에 빠지는 경우로 나눠볼 수 있다.

먼저, 붕괴되는 체제에 통치력을 가진 정부가 존재하는 경우이다. 독일 통일이 이 경우의 대표적인 사례라고 볼 수 있다. 베를린 장벽 붕괴 이후 동독은 서독으로 흡수통일되는 경로를 밟게 되지만 동독 정부가 서독과의 통일협상을 진행해 통일작업을 마무리했다. 이때 통일작업을 진행한 동독 정부는 과거의 공산정권이 아니라 1990년 3월 동독 최초의 자유 총선을 통해 수립된 정부였다. 동독 체제가 붕괴돼 서독으로 흡수되는 작업이 진행됐지만, 통일의 시점까지 동독에 통치력을 가진 정부가 존재함으로써 질서 있는 통일작업이 이뤄졌던 것이다.

하지만 붕괴되는 체제에 정부가 사라져 내전 등 무정부상태의 혼란에 빠질 경우 통일작업은 상당한 난관에 봉착하게 된다. 통일협상을 수행할 주체가 없기 때문이다. 이 경우 통일은 붕괴된 체제의 치안을 확보하기 위한 군사작전을 통해 해당 지역에 대한 통치력을 획득하는 문제로 전환된다. 불가피하게 군이 투입되고 다소간의 무력 충돌이 있을 수도 있지만, 이 경우를 평화통일의 범주에 포함시킨 것은 치안 확보 작전이 전면적인 전쟁의 상황으로 이어지지는 않을 것이라고 보기 때문이다.

6

범인의 얼굴에서
뒤늦게 발견한 범죄요소

김일성 세습독재는 언제까지

최고지도자가 절대적 권력을 행사하는 왕조적 전체주의 국가인 북한.
김일성 일가의 세습독재는 앞으로도 영구히 계속될까? 북한 전문가
들 중에는 지금의 북한 체제가 절대 무너지지 않는다고 말하는 사람
들도 있다. 역사상 어느 정권에 비하더라도 김일성 일가의 권력을 유
지하기 위한 제도와 조직이 철저하게 구비돼 있으며, 권력기관들이
서로가 서로를 견제하게 만듦으로써 김 씨 일가를 제외하고는 누구도
감시에서 자유롭지 못한 감옥 같은 국가를 만들어놓았기 때문이다.

실제로 지금 현재 김 씨 일가의 집권에 이상 징후는 없다. 김정은의
권력은 확고하며 어느 누구도 이에 도전할 기미조차 보이지 않는다.
적어도 지금 시점에서 김일성 일가의 3대 세습 체제는 확고하게 작동
하고 있는 것으로 보인다.

하지만 보다 장기적으로 전망해 보자. 앞으로도 계속 김일성 일가

가 세습에 세습을 계속하면서 몇백 년씩 왕조적 전체주의 체제를 유지할 수 있을까?

고려나 조선처럼 북한도 왕조 체제로 몇백 년씩 지속될 수 있지 않겠느냐는 질문을 던져볼 수 있겠다. 역사적으로 보면 세습왕조 국가가 실제로 장기간 존속했기 때문이다. 하지만, 시대가 바뀌었다. 21세기의 시점에서 봉건 시대 같은 왕조 체제는 장기간 지속될 수 없다.

고려나 조선이 왕조 체제로 몇백 년씩 지속될 수 있었던 것은 당시가 왕조 체제의 시대였기 때문이다. 왕이 절대권력으로 나라를 다스리고 신하는 그런 군주를 위해 목숨을 바치는 것이 당시에는 시대의 진리였다. 당시에는 진리와도 같았던 절대적 왕조 체제를 모든 사람들이 믿고 따랐기 때문에 그 당시 왕조 체제가 유지되는 것은 너무나도 당연했다.

하지만, 지금은 세습왕조 체제라는 것을 찾아보기 힘들게 됐다. 전세계적으로 독재국가들이 존재하지만 권력을 2대, 3대까지 세습하는 국가는 찾아보기 힘들다. 더구나 지금은 전 세계의 정보가 하나로 유통되는 시대인 만큼, 북한이 아무리 폐쇄 체제를 고수한다 하더라도 왕조적 전체주의 체제를 몇 대에 걸쳐 장기간 지속하는 것은 가능하지 않다. 북한이 3대 70여 년간 김일성 일가의 독재 체제를 유지해왔지만, 이런 체제가 향후에도 몇 백년간 지속된다는 것은 가능하지 않은 것이다. 김 씨 일가의 세습독재 체제는 시기가 언제냐가 문제일 뿐 결국에는 종언을 고할 수밖에 없다.

김일성 일가의 세습독재가 지금은 이상 없이 작동되고 있지만 장기적으로 계속될 수 없는 것이라면, 그 중간 어디쯤에서인가 세습독재가 무너지는 시기가 있을 것이다. 그 시기가 언제가 될지 정확히 예측할 수는 없지만, 여기서는 어떤 상황에서 세습독재에 변화가 시작될 것인지에 대해 간략히 살펴보기로 하겠다.

세습독재 붕괴의 지점

김일성 일가의 세습독재는 언제쯤 붕괴될까? 세습독재를 가능하게 하는 북한 체제의 내구력이 수명을 다할 때일 것이다. 그렇다면 세습독재를 지속시키는 체제의 내구력은 어디에서 비롯되는가?[22]

왕조적 전체주의 국가인 북한 체제를 유지시키는 가장 직접적인 내구력은 폭압적 통치기구들을 통한 물리적 억압이다. 시장이 확산되면서 경제 영역에서의 자율성은 많이 신장되었다고 하나 정치적인 이견, 특히 김 씨 일가에 대한 문제 제기는 조금도 허용되지 않고 있다. 김 씨 일가에 대한 충성심을 의심받는 사람들은 목숨을 부지하기 힘든 것은 물론이고 가족과 친척들까지 정치범수용소로 끌려가는 패가망신을 각오해야 한다. 사회안전성과 국가보위성 등 억압기구들이 세습독재 유지의 전면에 나서고 있고, 아직까지 이에 저항하는 움직임들이 표면화되고 있다는 징후는 없다.

물론, 이런 물리적인 억압만으로 북한 체제가 유지되는 것은 아니다. 물리적 억압이 강제 수단에 의한 체제유지 방법이라면, 자발적으로 체제에 순응하게 하는 방법도 사용되고 있다. 특히 수령을 절대우상화하면서 수령에 대한 절대충성을 강조하고 '아버지 수령-어머니 당-인민대중'의 삼위일체를 주장하는 북한판 종교식 선전 논리는 외부에서 보기에는 허무맹랑한 소리로 들릴지 몰라도 북한 내부의 결속력을 유지하는 데에는 어느 정도 효과를 발휘하고 있다. 최고지도자가 현지지도를 가거나 무대에 등장했을 때 이를 바라보는 북한 주민들 중 일부가 감격에 겨워 눈물을 흘리기까지 하는 모습은 우리가 보기에는 이해가 안 가는 행동이지만 북한 주민들에게는 일상적인 행동 중 하나인 것이다.

북한 당국의 이러한 사상교육이 모든 주민들에게 먹혀드는 것은 아니다. 탈북민들의 증언에 따르면, 나이가 들어갈수록 북한 당국의 황당한 사상교육에 염증을 느끼게 된다고 한다. 하지만 사회 전체가 최고지도자에 대한 절대적인 우상화에 동원되고 있는 상황이라면, 누구라도 감히 이에 저항하기는 쉽지 않다. 김일성 일가에 대한 우상화·신격화는 김일성 일가의 권력을 공고히 하는 데 기여하며 세습독재 체제의 내구력을 강화하는 데 도움을 주고 있다.

여기에다 김 씨 일가의 능란한 통치력은 3대 세습이 지금까지 확고하게 유지되는 데 기여했다. 김일성은 해방 이후 북한 내에 경쟁적 파벌을 물리치고 안정적 권력을 확보하는 권력투쟁 능력을 발휘했고, 김정일은 자신으로의 권력 승계를 위해 김일성을 절대우상화하고 북한을 김일성의 사상이 아니면 '보지도 듣지도 말지도 말라'는 감옥 같은 나라로 만들었다. 북한으로서는 불행한 일이었지만 김 씨 일가의 권력 유지라는 측면에서는 탁월한 능력을 발휘한 것이다. 김정은 또한 권력의 2인자라는 것이 무의미할 정도로 주변 인물들에 대한 주기적인 숙청과 재등용을 통해 자신에 대한 절대적인 충성을 유도하는 권력 운용 능력을 발휘하고 있다. 2013년 12월 고모부 장성택의 숙청은 권력에 해가 되는 경우 친인척이라 해도 좌시하지 않겠다는 확실한 메시지를 북한 권력층에 보여줌으로써 김정은으로의 절대권력 확립에 기여했다.

그렇다고 해도 김일성-김정일-김정은 3인의 능력만으로 세습독재 체제의 내구력이 보장되는 것은 아니다. 이들을 보좌하는 북한 엘리트 계층의 협조가 있기에 북한 체제의 지속이 가능하다. 폭압적 통치기구들의 물리적 억압, 김 씨 일가에 대한 절대우상화 작업들도 엘리트 계층의 협조 없이는 불가능하다.

북한 엘리트 계층은 왜 세습독재의 유지에 협조하는가? 언제 숙청될지 모른다는 공포심 때문일까? 숙청의 공포심도 한 몫을 하고 있겠지만, 이들이 운명공동체라는 인식을 갖고 있기 때문이다.

독재자들이 정권을 유지하는 비결은 정권을 지지하고 있는 엘리트들의 충성을 유지시키는 데 있다. 국가에 한정돼 있는 물질적 자원과 특권을 소수 엘리트들에게 배분함으로써 이들이 독재자를 지지하게 만드는 것이다. 독재자와 이런 소수 엘리트들을 합쳐 '지배연합'이라 부르기도 하는데, 이들은 국민들의 빈곤과 기아를 해결할 능력은 없지만 물리력을 이용해 국민들의 저항을 억누르고 권력을 유지할 능력은 가지고 있다. 독재자가 무너지면 소수 엘리트들의 특권도 사라진다는 점에서 이들은 운명공동체인 것이다. 북한의 경우 지배연합의 규모를 축소시킨 소규모 지배연합을 통해 권력과 부를 독점하고 세습독재를 유지하는 것으로 평가되고 있다. 김 씨 일가와 이를 둘러싼 소규모 지배연합의 운명공동체 의식이 강력한 체제 내구력으로 작용하는 것이다.

결국, 세습독재의 붕괴는 이러한 지배연합이 허물어질 때 발생한다. 북한 권력층 내부에 분열이 발생할 때 세습독재 붕괴의 씨앗이 잉태되는 것이다.

예일대 정치학과 교수인 스볼릭Milan W. Svolik의 분석도 이런 관측을 뒷받침한다. 스볼릭이 독재자들을 연구한 바에 따르면 1946~2008년 사이에 하루 이상 집권한 316명의 독재자 가운데 축출 방법이 확인된 303명은 다음과 같은 방식으로 권력을 잃었다. 쿠데타정권 내부자에 의한 제거 205명(68%), 민중봉기 32명(11%), 민주화를 위한 대중의 압력 30명(10%), 암살 20명(7%), 외국의 개입 16명(5%) 등의 순이다. 여기에서 알 수 있듯이 다수의 독재자들은 민중봉기보다는 독재자의 주변에 있던 정권 내부자에 의해 제거되었다.[23]

북한도 스볼릭이 분석한 일반적인 사례에 해당할 가능성이 높다. 앞서 살펴보았듯이 북한에서 시민혁명은 거의 불가능한 만큼, 김 씨 일가의 세습독재 붕괴는 내부 분열에서 비롯될 수밖에 없다. 북한의 지배연합이 허물어질 때 변화가 시작되는 것이다.

지배연합은 어떻게 허물어지는가

독재자의 지배연합이 무너지는 가장 일반적인 방법으로 생각해 볼 수 있는 것은 쿠데타이다. 군대라는 물리력을 가진 집단이 독재자에게 반기를 들어 독재자를 권좌에서 끌어내리면 독재자와 공생했던 기존 지배연합은 일거에 붕괴된다.

하지만 북한에서 쿠데타의 가능성은 높지 않다. 북한의 군대는 당에 의해 철저히 통제되고 있기 때문이다. 북한군의 당조직을 총괄하는 총정치국은 중대 단위까지 정치지도원을 파견해 군이 혹시라도 다른 마음을 먹고 있지 않은지 샅샅이 감시하고 있다. 쿠데타가 가능하기 위해서는 일정 규모의 군부대가 중앙의 감시를 벗어나서 병력을 동원할 수 있어야 하는데, 북한에서 이런 일은 불가능하다.

북한 내 지배연합의 붕괴는 최고지도자의 변고로부터 생길 가능성이 높다. 김정일이 말을 타다 떨어져 크게 다쳤던 것처럼 김정은도 불의의 사고를 당하거나, 김정일이 뇌졸중으로 쓰러져 마비 증세를 보이다 3년여 만에 세상을 떠났던 것처럼 김정은에게 심각한 건강이상 증세가 생길 수도 있다. 김정은은 2010년 처음으로 모습을 드러냈을 때와 비교해 보면 갈수록 체중이 불어나는 모습이다.

최고지도자의 신상에 이상이 생긴다면 운명공동체 의식을 갖고 있는 북한 엘리트들은 가급적 다른 구심점을 찾기를 원할 것이다. 이를테면 백두혈통의 일원이며 김정은의 여동생인 김여정이나 김정은의 형인 김정철이 대체재가 될 수도 있을 것이다. 하지만, 대체재로 부상한 사람이 후계자로서의 능란한 권력행사 능력을 보여주지 못한다면 지도자에 대한 신뢰가 저하되고 지배연합은 위기에 처하게 된다. 엘리트들이 자신들의 미래에 대해 확신을 가지지 못하면서 분열할 가능성이 생기는 것이다.

최고지도자가 별다른 사고나 건강이상 없이 수명을 마친다 해도 지배연합의 위기 가능성은 존재한다. 후계자로 지정되는 사람이 지배연합을 이끌어 갈 정도의 능력을 가지고 있는지 확신할 수 없기 때문이다. 김정은의 아들과 손자 대대로 세습이 추진된다고 할 때 4대 세습, 5대 세습의 후계자들이 역량 있는 권력자의 모습을 보여줄지는 불투명하다. 세습은 많은 인력풀 중에 능력 있는 사람을 골라 후계자로 선택하는 방식이 아니라, 최고지도자의 자식이라는 한정된 인력풀 안에서 후계자를 선택하는 작업이기 때문이다. 때문에, 세습독재에서 지배연합의 위기 가능성은 권력자가 교체될 때마다 발생한다.

이 밖에도, 북미 군사충돌 위기 같은 극도의 대외 갈등 상황 속에서 내부 배신자가 나오거나, 숙청의 운명을 예감한 고위권력자가 최고지도자에 대한 최후의 저항을 시도할 가능성, 김정은 정권이 과감한 개혁을 시도하다 내부 엘리트 간 분열을 초래할 것이라는 가설 등이 있긴 하지만, 지금 시점에서 어느 것 하나 명쾌하게 북한 세습독재의 붕괴를 예견할 수 있는 것은 없다. 어쩌면 지금의 북한 체제가 앞으로도 상당기간 지속될 가능성이 높다는 것이 현실적인 진단일 수도 있다.

하지만, 역사적으로 독재와 권위주의 체제의 몰락은 언제나 갑자기 찾아왔다. 프랑스 혁명, 러시아 혁명, 구소련과 동구권의 붕괴는 주변 사람들 뿐 아니라 혁명의 당사자들도 놀라게 했다. 체포된 범인의 얼굴에서 다양한 범죄적 요소들을 쉽게 발견하지만 체포되기 전까지는 그가 범인이라는 사실을 전혀 알아채지 못한다는 어느 학자의 말처럼, 독재와 권위주의 체제의 몰락 징후는 학자들에 의해 대개는 사후적으로 설명돼 왔다. 체제가 이미 무너지고 난 뒤 다시 살펴보니 몰락의 징후들이 예전부터 있었다는 것이고, 이를 이론으로 정리하면서 '그렇게 될 줄 알았다'는 뒤늦은 지혜를 정립하는 것이다.[24] 역사의 전개는 지금 우리가 생각하는 수준을 뛰어넘을 수 있다는 점에서 우리는 겸허해져야 한다.

김일성 일가 이후 북한 권력은 누가 잡을 것인가

김일성 일가의 집권이 언젠가는 끝나게 된다면 그 이후의 권력은 누가 잡게 될까?

세습독재가 끝난다는 것은 김 씨 일가와 그를 둘러싼 엘리트 간의 운명공동체가 허물어진다는 것으로 기존 권력층 내부에 균열이 발생한다는 뜻이다. 권력층의 균열은 통제 체제를 이완시킴으로써 시민혁명의 공간을 열어줄 수 있지만 북한에서 시민혁명이 일어나기 어렵다는 점은 앞서 살펴본 바 있다.

아래로부터의 혁명 가능성이 없다면 김 씨 일가 이후의 북한 권력은 위로부터 생성될 가능성이 높다. 위로부터 권력이 생겨난다는 것은 권력층 내부에서 차기 권력이 생성된다는 것으로, 기존 지배연합 내에서 권력투쟁의 승리자가 후계자로 정해질 가능성이 높다는 것이다. 동구 사회주의권 국가 가운데 북한과 가장 비슷한 체제였던 루마니아의 사례를 참고해 보자.[25]

앞서 살펴보았듯이 루마니아는 동구 사회주의권 국가 가운데 저개발 국가였고 국민들도 민주주의의 경험을 갖고 있지 않았다. 차우셰스쿠 집권 이후에는 북한과 같은 왕조적 시스템도 더해져 차우셰스쿠 개인에게 모든 권력이 집중됐으며 아들로의 세습까지 거론되고 있었다. 이런 루마니아의 차우셰스쿠 정권이 몰락한 것은 1989년 동구권 민주화의 물결 때문이었는데, 차우셰스쿠의 뒤를 이어 루마니아에서 정권을 잡은 쪽은 일리에스쿠를 중심으로 한 '구국전선' 세력이었다.

그렇다면, '구국전선'은 차우셰스쿠에 반대하던 세력이었을까? 그렇지 않다. '구국전선'의 실세 그룹은 공산주의자들과 군인들로 차우셰스쿠 정권과 깊은 연계를 가지고 있는 인물들이었다. 차우셰스쿠 정권이 대중시위로 무너진 만큼 그와 연계된 세력들은 퇴진하고 새로운 사회를 건설할 세력들이 정권의 전면에 등장하는 것이 순리였겠지만, 차우셰스쿠 이후의 권력도 차우셰스쿠 정권과 깊은 연계를 가지고 있던 세력들이 다시 잡는 희한한 상황이 발생한 것이다.

왜 이런 일이 발생했을까? 루마니아에는 차우셰스쿠에 반대하는 반체제 세력이라는 것이 존재하지 않았기 때문이다. 김대중이나 김영삼처럼 민주화 운동을 주도하며 새로운 시대의 구심점이 될 야당 정치인이나 세력이 존재하지 않았던 것이다.

'구국전선'이 권력을 잡을 수 있었던 것은 루마니아 국민들의 변화 열망을 대변했기 때문이 아니라, 조직화된 야당 세력이 없던 권력 공백기에 스스로 지도부를 자처하고 나섰기 때문이었다. 애석하게도 이러한 구공산계 인사들이 루마니아에서 유일한 정치엘리트 그룹인 것도 사실이었다. 이들은 차우셰스쿠 정권에서 가장 비난받던 정책들을 일부 수정했지만 기본적으로 구공산주의 관료 체제를 재생시켰다. 루마니아 혁명이 '사이비 혁명'이었으며 혁명이 '납치'됐다는 비판이 나오는 이유이다.

그러나 루마니아 국민들은 이들의 집권을 지지했다. 1990년 5월 선거에서 '구국전선'은 의회의 66%를 차지했고 일리에스쿠는 85%의 지지율을 획득해 압도적으로 대통령에 당선됐다. 민주주의를 경험해 보지 못했던 루마니아 국민들은 민주화를 위한 준비가 돼 있지 않았고 현실적으로 별다른 대안도 없었다.

북한도 루마니아처럼 김 씨 일가 정권이 무너진다고 해서 전혀 새

로운 세력이 등장하기는 힘들다. 김 씨 정권을 대체할 만한 야당 세력
이 아예 존재하지 않기 때문이다. 김 씨 일가의 세습 독재가 무너진
이후의 권력은 기존 지배연합 내에서 생성될 가능성이 크다. 2020년
의 시점에서 보자면 최룡해정치국 상무위원, 국무위 제1부위원장나 조직지도부
장, 선전선동부장 같은 당의 주요 인사, 혹은 총정치국장이나 총참모
장, 국가보위상 같은 군부나 보위 부문의 핵심인사 가운데 누군가가
세력을 모아 권력을 잡을 가능성이 큰 것이다.

이러한 권력 이양에 대해 북한 주민들의 별다른 저항도 없을 것이
다. 북한 주민들에게 권력이란 국민에게서 나오는 것이 아닌 권력자
들이 으레 나눠가지는 것으로 인식되고 있기 때문이다. 과거에 비해
변화가 생기길 기대하겠지만 그러한 변화가 민주화와 연관된 것이어
야 하는지에 대한 인식도 미비할 것이다. 북한 주민들은 민주주의가
무엇인지 경험해 본 적이 없기 때문이다.

돌이켜보면 우리나라의 민주주의도 어느 한순간 갑자기 얻어진 것
이 아니다. 제도로서의 민주주의 도입과는 별개로 우리 국민들 사이
에 민주주의에 대한 인식이 생기고 그것이 현실화되기까지는 오랜 시
간과 함께 4·19 혁명, 5·18 광주 민주화 운동, 6·10 민주 항쟁 같은 많
은 노력들이 있어야만 했다. 김일성 일가의 세습 정권이 무너진다고
해서 북한에 바로 민주주의가 도입되기는 어려운 것이다.

김 씨 정권이 무너진 직후 권력을 잡을 사람은 기존 권력층 가운데
한 사람이 되겠지만, 이 권력자가 보수 강경 성향의 사람일지 개혁 개
방 옹호론자일지 현재로선 예측하기 힘들다. 절대권력이 사라진 혼돈
기에 권력을 잡는 데는 군부 장악력과 정치적 수완 등 권력투쟁 능력

이 중요하지 정치적 성향이 중요한 것은 아니기 때문이다.

하지만 만약 보수 강경파가 정권을 잡게 될 경우 그 정권은 오래 가지 못할 가능성이 크다. 김 씨 일가 이후의 집권자는 북한 권력의 가장 큰 정통성 요소였던 '백두혈통'을 주장할 수 없기 때문에 집권의 정통성을 선전할 다른 요소를 찾아야 하는데, 이는 북한 주민들의 삶의 질 향상일 수밖에 없고 이를 위해 개혁 개방은 필수적이다. 새로운 집권자가 '백두혈통'이라는 정통성을 주장하지도 못하면서 보수 강경 정책으로 북한 주민들의 삶의 질 향상도 이뤄내지 못할 경우 불만은 고조되고 머지않은 시기에 다른 세력의 도전을 받게 될 가능성이 높다. 결국에 가서는 개혁 개방을 내세우는 인물이 새로운 권력자로 등장할 가능성이 높은 것이다. 이런 의미에서 본다면 김 씨 일가 이후의 권력자는 기존 지배연합에서 나오지만 기존 지배연합에서 행했던 정책과는 차별화된 정책을 취할 수밖에 없는 상황에 놓이게 될 것이다.

다만, 고려시대 정중부의 무신정변 이후 최충헌이 정권을 잡을 때까지 권력자가 계속 바뀌는 혼란이 계속됐던 것처럼 북한에서도 안정적인 집권자가 등장할 때까지 과도기적인 혼란이 계속될 가능성이 있다. 중요한 것은 과도기에 등장할 수 있는 보수 강경 세력들이 불안정한 권력을 유지하기 위해 대외적인 도발을 선택하지 못하도록 우리 정부가 확고한 대비태세를 갖춰야 한다는 것이다. 북한에 어떤 정권이 등장하든 도발에는 강력히 응징하겠다고 경고하면서 개혁 개방으로 나오면 충분한 인도, 경제적 지원을 제공하겠다고 유인해 북한 정권이 도발을 포기하고 개혁 개방으로 나오도록 유도해야 한다.

7

미국이 60만 사망자를 내고 얻은 것은

한반도 통일 방식 (1)

이제 하드랜딩 통일의 방식에 대해 본격적으로 논의할 때가 되었다. 통일 방식을 논의하는 이유는 남북한이 하나의 국가로 통일된다고 할 때 여러 가지 형태의 방식을 생각해 볼 수 있기 때문이다. 여기에는 통일로 가기 위한 중간단계로서의 의미를 가지는 것도 있고 그 자체가 통일인 형태도 있는데 각각의 형태가 가지는 의미는 조금씩 다르다.

먼저 여기서 등장하는 네 가지 개념을 간단히 소개하겠다. 남북연합과 국가연합, 연방제, 중앙집권국가이다. 남북연합은 우리 정부의 통일방안에 등장하는 개념으로 통일로 가는 중간과정에서 형성되는 과도적 체제를 말하는데 일반화된 개념은 아니다. 국가연합은 개별 국가들이 주권을 보유한 채 일부 권한을 초국가기구에 양도한 형태인데 대표적인 것이 유럽연합이다. 연방제는 개별 구성국들이 상당한 자율권을 행사하면서도 아예 하나의 나라로 통일된 경우로 대표적인 것이 미국이다. 중앙집권국가는 우리나라처럼 중앙정부가 절대적인 권력을 행사하는 경우이다.

'남북연합'과 우리 통일방안

남북의 통일을 이루기 위한 방안은 역대 정부에서 꾸준히 제시되어 왔지만, 단계적 차원의 통일 개념이 등장한 것은 노태우 정부에서 부터이다. 노태우 정부는 '한민족공동체통일방안'에서 '남북연합'이라는 단계를 처음으로 공식화하면서 남북대화-남북연합-통일국가라는 3단계 통일방안을 제시했다. ①남북대화를 추진해 신뢰회복을 기해나가는 가운데 남북정상회담을 통해 민족공동체헌장을 채택하고, ②남북의 공존공영과 민족사회의 동질화, 민족공동생활권 형성 등을 추구하는 과도적 통일 체제인 남북연합을 거쳐 ③통일헌법이 정하는 바에 따라 총선거를 실시해 통일국회와 통일정부를 구성함으로써 완전한 통일국가인 통일민주공화국을 수립한다는 것이다.

김영삼 정부의 '민족공동체통일방안'은 '한민족공동체통일방안'의 1단계를 좀 더 구체화해 화해협력-남북연합-통일국가라는 통일방안을 제시했다. 둘 다 모두 남북의 분단이 오래돼 이질화가 심화된 만큼, 과도적 통일 체제인 남북연합 단계를 설정해 점진적이고 단계적인 통일 방안을 제시한 것이 특징이다.

그렇다면, 여기서 제시된 남북연합은 어떤 단계를 말하는가? 김영삼 정부의 '민족공동체통일방안'이 기본적으로 '한민족공동체통일방안'을 계승한 것이므로 '한민족공동체통일방안'에서 설명하고 있는 남북연합의 의미를 살펴보자.

노태우 정부가 제시한 남북연합은 완전한 통일국가로 가는 중간과정에서 잠정적으로 형성되는 과도적 통일 체제로 규정된다. 남과 북에 서로 다른 두 체제가 존재하고 있다는 현실을 바탕으로 서로가 서로를 인정하고 공존공영하면서 민족사회의 동질화와 통합을 촉진해나가는 단계이다.

분단이 길어지면서 남북 간 이질화가 심화된 만큼, 남과 북을 한꺼번에 합치는 것이 아니라 남북연합이라는 과도적 단계를 거쳐 통일을 이룩한다는 것으로 과거에 비해 진일보한 접근 방식이다. 남북연합이라는 과도적 단계를 통해 교류와 협력을 증진시켜나가다 보면 자연스럽게 통일의 길로 갈 수 있지 않겠느냐는 생각을 해 볼 수도 있다.

남북연합을 구성하는 구체적인 기구로는 최고 의사결정기구로 남북의 수뇌가 만나 상의하는 '남북정상회의'가 있고, 쌍방 정부 대표로 구성되는 '남북각료회의'와 남북 국회의원들로 구성되는 '남북평의회'가 존재한다. '남북각료회의'는 남북의 총리를 공동의장으로 해 각각 10명 안팎의 장관급 위원들로 구성되며, 이 각료회의 안에 정치, 외교, 경제, 군사, 사회, 문화 등 각 분야별 상임위원회가 구성돼 남북 간 해결되어야 할 모든 문제들이 협의될 것이라고 한다. '남북평의회'는 남북의 국회의원 중에서 같은 수를 뽑아 모두 100명 내외로 구성하며 통일헌법을 만드는 일 외에 통일을 구체적으로 실현할 방안과 절차를 마련하는 일을 하게 된다. 또, 이 같은 업무를 행정적으로 지원하기 위한 실무기구로 공동사무처를 둔다는 것이 남북연합의 개념이다.[26]

국가연합과 연방제

노태우 정부가 제시한 남북연합의 개념에 대해 살펴봤지만, 남북연합이 통일 단계에서 갖는 의미를 보다 명확히 파악하기 위해 일반론적 의미의 국가연합과 연방제에 대해 살펴볼 필요가 있다.[27] 남북연합은 기본적으로 국가연합이라는 형태의 통일론에 기반하고 있는데, 남북연합과 국가연합의 개념에는 중요한 차이점도 존재한다.

국가연합이란 개별 국가들이 각자의 주권을 보유하면서도 조약을 통해 일부 권한을 초국가기구에 양도하는 형태를 말한다. 국가연합 구성국들이 합의에 의해 기구를 창설하고 그 기구에 구성국들의 일부 권한을 위임한 것이다. 예를 들어, A국가와 B국가가 조약을 통해 '연합 환경관리위원회'라는 기구를 구성하고 환경관리에 대한 권한을 이 기구에 이양했다고 하면, '연합 환경관리위원회'가 A국 정부나 B국 정부의 간섭을 받지 않고 독자적으로 활동하면서 A국과 B국의 환경관리 문제를 처리하는 것이다. 여기서 '연합 환경관리위원회'를 초국가기구라고 부르는데, A국과 B국은 환경관리 부분에 한해서는 주권을 이 기구에 이양하게 된다. 다른 분야의 주권은 A국과 B국이 독자적으로 행사하지만 한정된 분야에 한해서만큼은 A국과 B국이 주권의 제약을 받아들이는 것이다.

국가연합의 대표적 사례인 유럽연합EU: European Union 발전 과정에서 만들어진 최초의 초국가기구는 1952년 설립된 '유럽석탄철강공동체 ECSC'였다. 프랑스 외무장관이었던 로베르 쉬망의 제안으로 만들어진 이 기구에는 출범 당시 프랑스, 독일, 이탈리아, 벨기에, 네덜란드, 룩셈부르크 6개국이 참여했는데, 구성국들의 석탄, 철강 산업에 대한 관리권을 위임받았다. ECSC의 중앙기구인 고위관청High Authority에는 구성국들이 석탄과 철강 생산량을 어떻게 하고 가격은 얼마로 할 것인지를 결정하고 이를 위반한 회사들에게 벌금을 부과할 수 있는 권한까지 부여됐다. 석탄과 철강 분야에 한해서는 ECSC의 구성국들이 주권을 초국가기구인 '고위관청'에 이양한 것으로 볼 수 있다.

그러나 국가연합은 한정된 분야에 한해서만 주권을 이양하는 만큼, 국제법상의 주체는 국가연합이 아니라 개별 구성국들이다. 대내적 통치권 또한 전적으로 개별 구성국들이 행사하며 외교와 국방에 관한 권한 역시 개별 구성국들이 가진다. 국가연합 내의 개별 구성국들이 상호 외교사절과 영사를 파견하는 것은 구성국들이 별개의 국가라는 것을 의미한다. 유럽연합 내의 독일, 프랑스, 이탈리아 등이 별개의 국가로 활동하며 독자적인 외교, 국방의 권한을 갖고 각 나라 간 상호 외교관을 파견하는 것을 생각해 보면 국가연합의 성격을 쉽게 이해할 수 있다.

통일론이라는 개념에서 일반적으로 국가연합과 비교되는 대상은 남북연합이 아니라 연방제이다. 연방제는 개별 구성국들이 아예 하나의 국가로 통일된 경우라고 볼 수 있다. 개별 구성국들이 연방결성조약 또는 연방헌법에 기초해 하나의 국가를 만든 형태로 국가연합보다 결합의 수준이 훨씬 강하다.

연방국가는 기본적으로 하나의 국가인 만큼 국제법상의 주체는 개별 구성국이 아니라 연방국가 자체이며 대내적 통치권도 연방국가가 행사한다. 다만 그 구성국들도 입법, 행정, 사법의 권한을 일정 정도 행사하며 상당한 자율권을 가지고 있다. 외교와 국방 권한은 연방국가가 행사하며, 연방국가 내의 구성국 간에 외교사절과 영사를 파견하지는 않는다. 대표적 연방국가인 미국을 생각해 보면 연방제의 특성을 이해하기 쉽다. 미국의 각 주들은 주의회와 주정부, 주법원을 가질 정도로 상당한 자율권을 행사하지만, 국제법상의 주체는 연방정부 하나이며 외교와 국방의 권한 또한 연방정부가 행사한다. 또, 각 주들 사이에 외교관을 파견하지 않는 것도 물론이다.

연방국가가 국가연합보다 결합력이 강하고 보다 큰 안정성이 있는 만큼 국가연합이 연방국가로 발전한 경우를 역사적으로 찾아볼 수 있다. 1781~1787년의 미국이 대표적이고, 1815~1866년의 독일 국가연합도 독일 제국 출범의 토대가 됨으로써 현 독일 연방의 기초가 되었다. 국가연합은 개별 구성국들의 독자성이 강한 만큼 중앙집권국가로 합쳐지기보다는 각 구성국들의 자율성이 최대한 보장되는 연방국가로 합쳐지는 것이 자연스러운 흐름이라고도 볼 수 있다.

하지만, 국가연합이 반드시 하나의 국가로 이행되는 것도 아니며, 연방국가가 되었다고 해서 국가의 안정성이 절대적으로 보장되는 것도 아니다. 독자성이 강한 개별 구성국들의 결합인 만큼, 갈등이 잘 관리되지 않으면 국가연합이든 연방국가이든 언제라도 위기에 처할 가능성이 높다는 것이 역사적으로 실증된 바 있다.

국가연합과 연방의 불안정한 사례들

스웨덴과 노르웨이가 1814년 결성했던 연합국가 체제는 90년 만인 1905년 해체됐다. 스웨덴-노르웨이 연합 체제는 스웨덴이 나폴레옹 전쟁의 승전국으로서 덴마크로부터 노르웨이를 양도받으며 생겨난 것이었다. 다만 노르웨이는 자체의 헌법과 의회를 가지고 자치를 실행하는 등 상당한 자율권을 행사했는데, 스웨덴측에서는 일방적 병합이라고 생각하는 반면 노르웨이측에서는 독립국가 간 자발적이고 대등한 연합임을 강조하는 상황이었다. 구체적인 운영 형태를 보면, 두 나라 연합왕국의 왕은 스웨덴 왕이었고, 스웨덴 왕이 노르웨이 내각에 대한 임명권을 가지고 있었으며, 두 나라의 공동안보와 외교정책에 대한 권한도 스웨덴이 가지고 있었다. 국가연합이라기보다는 스웨덴 우위의 연방국가적 형태에 가깝다고 보는 것이 타당할 것이다.

90년 동안 지속된 연합 체제가 해체된 것은 노르웨이에서 민주주의가 발전하고 경제 사회적 발전과 개혁적 자유주의 세력의 등장으로 독립에 대한 민족주의적 열망이 높아졌기 때문이었다. 스웨덴에게 박탈당한 외교권 문제로 갈등을 겪던 노르웨이는 1905년 의회가 만장일치로 연합 해체를 의결했는데, 스웨덴은 이러한 노르웨이의 평화적 반란을 막지 못했다. 90년 동안이나 계속된 한 나라로의 통합 시도가 실패한 것이다.[28]

미국은 연방국가로 출범한 뒤 내전으로 인해 두 개의 나라로 분리될 뻔했다. 노예제도 문제로 갈등을 겪던 중 남부 7개 주가 분리 독립을 선언했기 때문이다. 1861~1865년 동안 치러진 남북전쟁에서 북군이 승리함으로써 노예 제도가 완전히 폐지되고 미국 연방은 분리되지 않은 채 존속할 수 있게 됐다. 하지만, 연방국가 존속을 위해 남북전쟁에서 사망한 사람은 60만에 달했고 이는 미국이 치른 전쟁 가운데 가장 많은 사망자에 해당하는 것이었다.

20세기 들어 국가 간 통합 시도가 실패한 사례는 아랍 세계에서 찾아볼 수 있다. 이집트와 시리아는 1958년 통일아랍공화국 설립을 선언하고 나세르 이집트 대통령을 초대 대통령으로 선출했다. 두 나라 모두 아랍어를 사용하고 대부분이 이슬람교 신자들이며 아랍민족주의를 지향하고 있었기 때문이었다. 통일아랍공화국은 단일 민주공화국으로 단일 국기를 사용하고 단일 군대를 보유했으며 자체의 입법, 행정, 사법기관을 가지고 있었고, 국민들은 통일아랍공화국에 대해 납세와 병역의 의무를 졌다. 통일아랍공화국이 이집트와 시리아 두 지역으로 구성되고 두 지역에 각각 집행위원회가 설치됐지만, 국가연합으로 보기는 어렵고 연방국가적 형태의 단일국가로 보는 것이 적절할 것이다. 하지만 통일아랍공화국은 1961년 시리아에서 반나세르파가 쿠데타에 성공해 통일아랍공화국 탈퇴를 선언하면서 와해됐다.

1971년 4월 이집트, 리비아, 시리아 3개국이 창설을 선언한 '아랍공화국연합'은 국가연합적 성격이 강한 형태였다. 3개국은 각자 주권을 보유하며, 연합에 이양하지 않은 모든 사항에 대해 독자적으로 행동하고, 각자 자국의 병력을 보유할 수 있었다. 이집트와 리비아는 이를 발전시켜 1973년 9월까지 전면통합을 이룩하기로 합의했으나, 이집트의 대이스라엘 평화협정 추진을 반대해 시리아가 전면통합에 동참하지 않음으로써 이 구상은 성공하지 못했다. 아랍 세계의 통합 시도와 실패는 아랍민족주의의 한계를 보여주는 것이었지만, 국가연합이나 연방 형태의 통합 시도가 만만치 않은 문제임을 보여주는 것이기도 했다.[29]

20세기 말 세계를 놀라게 한 연방 해체 사례는 구소련이다. 사회주의의 몰락을 알린 구소련 연방 와해는 1991년 이뤄졌는데, 구소련 연방에서 독립한 나라들 중 일부가 독립국가연합이라는 국가연합을 결성했으나 통합노력은 가시적인 성과를 거두지 못하고 있다.

이 밖에도 21세기 들어 국가연합의 불안정성을 보여준 가장 최근 사례는 유럽연합에서 탈퇴한 영국이다. 영국은 1973년 유럽연합의 전신인 유럽경제공동체EEC에 가입한 뒤 유럽연합의 주요 구성국 역할을 해 왔으나, 국민투표에서 브렉시트Brexit를 선택한 뒤 2020년 유럽연합을 탈퇴했다.

역사적으로 보면, 독자성이 강한 개별 구성국들이 국가연합 단계를 거쳐 연방국가로 발전한 경우가 있지만, 통합이 반드시 순방향으로만 진행되는 것은 아니며 국가연합 단계나 연방국가가 결성된 뒤라도 갈등으로 인해 통합이 무산되는 경우를 어렵지 않게 찾아볼 수 있다. 연합이나 연방 체제를 구성해 교류와 협력을 증진시키다 보면 자연스럽게 통합의 정도가 높아질 것이라고 일반화해 말할 수는 없다는 것이다.

남북연합과 통일국가

이제 우리의 관심인 남북연합으로 돌아와 보자.

먼저 한민족공동체통일방안에서 제시된 남북연합이 다소 모호한 개념이라는 것을 지적해야겠다.

국가연합은 앞서 살펴본 대로 구성국들이 각자의 주권을 보유하면서도 조약을 통해 일부 권한을 초국가기구에 이양한 형태를 말한다. 이 때 초국가기구는 위임받은 분야에 한해서는 구성국들의 주권을 제한하는 결정을 할 수 있다. 한정된 분야이긴 하지만 초국가기구는 개별 구성국들의 간섭을 받지 않고 독립적으로 움직이는 것이다. 이에 비해, 노태우 정부와 김영삼 정부에서 제시한 남북연합에는 이러한 초국가기구의 개념이 없다. 남북연합에서 제시된 남북정상회의나 각료회의, 평의회 등은 남북 간 협의기구일 뿐이지 남북한과 독립적으로 존재하며 주권을 일부 이양 받는 초국가기구로서의 기능을 갖지 않는다. 이런 점에서 보면, 결합력의 정도로 볼 때 국가연합이 남북연합보다 한 단계 높은 수준이라고 볼 수 있다. 남북연합, 국가연합, 연방제를 결합력의 순서대로 나열하면 남북연합-국가연합-연방제의 순서가 되는 것이다.

하지만, 노태우 정부 당시 대통령 사회보좌역이었던 김학준 전 서울대 교수는 남북연합의 초기 버전인 남북한 체제연합이 국가연합과 연방제 사이에 놓여 있다고 진단했다. 국가연합은 개별 구성국들이 별도의 주권을 갖고, 연방제는 구성국들 대신 연방중앙정부가 주권을 갖는데 비해, 남북연합은 남북이 개별적인 주권을 가지면서도 남북 간 관계가 국제관계가 아닌 민족내부의 특수관계이기 때문이라는 것이다.[30] 이러한 주장에 따르면 결합력의 순서는 국가연합-남북연합-연방제의 순서가 된다. 이론적 개념이나 실질적인 모델이 비교적 명확히 정리돼 있는 국가연합이나 연방제와는 달리, 남북연합은 실현된 적이 없는 이상적인 제도이기 때문에 개념상의 모호성이 존재하는 것이다.

남북연합의 개념이 모호한 만큼 남북연합 단계를 거쳐 달성하게 돼 있는 통일국가의 형태도 다소 모호한 부분이 있다.

한민족공동체통일방안에 따르면 남북연합을 거쳐 달성되는 통일

국가는 단방제 국가單邦制, a unitary state이다. 단방제는 두 개 이상의 구성국을 가지는 연방제에 대조되는 개념인데, 여기서 대조의 대상이 되는 것은 북한의 고려연방제이다. 북한의 고려연방제는 남과 북의 사상과 제도를 그대로 둔 채 연방국가를 구성하는, 즉 1국가 2체제를 상정하고 있다. 그런데 한민족공동체통일방안에서 제시하는 통일국가는 '민주'국가로 북한의 공산 체제를 배격하고 있다. 노태우 대통령은 1989년 9월 11일 한민족공동체통일방안을 발표하는 국회특별연설에서 "민주공화 체제는 온 겨레의 오랜 소망이며 민족의 대단결을 도모할 수 있는 통일된 나라의 유일한 선택"이라며 자유민주주의 체제로의 통일 입장을 확고히 했던 것이다.[31]

여기서 우리는 앞서 살펴보았던 일반적인 의미의 연방제와 북한의 고려연방제를 구분할 필요가 있다. 북한의 고려연방제는 방금 설명한 것처럼 남북이 자유민주주의와 사회주의를 그대로 유지하는 가운데 통일을 하자는 비현실적인 방안이고, 일반적인 의미의 연방제는 미국이나 스위스처럼 동일한 체제를 가지는 개별 구성국들이 연합해 연방정부를 구성함으로써 한 나라를 이루는 것이다.

한민족공동체통일방안이 북한의 고려연방제를 의식해 단방제 통일국가, 즉 여기서 말하는 중앙집권국가를 미래상으로 제시했지만, 남북연합이나 국가연합을 거쳐 형성되는 통일국가는 (일반적인 의미의) 연방제 국가일 가능성이 있다. 개별 구성국의 주권이 보장되는 국가연합 체제에서 통일국가로 간다면 중앙집권국가보다는 개별 구성국의 자율성이 최대한 보장되는 연방국가로 갈 가능성이 높기 때문이다. 다만, 남북이 연방제 방식으로 통일이 된다 해도 그러한 통일은 북한이 자유민주주의 체제를 받아들이는 체제 전환 과정을 거치는 것을 전제로 해야 할 것이다.

종합적으로 정리하면 이렇다. 한민족공동체통일방안에서 최종적인 통일국가의 형태로 단방제, 즉 중앙집권국가를 제시했음에도 불구하고, 남북연합이나 국가연합 과정을 통해 형성되는 통일국가는 연방제국가일 가능성이 있다.

8

둘이서 1 대 1로 싸우면
대책이 없다

한반도 통일 방식 (2)

김 씨 일가 정권이 무너진 뒤 개혁개방을 추진하는 사람이 정권을 잡았다고 하면, 한민족공동체통일방안에서 제시한 남북연합을 추진할 수 있는 여건이 본격적으로 조성된다. 이제부터는 이러한 단계를 거쳐 형성되는 통일국가의 형태가 어떤 것이 될지에 대해 살펴보도록 하겠다.

본격적인 논의에 앞서 개념적으로 정리할 부분이 있다.

먼저, 남북연합과 국가연합의 관계이다. 남북연합의 개념이 다소 모호한 부분이 있지만, 결합력의 정도로 보면 초국가기구의 형성을 전제로 하는 국가연합을 훨씬 강도 높은 결합 체제로 볼 수 있기 때문에, 남북연합-국가연합의 순서로 결합의 정도가 높아지는 것으로 보아도 큰 무리가 없을 듯하다. 남북연합은 남북정상회의나 각료회의 등을 통해 남북협의가 제도화되는 단계, 국가연합은 이런 제도화된 틀을 통해 남북이 특정 분야의 주권을 초국가기구에 이양하는 단계로까지 결합력이 발전한 경우를 말한다.

다음으로는 이행경로에 관한 것이다. 앞서 잠시 언급했지만, 남북연합이나 국가연합을 통해 형성되는 통일국가는 연방제 국가일 가능성이 있다. 개별적인 주권을 갖고 있는 국가들이 하나로 결합될 경우 중앙정부에 권한이 집중되는 중앙집권국가보다는 개별 구성국의 자율성이 최대한 보장되는 연방국가로 갈 가능성이 높기 때문이다. 남북연합에서부터 경로를 설정하자면 남북연합-국가연합-연방제 국가로 가는 것이 일반적으로 생각할 수 있는 자연스러운 흐름이라고 볼 수 있다.

다만, 이 흐름은 결합력을 높여 가는 과정이 순조롭게 진행된다는 것을 전제로 한다. 앞서 살펴보았듯이 국가연합이나 연방제 국가로 발전하는 과정이 반드시 순조롭게 진행된다는 보장이 없기 때문이다. 남북연합이나 국가연합 단계, 혹은 연방제 국가를 이룬 뒤에도 개별 구성국들 사이에 갈등이 심화된다면 남북연합-국가연합-연방제 국가로의 이행과정은 중단될 수도 있다. 따라서 현실적인 통일 방식을 논의하기 위해서는 남북연합이나 국가연합, 연방제가 우리에게 잘 작동할 수 있는 제도인지에 대한 검토가 필요하다. 여기서는 개념상의 모호성이 다소 존재하는 남북연합을 제외하고 국가연합과 연방제가 남북한의 현실에 맞는 것인지에 대한 논의부터 해 보기로 한다.

27개국의 연합체, 유럽연합

남과 북이 국가연합을 구성한다면 이는 단 2개의 구성국으로 이뤄지는 국가연합이 된다. 다수의 구성국으로 이뤄지는 국가연합과는 다른 환경인 것이다.

남과 북의 국가연합이 어떻게 작동할 것인지 추론해 보기 위해 국가연합의 대표 사례인 유럽연합의 상황을 먼저 살펴보자.[32]

유럽연합의 주요 의사결정은 약칭 '이사회'로 불리는 유럽연합 각료이사회European Council와 유럽의회European Parliament에서 공동으로 결정된다. 원래 이사회가 주요 권한을 갖고 있었는데 유럽의회의 권한이 갈수록 강화된 결과이다.

이사회의 경우 27개 유럽연합 회원국의 각료들이 모이는 모임으로 가장 표준적인 의사결정 방식은 '가중다수결제'이다. 유럽연합의 가중다수결제는 시기별로 조금씩 변천해 왔는데 2017년 4월 이후 바뀐 제도는 이렇다. 27개 회원국 가운데 55% 이상, 즉 15개국 이상의 지지를 얻고, 유럽연합 회원국 전체 인구수의 65% 이상을 대표하는 국가들의 지지를 받아야 안건이 통과된다.

일반적인 과반 의결이 아니라 55%나 65%와 같은 다소 희한한 숫자가 도출된 것은 대국大國들의 위상을 인정해 주면서도 대국과 소국小國의 이해관계를 정치적으로 타협한 결과이다. 유럽연합 회원국 인구 65% 이상을 대표하는 국가가 지지해야 한다는 것은 아무리 소국들이 연대해서 15개국 이상의 찬성을 만들더라도 독일이나 프랑스, 이탈리아 같은 대국들이 찬성하지 않는 한 안건을 가결시킬 수 없다는 뜻이다. 반면 대국들도 안건 통과를 위해서는 절반보다 더 많은 55% 이상의 국가와 전체 인구 65% 이상의 지지를 확보해야 하는 만큼 소국들의 의견에 보다 귀를 기울일 수밖에 없다.[33]

2017년 4월 이전의 가중다수결제에서는 각국별 의결 영향력의 차이가 명확했다. 유럽연합 각국이 이사회에서 갖는 투표권의 수가 아예 달랐기 때문이다.

유럽연합이 27개국^{이 당시 27개국은 영국이 포함되고 크로아티아가 가입하기 전이다.}이었던 2007년의 경우 이사회의 전체 표수 345표 가운데 독일, 프랑스, 영국, 이탈리아가 29표씩을 행사할 수 있었던 반면 스페인, 폴란드 등은 27표씩을 행사할 수 있었다. 또, 에스토니아, 라트비아, 룩셈부르크 등이 4표씩을 행사할 수 있었던 반면, 몰타는 3표만을 행사할 수 있었다. 이렇게 차등적으로 표가 주어진 상황에서 안건 가결에는 3가지 조건이 필요했는데, 345표 가운데 255표 이상(73.91%)이 찬성해야 하고, 27개 회원국 가운데 과반(14개국)이 찬성해야 하며, 회원국 전체 인구의 62% 이상을 대표하는 국가들의 지지를 받아야 했다. 독일, 프랑스 같은 대국에 가장 많은 투표권을 줌으로써 대국들의 영향력을 인정하면서도 345표의 절반을 훨씬 넘는 255표 기준을 마련해 소국들의 지지도 최대한 확보해야 하는 장치를 마련한 것이다.

권한이 강화된 유럽의회에서도 나라별 의석수 차등이 적용된다. 2019년 치러진 유럽의회 선거의 경우 28개국에서 751명의 의원을 선출했는데, 독일이 96명으로 가장 많고 프랑스가 74명, 영국과 이탈리아 73명, 스페인 54명의 순이었다. 이에 비해 몰타, 에스토니아, 룩셈부르크 등은 각각 6명씩의 의원을 선출했다. 유럽의회는 초국가기구로서 개별 국가가 아니라 유럽연합 전체의 이익을 위해 일하도록 돼 있지만, 의회의 구성에는 이사회에서처럼 개별 회원국의 인구와 국력차가 반영돼 있는 것이다.

그렇다면, 유럽연합은 각국이 1/N의 의결권을 나눠 갖고 과반으로 안건을 결정하는 단순한 방식을 채택하는 대신 왜 이렇게 복잡한 의결 방식을 채택하고 있는 것일까? 그 이유는 유럽연합 회원국들의 인구와 국력 차이를 감안해야 했기 때문이다.

유럽연합 27개 회원국 가운데 2018년 기준 독일의 인구는 몰타 인구의 170배가 넘고, 2018년 기준 독일의 GDP는 몰타 GDP의 270배가 넘는다. 이런 상황에서 독일이 몰타와 똑같이 1/27의 의결권을 갖는다면 독일 국민들이 납득하기 힘들 것이다.

결국 유럽연합은 각국의 국력 차이를 인정해 대국에게 보다 큰 영향력을 인정하면서도 대국과 소국의 이해관계를 정치적으로 타협하는 방식으로 의사결정제도를 발전시켜왔다. 국가별로 국력 차이가 엄연히 있는 상황에서 국가별 영향력 차이를 인정하는 것은 국가연합으로서의 유럽연합을 유지하기 위한 토대였던 것이다.

이는 국가연합이 초국가기구와 같은 결합도 높은 조직들을 통해 통합을 지향해가기는 하지만, 개별 구성국들이 자국의 국력에 걸맞은 목소리를 내려 하는 점을 무시할 수 없다는 것을 의미한다. 이러한 목소리를 수용하지 않는다면 국가연합은 현실적으로 유지되기 힘들어지는 것이다.

국가연합, 남북 현실에 적합한가

이제 남북 국가연합의 경우를 상정해 보자.

한국은행 자료를 보면 2018년 기준 남한의 인구는 5,161만 명으로 북한 인구 2,513만 명의 2.1배, 2018년 기준 남한의 명목 GNI는

1,898조 4,530억 원으로 북한의 명목 GNI 35조 8,950억 원의 53배 수준이다. 남한의 국력이 월등한 만큼 남북이 국가연합을 구성한다면 남한이 상당 부분 북한을 도와줘야 할 것이다.

이 같은 상황이라면 남북 국가연합의 의결권 비중은 남한에게 보다 많이 주어지는 것이 당연하다. 유럽연합에서 국력이 센 독일이 많은 의결권과 영향력을 가졌던 것처럼 남북한 간에도 남한이 목소리를 좀 더 낼 수 있는 구조로 가는 것이 합당한 것이다.

하지만, 남북한 국가연합에서 남한이 의결권을 더 가진다는 것은 상상하기 어렵다. 북한이 그런 식의 국가연합을 수용하려 하지 않을 것이기 때문이다. 유럽연합처럼 많은 회원국들이 모인 형태라면 국력의 차이에 따라 의결권의 차이를 두는 것이 자연스럽게 수용될 수 있지만, 1 대 1로 결합되는 남북 국가연합에서는 국력의 차이를 인정하는 차등권보다는 1 대 1의 평등권 논리가 더 우세할 수밖에 없다. 우리의 통일방안에 등장하는 '남북연합' 안에서도 남북각료회의나 남북평의회를 남북 동수로 구성하는 것으로 상정하고 있다.

현실적으로 남북이 1 대 1의 의결권을 갖는 방식으로 남북 국가연합이 구성된다면 운영과정에서 상당한 논란이 빚어질 수 있다. 거의 모든 재정과 지원을 남한이 담당해야 하는데 의결 과정에서는 북한이 남한과 동등한 의결권을 행사한다면 세금을 내는 남한 주민들 사이에 불만이 높아질 수밖에 없다.

남북 국가연합 초기 인도적 지원이나 사회문화 교류를 결정하는 수준에서는 큰 문제가 없겠지만, 국가연합의 결합노가 높아져 재정 부담이 상당한 사안에 대해 공동의결이 이뤄지는 단계로 가면 불협화

음이 표면화될 수 있다. 지역이나 산업시설에 대한 투자를 놓고 기존 산업단지와의 연계를 통한 효율성을 중시하는 남한 정부와 낙후된 북한 지역에 대한 균형 개발을 중시하는 북한 정부 간 이견이 불거질 수 있고, 복지비용 지출에 있어서도 남한 지역의 업그레이드를 먼저 주장하는 남한 정부와 평등한 복지를 주장하는 북한 정부 간 갈등이 생길 수도 있다. 환경정화와 관련된 비용에서도 남한 지역 민원을 우선 해결하기를 원하는 남한 정부와 오염도가 심한 북한 지역 정화가 우선시되어야 한다는 북한 정부 간 분란이 있을 수 있고, 교육시설의 현대화와 같은 부문에서도 남한 교육시설의 현대화를 추구하려는 남한 정부와 낙후된 북한 교육시설의 우선적인 현대화를 요구하는 북한 정부 간 갈등이 있을 수도 있다.

이런 갈등 상황에서 남북이 동등한 의결권을 가져 재정의 거의 모든 부분을 부담해야 하는 남한 주민들의 목소리가 충분히 반영되지 못할 경우 남한 주민들이 이러한 상황을 순순히 받아들일지 의문이다. 남한 주민들 사이에서 '돈은 우리가 내는데 혜택은 왜 북한이 보느냐'는 볼멘소리가 나올 수도 있다. 국가연합에 대한 경제적 기여도와 의사결정권의 크기가 따로따로 가는 상황이 계속되면, 국가연합이 남북의 결합도를 높이는 쪽으로 가는 것이 아니라 남북의 갈등을 심화시키는 방향으로 작동할 수 있다. 국가연합만 결성되면 반드시 통합이 진전되는 쪽으로 갈 것이라는 믿음은 버려야 한다. 스웨덴과 노르웨이가 90년 동안이나 연합 체제를 유지하고 있다 해체됐고, 오랜 기간 유럽연합의 구성원이었던 영국이 브렉시트를 결정하고 유럽연합에서 탈퇴한 것은 국가연합이 반드시 하나의 국가를 향해 가도록 하는 장치는 아니라는 것을 보여준다.

남북이 모든 문제를 '대화와 타협을 통해 인내심을 가지고 잘 풀어 가면 되지 않겠느냐'고 말할 수도 있다. 참으로 좋은 얘기이고 이론적으로는 이보다 더 이상적인 말이 없다. 하지만 이론과 실제는 다른 것이다. 일이 되게 하기 위해서는 일이 될 수 있는 적절한 시스템을 만들어야지, 시스템은 갖춰지지 않았는데 당사자들의 선의에만 기대어 문제를 풀라고 해서는 안 된다.

경제적 기여도와 의사결정권의 부조화 외에도 남북의 국가연합이 잘 작동하기 어려운 이유는 1 대 1의 결합인 경우 중재자 역할을 할 세력이 존재하지 않는다는 점 때문이다. 국가연합을 구성하는 개별 구성국이 여러 곳인 경우 몇몇 구성국 사이에 갈등이 발생하더라도 다른 회원국들이 중재를 시도할 수 있다. 개별 구성국이 3개국만 되어도 두 나라가 대립할 경우 나머지 한 나라가 중재자 역할을 시도하는 것이 가능하다.

하지만 1 대 1의 결합으로 구성되는 남북 국가연합에서는 남북이 대립하면 이를 중재할 세력이 없다. 남북은 더구나 오랜 기간 동안 대결과 적대의 역사를 가지고 있다. 민감한 현안에 대해 의견의 차이가 발생하면 타협의 길을 찾기보다는 남북 양쪽의 여론을 의식해 대결적 구도로 갈 가능성을 배제할 수 없다. 한쪽의 이득은 다른 쪽의 손해로 해석되기 쉽기 때문에 한쪽의 대승적 양보라는 것도 쉽지 않다. 유럽연합은 회원국이 27개국이나 되기 때문에 누가 이득이고 누가 손해인지가 무 자르듯이 명확히 갈라지지 않아 징치적 타협올 할 여지가 많지만, 남북 국가연합처럼 1 대 1의 구조에서는 누구에게 이득이 되고 손해가 되는지가 명확하게 보이기 때문에 정치적 타협의 여지가 크지 않은 것이다.

연방제, 남북 현실에 적합한가

국가연합이 남북의 현실에 적합한 것인가에 대해 살펴보았다면, 여기서는 연방제가 남북의 현실에 적합한 것인가에 대해 살펴보도록 하겠다. 국가연합이 연방제 국가로 발전할 가능성이 있는 만큼, 남북연합-국가연합을 거쳐 이뤄질 가능성이 있는 연방제 통일국가가 남북한의 현실에 부합하는 것인지에 대해서도 살펴보려는 것이다.

국가연합에서 연방제로 나아간 미국, 독일의 경우 개별 구성국들이 대체로 비슷한 정치, 경제 시스템을 유지하고 있었다. 그렇기 때문에 연방국가라는 하나의 틀 안으로 자연스럽게 녹아들어갈 수 있었던 것이다.

하지만, 남북은 70년이 넘는 분단 기간 동안 정치, 경제, 사회, 문화 등 모든 부문에서 너무 큰 이질성과 발전 정도의 차이를 가지게 되었다. 남한은 자유민주주의와 시장경제, 2018년 기준 명목 GNI 1,898조 4,530억 원이라는 세계 10위권의 경제대국으로 성장한 반면, 북한은 사회주의와 계획경제, 2018년 기준 명목 GNI 35조 8,950억 원에 불과한 최빈국 수준으로 전락해 있는 상태이다. 북한이 통일로 나아가는 과정에서 민주주의와 시장경제를 받아들인다고 하더라도 남북의 이질성이 심화되고 경제격차가 현격한 상태에서 연방국가라는 틀 안에 유기적으로 묶일 수 있을지 의문이다. 국가연합으로 결합도를 점차 높여가고 있는 유럽연합의 경우에도 체제 전환을 거친 동구권 국가들까지 참여한 상태인데, 하나의 국가로까지 발전하려면 지역별 격차와 갈등을 해소하는 등 과제가 만만치 않은 상황이다.

남북 각각 1개의 개별 구성국으로 구성된 연방국가가 제대로 작동할지도 우려스럽다. 앞서 살펴본 것처럼, 두 개의 구성국으로 이뤄진 국가연합이 통합보다 갈등의 장이 될 가능성을 내포하고 있는 것과 같은 이치다. 남과 북의 연방 구성국 정부는 상호 동등한 권한을 가지고 연방정부에 참여하게 될 텐데, 거의 모든 정치, 경제적 지원을 남쪽 구성국 정부가 부담해야 하는 상황에서 권한과 부담을 둘러싸고 상호 불만과 갈등이 고조될 수 있다. 연방국가가 대화와 타협의 논리로 잘 운영되지 못할 경우 남과 북 대립의 격화를 부르고 극단적인 경우 다시 분열로 치달을 가능성도 배제할 수 없다. 미국의 경우 연방국가를 결성한 이후에도 내전을 겪었고, 역사상 연방이 해체된 경우도 있었다는 것을 인식해야 한다. 연방정부나 기타 조직의 구성이 전문성과는 관계없이 남과 북 1 대 1의 비율로 구색 맞추기가 될 가능성이 높고, 이러한 경직성이 심화될 경우 사회 전체적으로 비능률이 만연해질 수 있는 것도 문제이다.

이런 점 때문에 일각에서는 남북이 여러 개의 개별구성국을 만들어 통합하는 방안을 제시하고 있기도 하다. 이를테면 남북을 각 도별로 여러 개의 개별구성국으로 나눈 뒤 여러 구성국이 합치는 방식으로 연방국가를 구성하는 것이다. 하지만, 이런 방식도 실현되기 어려울 것으로 보인다.

먼저, 연방국가의 일반적인 창설 원리를 따져보더라도 남북을 각각 몇 개의 개별구성국으로 나눈다는 것은 이치에 맞지 않다. 연방국가는 애초 독립적으로 존재하던 개별 국가들이 공통의 목적을 실현하기 위해 결합한 형태이다. 개별적으로 존재하던 단위들이다보니 중앙집권국가로 강하게 결합되기 어렵고, 따라서 개별 단위들에게 상당한 정도의 자율성을 주는 형태로 결합된 것이 연방국가인 것이다. 당초 하나의 중앙집권국가로 존재해 왔던 구성단위를 연방을 구성하기 위해 여러 개로 쪼개자는 것은 앞뒤가 뒤집힌 발상이다.

남한에서 지방자치제가 실행되고 있는 만큼 지방자치단체를 연방 구성국화 하면 되지 않느냐는 생각을 할 수 있는데, '지방자치단체'와 연방국가의 '개별 구성국'은 그 권한과 범위가 크게 다르다. 연방국가의 개별 구성국은 각각 입법권, 행정권, 사법권을 가지고 자치를 해나가는 조직으로, 외교와 국방 권한을 제외하고는 주권국가가 가지고 있는 거의 모든 권한을 보유한다. 개별 구성국 자체의 의회와 행정부는 물론 법률과 법원을 가지고 있고 경찰 조직 또한 별도로 운영되는 하나의 독립된 정부인 것이다.[34] 지역의 일을 주민 스스로 처리한다는 수준에 머물러 있는 우리나라 지방자치단체를 연방국가의 구성국 개념으로 확장시키기는 어렵다. 북한의 경우 민주주의와 지방자치의 개념조차 없고 북한 지역 전체를 통합 개발해야 할 필요성도 있는데, 북한 지역을 여러 단위로 나누어 독자적인 연방 구성국화 하자는 것은 현실성이 없다.

이 밖에도, 남북을 통일하는 작업은 반세기 이상 갈라져 있던 북한 지역을 남한과 통합하는 것인데, 이런 작업을 위해 남한을 오히려 지역 지역으로 쪼개는 것은 방향성이 맞지 않는다. 또, 북한의 경제상황이 남한에 비해 현격하게 낙후된 상황에서 북한 지역 개발을 효과적으로 하기 위해서는 중앙정부가 강력한 권한을 가지고 지역 개발을 일사분란하게 추진할 수 있어야 하는데, 북한 지역 정부가 상당한 독자성을 가지는 연방 체제하에서 북한 지역 개발과 남북한 통합 작업이 원활히 추진될 수 있을지도 우려스럽다.

중앙집권국가로의 통일

지금까지 살펴본 것을 간단히 요약하면 이렇다. 남북연합은 국가연합 단계를 거쳐 연방제 통일국가로 이어질 가능성이 있지만, 남북의 현실에서는 국가연합이나 연방제 시스템이 제대로 작동하기 힘들다. 남북연합-국가연합-연방제 국가로의 경로가 순조롭게 이행되지 못하고 갈등과 혼란을 겪으면서 위기에 처할 가능성이 높은 것이다.

그렇다면 남북의 통일은 어떤 방식으로 이뤄져야 하는가?

남북한의 통일 방식은 남북연합과 국가연합의 단계를 거치는 동안 선택의 기로에 놓이게 될 가능성이 높다.

화해협력 단계를 거쳐 남북이 교류 협력을 확대해가다 보면 남북연합이나 초기 국가연합 단계에서 통일에 대한 북한 주민들의 요구가 빗발칠 수 있다. 남북 간 교류가 활발해지고 남한 방송 시청을 통해 남한의 풍요로운 실상을 알게 되면 북한 주민들이 점진적인 통일보다 급속한 체제 통일을 요구하고 나올 수 있는 것이다. 독일 통일 당시 동독 주민들이 서독과의 급속한 통일을 원했던 것과 비슷한 경우이다.

그런 상황이 발생해 급속한 통일로 가는 과정이 논의된다면, 통일의 속도와 방식은 남한의 결정에 따라 달라지게 된다. 여기서는 크게 두 가지 경우를 상정해 볼 수 있다.

첫째, 남한이 북한 주민들의 급속한 통일 요구를 수용해 빠른 통일을 추진하는 것이다. 북한 주민들이 빠른 통일을 요구하는 의사를 집약적으로 표출하고 남한이 이에 동의하게 된다면, 남북한의 통일은 독일식의 흡수통일 경로를 따라가게 된다. 남한 정부가 통일한국의 중심이 돼 북한을 흡수하는 것이다. 이 경우 남북한 체제의 통일방식은 연방제가 아닌 중앙집권국가형이 될 가능성이 높다. 북한 정부는 사실상 소멸하는 수순으로 가게 될 것이기 때문이다.

둘째, 북한 주민들의 급속한 통일 요구에도 불구하고 남한이 갑작스런 통일에 대한 우려 때문에 점진적인 통일을 추구하기를 원한다면 통일은 미뤄지게 된다. 남한에서는 기왕에 진행되고 있던 경로처럼 남북연합이나 국가연합 과정을 계속해나가기를 원할 것이고, 남북은 통합의 속도를 높이자는 원칙 정도에는 합의하겠지만 본질적인 상황의 변화 없이 분단 시스템을 유지하게 된다.

하지만, 이렇게 남북연합과 국가연합 과정을 계속해나갈 경우 시간이 갈수록 갈등이 심화될 가능성이 높음을 앞서 지적한 바 있다. 1 대 1의 결합이라는 특수성을 가진 남북한의 현실에서는 국가연합이나 연방제 모델이 남북의 통일을 촉진시키기는커녕 저해할 가능성이 높기 때문이다. 남북연합-국가연합-연방제 통일이라는 경로의 파열음이 커지면 통일이라는 작업 자체가 좌초할 수도 있다. 연방제 통일이 이뤄진 뒤라도 남북 두 개의 구성국 간 긴장 상태가 이어지면서 위태로운 고비를 계속 마주쳐야 할 수도 있다.

어쩌면 남한을 중심으로 북한 체제를 흡수하는 중앙집권국가형 통일은 우리가 감당해야 할 불가피한 선택일 수 있다. 이질성이 심화된 남북한 체제의 통일이 많은 충격과 부작용을 수반하겠지만, 그러한 부작용을 줄이자고 국가연합이나 연방제 방식의 통일을 추진할 경우 남북 간 갈등이 심화되면서 통일 과정 자체가 좌초될 수도 있다. 통일 과정에서의 부작용을 줄이는 문제는 물론 우리가 심각하게 고민해야 할 것이지만, 그러한 우려 때문에 통일로 가는 길을 정확히 선택하지 못한다면 우리는 길을 잃고 통일로 가는 궤도에서 완전히 탈선할 수도 있다. 북한 주민들의 급속한 통일 요구가 있을 때 좌고우면하지 말고 이를 적극적으로 수용해 빠른 통일을 이룬 뒤, 통일한국 정부가 전체적인 국가 관리 차원에서 부작용을 줄이는 방법을 추진하는 것이 국가적 에너지의 소모를 가장 줄이는 방법일 수 있다. 한민족공동체 통일방안에서 제시한 통일국가의 형태인 단방제는 당초 북한의 고려 연방제에 대응하는 개념이었지만, 일반적인 의미의 연방제와 비교해 보더라도 단방제, 중앙집권국가 시스템이 남북의 상황에서는 가장 현실적인 통일방안일 수 있는 것이다.

문제는 통일의 속도와 방식을 남한이 선택해야 하는 시점이 올 경우, 남한 내에서 여러 의견이 엇갈리면서 상당한 혼란이 일어날 가능성이 있다는 것이다. 특히 지금처럼 진보-보수의 진영논리가 개입할 경우, 적대적 분열 관계에 있는 진보-보수가 통일의 속도와 방식을 놓고 극단적 갈등을 빚을 수도 있다. 진보는 점진적인 방식의 연방제 통일을, 보수는 즉각적인 중앙집권국가형 통일을 주장하며 서로를 적대시하며 싸우는 모습을 어렵지 않게 상상해 볼 수 있다.

남북한의 통일방식을 논의하는 것은 어디까지나 현실에 기반한 합리적이고 실용적인 판단에 근거해야 하는데, 진보-보수가 진영논리에만 빠져 대립을 계속할 경우 한반도의 운명을 결정해야 할 중차대한 시기에 내부의 분열로 배가 산으로 가는 상황이 빚어질 수도 있다. 통일의 속도와 방식에 대해서는 아직은 진영논리에 빠져있지 않은 지금 합리적이고 실용적인 판단하에서 어떤 것이 현실적일지 고민해 볼 필요가 있다.

'하드랜딩 통일'의 두 가지 의미

이 단락의 논의를 마무리하기에 앞서 이 책에서 논의하고 있는 하드랜딩 통일의 의미를 종합적으로 정리할 필요가 있겠다.

이 책에서 '하드랜딩 통일'은 크게 두 가지 의미로 사용된다. 첫째는 김일성 일가의 세습정권이 무너지기 전까지 한국 사회 내부의 분열과 북한 체제의 경직성으로 인해 소프트랜딩 통일의 기반을 마련하지 못할 것이라는 뜻이다. 한국 사회의 적대적 분열과 북한 체제의 경직성이 조만간 해소되지 않을 것이라고 본다면, 시간이 간다고 해서 소프트랜딩 통일의 기반이 마련된다고 보기는 어렵다.

둘째, 김 씨 세습정권 붕괴 이후 소프트랜딩 통일을 추진할 기회가 열리지만 남북의 특수성으로 인해 이마저도 쉽지 않을 것이라는 뜻이다. 김 씨 일가의 세습정권이 무너진 뒤 북한에 개혁 개방을 추진하는 정권이 들어서면 본격적인 교류 협력을 진행할 수 있는 기반이 마련된다. 남북연합과 국가연합 단계를 거쳐 결합도를 높여나가면서 소프트랜딩 통일을 추진할 가능성이 생기는 것이다. 하지만 1 대 1의 결합이라는 남북의 특수성으로 인해 남북연합-국가연합-연방제 통일로 가는 경로는 제대로 작동하기 힘들다. 통일을 이룩하기 위해서는 남한 중심의 중앙집권국가형 통일, 하드랜딩 방식의 흡수 통일이 불가피하다는 것인데 이것이 하드랜딩 통일이 갖는 두 번째 의미이다.

9

함경도에서도 볼 수 있는
'천국의 계단'

통일의 촉매제 방송개방

김일성 일가의 세습정권이 무너진 이후 북한에서 새로운 권력자가 등장하면 가장 중요하게 추진해야 할 분야가 방송개방이다. 방송개방이란 말 자체는 남한 주민들이 북한 방송을 보고 북한 주민들이 남한 방송을 보는 것을 의미하지만, 방송개방은 단순한 상호 방송 시청 이상의 의미를 가진다. 분단 70년을 넘어 이질성이 심화된 상태에서 남북이 상대의 방송을 본다는 것은 서로에 대한 이해를 높이고 민족의 동질성을 회복하는 중요한 전기가 되기 때문이다. 방송개방은 물리적 통합에 앞서 정서적 통합을 먼저 이루는 작업이며 통일의 밑거름을 마련하는 중요한 토대이기도 하다. 방송개방은 미래의 통일을 준비하는 가장 강력한 무기인 것이다. 북한으로서는 초기에 민감하게 반응할 가능성이 높은데, 북한의 새로운 권력이 남한 정부의 여러 도움을 원할 때 우리 측이 반대급부로서 강력하게 요구해야 한다.

남북한 방송 가운데 민족의 동질성을 회복하고 통일을 이끄는 중심축은 당연히 남한 방송일 수밖에 없다. 조선시대에서 일제 강점기, 김일성 일가의 왕조적 전체주의 체제를 거치면서 고립과 억압 속에 살아왔던 북한 주민들이 세상에 눈을 뜨고 민주주의를 배우며 미래의 통일을 꿈꿀 수 있는 가장 유효한 수단이 남한 방송 시청인 것이다.

이하에서는 독일통일 과정에서 방송개방이 한 역할과 남북한 방송개방의 구체적 사안들을 짚어보기로 한다.

독일의 방송개방

동독은 분단 시기에도 서독 방송의 영향을 받았다. 서베를린이 동독 영토 한가운데에 있었고 전파는 국경으로 가로막을 수 없었기 때문에 동독으로서는 어느 정도 불가피한 일이었다.

대부분의 동독 주민들은 동독의 텔레비전이나 라디오보다 서독의 텔레비전이나 라디오를 시청했다. 동독에서는 모든 정보를 국가와 당이 독점하고 있어 방송 내용에 제한이 있었던 반면, 서독 방송은 보다 객관적이고 내용도 다양했기 때문이다. 심지어 동독 주민들은 동독 내에서 일어나고 있는 일들에 대해서도 서독 방송을 통해 정보를 취득하는 경우가 많았다. 서독 언론은 1972년부터 동독에 상주특파원을 둘 수 있었는데 여러 가지 제약에도 불구하고 동독 문제에 대해 상세히 보도했기 때문에 동독 주민들은 동독 방송을 통해 얻을 수 없는 정보를 서독 방송을 통해 얻을 수 있었다.

동독 주민들은 텔레비전 수신기에 PAL 방식Phase Alternation by Line System, 서독 및 영국에서 개발된 컬러 텔레비전 방식의 서독프로를 시청할 수 있는 장치를 설치해 서독 방송을 시청했고, 1970년대 초부터는 대형 공동 안테나를 설치해 위성까지 수신하는 단계에 이르렀다. 1985년에는 동독 가구의 40%가, 1990년에는 전체 가구의 2/3가 이러한 대형 공동안테나에 연결되었다. 대체적으로 볼 때 동독 인구의 80%가 정기적으로 서독 미디어를 청취하고 시청했다.

동독으로서는 주민들의 서독 방송 시청이 골칫거리였기 때문에 이를 막아보려는 다양한 시도를 했다. 서독으로 향하는 안테나를 철거하는 운동을 벌이거나, 대형 공동안테나의 사용을 금지하는 규정을 만들기도 하고, 방해 전파를 발사해 서독 방송 시청을 방해하기도 했다. 또, 형법 규정을 임의로 적용해 서독 방송 시청 자체를 처벌하지는 않았지만 시청한 정보를 퍼트리거나 공동으로 모여서 시청하는 행위를 처벌하기도 했다.

하지만 동독 정부는 국제사회의 일원으로서 정통성을 인정받으려는 노력을 계속하고 있었기 때문에, 서독 방송에 대한 노골적인 전파방해나 수신방해 조치를 취하지는 못했다. 정보의 자유로운 이동을 규정한 국제협약에 서명한 동독 정부가 노골적인 수신방해 조치를 취할 경우 국제사회에서 독자적인 국가성을 인정받으려는 동독의 노력이 훼손될 수도 있었기 때문이다. 오히려 동독 지도부는 정치적으로 중요한 공지사항의 경우 서독 방송의 주요뉴스 시간에는 발표하지 않기도 했다.

동독 주민들의 지속적인 서독 텔레비전 시청은 양독 주민들의 동질성을 유지하고 독일의 분단을 극복하는 데 크게 기여했다. 동독 주민들은 서독 방송의 보도 특집 등을 즐겨보면서 주요 정치적 현안에 대한 이해를 넓혔고, 서독 텔레비전의 상업광고는 동독주민들의 물질적 욕구를 자극해 서독 사회를 동경하게 만들었다.

남북한 방송개방

남북한의 방송 환경은 분단 시기의 동서독 상황과는 판이하게 다르다. 먼저, 텔레비전 방송의 경우 남북한의 일반 국민들이 자기 지역에서 상대측 방송을 보는 것은 거의 불가능하다. 아날로그 방송 시절에도 남한은 NTSC 방식National Television System Committee System, 미국 텔레비전방송규격심의회에서 제정한 컬러 텔레비전 방식인 반면 북한은 PAL 방식이어서 특별한 장치를 달지 않으면 수신이 불가능했고, 남한이 2012년 12월 31일 아날로그 방송을 종료하고 디지털 방송으로 전환하면서 남한 방송을 북한 지역에서 수신하기는 더 어려워졌다.

북중 접경지대인 함경북도, 양강도, 자강도나 남북 접경 지역인 개성, 해주, 평양, 사리원, 고성 등에는 외부의 전파가 미치는 만큼 기술적 문제만 해결되면 중국 쪽에서 유입되는 방송이나 남한 방송의 수신이 가능한데, 남북 접경 지역뿐 아니라 동해안의 함흥, 청진 등에서도 남한의 지상파 방송이 수신된다는 증언들이 있었다. 함흥이나 청진은 남한에서 상당히 떨어져있는 지역으로 전파가 도달한다는 것이 의아할 수도 있지만, 함흥 청진 지역과 남한 간 직선 구간은 육지가 아니라 바다로, 전파를 막는 산이나 건물 같은 장애물이 없어 남한에서 전파를 보내면 함흥, 청진까지도 도달이 가능한 상황이다. 즉 기술적 문제만 해결되면 북한의 상당수 지역에서 남한 방송 수신이 가능할 것으로 보인다.

라디오 방송의 경우 남북한이 상대측 지역으로 송출하는 전파가 접경지역을 중심으로 월경하는데, 북한의 대남방송은 출력도 약하고 요즘 남한 내에서 북한 방송을 은밀히 들을만한 유인도 별로 없어 큰 의미를 가지지 못한다. 북한이 조선중앙통신 등을 통해 발표하는 입장은 대체로 남한 언론을 통해 보도되고 있고, 북한 매체들의 인터넷 사이트는 접속이 차단돼 있긴 하지만 해외로 우회해 접근하는 방식을 활용하면 막을 방법이 없기 때문이다.

한국의 대북 라디오 방송은 KBS 한민족방송과 민간의 단파 라디오 방송국민통일방송, 자유북한방송 등이 있는데, 수신자가 수십만 명에서 백만 명 이상까지 이른다는 추정이 있긴 하지만 정확한 수신자 수를 파악하기는 어렵다. 2005년 탈북자 138명을 대상으로 조사한 바에 따르면, 대북 라디오 방송을 청취한 경험이 있다는 사람이 63명, 전체의 45.7%에 이르는 것으로 조사됐다. 이 가운데 대북방송을 일주일에 1~2회 이상 청취했다는 사람이 33명, 청취 유경험자의 53.2%였고, 거의 매일 들었다는 사람도 14명, 청취 유경험자의 22.6%에 이르는 것으로 조사됐다.[35] 북한은 남한의 대북 라디오 방송을 청취하도록 용인하고 있지 않기 때문에 남한 방송을 몰래 듣다가 적발되면 처벌을 감수해야 한다.

남한 방송 콘텐츠에 대한 북한 주민들의 관심은 높은 편이다. 북한 지역에서 수신되는 TV나 라디오 방송의 전파를 몰래 수신하는 것 말고도, 북중 접경지대를 통해 들어오는 다양한 종류의 콘텐츠를 발전된 디지털 기기를 통해 소비하고 있다.

한류 붐이 북중 접경지대까지 미치면서 조선족이나 화교, 한족 상인들은 상업적 목적으로 남한의 프로그램들을 VCR이나 CD, DVD, USB 등에 담아 북한 지역으로 엄청나게 유통시켰다. 이 같은 콘텐츠를 재생할 수 있는 중고 컴퓨터와 VCR, CD, DVD 플레이어, 노트텔 등도 북한 내부로 급속히 보급되었다. 〈천국의 계단〉, 〈가을동화〉, 〈올인〉, 〈꽃보다 남자〉 같은 남한 드라마들이 북한에서 인기를 모았다고 탈북자들은 말한다. 북한 당국의 단속이 심해지면서 남한 콘텐츠의 유통이 예전보다 제약받고 있다는 정보도 있지만 남한 콘텐츠를 비롯해 외부정보의 유입을 완전히 차단하기는 어려워 보인다.

물론, 이러한 '한류붐'이 '방송을 통한 정치사회적 교육 효과'에는 한계가 있다는 지적도 있다. 북한으로 유입되는 한국 콘텐츠가 대개는 드라마 등 오락성 프로그램이기 때문이다. 하지만 드라마나 영화 등 오락 프로그램의 유입도 남한 사회에 대한 동경심을 유발하고 한민족의 구심력을 확보하는 데 도움을 줘 향후 남북통합에 기여하는 측면이 분명히 있다.

또, 오락 프로그램이라 하더라도 한류 콘텐츠에 대한 관심이 북한에서도 지대하다는 것은 북한 당국의 규제만 사라지면 남한 방송이 북한 지역에 전파되는 데에 큰 문제가 없을 것이라는 점을 시사한다. 오락 프로그램뿐 아니라 새로운 정보에 대한 욕구도 있을 것인 만큼, 북한 당국의 규제만 사라지면 남한 방송의 보도나 교양 프로그램들도 북한 지역에서 생명력을 가지게 될 것이라는 점을 충분히 짐작할 수 있다.

남북한 방송개방을 위한 기술적 측면

 남북한의 방송을 상대 지역에 전면 개방하기로 남북 당국이 합의한다면 어떤 순서를 따라야 할까? 현재 남북한의 방송 시스템이 기술적으로 다르기 때문에 당국이 합의한다고 해서 바로 방송 개방이 이뤄질 수는 없다. 이 내용은 기술적 측면에 관한 것이지만 미래의 통일을 준비하는 중요한 부분인 만큼 조금 자세히 설명하기로 한다.

 남한이 디지털 TV 방송을 하고 있지만 북한 지역에서 수신 가능하게 디지털 방송을 아날로그 방송으로 전환하는 것은 가능하다. 하지만, 북한 지역에 아날로그 방송을 송출하기 위해서는 아날로스 송신소를 다시 세워야 한다. 남한 지역이 디지털 방송으로 전환되면서 아날로그 송신소는 없어졌기 때문이다. 여기에 들어가는 돈도 문제지만 북한 지역도 궁극적으로 디지털 방송으로 가야 할 텐데 아날로그 송신소를 다시 세우는 것이 타당하냐는 문제가 제기될 수밖에 없다.

 아날로그 송신소를 새로 만들지 않는다고 한다면 우리가 아날로그로 전환한 신호를 광케이블 등을 통해 평양의 송신소로 쏴주고 평양에서 기존 송신망을 통해 각 지역으로 전파를 보내는 방안을 생각할 수 있다.

 이 밖에 위성 TV를 활용하는 방안도 있다. 위성 TV는 한반도 전체가 시청권인 만큼 북한 당국의 정치적 규제만 없으면 북한 내 어느 지역에서도 위성 안테나와 셋톱박스로 남한의 위성 TV를 시청할 수 있다. 아예 우리 위성 TV를 수신한 평양이나 북한 각 지역의 거점 송신소에서 기존 송신망을 통해 주변 지역으로 남한의 위성 TV를 중계하는 방안도 생각할 수 있다.

북한 조선중앙TV의 남한 지역 방송은 북한의 방송을 광케이블 등을 통해 서울로 전송받은 뒤 디지털 방송으로 전환해서 쏴주는 방식이 될 것 같다.

이상의 기술적인 방안들을 고려할 때 남한 TV의 북한 내 방송은 현실적으로 다음과 같은 순서를 따라 진행될 것이다.

첫째, 일단 북한 지역 내에 능력이 되는 사람들이 남한 위성 TV를 직접 수신하는 것이다. 이는 위성 안테나와 셋톱박스만 구비하면 즉각 가능한 것이기 때문에, 북한 당국이 정치적 규제만 철폐하면 경제적 능력이 되는 사람들은 바로 남한의 위성 TV를 수신할 수 있다.

위성 TV를 직접 수신할 능력이 안 되는 사람들은 한류 프로그램을 DVD나 USB를 통해 시청했던 것처럼, 남한 프로그램을 복사해 대여하는 판매점에서 보고 싶은 프로그램을 대여해 보는 것이 가능할 것이다. 마치 예전 남한의 비디오방에서 영화나 시리즈물을 대여해 볼 수 있었던 것처럼, 북한 곳곳에 공식적으로 생기게 될 비디오 대여점에서 남한의 프로그램들을 대여해 볼 수 있을 것이다.

둘째, 북한 당국의 적극적 협조를 얻어 평양에서 남한 방송을 송출할 수 있게 된다면, 남한의 디지털 TV를 아날로그 방식으로 전환한 것을 평양까지 보내주고, 평양이 기존 송출망을 통해 남한 TV를 전파하는 작업이 진행되게 될 것이다. 또, 남한의 위성 TV를 수신한 평양이나 각 지역의 거점 송신시설에서 북한 내 각 지역으로 남한 위성 TV를 중계하는 것도 가능할 것이다.

1단계와 2단계는 북한 당국의 협조 정도에 따라 분리될 수도 있고 합쳐질 수도 있을 것이다.

셋째, 북한 지역에 중장기적으로 디지털 TV 인프라를 구축하는 것이다.

일단 과도기적으로 북한 지역에 기존 아날로그 송신망 외에 디지털 송신시설을 추가로 구축한다. 남한의 디지털 방송을 기존 아날로그 신호로 전환한 송신망 외에 새로 구축한 디지털 송신망을 통해 두 갈래로 송출하는 것이다. 이렇게 되면 TV를 디지털 수상기로 교체한 곳에서는 디지털 신호를 통해, 그렇지 않은 곳에서는 기존 아날로그 신호를 통해 남한 TV를 시청하게 된다. 디지털 방송에는 미국식과 유럽식이 있는데 남한이 미국식을 선택한 만큼 남한 방식을 표준으로 디지털화하는 것은 불가피해 보인다. 북한 일반 가정의 TV를 디지털 수상기로 교체하는 작업도 순차적으로 이뤄져야 한다. 시간이 지나 북한 지역 내에 디지털 인프라가 어느 정도 구축되면 아날로그 방송을 순차적으로 종료하는 작업에 들어간다.

10

통일국가의 국호는
'대한민국'이 될까

통일의 경로, 통일조약

중앙집권국가로의 통일이 이뤄진다고 할 때 통일은 구체적으로 어떤 경로를 거쳐 이뤄지는가? 독일통일의 경로를 살펴본 뒤 이를 참고로 해 남북통일의 경로를 유추해 보기로 한다.

독일의 통일 과정

베를린 장벽 붕괴 이후 독일은 본격적인 통일의 과정에 들어가게 됐다. 1989년 11월 9일 베를린 장벽 붕괴에서 1990년 10월 3일 독일 통일까지 약 11개월의 시간이 걸렸는데, 독일 통일의 주요한 과정들을 살펴보면 다음과 같다.[36]

베를린 장벽 붕괴 이후 독일 통일의 방향을 결정짓는 주요한 계기는 1990년 3월 치러진 동독 최초의 자유 총선이었다. 3월 총선은 동독 정권이 붕괴되는 와중에 동독 주민들의 진정한 의사를 대변할 정통성 있는 정부를 수립하기 위해 치러지는 것이었는데 주요 쟁점은 통일 방안이었다.

통일 방안에 대해 동독 기민당과 사민당은 다른 방향을 제시했다. 동독 기민당은 서독 기본법(헌법) 제23조에 따른 빠른 통일을 주장했다. 서독 기본법 제23조는 "다른 독일 주가 독일 연방공화국에 가입하면 가입한 주에도 기본법이 효력을 발효한다"고 규정돼 있었는데, 이 조항에 따르면 새로운 헌법을 제정할 필요 없이 동독의 주들이 서독에 편입하는 것만으로 통일이 달성될 수 있었다.

반면, 동독 사민당은 서독 기본법 제146조에 따른 점진적인 통일을 주장했다. 제146조는 "이 기본법은 독일 민족의 자유로운 결정으로 제정된 헌법이 발효하는 날에 효력을 잃는다"라고 규정돼 있었는데, 이 조항에 따라 동독 의회와 서독 의회가 동등한 자격으로 제헌의회를 구성하고 제헌의회에서 새로운 통일헌법을 제정하는 방식의 통일을 주장했던 것이다. 이 같은 방식을 취할 경우 통일헌법 제정에 걸리는 시간 등을 고려할 때 통일은 좀 더 늦춰질 수밖에 없었다.

총선 결과는 기민당 측의 승리였다. 이로써 독일 통일은 서독 기본법 제23조에 기반한 빠른 통일 방식을 택하게 됐고 통일 협상은 동독 기민당이 주도하게 됐다.

동서독 정부는 1990년 7월 1일 '화폐 경제와 사회 동맹에 관한 국가조약', 일명 '국가조약'을 발효시켰다. '국가조약'은 정치통합에 앞서 경제통합을 먼저 이룬 것으로, 서독의 마르크화를 독일의 단일 통화로 지정했으며 발권은행도 서독 연방은행이 맡기로 하는 등 동독이 통화정책의 주권을 포기했다. 동서독 화폐 간 교환비율을 설정했으며, 동독은 개인 소유권과 경쟁에 의한 시장가격 제도를 실시하고 노동, 자본, 상품, 용역의 자유로운 이동을 보장하기로 했다. 국영기업은 신속히 민영화하고 결사의 자유도 보장하기로 했으며 연금, 의료보험, 실업보험 등 서독의 사회복지제도와 유사한 제도도 도입하기로 했다. 동독이 사회주의 계획경제에서 시장경제로 나아가기 위한 합의를 이룬 것이다.

이러한 경제 부문의 통합을 기반으로 동서독 간에는 본격적인 통일협상이 시작됐다. 두 나라가 통일을 성취하기 위한 구체적인 합의서, '통일조약'이라고도 부를 수 있고 '통일합의서'라고도 부를 수 있는 문안 작성에 들어간 것이다.

통일조약 회담에는 서독에서는 내무장관을 수석대표로 동독에서는 정무차관을 수석대표로 각각 50명씩 모두 100명이 참가했다. 1990년 7월 6일부터 8월 30일까지 동베를린과 본을 오가며 모두 4차례의 회담이 열렸으며 8월 31일 서명이 이뤄졌다. 통일독일의 수도를 어디로 할 것인지, 소련 점령 기간 몰수된 동독 지역 재산 처리를 어떻게 할 것인지, 동서독 간 규정이 다른 낙태 문제를 어떻게 할 것인지 등이 주요 쟁점이었다. 통일조약 회담의 서독 수석대표였던 쇼이블레 내무장관이 "동독과의 협상보다 소속 정당인 기민당이나 야당, 이익집단을 이해시키는 서독 안의 협의과정이 더 어려웠다"고 말한 사실은 오랜 기간 분단돼 있던 두 체제의 통일을 선언하는 작업이 복잡한 국내외적 변수를 극복해야 하는 과정임을 말해 준다.

독일의 통일조약은 전문前文과 9장 45조의 본문, 의정서와 특별 규정으로 돼 있다. 제1조에는 동독 5개 주가 서독 기본법 제23조에 따라 독일연방공화국의 주가 된다는 내용이 담겼고, 제2조에는 독일의 수도가 베를린이라는 내용이 담겼다. 독일 통일의 날은 10월 3일로 정해졌다.

이 같은 통일조약은 9월 20일 서독 연방 하원과 동독 인민의회에서 모두 재적의원 2/3 이상의 찬성으로 비준됐다. 이로써 통일을 위한 절차는 모두 마무리됐으며 독일은 통일조약에 따라 1990년 10월 3일 0시를 기해 통일됐다.

베를린 장벽 붕괴에서부터 독일 통일까지의 과정을 간단히 정리해 보면 다음과 같다.

〈표 1〉 독일의 통일 과정

남북 통일의 경로

독일의 사례를 참조해 남북한의 통일이 어떤 절차를 거쳐 진행될 것인지 유추해 보기로 하자. 다만 이 경우는 북한에서 급속한 통일 요구가 분출될 때 남한이 이를 수용하는 것을 전제로 한다.

남북연합이나 국가연합 단계에서 북한 주민들의 급속한 통일 요구가 분출되면 북한 내 정치상황은 상당히 불안정하고 가변적인 상황으로 들어가게 될 텐데, 그때 상황이 어떻게 전개될지를 지금 단계에서 예측하기는 어렵다. 정치적 격변 속에 북한 지도부가 교체될 수도 있고, 기존 지도부가 북한 주민들의 요구를 수용해가며 정권을 유지할 수도 있으며, 그러한 과정에서 동독에서 있었던 것과 같은 자유선거가 있을 수도, 없을 수도 있다. 다만 확실한 것은 북한 주민들의 통일 요구 속에 북한 내에서 남한과의 통일협상을 담당할 지도부가 구성되고 이 지도부가 통일협상에 나서게 될 것이라는 점이다.

북한에서 통일이 주요한 화두로 등장하게 되면 남한 내에서도 통일을 언제 어떤 방식으로 할 것이냐가 화두가 될 것이다. 그 시점에 남한 내에 총선이나 대선이 있다면 통일 속도와 방식이 선거의 쟁점이 될 수도 있다. 경우에 따라서는 통일방식과 관련해 국민투표가 치러져야 할 수도 있다.

남한이 북한의 빠른 통일 요구를 수용해 남북한 모두에서 조속한 통일에 대한 공감대가 형성되면 남북이 본격적인 통일협상에 나서게 될 것이다. 통일협상은 통일을 구체적으로 어떻게 성취할 것인지 세부적인 사안들을 논의해 통일조약통일합의서에 담는 과정이다. 통일국가의 성격을 어떻게 가져갈 것인지, 통일헌법은 어떻게 마련할 것인지, 통일국가의 국호와 국기는 무엇으로 할 것이며 통일국가의 수도는 어디로 할 것인지 등을 논의해야 하는 것이다. 통일국가의 국호를 '대한민국'으로 할 것인지, 국기는 '태극기'를 사용할 것인지, 수도는 '서울'로 할 것인지 등을 놓고 북한과 협상을 해야 하는데, 협상이란 것이 한쪽의 의견만을 관철할 수 없는 것이지만 국호나 국기, 수도를 바꾸는 데 대한 국내의 반발도 상당할 것인 만큼 쉽지 않은 협상이 될 것이라는 점을 충분히 짐작할 수 있다. 서독의 통일협상 대표였던 쇼이블레 내무장관이 "동독과의 협상보다 서독 안의 협의과정이 더 어려웠다"고 했는데, 우리 사회 내부의 분열로 보면 남북한 통일협상의 경우 훨씬 더 어려운 과정이 될 가능성이 높아 보인다.

독일의 사례와 비교해 볼 때 남북한 통일의 절차가 좀 더 복잡할 수밖에 없는 것은 통일헌법과 관련된 부분이다. 독일의 경우 서독 기본법헌법 제23조에 따른 통일을 결정했기 때문에 통일 과정에서 별도로 통일헌법을 만들 필요가 없었다. 하지만, 남북한의 경우 통일 과정에서 적용할 수 있는 헌법이 없기 때문에 통일헌법을 새로 제정하는 절차가 필요하다. 남북의 의회가 통일헌법을 만들어야 하는 것이다.

남북연합이나 국가연합 단계에서 북한 지역에 북한 주민들의 뜻을 대표하는 의회가 이미 자유선거를 통해 구성돼 있다면, 그 의회가 남한의 의회와 함께 통일헌법 제정 작업에 나서면 될 것이다. 하지만, 그렇지 않은 경우라면 선거를 통해 통일헌법을 제정할 북한 지역 의회를 구성해야 한다. 제헌의회 구성을 위한 총선을 북한 지역에서 실시하는 것은 간단한 일이 아니다. 선거 후보자들을 배출할 정치집단이 마련돼야 하고 자유선거와 민주주의의 개념이 북한 주민들에게 전파돼야 한다. 제헌의회가 구성되고 통일헌법이 마련되면 이를 국민투표로 통과시키는 작업도 필요하다. 통일헌법 제정 과정에 상당한 시간이 소요될 수밖에 없는 것이다.

통일헌법 제정에 상당한 시간이 걸리는 점을 감안하면, 통일조약통일합의서에 서명이 이뤄지고 남북한 의회에서 비준이 이뤄진 후, 통일헌법 제정 절차가 진행되고 통일정부가 출범하는 과정을 밟게 될 가능성이 높다. 통일헌법이 마련되고 나서 통일정부가 출범해야 하는 것은 통일국가가 법치주의의 원리에 따를 것이기 때문이다. 해방 이후 정부 출범 과정을 보더라도 1948년 7월 17일 헌법이 제정된 뒤 그 헌법에 따라 8월 15일 정부가 출범함으로써 법치주의의 원리가 적용됐다.[37] 통일조약을 비준하는 북한 의회는 자유선거에 의해 선출된 의회일 수도 있지만, 통일조약 비준 때까지 기존의 최고인민회의가 존속하는 경우라면 절차적 완결성을 위해 최고인민회의를 활용할 수도 있겠다.

독일의 경우 '국가조약'을 통해 경제통합을 먼저 이뤘지만, 남북통일의 경우 경제통합이 순차적으로 이뤄질 가능성이 높기 때문에 독일의 예가 적용되기는 어려워 보인다. 이 내용에 대한 얘기는 좀 더 뒷부분에서 자세히 하도록 하겠다.

이와 같은 통일 시나리오를 간단히 정리해 보면 다음과 같다.

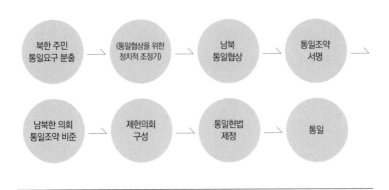

통일조약(통일합의서)과 통일헌법

통일조약은 남한 정부와 북한 정부가 통일에 이르는 길에 대한 합의를 하는 문서로 통일합의서라고 부를 수도 있다. 이에 비해 통일헌법은 통일국가의 기본 틀을 규정해 놓은 통일국가의 중심뼈대이다. 대한민국의 기본 틀이 우리 헌법에 규정돼 있는 것과 같은 이치이다. 현실적으로 통일헌법은 통일조약에서 마련된 통일 방향에 따라 구체적인 조항이 정해질 것이다. 통일헌법의 주요 얼개는 통일조약에서 합의된다고 봐도 무방하다.

그렇다면, 남북한의 통일조약에 어떤 내용들이 들어가야 할지 개략적으로 살펴보자.[38]

먼저, 전문에는 통일조약 체결의 경위와 통일국가의 기본원리, 즉 자유민주주의를 견지하며 평화통일을 이룩한다는 내용들이 전반적으로 기술돼야 할 것이다.

구체적인 항목에서는 통일한국을 어떤 방식으로 이룰 것인가 하는 부분이 들어가야 하는데, 통일조약의 성격에 대한 이해를 돕기 위해 주요한 항목 몇 가지만 예시하기로 한다.

- **통일시기** 통일을 이룩할 구체적인 날짜와, 통일조약에서 합의되는 조치들이 언제까지 이행돼야 하는 것인지 일정표가 마련되어야 한다.
- **통일방법** 독일처럼 북한 정부의 해산과 북한의 소멸을 선언하고 남한에 흡수통합되는 방식의 통일을 선택할지 다른 방식을 택할지 결정해야 한다.
- **통일국가의 국호, 국기, 국가國歌, 수도** 통일국가의 국호를 대한민국으로 할지, 국기는 태극기로 할지, 국가國歌는 남한의 애국가를 사용할지, 수도는 서울로 할지 등을 결정해야 한다. 합의가 어려울 경우 통일조약 체결이 지체되는 것을 막기 위해 통일국가의 의회가 결정하도록 할 수도 있을 것이다.
- **통일헌법 마련 방안** 새로운 통일헌법을 제정할지 대한민국의 헌법을 개정할지, 통일헌법 제정이나 개정의 절차는 어떤 식으로 할지, 제헌의회는 어떻게 구성할지를 결정해야 한다. 제헌의회 구성을 위해 북한 지역에서 선거가 필요하다면 북한 지역 선거를 언제 어떤 방식으로 치를지에 대한 일정표도 마련되어야 한다. 기존 남북한 헌법의 효력은 언제까지 인정할 것인지에 대한 규정도 있어야 한다.
- **통일국가의 정부 형태** 통일한국의 정부가 대통령중심제를 택할 것인

지 의원내각제를 택할 것인지 등 권력구조 전반에 대한 논의가 있어야 한다.

- **통일의회 구성방안** 의회는 단원제로 할 것인지 양원제로 할 것인지, 양원제를 채택한다면 상하원의 구성은 어떻게 할 것인지를 결정해야 한다.

- **통일 과정에서 법률 적용 문제** 통일헌법 제정 이후 남북한 법률 통합이 완성될 때까지의 과도기적 상황에서 남북한 지역에 어떤 법률을 적용할 것인지도 결정돼야 한다. 쉽게 말해 법률 통합 때까지 북한 지역에 기존 북한법을 그대로 적용할 것인가의 문제다.

- **북한 행정행위와 사법행위의 효력** 기존의 북한 행정행위와 사법행위의 효력을 계속 인정할 것인지 결정해야 한다.

- **경제통합의 대원칙** 통일한국이 사유재산제를 인정하고 시장경제를 기반으로 한다는 경제통합의 대원칙이 명시돼야 한다. 화폐도 남한 원화를 북한 지역까지 사용할 것인지 새로운 화폐를 만들 것인지 화폐 통합의 시기와 남북한 화폐의 교환 비율 등을 논의해야 하나, 경제통합에 시간이 걸릴 것이라고 본다면 구체적인 경제 관련 합의는 별도 기구에서 논의하는 것으로 할 수 있을 것이다. 북한 공산정권 수립 시 몰수된 재산 처리에 대해서도 반환이냐 보상이냐 또는 이미 재산권이 효력을 상실한 것으로 볼 것이냐 등의 논의가 있어야 한다.

- **대외관계 조정** 남북한이 각각 외국과 체결한 조약이나 채권 채무 관계를 어떻게 처리할 것인지 논의돼야 한다.

- **북한군, 북한 경찰**사회안전원, **북한 공무원 등 처리 방안** 북한군과 경찰, 공

무원 조직 등을 그대로 존속시킬 것인지, 아예 해체시켜 남한 조직에 편입시킬 것인지에 대한 원칙이 마련되어야 한다. 남한 조직에 편입시킬 경우 북한 인원들의 재임용 원칙도 마련되어야 한다.

- **북한 지역 행정 통합 방안** 북한 지역을 남한과 똑같은 형태로 통합해 지방자치제까지 한꺼번에 실시할 것인지, 북한 지역은 당분간 별도의 행정체계를 갖출 것인지 등 행정통합의 구체적 방향이 마련되어야 한다.
- **과거청산** 기존 북한 체제에서 저질러진 불법 행위에 대한 처벌 문제가 논의되어야 한다. 하지만, 이 부분은 남북한의 안정적 통합을 우선시할 경우 뒤로 미뤄질 수도 있다.
- **정치적 피해구제** 기존 북한 정권에서 입은 정치적 피해를 구제하는 방안으로, 구체적으로는 사면복권과 금전보상 등이 있을 것이다. 이 부분도 과거청산의 맥락인 만큼 순위가 다소 미뤄질 수 있다.

통일조약의 마지막 부분에는 조약의 효력이 발생하기 위한 절차적 요건을 기재하고, 필요에 따라 부속합의서를 체결할 수 있다는 내용도 담을 필요가 있다.

통일조약이 실질적으로 헌법적 사항을 규정하는 부분이 많은 만큼 헌법적 효력을 부여할 필요가 있으며, 그러한 권위를 부여하기 위해서는 헌법 개정에 준하는 절차를 따라야 한다는 지적도 있다. 의회 비준 정도가 아니라 국민투표를 통해 통일조약에 대한 동의를 받는 절차가 필요하다는 주장이다. 일면 타당한 말이지만, 통일조약 말고도 통일헌법 제정 과정에서 제헌의회 구성을 위한 총선거나 통일헌법 확정을 위한 국민투표를 거쳐야 하는 만큼, 절차적 정당성에 큰 하자가 없다면 정치적 절차를 간소화해 통일로 가는 시간을 앞당기는 것이 필요해 보인다.

11

'조선노동당'으로 총선이
가능한가

통일정부의 출범

통일이 실현돼 통일정부가 출범하기 위해서는 통일한국의 지도자가
선출되어야 한다. 또, 통일한국이 3권 분립 하의 의회 민주주의를 기
초로 한다면 통일의회도 구성되어야 한다.

통일한국의 권력구조를 대통령제로 할 것이냐 의원내각제로 할 것
이냐에 대해서는 통일과는 다른 차원에서 논의할 필요가 있다. 대통
령제가 한국 사회의 발전에 이바지하고 있느냐에 대해서는 논란의 여
지가 많은데, 통일한국의 권력구조를 어떻게 가져갈 것이냐에 대해서
는 장기적인 국가 발전의 차원에서 논의가 이뤄져야 한다. 권력구조
개편 방안에 대해서는 이 책 후반부에 따로 기술할 것이다.

다만, 통일이 진행되는 과정에서 권력구조 개편까지 동시에 이뤄
지기는 쉽지 않을 것이므로, 통일 과정에서는 일단 기존의 권력구조
를 유지하는 가운데 통일 작업을 진행해야 할 것으로 보인다. 정치,

경제, 사회, 문화 등 모든 부문에서 여러 가지 혼돈스런 상황이 초래될 것인 만큼, 통일이 진행되는 과정에서는 권력구조 개편보다는 국가의 안정화에 주력하는 것이 우선이다. 여기서는 일단 대통령제를 유지한다는 전제하에서 논의를 진행하기로 한다.

통일한국의 대통령은 국정의 공백을 막기 위해 통일이 이룩되는 날 전에 선출이 이뤄져야 할 것이다. 선거 횟수를 줄이기 위해 통일헌법의 국민투표와 대통령 선거를 한꺼번에 하는 방법도 생각해 볼 수 있다. 만약, 통일이 이룩되는 날까지 통일대통령 선출이 어렵다면 과도기적으로 남한 대통령이 북한 지도자의 협조하에 업무를 대행하는 방법도 있을 수 있다. 통일대통령 선출에 대한 일정도 통일조약 협의 과정에서 결정되어야 한다.

통일국가의 대통령제는 대통령과 부통령 시스템을 채택해 남한 출신과 북한 출신이 엇갈리게 맡는 방안이 필요해 보인다. 대통령과 부통령 러닝메이트제로 대통령 선거를 치르되, 남한 출신이 대통령을 맡으면 북한 출신이 부통령을, 북한 출신이 대통령을 맡으면 남한 출신이 부통령을 맡는 것이다. 통일국가 성립 초창기에는 남북한 사이의 갈등을 완화시키는 것이 최대 과제이므로 남북한 출신이 권력을 공유하는 시스템을 가져가야 한다.

통일의회의 경우 양원제 채택이 불가피해 보인다. 상하 양원제는 의회에서의 심의를 보다 신중하게 하는 측면도 있지만, 대표성을 다층화함으로써 지역과 주민 갈등을 완화하는 측면의 역할도 하고 있다.[39] 미국 양원제가 큰 주들과 작은 주들 간의 타협의 결과로 생겨났고,[40] 캐나다 양원제가 영국계 캐나다인과 프랑스계 캐나다인이 가지고 있는 이익을 함께 보장하기 위해 생겨난 것이 좋은 예이다. 남북한의 경우도 통일이 돼 인구비율에 따라 의원을 뽑게 되면 인구가 많은 남한 지역의 의원들이 절대 다수가 돼 북한 지역 대표성이 과소화되고 북한 주민들의 불만이 높아질 수밖에 없는 만큼, 국가통합을 위해서라도 북한 지역의 대표성을 적절하게 의회 내에 보장할 장치가 필요하다. 하원은 주민대표기관으로 인구비례에 따라 의원을 선출하고, 상원은 지역대표기관으로 지역이를테면 광역자치단체별로 동등한 의원 수를 선출하면 상원에서는 남북의 대표성이 대체로 균형을 이루게 될 것이다. 광역자치단체별로 동등한 의원을 뽑아도 남한 출신 의원 수가 좀 더 많게 되는데, 상원의 전체 의원 수는 남북한 간의 협의를 통해 조정할 수 있을 것이다. 한민족공동체통일방안에서도 지역대표성에 입각한 상원과 국민대표성에 입각한 하원으로 구성되는 양원제 의회를 제안한 바 있다.

남북한 인구가 2018년 기준으로 5,161만 명 대 2,513만 명 정도이므로 하원에서 남한 출신 대 북한 출신 의원 비율은 대략 2:1 정도가 될 것이고, 상원에서 남북한 출신 의원 비율은 거의 1:1이 될 것이다.

그렇다면, 상하원에 각각 어떤 권한을 부여할 것인가? 구체적인 상하원의 권한 분배는 통일헌법 논의 시점에 남북한 간 협의에 따라 정해질 일이지만, 다수의 양원제 국가처럼 인구비례에 따라 선출된 하원이 주도적으로 의회의 권한을 행사하게 하는 것이 바람직하다. 민주주의의 경험을 갖고 있는 남한 출신이 주도하는 하원이 입법권의 주도적 기능을 행사하는 깃은 불가피해 보인다. 하지만, 남한 출신 주도의 하원이 의회 운영을 주도하고 남한 지역 위주의 정책 결정이 이뤄지게 되면 의회에서 북한 주민들의 대표성이 약해지면서 북한 주민들의 불평등과 불만이 높아지게 될 것이다.

따라서 하원이 주도적으로 행사하는 입법권에 대해 상원이 거부권을 행사할 수 있도록 해 북한 출신 의원들이 북한 주민들의 의사를 대변할 통로를 만들어줘야 한다. 하원에서 통과한 법률이 상원에서 통과되지 못하면 법률로 확정되지 못하게 할 경우 상원이 하원에 대해 거부권을 갖게 하는 효과가 있을 것이다. 다만, 보다 전문성을 가진 하원 권한의 우월성을 유지하도록 하기 위해 상원에서 부결된 법률은 하원에서 재의결하면 법률로 확정될 수 있도록 하되, 재의결시 필요 조건을 과반수 출석에 3/4 찬성 정도로 하면 남북한 출신 의원 간 어느 정도 균형이 이뤄지게 될 것 같다. 하원에서 남한 출신 의원 비율이 3/4에 조금 못 미치는 만큼, 재의결 시 필요한 조건을 갖추기 위해서는 북한 출신 의원들의 동조가 어느 정도 필수적이기 때문이다.

이 밖에도 정부에 대한 견제 권한을 주기 위해 미국 상원에게 부여되고 있는 권한 가운데 고위공무원에 대한 인준권과 탄핵심판권을 상원에 주는 방안을 고려할 필요가 있다. 고위공무원에 대한 인준권을 상원이 가지게 되면 북한 주민들이 비토하는 인물은 고위공무원에 임명하지 못하게 하는 효과를 가져와 남북한 주민 갈등 완화에 기여할 것이다. 또, 고위공무원에 대한 탄핵소추 권한은 하원에, 탄핵심판 권한은 상원에 주면 고위공무원 파면 권한을 상원이 갖게 된다. 북한 주민들의 대표성이 강화돼 있는 상원이 고위공무원 임명과 파면 권한을 갖게 되면, 북한 주민들이 정부에 대한 견제 권한을 상당히 보유하게 되는 셈이다.

통일한국의 의회 총선거

통일의회의 상하원을 어떻게 선출할 것인가? 통일한국에서 전국적인 총선거를 어떻게 치를 것이냐의 문제다.

남한의 경우 정당들이 존재하고 있고 선거의 경험도 수십 년에 걸쳐 축적돼 있는 만큼, 통일의회 구성을 위한 총선에서 각 정당들이 상하원에 각각 후보를 내고 선거를 치르면 된다. 하지만, 북한 지역의 경우 민주적 의미의 정당이 존재하지 않고 자유민주주의적 선거를 치러본 경험도 없기 때문에 선거를 통해 의회를 구성한다는 것이 그리 쉬운 일이 아니다.

여기서 사회주의 체제에서 자유민주주의 체제로 전환하며 자유 총선을 치러본 동독의 사례를 참고해 보기로 하자.[41]

통일 이전 동독의 정당체계는 '사회주의 통일당SED'에 의한 일당 체제하에 동독 기민당, 동독 자유민주당, 민주농민당, 민족민주당과 같은 위성정당이 존재하는 형식으로 구성돼 있었다.

그러나 동독에서 독점적 지위를 가졌던 '사회주의 통일당사통당'의 위상이 1989년 동독에서의 일련의 시위와 함께 흔들리기 시작했다. 1989년 11월 백만 명을 넘는 군중이 '사통당'의 퇴진을 요구하는 상황이 되자 동독의 '사통당'은 출구를 찾아야 할 상황이 됐다. 사통당은 결국 중앙원탁회의 구성을 제안했고 중앙원탁회의에 '사통당'과 다른 정당들, 재야단체들이 참여하게 된다. 동독은 사회주의 성립 이전인 1, 2차 대전 중간 시기에 이미 자유민주주의를 경험하는 등 사회주의 정권하에서도 잠재적 저항 세력이 존재하고 있었기 때문에, 이들 저항 세력들이 열린 공간에서 정치적 집단으로 빠르게 성장할 수 있었던 것이다.

1990년 3월 동독 최초의 자유총선은 '민주사회주의당민사당'으로 당명을 변경한 '사통당'과 기민당 중심의 '독일동맹', 사민당 등이 참여한 가운데 치러졌다. 원탁회의는 서독 및 외국정당이 동독 선거전에 참가하지 않도록 했지만, 서독의 정당들은 동독에서 파트너를 찾거나 자매정당을 설립해 동독선거에 개입했다. 이러한 과정을 거치면서, 동독 기민당과 서독 기민당, 동독 사민당과 서독 사민당 등이 통합하게 됐는데, 동독의 당 조직이 서독 정당에 흡수되는 방식이었다. 독일의 통일이 서독에 의한 동독 흡수이듯이 동서독 정당의 통합 또한 동독의 정당, 사회단체들이 서독 정당에 흡수되는 형식으로 진행됐다. 반면, 민사당구 사통당은 독자적으로 선거에 참여해 새로운 세력으로 자리를 잡았다.[42]

동독의 사례에서 보듯 북한 지역 내에 정치적 집단으로 성장할 잠재 세력이 존재한다면 그러한 세력들을 정당으로 발전시켜 선거를 치를 수 있을 것이다. 북한은 동독처럼 과거에 자유민주주의를 경험한 기억이 없지만, 남북연합과 국가연합 단계를 거치면서 흘러들어간 자유의 바람이 독자적인 정치적 집단을 형성할 수 있는 수준까지 이른다면 이러한 세력들이 정당의 기초가 되어 선거에 참여할 수 있을 것이다.

정당으로서의 경험과 선거 경험이 부족한 부분은 남한의 정당이나 선거관리위원회 등이 협력적으로 개입할 수 있다. 총선 뒤 통일의회에서 정책 연합을 하는 것을 전제로 남한 지역 정당들이 북한 지역 총선을 도와주는 것이다.

하지만, 북한 지역 내에 정당으로 발전할만한 독자적인 정치적 세력이 형성돼 있지 않다면 총선을 치러 의회를 구성하기는 쉽지 않다. 이 경우 북한 지역 총선은 남한 정당들이 주도적으로 개입하는 다소 특수한 형태로 치러질 수밖에 없을 것으로 보인다. 북한 지역 내에 조선노동당 외에 별도의 의미 있는 정당이 없는 상황이라면, 남한의 정당들이 전면적으로 북한 지역 총선에 개입해 선거를 치를 수밖에 없는 것이다.

남한 정당들이 북한 주민들의 이해관계를 대변할 정책과 공약들을 준비해 북한 지역 총선을 준비하고, 각 정당별로 북한의 정치 지망생들을 대상으로 공개선발 과정을 거쳐 지역구 후보를 결정한다. 선거 유세와 토론 등 선거와 관련된 각종 노하우는 남한 정당들이 주도적으로 도와줘야 할 것이다. 선거에서는 정당별 투표도 이뤄지게 될 텐데, 북한 지역에서 얻은 정당별 득표에 따른 비례대표 의원은 북한 출신 인사에게 배정하도록 한다.

의회에 처음 진출하게 되는 북한 출신 의원들은 의정경험이 없을 것이므로 의원이 된 뒤에는 해당 정당의 도움 아래 민주주의의 원리를 배우고 의정경험을 거치면서 북한 출신 정치인으로 성장하게 될 것이다. 북한 출신 인사들의 정치적 경험이 축적되면 북한 지역 내에 별도의 정치적 색깔을 가진 정당이 새로 등장할 수도 있을 것이다.

북한의 조약 승계

남한 중심의 중앙집권국가로 통일이 되면 북한이 그동안 국가로서 행해 온 여러 조치들을 어떻게 처리할 것인가의 문제에 봉착하게

된다. 여기서는 북한이 체결한 조약과 대외채무에 대해 알아보기로
한다.

먼저, 북한이 체결한 조약을 통일 후에도 승계할 것인지에 대해 살
펴보자.

북한이 체결한 조약에 대한 정확한 자료는 없으나 1997년 국가안
전기획부가 발간한 자료에 따르면 북한은 1948~1996년 사이에 139
개국과 3,290건의 양자조약을 체결했다고 한다. 1996년 이후 20년
이 더 지난 상황인 만큼 북한이 체결한 조약은 훨씬 많아졌을 것이다.
이러한 조약들에 대한 처리를 어떻게 해야 할 것인지 참고하기 위해
다른 통일국가의 사례를 살펴보겠다.

베트남은 무력에 의한 흡수통일 이후 남베트남이 체결한 조약을
전부 무효화했다. 그러면서 북베트남이 체결한 조약이 전 베트남에
확대 적용됐는데, 이는 남베트남의 국가성을 인정하지 않은 것이다.
예멘의 경우 통일헌법 제정을 통해 남북 예멘이 체결한 조약의 효력
을 모두 인정했고, 독일의 경우 통일조약에서 서독이 체결한 조약은
동독 지역까지 확대 적용하기로 했으나 동독이 체결한 조약은 당사국
과 협의를 거쳐 효력을 결정하도록 했다. 특히 동독과 폴란드 간에 체
결한 오더-나이세선Oder-Neisse線 기준의 국경조약은 그대로 승계해 통
일독일과 폴란드 간 국경선 조약을 그대로 체결하기도 했다.

남북통일은 남한 체제로의 통합이 될 것인 만큼 남한의 조약이 한
반도 전역에 확대 적용된다고 봐야 할 것이다. 북한이 체결한 조약을
어떻게 처리할 것이냐가 문제인데, 독일은 당사국과의 협상을 통해
동독 조약의 효력 여부를 결정했으나 북한이 맺은 조약은 일단 모두

소멸시키고 필요시 새롭게 조약을 체결하면 된다는 견해가 있다. 북한이 체결한 조약의 효력 여부를 검토하기 위해 일일이 당사국과 협상을 벌인다는 것은 엄청난 에너지가 드는 작업이기 때문이다.

하지만 현실적으로 북한이 맺은 조약을 무효화시키기 어려운 대표적인 조약이 있는데, 바로 중국, 러시아와의 국경조약이다. 북한은 1962년 중국과 1985년에는 러시아와 국경조약을 체결했는데, 이를 무효화시키면 중국, 러시아와 상당한 분란이 불가피하다. 큰 무리가 없다면 통일 과정에서 주변국의 동의를 얻는 것이 필요하다는 측면에서 중국, 러시아와의 국경조약은 승계할 필요성이 있다.

종합하면, 북한이 맺은 조약 가운데 승계 필요성이 있는 조약들을 선별해 예외적으로 승계를 선언한 뒤 나머지 조약들은 모두 무효화시키는 것을 원칙으로 하되 조약별로 상황에 따라 재검토할 수 있다는 여지를 남겨두는 것이 어떨까 한다.

북한의 채무 승계

다음은 북한의 대외 채무를 승계할 것인지에 대해 살펴보자.

북한의 대외 채무 규모가 어느 정도인지 정확히 파악할 수 있는 자료는 없다. 2008년 당시 한나라당 권영세 의원은 정보기관으로부터 제출받은 자료를 근거로 북한이 중국, 러시아 등 30여 개국에 약 180억 달러의 대외채무를 지고 있는 것으로 추정된다고 밝힌 바 있다. 2010년 8월 영국 파이낸셜 타임스는 북한의 대외 채무가 120억 달러로 추산된다고 보도하기도 했다. 이 수치는 남한에 대한 채무를 제외한 수치이다. 남한은 북한에 차관 형식으로 식량을 상당 기간 제공해

왔다. 북한은 1980년대 중반부터 사실상 채무이행불능 상태에 있다.

북한의 대외 채무를 구체적으로 살펴보자.

먼저, 러시아 채무다. 러시아는 구소련 붕괴 이후 구소련의 채권을 승계했다. 2011년부터 북한과의 협상을 통해 채무를 110억 달러 정도로 정리했는데, 이 가운데 90%를 탕감해주기로 했다. 10%에 해당하는 11억 달러는 지원을 통한 채무변제 모델에 따라 교육, 의료, 에너지 분야의 양국 간 협력 사업에 이용하기로 했다고 한다.

중국에 대한 채무는 가장 많을 것으로 추정되지만 확인할 자료가 없다.

일본 채무는 1974년부터 표면화됐다. 북한이 1974년 일본에 대한 수입대금을 지불하지 못했기 때문이다. 채무 상환 지연사태는 1976년 북한과 일본이 채무 상환 연기에 합의하면서 일단락 됐다. 이 시점의 채무 규모는 약 800억 엔. 북한은 이 가운데 100억 엔 정도를 상환하면서 나머지 채무는 1983년까지 연장하기로 했다. 하지만 1983년 아웅산 테러사건을 계기로 일본이 경제제재를 취하자 북한은 1984년부터 채무상환을 중단했다. 따라서 북한의 대일 채무는 원금 700억 엔과 이자가 남아있는 셈이다. 북한의 대일 채무는 북한에 대한 일제 식민지 배상금이 해결되지 않은 측면도 있기 때문에 크게 문제가 되지는 않을 것으로 보인다.

OECD에 대한 채무는 규모가 불명확하다. OECD 채권단들, 특히 채권은행들은 대북 채권을 상품화하여 시장에서 유통시키고 있는데, 금융시장에서는 통일이 되면 통일한국이 이를 변제할 것이라는 기대를 갖고 액면가의 15% 정도 가격으로 거래가 되고 있다고 한다.

북한은 동유럽 국가에도 상당한 채무가 있을 것으로 보이는데 정확한 자료는 없다. 2010년 영국 파이낸셜 타임스는 북한이 헝가리와 체코에 채무의 90% 이상을 탕감해달라고 요청했다고 보도한 바 있다.

그렇다면, 북한의 채무는 어떻게 처리하는 것이 옳을까?

판단을 돕기 위해 과거의 다른 나라 사례부터 살펴보자. 역사적으로 보면 한 나라가 다른 나라로 합쳐질 때 채무가 승계된 경우도 있었고 그렇지 않은 경우도 있었다.

먼저 채무 승계를 부인한 사례들이다. 1874년 영국이 피지를 병합할 때 영국은 피지의 채무 승계를 부인했다. 1881년 프랑스가 튀니스를 보호국으로 선언할 때도 기존 채무의 승계를 부인했다. 1940년 구소련이 발트 연안 3개국을 병합했을 때 구소련은 이들의 대외채권은 회수하려 하면서도 부채 승계를 부인했다.

반대로 채무승계를 인정한 사례들도 있다. 1860년 이탈리아가 통일될 때 통일이탈리아 정부는 기존에 존재했던 개별 국가들의 채무를 승계했다. 1957년 말레이시아 연방 결성 시에도 말레이시아 연방헌법은 "구성국가의 모든 권리와 의무는 연방국가로 양도된다"고 규정했다.

이상의 사례를 비교해 보면, 제국주의 국가들이 식민지를 병합할 때 식민지의 기존 채무 승계를 부인했던 반면, 여러 개별 국가가 단일의 통일국가로 결성될 때에는 채무가 승계되는 경향이 있었음을 알 수 있다.

한두 가지의 사례를 더 보자. 이번에는 분단국가의 통합 사례이다. 베트남의 경우 통일베트남은 패망하게 된 남베트남의 권리와 채무를 모두 승계했다. 독일의 경우도 통일독일은 흡수되는 동독의 채무를 승계했다. 통일독일은 통일조약에서 국가채무에 관한 규정을 마련했는데, '동독 재정의 총 부채는 연방의 특별기금에 의해 인수'되며 '특별기금은 부채관리 의무를 수행'하기로 했다.

국가통합 시 승계국_{합치는 나라}이 선행국_{합쳐지는 나라}의 채무를 승계해야 하는지에 대해 학자들의 견해는 다르지만, 이상의 사례를 살펴보면 식민병합이 아니라 통일국가를 이루는 경우 여러 개별 구성국의 결합이든 분단국가의 통합이든 채무가 승계되는 경향이 있었음을 확인할 수 있다.

남북한의 경우에도 남한 중심의 중앙집권국가로 통일될 경우 북한의 대외 채무를 승계하는 것이 어느 정도 불가피해 보인다. 통일한국의 대외 신뢰도라는 측면도 있지만, 통일 과정에서 다른 나라들의 지지를 얻는 하나의 방편이기도 할 것이다. 다만 채권국들이 북한의 채무에 대해 사활적인 이해관계를 가지고 있지는 않을 것인 만큼, 적절한 협상을 통해 채무의 일부를 탕감하거나 북한에 대한 투자를 보장하는 방식 등으로 채무를 조정하는 것이 필요해 보인다.

2

통일 후유증,
감내해야 한다면
조금 덜 힘들게

통일 과정에서의 혼란과 충격이 남북한의 이질적인 체제가 갑자기 합쳐짐으로써 발생하는 것이라면, 이를 최소화할 방법은 갑작스런 통일의 속도를 늦추는 데에서 찾아야 한다. 소프트랜딩 방식으로 점진적인 통일이 이뤄졌다면 좋았겠지만 그게 어렵다면 주어진 여건하에서 우리가 인위적으로 통일의 속도를 늦추는, 다시 말해 인위적인 소프트랜딩의 단계를 설정하는 것이다.

1

서울역에 넘쳐날
북한 노숙자들

경제통합의 충격

하드랜딩 방식의 통일이 우리의 삶, 쉽게 말해 먹고 사는 문제에 어떤 충격을 가져올지는 앞서 하드랜딩 통일을 경험한 독일의 사례를 참고할 수 있다. 당시 동독은 사회주의권에서 잘사는 편에 속했고 서독 인구가 동독 인구의 4배 가까이나 돼 통일로 인한 경제충격을 흡수할 수 있을 것으로 예상됐지만 통일 초기 발생한 충격은 생각보다 컸다.

독일의 경제통합이 가져온 충격[43]

1989년 8월 헝가리와 오스트리아의 국경 철조망이 제거되면서 시작된 동독 주민들의 서독 이주는 갈수록 그 규모가 커지고 있었다. 동독 주민들은 '꿈에도 생각하지 못했던 기회가 온 만큼 서독으로 가야 한다'는 생각을 갖게 됐고, 이주 행렬이 가속화돼 동독 내 버스 운행에 차질을 빚는 상황까지 이르자 '나도 떠나야 하지 않는가'라는 동요로까지 발전했다. 특히, 동독 내에서 젊고 전문적인 인력들의 서독행이 이어지면서 동독 경제에 주는 충격은 막대했고, 서독 주민들에게도 주택과 일자리 부족을 초래할 것이라는 우려가 커지게 됐다.

동독 내에서는 라이프치히 월요 시위의 규모가 커지면서 민주화를 요구하던 동독 혁명이 통일 쪽으로 방향을 틀기 시작했다. 1990년 2월 12일 월요 시위에서는 '서독 DM마르크이 오면 우리가 남아 있겠지만, 오지 않으면 우리가 DM을 찾아가겠다'는 구호가 등장했다.

서독 정치인들은 통일에 대한 동독인들의 요구가 높아지는 가운데 어떻게 하면 동독인들의 이주행렬을 진정시킬 수 있을 것인지를 고민할 수밖에 없게 됐고, 서독 마르크를 신속히 전 독일에 도입해 동독 주민들에게 신뢰와 희망을 심어줌으로써 동독인들의 이주 증가를 막을 수 있을 것이라는 판단에 이르게 됐다.실제로 화폐통합 이후 동독인들의 서독 이주 행렬이 대폭 줄어들었다. 경제 전반에 오는 충격을 완화하기 위해서는 단계적인 화폐통합이 필요하다는 '경제 부문'의 의견이 제시됐지만 받아들여지지 않았다.

그렇다면, 동독 마르크와 서독 마르크의 교환비율을 어떻게 할 것인가?

통일 이전 동독과 서독 돈의 교환비율은 3:1에서 16:1암시장에 이르기까지 다양했다. 따라서 단순하게 생각하자면 화폐통합은 이러한 비율을 감안한 것이어야 했다. 하지만 화폐통합에는 여러 가지 고려해야 할 요소들이 있었다.

만약 2:1이든 3:1이든 서독 마르크의 가치를 좀 더 인정해주는 방식의 화폐교환이 이뤄질 경우, 그렇지 않아도 서독보다 낮은 수준의 임금을 받고 있는 동독 노동자들의 임금이 서독에 비해 더 낮아질 우려가 있었다. 이렇게 되면 동일한 화폐를 쓰는 단일경제권하에서 동독인들이 더 높은 임금을 받기 위해 서독 지역으로 이동하게 될 것은 자명했다. 동독 노동자들의 서독 이주를 막기 위해 화폐통합을 신속히 추진하기로 한 원래 취지에 맞지 않게 되는 것이다. 더구나 동독인들은 서독 수준으로의 소득 향상을 위해 1:1 비율의 화폐교환을 강력히 원하고 있었고, 2:1 비율을 제안한 연방은행의 의견이 누설되자 총파업까지 위협하며 격렬한 반대에 나서는 상황이었다.

하지만 1:1의 교환 방식에도 많은 문제점이 제기되었다. 동독 마르크와 서독 마르크의 실제 교환비율이 3:1 이상에 이르는 상황에서 1:1 비율로 화폐교환이 이뤄질 경우 동독 노동자들의 임금은 대폭 상승되는 결과를 낳을 수밖에 없었다. 가뜩이나 동독 노동자들의 생산성이 서독에 비해 떨어지는데 동독 노동자들의 갑작스런 임금 상승은 동독 기업들에 부담이 될 수밖에 없었다. 또, 동독 기업들의 제품은 서독에 비해 품질이 많이 떨어지는데 1:1 화폐교환으로 동독 제품의 가격이 높아지면 동독 제품은 더 외면받게 될 가능성도 높았다. 이렇게 돼서 동독 기업들의 운영이 어려워지면 대규모 실업사태로 이어질 수도 있었다.

이런 딜레마 속에서 결국 콜 서독 총리는 1:1 비율의 화폐교환을 결정했다. 동독 주민들이 동독에 머물러 있도록 유인책을 제공해야 한다는 판단, 또 동독인들의 이익을 최대한 보장해 통일을 신속히 이룩해야 한다는 정치적 판단이 작용한 것이었다. 콜은 회고록에서 1:1 비율의 화폐교환이 경제교과서에서 찾아볼 수 없는 비정상적이라는 것을 알고 있었지만, 동독의 사회 안정을 위해 그 같은 조치가 옳다고 생각했다고 밝혔다. 1:1 비율의 화폐교환이 평등에 기초한 연대감을 보여준다는 측면에서 동독인들에게 정치적, 심리적으로 엄청난 의미를 가지고 있었다는 것이다.[44] 콜은 이러한 교환비율을 '1990년 3월 동독 최초의 자유총선' 직전에 발표했고, 그 결과 콜이 이끄는 '독일동맹'은 48%의 지지로 압도적인 승리를 거두었다. 콜이 통일정책을 선거 전략으로 이용했다는 비판이 나오는 이유이기도 하다.

이러한 과정을 거쳐 1990년 7월 1일부로 '화폐, 경제와 사회동맹에 관한 국가조약'이 발효되었다. 이 조약에 의해 동독은 경제와 화폐 주권을 서독에게 넘겨줬으며 독일 내에서 서독 마르크는 단일 통화로 지정됐다. 동서독 화폐 교환은 순수 임금과 보수, 장학금, 연금 등은 1:1의 비율로, 개인저축의 경우 14세 미만은 2천 동독 마르크까지, 15~59세는 4천 동독 마르크까지, 60세 이상은 6천 동독 마르크까지 1:1 비율로 교환되게 됐다. 그리고 이 이외에는 원칙적으로 동독 마르크와 서독 마르크의 교환비율을 2:1로 하기로 했다.

한편, '국가조약'에 의해 동독은 서독과 함께 단일경제 체제로서 시장경제 제도를 도입하기로 했고, 개인 소유권을 인정하며 경쟁과 자유가격 제도를 실시하기로 했다. 또, 노동과 자본, 상품과 용역의 자유로운 이동을 보장하고 국영기업을 신속히 민영화하며, 연금과 의료보험, 실업보험 등 서독의 사회복지제도와 유사한 제도도 도입하기로 했다.

하지만 이러한 화폐통합 이후 동독 지역에서는 역시 우려했던 사태가 벌어지기 시작했다. 1:1의 교환비율로 동독 제품의 가격이 갑자기 비싸지자 동독 제품은 경쟁력을 상실했다. 품질도 좋지 않은 데다 가격도 비싼데 서구 기업들의 물품이 쏟아지는 상황에서 동독 제품이 팔릴 이유가 없었다. 동독 주민들마저 동독 제품을 외면했고 구동독 수출의 70% 이상을 차지하던 동구 시장마저 붕괴되면서 수출길도 막히게 됐다. 여기에다 1:1의 교환비율로 동독 노동자들의 임금이 상승되면서 기업의 생산비 부담도 높아졌다. 판로가 막혀서 재고는 쌓여가는데 생산비 부담은 높아지니 동독 기업들이 버텨낼 재간이 없었다. 결국 동독 기업들이 도산하거나 대폭적인 생산량 감축에 나서면서 대규모 실업사태가 발생하게 됐다.

이렇게 화폐통합이 동독 경제에 큰 충격을 가져오면서 1990년 7월 '국가조약' 이후 동독 경제는 더욱 침체되게 됐다. 구동독 지역의 경제성장률이 1986~1988년 사이 3~4%, 1989년 2%였던 반면, 1991년에는 -31.4%를 기록했고, 서독의 국민총생산을 100으로 잡았을 때 구동독 지역의 국민총생산은 1989년 56%에서 1991년 31%로 급감했다. 또, 1990년 하반기 서독 지역은 전년도에 비해 80만 명의 신규 고용을 창출해 3.1%의 고용신장을 이룬 반면, 구동독 지역은 130만 명이 일자리를 잃어 -14%의 고용감소를 나타냈다.

남북한 경제통합 충격은 독일보다 크다

독일이 하드랜딩 통일 과정에서 이와 같은 경제적 충격을 받았지만, 남북한이 하드랜딩 방식으로 통일된다면 남북한이 안게 될 경제적 충격은 독일의 경우와는 비할 수 없을 것이다. 당장 단순한 통계자료만 비교해 보더라도 독일과 남북한의 차이를 알 수 있다.

독일 통일 무렵인 1989년 당시 서독과 동독의 1인당 GDP 비율은 1만 9,283달러 대 5,840달러로 3.3:1 정도였지만, 2018년 기준 남북한의 1인당 GNI 비율은 한국은행 통계를 토대로 할 때 3,679만 원 대 143만 원으로 26:1에 달한다. 통일 당시 서독과 동독은 1인당 경제격차가 3배 정도 밖에 나지 않았지만, 현재 남북한의 1인당 경제격차는 20배가 넘는 수준인 것이다. 독일과는 비교하기 힘들 정도로 북한이 남한보다 못살고 있다는 얘기다.

그런데 인구비율은 남북한이 독일에 비해 오히려 불리하다. 1989년 독일통일 당시 서독 인구는 6,206만 명으로 동독 인구 1,661만 명의 3.7배에 달했다. 서독 사람 3.7명이 동독 사람 1명을 책임지면 되는 구조였다. 반면 2018년 기준 남한의 인구는 5,161만 명으로 북한 인구 2,513만 명의 2.1배에 불과하다.[45] 남한 사람 2.1명이 북한 사람 1명을 책임져야 하는 구조다. 북한이 동독보다 훨씬 못사는데 서독에서는 3.7명이 나눠가지던 부담을 남한에서는 2.1명이 감당해야 하니 남한이 훨씬 힘들 수밖에 없다. 남북한이 안게 될 경제적 충격이 독일이 받았던 경제적 충격보다 훨씬 클 것이라는 것을 짐작할 수 있다.

좀 더 구체적으로 살펴보자.

남북한이 하드랜딩 방식으로 통일이 돼 단일경제권으로 묶이게 되면 남북한 주민들의 이동도 막을 수 없고 남북한의 화폐도 단일화시켜야 한다. 자유민주주의를 채택한 단일경제권에서 주민들의 자유왕래를 막거나 두 가지 화폐가 동시에 통용될 수는 없기 때문이다. 다시 말해, 개성공단과 같은 특구는 존재할 수 없다는 얘기다.

이 때 남북한 화폐의 교환 비율을 어떻게 정할 것이냐의 문제는 독일의 경우처럼 뜨거운 감자가 될 것이다. 남북한 경제의 생산성을 감안하면 북한 화폐의 가치를 높게 평가해 줄 수 없지만, 북한 주민들은 생활수준 향상을 위해 북한 화폐를 높게 평가할 것을 요구할 것이기 때문이다.

남북한 화폐의 교환비율을 어떻게 정하든 부작용은 불가피하다.

북한 주민들의 요구를 반영해 독일처럼 북한 화폐의 가치를 과대평가해 주는 방식의 화폐교환을 실시하게 되면 북한 노동자들의 임금과 물건값이 실질가치보다 대폭 인상되는 결과를 가져오게 된다. 북한 노동자들의 생산성은 폐쇄적인 북한 경제 체제에서 선진 기술과 교육을 전수받지 못해 남한 노동자들에 비해 떨어질 수밖에 없는데, 노동자의 임금이 대폭 인상되면 기업 경영 능력도 부족한 북한 기업들이 버텨내기 어려울 것이다. 더구나 북한 제품들의 가격까지 대폭 올라가면 품질도 조악한 대부분의 북한 제품들은 시장에서 외면받게 될 것이다. 임금 인상으로 생산비용은 높아지는데 판로마저 막히면 북한 기업들의 줄도산은 시간문제다. 기업 도산으로 북한 지역에서 대규모 실업사태가 발생하면 북한 노동자들은 남쪽으로 몰려들 것이다.

남북한 경제의 생산성 차이를 고려한 화폐교환을 실시한다고 해도 문제가 사라지는 것은 아니다. 생산성을 고려한 화폐교환이란 북한 화폐가 남한 화폐에 비해 낮게 평가된다는 것이고 북한 노동자의 실질임금이 남한 노동자에 비해 낮아진다는 얘기인데, 북한 지역에서 받는 임금이 남한 지역보다 낮다고 하면 이동이 자유로운 단일경제권 하에서 북한 노동자들이 북한에 남아 있으려 하지 않을 것이다. 더 높은 임금을 받기 위해 남한으로 이동하는 북한 노동자들이 늘어날 것이고, 노동자들이 물밀 듯이 빠져나가면 북한 기업들이 버틸 수 없는 것은 마찬가지다. 기업 도산으로 실업자들이 생겨나는 것은 아니어도 북한 노동자들이 남한으로 대거 내려오는 부작용이 발생하는 것은 마찬가지다.

통일되면 북한 지역 산업은 거의 올-스톱

화폐 교환비율과 관련한 이 같은 부작용을 떠나서 통일이 되면 북한 지역 산업은 거의 올-스톱될 가능성도 존재한다. 북한은 기본적인 의식주가 해결되지 않는 사회이기 때문에 통일이 돼서 자유왕래가 가능해지면 북한 주민들의 대거 남하를 막기 위해서라도 빈곤층에 대한 인도적 차원의 대북지원이 불가피하다. 통일 전처럼 단순히 쌀과 옥수수를 지원하는 수준이 아니라 빈곤층의 기초 생활에 필요한 물품들을 무상 혹은 매우 낮은 가격으로 공급해줘야 남한 지역으로 이동하려는 욕구를 어느 정도 제어할 수 있다. 그런데 2018년 기준 북한의 1인당 GNI가 143만 원이라는 점을 감안하면 기초 생필품을 지급받아야 할 계층이 상당히 광범위할 것이라는 점을 짐작할 수 있다. 여기서 GNI는 연年 단위 개념으로, 쉽게 말해 북한 주민들의 1년 소득이 평균 143만 원 수준이라는 뜻이다.

남한의 기초 생필품이 북한 주민 상당수에게 무상 혹은 낮은 가격으로 공급되기 시작하면 북한 지역 내의 경공업 생산 시설들은 유지되기 힘들어진다. 남한에서 질 좋은 제품들이 무상 내지 낮은 가격으로 대거 유입되는데 품질이 떨어지는 북한 제품들이 팔릴 리가 없기 때문이다. 북한의 경공업 공장들은 자연적으로 도태될 가능성이 높다.

기계나 철강 같은 기간산업들도 전망이 불투명하기는 마찬가지다. 남북한이 통합되면 기술이나 품질이 훨씬 좋은 남한의 관련 공장들이 있는데 북한에서 생산한 기계나 철강을 소비할 곳은 별로 없다. 자력갱생에 기반한 기존 북한 경제에서는 품질과 관계없이 무엇이라도 생산하는 것이 중요했지만, 통일이라는 열린 공간 속에서는 품질과 가격 경쟁력이 맞아야 생산의 의미가 있다. 자본주의적 시스템에 뒤처지는 북한 공장들이 통일 이후에도 생존을 유지할 수 있을지는 불투명하다.

결국 통일 직후 북한 주민들은 대거 남하하거나 통일정부의 기초생필품을 지원 받고 거주지에 머물거나 하는 선택에 가로놓일 가능성이 높다. 이렇게 된다면 청장년층의 상당수는 남한행을 택할 가능성이 높다고 봐야 한다.

북한 주민들이 대거 남한행을 택한다면 남한에도 상당한 혼란이 생길 것이다. 먼저, 북한 주민들이 서울 등 대도시로 몰려들면 제대로 된 거주지를 찾지 못한 북한 주민들 상당수가 노숙자로 전락할 가능성이 있다. 서울역과 영등포역, 각 전철역과 지하도마다 숙소를 구하지 못한 북한 출신 노숙자들이 넘쳐나는 상황을 어렵지 않게 상상할 수 있다. 거리에 노숙자들이 늘어나면 치안 문제 등 각종 도시 문제도 생겨날 것이다.

또, 북한 출신 노동자들이 늘어나면 공사장 막일과 식당 종업원 등 남한 내 저소득층 일자리가 과포화 상태에 이르게 될 것이다. 남한의 일용직 노동자들이 일자리를 찾기 어렵게 되고, 남한 내 노동력 초과 공급으로 일용직 노동자 임금이 전반적으로 하락하면서 북한 노동자들뿐 아니라 남한 저소득층의 생활도 궁핍해질 가능성이 높다.

대규모로 남한에 이주한 북한 노동자들이 남한 사회의 밑바닥을 차지하고, 북한 노동자 유입으로 생활이 어려워진 남한 저소득층의 불만이 생겨나면, 남북한 출신 간 갈등이 높아지는 등 사회불안이 전반적으로 확산될 가능성도 있다. 남북한의 갑작스런 경제통합은 우리를 통일의 충격에서 한동안 헤어나기 어렵게 만들 수도 있다.

2

북한 주민 대다수는
기초생활 수급 대상

사회복지제도 통합

하드랜딩 통일이 남북한에 가져올 충격에 대해 개괄적으로 살펴봤다면, 여기서는 좀 더 세부적으로 들어가 하드랜딩 통일이 사회복지제도와 정부 재정에 미칠 영향에 대해 살펴보기로 한다. 보편복지냐 선별복지냐 논쟁이 있긴 하지만 남한 사회는 이미 여러 가지 복지제도가 다양하게 실시되고 있는 복지국가이다. 통일이 되면 이러한 복지제도가 북한 지역에도 동일하게 적용돼야 한다.

문제는 이런 복지제도들이 북한 지역까지 확대적용될 경우 재정부담을 감당할 수 있겠느냐는 것이다. 하드랜딩 통일로 남북이 단일경제권으로 묶이면 남과 북을 차별대우한다는 것은 가능하지 않은데 갑자기 늘어날 복지비용 부담을 통일정부가 감당할 수 있을까? 여기서는 몇 가지 사회복지제도를 중심으로 실증적으로 살펴보기로 하겠다. 수식이 일부 포함돼 다소 복잡하다고 느낄 수도 있으나 간단한 계산인 만큼 천천히 읽어보면 크게 어렵지는 않을 것이다. 개념이 복잡하다고 느끼는 사람들은 대체적인 흐름만 따라가면서 이 단락에서 얘기하려고 하는 결론 부분만 이해해도 될 듯하다.

기초생활보장제도

남한에서는 저소득층을 위한 복지제도로 기초생활보장제도를 운용하고 있다. 기초생활보장제도에는 세금 감면과 교육비, 의료비 지원 등 여러 가지 종류의 서비스가 있으나, 여기서는 '생계급여' 부분에 대해 알아보기로 한다. '생계급여'란 생활이 어려운 사람에게 최저생활비를 보장해 일상생활을 영위할 수 있게 하는 것이다.

생계급여는 소득인정액이 기준중위소득의 30% 이하인 사람들에게 지급된다.

여기서 소득인정액이란 '개별가구의 소득평가액과 재산의 소득환산액을 합산한 금액'이다.

소득인정액 = 소득평가액 + 재산 소득환산액

소득평가액은 정부가 복지비용 지출 기준 등으로 활용하기 위해 산출한 금액인데, 실제소득에서 가구특성에 따른 지출비용과 근로소득 중 일정액을 공제한 금액이다. 소득평가액 산정 방법을 식으로 나타내보면 다음과 같다.

> **소득평가액 = 실제소득 – 가구특성별 지출비용 – 근로소득공제**

* 실제소득이란 근로소득과 사업소득, 재산소득(임대소득, 이자소득), 이전소득 등 모든 소득을 포함하는 개념이다.
* 가구특성별 지출비용이란 장애인이나 한부모가정, 소년소녀가정 등에 지급되는 수당과 만성질환 등의 치료로 3개월 이상 지출하는 의료비 등을 말한다.
* 근로소득공제는 장애인이나 25세 이상 초중고교생, 24세 이하 대학생, 75세 이상 노인 등에게 일정 소득을 공제해 주는 개념이다. 쉽게 말해 형편이 여의치 않은 가정의 경우, 실제소득에서 일정 소득을 공제해 소득평가액을 낮춰줌으로써 복지혜택이 좀 더 돌아가도록 하기 위한 개념 정도로 이해하면 될 듯하다.

재산의 소득환산액은 부동산이나 은행 예금 등 재산에서 일정 액수와 부채 등을 공제하고 소득환산율을 적용하는 방식으로 산출되는데, 전반적으로는 근로소득이 아닌 재산을 적절히 소득으로 변환시키는 개념으로 이해하면 될 듯하다. 소득인정액 산정에 '재산의 소득환산액'이 포함되는 것은 재력가들의 경우 근로소득이 없더라도 상당한 소득이 있는 것으로 간주해 복지혜택을 줘서는 안 되기 때문이다.

기준중위소득이란 '국민 가구소득의 중위값'인데, 쉽게 말해 소득 순으로 전체 가구를 나열했을 때 정확히 가운데에 위치한 소득 개념이다. 즉, 내가 기준중위소득에 해당하는 소득을 얻고 있다면 우리나라에서 딱 중간 정도에 위치한 소득자라고 볼 수 있다. 기준중위소득은 중앙생활보장위원회의 심의, 의결을 거쳐 고시된다. 중앙생활보장위원회는 보건복지부가 운영하는 것으로 보건복지부 장관을 위원장으로 관계부처 차관, 관련 전문가, 공익 대표 위원 등 16명 이내로 구성된다.

하지만 기준중위소득이 국민 소득의 평균값을 의미하는 것은 아니다. 내가 소득 서열 순으로는 딱 중간에 위치한 기준중위소득을 벌고 있다고 해도, 나보다 상위 소득자들이 하위 소득자들에 비해 훨씬 큰 편차로 높은 소득을 올리고 있다면 국민 소득의 평균값은 올라갈 것이기 때문이다.

이 같은 내용을 우리 사회에 대입해 살펴보자. 2018년 기준으로 남한의 기준중위소득은 1인 가구 기준 1,672,105원, 약 167만 원이다. 1인당 평균소득은 당해 연도의 1인당 국민소득GNI으로 가름할 수 있을 것이다. 2018년 기준 남한의 1인당 GNI는 한국은행 통계를 기준으로 할 때 3,679만 원, 이것을 12개월로 나누면 월 307만 원 정도가 된다. 2018년 기준으로 남한의 기준중위소득과 평균소득은 140만 원 정도의 차이가 나는 셈이다. 기준중위소득보다 평균소득이 높다는 것은 상위소득자들이 하위소득자들에 비해 훨씬 큰 편차로 높은 소득을 올리고 있다는 것을 의미한다. 다시 말해, 전체 평균소득을 끌어올릴 정도로 고소득자들의 소득 수준이 높다고 볼 수 있다.

2018년을 기준으로 할 때 생계급여를 받을 수 있는 기준은 1인 가구 기준 501,632원, 50만 1,000원 수준이다. 2018년 기준중위소득 1,672,105원의 30%에 해당하는 값이다. 즉, 1인 가구 저소득자의 소득인정액이 한 달에 50만 1,000원 이하면 국가로부터 생계급여가 지원된다. 장애인이나 한부모가정, 소년소녀가정이 아니고 학생이나 75세 이상 노인도 아니라면, 한 달에 버는 모든 소득의 합계가 50만 1,000원 이하일 경우 생계급여를 지급받는 것이다. 단, 이 경우는 재산의 소득환산액을 0으로 가정한 것이므로 고가의 주택 같은 큰 재산이 없다는 것을 전제로 한다.

지원받는 돈은 생계급여 지원기준에서 소득인정액을 차감한 액수다. 어떤 사람의 월 소득인정액이 20만 원이었다고 하면 50만 1,000원에서 20만 원을 뺀 30만 1,000원이 지급되는 것이다.

2018년의 상황에서 남북통일이 됐을 경우를 가정해 보자. 한국은행 통계를 토대로 하면, 2018년 기준으로 남한 인구는 5,161만 명, 북한 인구는 2,513만 명이고 남한의 1인당 GNI는 3,679만 원, 북한의 1인당 GNI는 143만 원이다. 남북통일이 됐을 경우 인구는 7,674만 명으로 증가하지만, 1인당 GNI는 저소득층인 북한 인구의 대거 유입으로 기존 남한의 1인당 GNI보다 줄어들게 된다.

얼마나 줄어드는지 계산해 보자. 남한의 전체 GNI와 북한의 전체 GNI를 합친 뒤 총인구수로 나누면 된다. 한국은행 통계를 토대로 계산해 보면 2018년 통일한국의 1인당 GNI는 2,521만 원 가량이다. 1인당 GNI가 '연年' 개념이므로 12개월로 나누면 210만 원, 2018년 통일한국의 1인당 평균소득은 월 210만 원이라는 계산이 된다. 2018년 남한의 1인당 평균소득이 월 307만 원 정도였던 것을 감안하면 통일로 인해 평균소득이 97만 원 가량 하락한 셈이다.

그렇다면, 통일 후 기준중위소득은 얼마나 하락할까? 통일로 인해 저소득층인 북한 인구가 대거 유입되는 만큼 기준중위소득도 낮아질 것이라고 추론할 수 있지만, 북한 지역의 소득분포가 어떤 상태인지 모르기 때문에 기준중위소득이 얼마나 내려갈 것인지는 알 수 없다.

따라서, 여기서는 단순한 가정을 해 보도록 하겠다. 2018년 기준으로 통일로 인해 남한 주민들의 평균소득이 월 307만 원에서 월 210만 원으로 31.6% 가량 떨어진 만큼, 기준중위소득도 동일한 비율로 떨어질 것이라고 가정하는 것이다. 2018년 남한의 1인 가구 기준중위소득이 1,672,105원인 만큼 이 금액에서 31.6%를 차감하면 1,143,720원, 114만 원 가량이 나온다. 2018년 통일한국의 가상 기준중위소득 추정치이다.

이 금액을 기준으로 생계급여 지급 기준인 30%를 적용하면 343,116원, 34만 3,000원 정도가 된다. 2018년 통일한국에서 월 소득인정액이 34만 3,000원이 안 되는 사람은 국가로부터 최저생활비를 지원받는 대상에 속하게 된다. 장애인이나 한부모가정, 소년소녀가정이 아니고 학생이나 75세 이상 노인도 아니라면, 한 달에 버는 모든 소득의 합계가 34만 3,000원 이하일 경우 생계급여를 지급받는 것이다. 이 경우도 재산의 소득환산액을 0으로 가정한 것이므로 고가의 주택 같은 큰 재산이 없다는 것을 전제로 한다.

월 34만 3,000원의 근로소득은 남북한 소득분포에서 어느 정도의 수준인가?

2018년 기준 북한의 1인당 GNI는 앞서 살펴본 대로 143만 원이다. 12개월로 나눌 경우 월 119,167원, 11만 9,000원 수준이다. 이 얘기는 2,513만 명의 북한 주민들이 평균적으로 월 11만 9,000원의 수입을 올리고 있다는 뜻이다. 북한 전체 주민들의 월 평균소득이 11만 9,000원이라면, 이보다 2.9배 수준인 월 34만 3,000원 이상의 소득을 올리는 사람이 과연 얼마나 될까? 일부 부유층을 제외한 북한 주민 대다수가 생계급여 지급 기준인 34만 3,000원 이하의 소득을 올린다고 보는 것이 타당할 것이다. 지금의 생계급여 지급 기준을 적용한다면 2018년 기준 통일한국에서는 북한 주민 대다수가 새로이 생계급여 지급 대상에 포함돼야 하는 것이다.

물론 이 경우는 재산의 소득환산액을 0으로 계산한 경우이므로 부동산 등 큰 재산을 갖고 있는 사람들의 경우 소득인정액이 높아져 생계급여 지급 대상에서 제외된다. 북한에서도 주택 거래가 암암리에 이뤄지고 있는데 수억 원에 거래되는 고가의 주택을 가지고 있는 사람들은 생계급여 지급 대상에서 빠지게 될 것이다.

하지만, 북한 전체로 볼 때 이러한 재력가들이 얼마나 될까? 2,513만 북한 인구 전체로 보면 재산으로 인해 생계급여 지급 대상에서 빠지는 수는 그리 많지 않을 것이다. 통일한국에서 일부 부유층을 제외한 북한 주민 대다수가 새로이 생계급여 지급 대상에 포함되게 될 것이라는 대명제에는 변함이 없는 것이다. 과연 이러한 막대한 복지예산 증가를 통일한국이 감당할 수 있을까?

통일로 인해 생계급여 지급 기준이 낮아지면 남한 저소득층이 피해를 보게 되는 현상도 발생한다. 앞에서 살펴봤듯이 2018년 기준 남한의 생계급여 지급 기준 소득인정액은 원래 1인 가구 기준으로 50만 1,000원이었는데, 통일로 인해 지급 기준 소득인정액이 34만 3,000원으로 낮아지면서 34만 3,000원~50만 1,000원 구간에 있던 사람들은 생계급여를 받지 못하게 되기 때문이다. 월 소득인정액이 34만 3,000원 이하여서 계속 생계급여를 지급받는 사람들에게도 손해가 생긴다. 예전에는 국가가 50만 1,000원의 소득인정액을 기준으로 생활비 지원을 했는데 이제는 기준점이 34만 3,000원으로 낮아진 만큼 그 차액인 15만 8,000원 가량을 덜 받게 됐기 때문이다.

통일한국이 예산 부담을 줄이기 위해 생계급여 지급 기준 자체를 하향 조정할 경우 남한 저소득층의 피해는 더 커진다. 예를 들어, 생계급여 지급 기준을 기준중위소득의 30% 이하에서 20% 이하로 변경하면 생계급여 지급 대상을 줄여 예산을 절약할 수 있는데, 이렇게 되면 생계급여 지급 대상 탈락자가 더 늘어나게 되고 생계급여 지급대상에 남는 경우에도 생활비 지원액이 더 줄어들게 된다. 생계급여 지급 대상에서 탈락하거나 생활비 지원이 줄어든 남한 저소득층에서 통일에 대한 불만이 생길 수밖에 없다.

이상의 추론은 몇몇 수치를 단순화해 나온 것인 만큼 통일 이후의 상황을 아주 정확하게 반영하고 있다고는 볼 수 없다. 하지만 통일 이후 생계급여 지급 문제가 어떤 어려움에 처하게 될지 대략적인 추세를 보여주는 데에는 무리가 없다고 할 것이다.

기초연금

기초연금은 생활이 어려운 노인들에게 생활안정자금을 지원하는 것으로 65세 이상 노인 가운데 소득 하위 70%에게 지급된다. 구체적으로는 65세 이상 노인 가운데 소득인정액이 선정기준액 이하인 경우 지급대상이 된다.

소득인정액은 소득평가액과 재산의 소득환산액을 합산한 금액으로 앞서 살펴본 것과 같다.

소득인정액 = 소득평가액 + 재산 소득환산액

하지만, 기초연금에서 소득평가액을 계산하는 방법은 기초생활보

장제도와는 차이가 있다. 기초연금에서 소득평가액은 근로소득 중 일정액을 공제하고 나머지 금액의 70%만 환산한 금액에 사업소득, 재산소득 등 기타소득을 합치는 방식으로 계산된다. 2018년 기준 기초연금 소득평가액 산정 방법을 식으로 나타내면 다음과 같다.

소득평가액 = [0.7 × (근로소득−84만 원)] + 기타소득 (2018년 기준)

선정기준액은 65세 이상 인구의 소득 하위 70%를 선정하는 기준으로 보건복지부가 매년 발표하는데 노인 소득과 재산 분포, 임금과 지가, 물가상승률 등을 종합적으로 반영해 설정된다. 2018년 기준 선정기준액은 노인 단독가구는 131만 원, 부부가구는 209만 6,000원이었다. 여기서 노인 단독가구란 '혼자 사는 가구'를 말하는 것이 아니라 '자녀 등 가족과 함께 사는 경우라도 배우자가 없는 노인'을 말한다.

2018년 기준 기초연금을 받을 수 있는 노인 단독가구의 소득인정액 131만 원은 어떤 수준인가? 큰 재산 없이 근로소득만으로 사는 사람의 경우 월 근로소득은 다음과 같은 식에 의해 역산될 수 있다. 재산의 소득환산액과 소득평가액에서의 기타소득을 0으로 본 경우이다.

$$\underset{\text{(소득인정액)}}{1,310,000} = \underset{\text{소득평가액}}{\frac{[0.7 \times (근로소득 - 84만\ 원)] + 0(기타소득)}{}} + \underset{\text{(재산 소득환산액)}}{0}$$

계산해 보면 2,711,429원가량이 나온다. 즉, 큰 재산 없이 근로소득만으로 사는 노인 단독가구의 경우 2018년 기준으로 월 소득 271만 원 이하면 기초연금을 받을 수 있다.

하지만 65세 이상 노인의 경우 대개는 퇴직한 경우가 많으므로 근로소득 기준으로 기초연금 수급 여부를 따지는 것은 큰 의미가 없을 수 있다. 이 경우는 집과 같은 부동산, 즉 재산의 소득환산액이 얼마 이하일 때 기초연금 수급자격이 되는지가 보다 현실적인 기준이 될 수 있다. 2018년 기준으로 볼 때 다른 소득 없이 주택만 보유한 노인의 경우(대도시 단독가구 기준) 주택 가격이 5억 2,800만 원 이하인 경우 기초연금 지급대상이 된다.[46]

기초연금은 매년 물가상승률을 반영해 인상돼 왔는데 2018년 9월 기준 기초연금은 25만 원이었다. 2018년 기준으로 기초연금 수급자는 얼마나 될까? 통계청 자료로 보면 2018년 기준 남한의 65세 이상 인구는 7,455,149명, 746만 명가량이다. 이 인구의 70%를 계산하면 5,218,604명, 522만 명 정도이므로 기초연금 수급 대상자는 원칙적으로 522만 명이 돼야 한다.실제 수급 대상자는 차이가 있을 수 있는데, 보건복지부가 집계한 2018년 말 기초연금 수급자는 5,125,731명, 513만 명가량으로 소득 하위 70%에 조금 못 미치는 수준이었다. 하지만 여기서는 통일한국의 기초연금 수급 변동 예상치를 추산하는 데 목적이 있으므로 실제 수급자 수보다는 정부가 목표로 삼고 있는 소득 하위 70% 기준에 근거해 논의를 전개하고자 한다.

이제 2018년 통일한국을 가정해 보자. 통일이 되면 북한의 65세 이상 인구도 기초연금 지급대상이 된다. 실제로 지급대상이 얼마나 늘어날까? 북한 인구 실태는 2008년에 유엔의 자금 지원하에 진행된 인구총조사 자료를 활용할 수밖에 없다. 이후 인구 변동이 당연히 있었을 것이나 정확한 실태를 파악할 수 없으므로 2008년 자료를 기반으로 약간의 보정을 거치는 단순화 작업을 실행하기로 하겠다.

2008년 인구총조사 자료로 보면 북한 인구는 24,052,231명, 이 가운데 65세 이상 인구는 2,096,648명이다. 한국은행 통계로 2018년 기준 북한 인구가 2,513만 명으로 추정되므로 65세 이상 인구도 이 비율로 늘었다고 단순 가정해 계산해 보면 2,190,598명, 219만 명가량이다. 2018년의 65세 이상 북한 인구의 추정치이다.

2018년 통일한국을 가정할 때 65세 이상 인구는 남한의 746만 명과 북한 추정치 219만 명을 합친 965만 명이 된다. 이 가운데 기초연금을 지급받는 하위 70%는 675만 명이다. 기존 남한의 기초연금 수급 대상 522만 명보다 153만 명가량 늘어났는데 전체 인구가 늘어나면서 생긴 불가피한 현상이다. 통일한국의 기초연금 예산이 더 늘어나야 하는 것이다.

그런데 문제는 기초연금 수급 대상자가 늘어난다는 데에만 있지 않다. 기초연금은 소득 하위 70%에게 지급되는 만큼 2018년 통일한국의 65세 이상 인구 965만 명의 소득 상황을 따져 하위 70%를 새로 분류해야 하는데, 이 과정에서 기존 남한 수급자 상당수가 탈락할 가능성이 높다는 것이다. 구체적으로 살펴보자.

남북한이 통일이 돼 1인당 GNI가 기존 남한의 1인당 GNI보다 낮아지면 기초연금 지급 기준인 선정기준액도 기존 남한 수준보다 하향조정될 것이다. 구체적으로 얼마나 하향조정될지는 알 수 없으므로 여기서도 단순화를 위해 1인당 GNI가 낮아지는 만큼 선정기준액이 하향조정된다고 가정하자.

앞서 생계급여 부분에서 살펴본 것처럼 2018년 통일을 가정하면 1인당 GNI는 기존 남한에 비해 31.6%가량 낮아진다. 선정기준액도 노인 단독가구 기준 131만 원에서 31.6%가량 낮아진다고 가정하면 896,040원이 된다. 2018년 통일한국에서 기초연금을 지급받을 수 있는 선정기준액은 896,040만 원이라고 가정할 수 있는 것이다.

소득인정액이 선정기준액 이하일 경우 기초연금 지급대상이 되는데 소득인정액 896,040원이 어떤 소득 수준인지 계산해 보자. 큰 재산 없이 근로소득만으로 사는 사람의 경우 월 근로소득은 다음과 같이 계산된다. 재산의 소득환산액과 소득평가액에서의 기타소득을 0으로 본 경우이다.

$$896{,}040 = 0.7 \times (근로소득 - 84만\ 원)$$

계산해 보면 2,120,057원, 212만 원가량이 나온다. 즉, 2018년 통일한국에서 큰 재산 없이 근로소득만으로 사는 65세 이상 노인 단독가구의 경우 월 소득 212만 원 이하면 기초연금을 받게 된다.

월 소득 212만 원이면 북한에서 어떤 수준인가? 앞서 살펴본 것처럼 2018년 기준 북한의 1인당 GNI는 143만 원이고, 이를 12개월로 나눌 경우 월 11만 9,000원 정도가 된다. 2,513만 명의 북한 주민들이 평균적으로 월 11만 9,000원의 수입을 올리고 있다는 뜻인데, 65세 이상 노인들이라고 해서 상황이 크게 다르지 않을 것이다. 월 소득 212만 원 이하가 기초연금 지급의 기준점이라면 큰 재산 없이 근로소득만으로 사는 북한의 65세 이상 노인의 경우 대다수가 기초연금 지급대상이 될 것이라는 추정이 가능하다.

하지만, 65세 이상 노인의 경우 대개는 퇴직한 경우가 많을 것이므로 근로소득보다는 재산 기준으로 기초연금 수급자격을 따지는 것이 보다 현실적이다. 퇴직한 노인이 다른 소득 없이 주택만 가지고 있을 경우, 앞서 살펴본 2018년 기준에 따라 대도시 단독가구 기준으로 주택 가격이 5억 2,800만 원 이하라면 기초연금 지급대상이 된다. 통일로 인해 정부가 이 기준을 다소 하향조정한다 하더라도 북한의 1인당 GNI 수준을 감안할 때 북한의 65세 이상 노인 중에 이 기준을 넘어 기초연금 지급대상에서 제외되는 사람은 거의 없을 것으로 보인다. 종합하면, 2018년 통일한국에서 북한의 65세 이상 노인들 대다수는 기초연금 지급 대상에 포함될 것이다.

이제 북한에서 새로운 기초연금 수급자들이 생겨나면서 남한의 기존 수급자들이 얼마나 피해를 보게 되는지 살펴보자.

새로 통일한국에 편입된 북한의 65세 이상 인구 추정치 219만 명 대다수가 저소득층으로 기초연금 지급대상에 포함된다고 본다면, 상대적으로 소득 수준이 높아진 남한의 기존 수급자들 중 일부가 기초연금 지급 대상에서 탈락하게 된다. 탈락대상은 얼마나 될까?

2018년 통일한국의 기초연금 지급대상자 675만 명에서 새로 기초연금 수급자로 편입된 북한의 65세 이상 인구 219만 명을 빼면 통일 후에도 기초연금 수급자로 남는 남한의 65세 이상 노인은 456만 명이다. 통일 전 남한의 기초연금 지급 대상자가 522만 명이었으므로 결국 두 수치의 차이인 66만 명가량이 기초연금 지급대상에서 탈락하게 되는 것이다. 물론, 북한의 65세 이상 인구 가운데 기초연금 수급대상이 아닌 경우도 일부 있을 것이므로 이상의 수치는 개략적인 추정치일 뿐이다.

전체적으로 보면 통일로 인해 기초연금 지급 대상자가 기존 522만 명에서 675만 명으로 153만 명가량 늘어 예산부담은 대폭 늘어난다. 2018년 9월 기준 기초연금 25만 원으로만 계산해도 3,834억 원가량의 추가 예산이 필요해지는 것이다. 그런데, 기존 남한의 기초연금 수급자 중에서는 오히려 66만 명가량이 기초연금 지급 대상에서 탈락하게 된다. 연금지급액 증가로 국가 재정은 빡빡해지고 전체적인 세금 부담은 늘어나는데 남한 지역 사회보장은 오히려 축소되는 현상이 발생하는 것이다. 남한 주민들 사이에서 통일에 대한 불만이 높아질 수밖에 없다.

국민연금

국민연금은 가입자로부터 일정액의 보험료를 받고 소득이 중단되거나 상실될 가능성이 있는 사람들에게 연금을 지급하는 사회보험제도로 크게 노령연금, 유족연금, 장애연금 등이 있다. 국민연금은 기본적으로 가입자가 납부하는 보험료에 따라 연금 수급액이 달라지고, 기초생활보장제도나 기초연금처럼 일정 수준 이하의 계층에게 국가가 일괄적으로 예산을 지원하는 것이 아닌 만큼 통일로 인한 재정 부담액을 일괄적으로 추산하기 어려운데, 여기서는 통일이 국민연금에 미칠 전반적인 경향성을 살펴보도록 하겠다.

여기서 살펴볼 부분은 주로 노령연금이다. 노령연금은 나이가 들어 소득활동에 종사하지 못하는 사람에게 지급되는데, 보험료 납부

기간이 10년 이상인 경우 지급된다. 1969년생 이후인 경우 65세부터 노령연금이 지급되고 있다.

국민연금 수급액은 기본적으로 본인이 납부하는 연금보험료에 따라 결정되지만, 국민연금 제도는 소득재분배의 기능을 가지고 있다. 쉽게 말해 저소득층에게 유리하게 제도가 설계돼 있다는 것이다.

연금 수급액이 어떤 방식으로 결정되는지는 다소 복잡한 수식을 동반하는 것이라 여기서 일일이 설명하지는 않겠지만, 국민연금제도가 소득재분배 기능을 가지는 것은 수급액을 계산하는 수식의 계산 요소 중에 '연금수급 전 3년간 가입자 전체의 평균소득'이 들어 있기 때문이다. 전체가입자의 평균소득이 계산식에 반영되기 때문에 평균소득보다 소득이 낮은 저소득층은 연금 계산에서 유리한 결과를 얻게 되고, 평균소득보다 소득이 높은 고소득층의 경우 연금 계산에서 불리한 결과를 얻게 된다. 다시 말해, 저소득층은 자신이 낸 보험료에 비해 상대적으로 많은 연금을 받게 되는 반면, 고소득층은 자신이 낸 보험료에 비해 상대적으로 적은 연금을 받게 됨으로써 소득재분배 기능이 발휘되는 것이다.

앞서 살펴본 대로 2018년 기준 남한의 1인당 월평균 소득은 307만 원 정도이고, 북한의 1인당 월평균 소득은 11만 9,000원 수준이다. 2018년 통일한국을 가정할 경우 1인당 월평균 소득은 210만 원 수준으로 추산됐다. 이러한 수치로 보면 남북한 소득분포에 따라 차이는 있겠지만 통일한국에서 남한 주민 대다수는 평균소득 이상이고 북한 주민 대다수는 평균소득 이하일 가능성이 높다. 이 얘기는 북한 주민들이 추가로 국민연금에 가입할 경우, 남한 주민들은 자신이 낸 보험료에 비해 상대적으로 적은 연금을 받게 되고 북한 주민들은 자신이 낸 보험료에 비해 상대적으로 많은 연금을 받게 될 것이라는 뜻이다.

특히 남한 주민들의 경우 통일이 되면 연금계산식에 들어가는 '전체가입자 평균소득액' 수치가 통일 전에 비해 대폭 낮아짐으로써, 같은 보험료를 내고도 통일 전에 연금을 수급받던 사람보다 연금 수급액이 상당히 낮아질 가능성이 크다. 통일로 인해 각종 세 부담은 늘어날 가능성이 높은데, 노후 보장 수단인 연금 수급액이 통일 전 예상 수급액보다 줄어들 경우 남한 사람들의 통일에 대한 불만은 커질 수 있다.

다음으로는 통일이 전반적인 연금 재정에 미칠 영향을 살펴보자.

북한 지역에서 연금수급자가 생겨나기 시작했을 때 연금 재정에 어떤 영향을 미칠 것인가는 지금 단계에서 일괄적으로 말하기는 어렵다. 일단 북한 지역 연금 수급자들이 저소득층일 가능성이 높은 만큼 자신이 낸 보험료에 비해 상대적으로 많은 연금을 지급받는다고 보면 연금 재정에는 마이너스 효과를 가져올 가능성이 높다.

또, 북한 주민들의 연금 가입을 독려하기 위해 초기에 보험료를 깎아주게 되면 연금 재정에는 역시 부담으로 작용하게 될 것이다. 남한의 경우도 지역가입자의 경우 보험료 부담을 줄여주기 위해 초기에는 소득의 3%에서부터 시작해 점진적으로 9%까지 보험료를 인상한 전례가 있다.

하지만, 북한 지역으로의 국민연금 제도 확대가 연금 재정에 플러스로 작용할 부분도 존재한다.

먼저, 북한 주민들이 새로 국민연금에 가입하면 초기에는 연금 재정에 도움이 된다. 연금 수급이 이뤄지려면 연금 가입자가 연금을 적립하는 과정이 먼저 이뤄져야 하므로 수급자격자가 생기기 전까지는 연금 재정이 늘어나게 되는 것이다.

또, 북한에서 65세 이상 노인 인구의 비율은 남한보다 낮기 때문에, 연금 보험료를 내는 사람과 연금을 수급받는 사람 간 비율을 비교해 보면 북한 지역이 오히려 남한 지역보다 연금 재정에는 유리한 위치에 있다고 볼 수도 있다. 2018년 기준 남한 인구는 5,161만 명, 65세 이상 인구는 7,455,149명으로 65세 이상 인구 비율이 14.4% 정도인데, 2008년 유엔의 인구총조사 자료로 보면 북한 인구는 24,052,231명, 65세 이상 인구는 2,096,648명으로 북한의 65세 이상 인구 비율은 8.7% 정도에 불과하다. 물론 북한에서 연금 보험료를 내는 사람들은 통일한국 전체로 보면 대다수 저소득층에 속할 것이므로 북한에서 연금 보험료로 내는 돈이 연금 재정에 얼마나 도움이 되겠느냐는 문제 제기도 가능하다.

이 밖에 통일로 '전체가입자 평균소득액'이 낮아지면 앞서 살펴본 것처럼 남한 주민들의 연금 수급액이 통일 이전 예상수급액에 비해 낮아질 것이므로 연금재정 자체로는 플러스 요인이 되는 측면도 있을 수 있다. 남한 주민들의 불만은 높아지겠지만 말이다.

종합적으로 보면, 통일로 인해 남한 주민들의 연금 수급액은 통일 이전 예상 수급액에 비해 상당히 줄어들 가능성이 높으나, 북한 주민들이 새로 국민연금에 가입한다고 해서 연금 재정 건전성이 악화될 것인지는 일괄적으로 예단하기 어렵다.

의료보장

남한 사회는 사회보험인 건강보험과 공적부조인 의료급여를 통해 전 국민에 대한 의료보장을 실시하고 있다.

건강보험은 고액의 진료비로 가계에 부담이 되는 것을 방지하기 위해 가입자들이 평소에 보험료를 내고 필요시 보험급여를 받아 의료비 부담을 경감시키는 제도이다. 민간보험은 보장 범위나 계약 내용 등에 따라 보험료가 달라지지만, 사회보장제도인 건강보험은 소득수준 등 보험료 부담능력에 따라 보험료를 부과하고 보험료 부담수준과 관계없이 균등하게 보험급여의료비 지원를 지급함으로써 소득재분배 기능도 수행한다. 즉, 건강보험료를 많이 내든 적게 내든 병원에서 받는 치료비 혜택은 동일한 것이다. 건강보험 가입자들은 병원에서 치료비 혜택을 받더라도 일정액의 본인부담금은 병원에 지불해야 한다.

의료급여는 경제적으로 곤란한 국민들의 의료비를 국가가 대신 지불해 주는 제도이다. 의료급여에는 1종과 2종이 있는데, 1종은 기초생활보장대상자 가운데 근로능력이 없는 세대 등이, 2종은 기초생활보장대상자 가운데 1종에 해당되지 않는 세대, 즉 근로능력이 있는 세대가 대상이다.

의료급여 대상자라고 해서 병원비를 한 푼도 내지 않는 것은 아닌데 1종 대상자가 외래진료를 받을 경우 1차 진료기관에는 1,000원 2차 진료기관에는 1,500원 3차 진료기관에는 2,000원만 부담하면 되는 등 의료비가 저렴하다. 1종 대상자에게는 입원비도 무료이다. 2종 대상자의 경우 1종 대상자보다는 본인 부담이 늘지만 역시 저렴한 의료비만 부담하면 된다.

2018년 기준으로 남한에서 건강보험 대상자는 5,107만 명, 의료급여 대상자는 148만 명 정도로 전체 대상자 중 의료급여 대상자 비율은 2.82% 정도이다.

이제 통일이 될 경우 의료보장 제도가 어떻게 달라질 것인지 추산해 보자. 앞서 살펴본 대로 통일이 되면 북한 주민 대다수가 생계급여 지급 대상, 즉 기초생활보장대상자가 될 가능성이 높다. 이 얘기는 북한 주민 대다수가 의료급여 지급 대상이 될 가능성이 높다는 뜻이다.

2018년 기준 의료급여 대상자 비율이 2.82% 정도인데, 통일로 인해 2,500만 북한 인구 대다수가 의료급여 대상자로 편입되면 대략 30% 가까이 의료급여 대상자 비율이 치솟게 된다. 의료급여 대상자에게는 국가가 의료비를 지원해 주는 만큼 의료급여 대상자가 급속히 늘면 국가의 재정 부담이 대폭 늘어나게 된다. 국가의 재정 부담이 늘어나면 세금 인상으로 연결될 수밖에 없고, 인상되는 세금의 상당 부분은 북한보다 소득이 높은 남한 주민들이 부담하게 될 것이다.

통일은 건강보험 재정에도 영향을 미칠 가능성이 있다. 통일이 돼서 의료시스템이 정비되면 북한 주민들이 병원을 찾는 횟수는 남한 주민보다 많아질 가능성이 높다. 북한의 의료시스템이 사실상 붕괴돼 그동안 질환이 있어도 제대로 치료를 받지 못한 주민들이 많기 때문이다. 건강보험 재정은 한정돼 있는데 이용자가 많아져 의료비 지원액이 많아지면 재정에는 악영향을 미칠 수밖에 없다.

건강보험 재정이 악화되면 해결 방법은 크게 두 가지다. 보험료를 인상하거나 국고지원을 늘리는 것이다. 지금도 건강보험 재정에는 일정 부분 국고지원이 이뤄지고 있다.

통일정부가 어떤 쪽을 선택하든 남한 주민들의 부담이 늘어나는 것은 마찬가지다. 보험료를 인상해도 인상의 주 대상은 부담능력이 되는 남한 주민들이 될 것이고, 국고지원을 늘려서 정부 재정이 악화되면 세금 인상으로 이어져 역시 남한 주민들의 부담이 늘게 될 것이기 때문이다.

최저임금

최저임금은 국가가 근로자가 받는 임금의 최저수준을 정하고 사용자에게 그 이상의 임금을 지급하게 함으로써 저임금 근로자를 보호하는 제도이다. 엄밀히 말해 국가가 시행하는 사회보장제도는 아니지만 저소득층의 복지와 관련되고 통일 이후 미칠 효과가 상당하리라는 점에서 간략히 살펴보기로 한다.

최저임금은 1명 이상 근로자를 고용하는 모든 사업장에 적용되는데, 2018년 기준 최저임금은 시급 7,530원, 월급으로 환산하면 주 40시간제인 경우 1,573,770원이다. 이 얘기는 모든 근로자의 경우 최소한 1,573,770원의 월급을 받아야 한다는 뜻이다.

그런데 2018년 기준 북한의 1인당 평균소득은 앞서 살펴본 대로 월 119,167원 수준이다. 통일이 돼서 최저임금이 한반도 전역에 걸쳐 적용된다면 북한 지역에서는 평균소득보다 최소 10배가 넘는 수준으로 임금이 지불돼야 하는 것이다. 자본주의로 진입하는 초기부터 기존 소득수준보다 월등히 높은 임금이 책정될 경우 버틸 수 있는 북한 기업이 있을까?

통일 이후 북한 지역에서 사유화 작업이 진행되고 자본주의식 기업이 생겨나게 되면 이 기업들은 이제 경쟁 속에서 살아남아야 한다.

팔릴 수 있는 물건을 만들어 내다 팔고 이윤을 남겨 기업을 유지해야 하는 것이다. 하지만, 남북한의 기술 격차로 인해 북한 기업들이 만든 제품의 품질은 조악할 수밖에 없다. 독일에서도 통일 이후 서독 제품들이 들어오자 동독 주민들조차 구동독 기업이 만든 제품을 외면했는데 남북한이라고 이런 상황에서 예외일 리 없다. 조악한 품질의 북한 물건들은 거의 팔리지 않는데 남한과 같은 최저임금 기준으로 북한 노동자들의 임금만 대폭 인상되면 기업은 망하고 노동자들도 결국 일자리를 잃게 될 가능성이 높다.

소결론

지금까지 남한에서 행해지고 있는 몇몇 사회복지제도가 통일로 북한 지역까지 그대로 적용될 경우 어떤 결과가 초래될지에 대해 실증적으로 살펴보았다. 북한 지역 통계자료가 정확히 구비돼 있지 않아 몇 가지 단순화의 가정을 거친 만큼 통일 이후의 상황을 아주 정밀하게 분석했다고는 볼 수 없겠으나, 남한의 사회복지제도가 북한 지역에 그대로 적용될 경우 통일한국의 재정은 감당하기 어려운 수준이 될 것이라는 점에서는 이론의 여지가 없을 듯하다.

또, 남한의 사회복지제도가 북한 지역까지 확대적용되면서 남한에서는 기존 복지 수급자 중 일부가 대상에서 탈락하고, 수급자로 계속 남아 있는 경우에도 지원액이 축소되는 부작용이 발생하게 된다. 막대한 재정 부담으로 남한 주민들의 세금은 늘어날 텐데, 남한의 사회복지가 양적으로나 질적으로 축소되는 상황이 되면 통일에 대한 반감이 높아질 수밖에 없다.

3

공부가 우선이지만
특기도 있어야 한다

북한의 교육

이 장부터 4개 장에 걸쳐서는 70년 이상 분단됐던 남북한이 갑자기 하나로 합쳐질 경우 어떤 과제들에 부딪히게 될지를 구체적으로 살펴보려 한다. 하드랜딩 통일이 우리에게 실질적으로 어떤 과제를 부여할 것인지 구체적으로 살펴보려는 것이다. 모든 분야의 과제를 살펴볼 수는 없기에 우리 생활에 밀접하게 연관되는 교육과 의료, 사법제도법질서라는 세 가지 분야를 고찰의 대상으로 했다. 이러한 작업을 통해 70년이 넘는 분단 기간 동안 남북한이 얼마나 달라졌는지도 이해할 수 있을 것이다.

북한의 교육제도[47]

북한은 김정은 집권 이후인 2017년부터 12년제 의무교육제를 실시하고 있다. 유치원 2년 중에 높은반 1년과 소학교 5년, 초급중학교

3년, 고급중학교 3년을 합친 것이다. 학기는 남한보다 1개월씩 늦어 1학기가 4월부터 9월까지, 2학기는 10월부터 다음해 3월까지 운영된다.

중학교를 졸업하게 되면 대학에 가거나, 대학에 가지 못할 경우 남자는 군대에 여자는 직장 배치를 받는 것이 일반적이다. 교사나 의사, 법관 같은 전문 직업을 갖거나 간부로 출세하려면 대학을 나와야 하기 때문에 북한에서도 많은 사람들이 대학에 가기를 원하지만 북한의 대학 진학은 완전경쟁 시스템이 아니다.

중학교에서 군대를 거치지 않고 바로 대학에 가는 학생들을 '직통생'이라고 하는데, 직통생이 되려면 성적도 좋아야 하지만 출신성분도 좋아야 한다. 대학입학지원서에 고급중학교 추천서와 청년동맹 추천서가 첨부되기 때문이다.

북한에서도 특기를 중시해 공부 말고도 노래나 악기 연주, 축구 등의 특기로 대학에 진학하기도 한다.

소수만 대학에 진학하기는 하지만, 그럼에도 북한 학생들은 고급중학교까지 좋은 성적으로 졸업해야 한다고 생각한다. 졸업 후에도 항상 자신을 따라다니는 학교평정서 때문이다. 학교평정서는 학교장과 담임교사, 청년동맹지도원 3명의 책임하에 작성되는데, 졸업 후에도 항상 개인을 따라다니는 평가 문서가 된다.

북한의 대학교육은 남한에 비해 세상을 넓게 이해한다는 본연의 교육적 측면이 강조된다. 자격증 취득 같은 것은 중요시되지 않는다. 직장을 국가가 배치시켜 취업에 대한 부담감이 작용하지 않는 점이 이런 분위기에 일조하는 듯하다. 북한에서 대학은 종결교육으로서의 의미를 갖는다. 일반적으로 대학을 졸업하면 공부가 끝난다고 생각하기 때문에 대학을 졸업한 뒤에도 계속 공부하는 사람은 많지 않다. 2008년 기준으로 볼 때 북한에서 소학교 졸업이 최종학력인 사람이 20.8%, 중학교 졸업이 최종학력인 사람은 59.4%였다고 한다.

북한의 대학은 4~6년제로 종합대학김일성종합대학, 김책공업종합대학과 일반 단과대학, 농장대학·어장대학·공장대학 등 산업체 부설 현장대학과 직업기술대학 등이 존재한다. 북한에서 중앙대학과 지방대학이라는 개념은 우리하고는 좀 다르다. 중앙대학은 대학 소재지와 관계없이 전국단위로 학생을 선발하는 대학을, 지방대학은 해당 지역에서만 학생을 선발하는 대학을 말한다. 방학 때에만 수업을 듣는 이른바 통신과정으로 대학 학력을 취득할 수도 있으나, 간이 형식의 학력 취득 방식인 만큼 통신대학 제도로 대학 학력을 얻는 경우 정규대학 졸업자와 같은 수준으로 인정되지는 않는다.

대학을 졸업한 뒤 우리의 대학원에 해당하는 과정으로 박사원, 연구원 과정이 있다. 박사원에는 학사준박사반과 박사반이 있는데, 학사반은 대학졸업 학력이나 그와 동등한 자격을 갖춘 사람이 입학하는 곳으로 우리의 석사과정으로 이해할 수 있다. 박사반은 학사학위를 수여받은 사람이나 동등한 자격을 갖춘 사람이 입학하는 곳으로 우리의 박사과정으로 볼 수 있다. 연구원은 대학 교원과 연구사가 될 전문인력을 양성하는 교육기관이다.

박사학위를 따기 위해서는 학위논문제출 자격시험을 통과하고 논문 대중공개 심의와 전문가 비공개 심의, 논문내용이 인민경제현실에 도입돼 어떤 결과를 가져왔는지를 따져야 하고, 학위학직 심의위원회의 비준도 받아야 한다. 박사학위는 취득하기가 매우 어려워서 대학생들이 일반적으로 희망하는 목표도 아니고, 대학 교원들이 모두 학사나 박사학위를 갖고 있는 것도 아니다. 일례로 북한 최고의 대학이라는 김일성종합대학에서도 전체 재학생의 10% 정도만 박사원에 진학한다고 한다. 박사학위 취득이 이렇게 어려운 만큼 박사가 되면 무상으로 고급아파트를 주고 내각 부상급 이상만 출입이 허용되는 특별상점을 이용할 수 있으며, 월급의 30%에 해당하는 배려금을 지급받는 등의 혜택이 주어진다. 북한에서는 박사를 '총리만큼 높게 본다'는 말도 있다.

북한에서 교사, 즉 교원이 되려면 사범대학이나 교원대학을 나와야 한다. 사범대학은 4년제로 중학교 교원을 양성하며, 교원대학은 3년제로 소학교 교원과 유치원 교양원유치원 교사는 '교양원'으로 부른다.을 양성한다. 사범대학과 교원대학은 각 도마다 있다. 교원 수는 2008년 기준으로 유치원 33,582명, 소학교 70,298명, (초급/고급)중학교 123,702명, 대학 및 전문학교 69,082명 등 모두 30만 명 수준이다.

김일성 일가 우상화 교육과 부족한 사회교육

북한에서 돈이 있는 집 학부모들은 악기나 무용 등에서 특별한 재능을 갖춘 교원이 있는 유치원을 찾아 자녀를 보내려고 열심이다. 경제력이 있는 학부모들이 유치원 특기교육에 관심을 가지는 것은 북한 사회에서 특기를 가진다는 것이 중요한 의미를 갖기 때문이다. 북한에서는 학교나 직장 등에서 각종 축전을 개최하고 '충성의 노래 모임' 같은 것이 수시로 운영되기 때문에, 학교나 직장에서 특기를 가진 사람들을 필요로 한다. 군대에서도 악기를 다루는 사람은 인기가 있고 군대생활도 쉽게 하는 것으로 알려져 있다. 공부가 우선이지만 특기도 있어야 한다는 인식이 북한 사회에 퍼져 있는 것이다.

하지만 북한 교육의 가장 특이한 부분을 꼽으라면 김일성 일가에 대한 우상화 교육이 강조되고 있다는 점일 것이다. 소학교 때부터 김일성, 김정일, 김정숙김일성의 부인, 김정일의 생모, 김정은을 우상화하는 과목이 교육과정에 들어가 있다. 2013년 기준으로 소학교 과정에 들어가 있는 사상과목에는 〈위대한수령김일성대원수님어린시절〉, 〈위대한영도자김정일원수님어린시절〉, 〈항일의여성영웅김정숙어머님어린시절〉, 〈경애하는김정은원수님어린시절〉, 〈사회주의도덕〉과 같은 것들이 있는데, 소학교와 중학교 과정에서 이러한 정치사상과목 비율이 16~17%에 이르고 있다. 대학교에서도 정치사상과목 비중이 25~35%로 상당한 비중을 차지하고 있다.

김 씨 일가 우상화 교육은 정치사상 과목에서만 아니라 다른 일반 과목에서도 행해지고 있다. 2013학년도 초급중학교 1학년 영어교과서에 "Let's Become True Sons and Daughters of the Respected General Kim Jong Un!경애하는 김정은 장군님의 진정한 아들과 딸이 되자!"과 같은 문구가 등장하는 식이다. 초급중학교 자연과학 과목 중 동물에 대한 단원에서 참고자료로 염소에 관해 설명하면서 "경애하는 김정은 원수님께서는 우리 인민들에게 고기와 우유를 풍족하게 먹이시기 위하여 훌륭한 축산기지들을 마련하여 주시고 염소를 비롯한 풀 먹는 짐승들을 대대적으로 키우며 우량품종의 집짐승들을 육종해내도록 현명하게 영도하고 계신다"는 기술이 나오고, 고급중학교 1학년 물리

교과서에는 "경공업원료, 자재 문제를 풀기 위한 근본방도는 원료, 자재의 국산화를 실현하는 것입니다", "우주를 정복한 위성과학자들처럼 최첨단돌파전을 힘 있게 벌려 나라의 전반적 과학기술을 하루빨리 세계적 수준에 올려세워야 합니다"라는 김정은의 교시가 등장한다.

이렇게 우상화 교육이 강조되는 반면 일반적인 사회과 과목의 교육은 부족한 실정이다. 법치주의가 통용되지 않고 민주적 시민의식이 필요하지 않은 사회이기 때문일 것이다. 소학교에서는 사회주의도덕을 제외한 사회과 과목이 없고, 초급중학교에서는 사회주의도덕에 지리와 역사 과목이 추가되며, 고급중학교에서는 사회주의도덕과 법, 지리, 역사에 당정책 정도가 사회 과목으로 추가된다. 김정은 시대 들어 교육의 중요성을 강조하고 새로운 교육강령이 발표되면서 토론과 탐구를 강조하는 내용이 포함됐지만, 정치 사회 부문에 대한 비판적 문제 제기가 허용되지 않는 것은 물론이다.

학생들의 비판적 사고를 봉쇄시키는 이러한 교육은 교실 안에서만이 아니라 교실 밖에서도 행해진다. 북한 교육에서는 집단주의가 강조된다. 개인보다는 집단에 대한 헌신과 봉사가 우선시된다. 학생들은 누구나 소년단이나 청년동맹 같은 조직에 가입해 조직생활을 해야 한다. 청년동맹에 가입하면 동시에 붉은청년근위대원이 돼 야영훈련에도 참가해야 한다. 개인의 불평 불만이 용납되는 분위기가 아니며, 학생들은 자라면서 집단에 복종하는 문화를 이론과 행동으로 체득하게 된다.

이론과 실천교육의 병행, 교육과 노동의 결합을 강조해 학업뿐 아니라 농사지원, 건설현장 노력봉사, 나무심기 등을 해야 하고 혁명전

적지 답사 행군 같은 것도 해야 한다. 소학교의 경우 연간 2~4주, 중학교는 연간 4~10주, 대학교는 12~14주 정도 각종 노력동원에 나서야 한다.

정규 수업 뒤에는 우리의 방과 후 활동과 같은 다양한 '소조' 활동이 진행된다. 수학소조, 외국어소조, 예체능소조 등이 만들어져 방과 후에 교원의 지도를 받는 방식이다. 북한에서는 체육교육이 강조되는데, 체육수업이 없는 날에는 소조 모임을 통해서라도 체육활동을 하게 해 사실상 매일 체육활동을 하고 있다. 여름에는 1주일씩 집중적으로 수영교육을 진행하기도 한다.

4

북한 학부모 교육열도
남한 못지않다

교육통합

지금까지 북한 교육의 현황에 대해 살펴봤다면 지금부터는 통일이 되었을 때 교육통합의 과제에 대해 살펴보기로 한다.

통일이 되면 남북한의 교육과정을 통합해야 할 것이다. 교육과정 통합이란 학제와 교과과정을 통합하고, 남북한이 같은 교과서를 사용하며, 바뀐 교육과정을 충실히 교육할 수 있는 교사와 학교시설 등 시스템까지 마련해야 한다는 의미인데 어느 것 하나 쉬운 것이 없다.

먼저, 남북한의 학제 부분을 살펴보자.

현재 남한은 초등학교 6년, 중학교 3년, 고등학교 3년 시스템인데, 북한은 소학교 5년, 초급중학교 3년, 고급중학교 3년 시스템으로 남북한 간에는 초등학교와 소학교 과정의 차이가 있다. 남한의 초등학교가 북한 소학교 과정보다 1년 더 긴 것이다.

어느 체제에서든 학제를 변경하는 것은 쉬운 일이 아니다. 학제가 변경되면 그에 맞는 새로운 교육과정이 마련돼야 하고 교실 확보와 교사 수급 문제도 해결돼야 한다. 학제가 변경됨으로써 학생들의 입학 연령이나 졸업 연령이 변동되는 점도 감안해야 한다.

다행히, 남북의 학제는 큰 무리 없이 조정할 수 있는 부분이 있다. 북한은 유치원 2년 과정 중 높은반 1년을 의무교육 과정에 넣어두고 있는데, 북한의 유치원 높은반 1년과 소학교 5년을 합쳐 우리의 초등학교 과정으로 재편한다면 남북한 학제가 동일해질 것이다.

입학하는 나이가 문제가 될 수 있으나 현실을 보면 이것도 크게 문제가 되지 않는다. 남한의 경우 만 6세에 초등학교에 입학한다.보통 8세에 초등학교에 입학하는데 만 나이로 치면 6세가 된다. 북한의 경우 학제상으로는 유치원 높은반에 만 5세, 소학교에 만 6세에 입학하도록 돼 있지만 대부분의 학생들이 1년씩을 늦춰 유치원 높은반에 만 6세, 소학교에 만 7세에 입학하고 있다고 한다. 따라서, 유치원 높은반 1년과 소학교 5년을 그대로 통합하면 만 6세에 초등학교에 입학하는 남한과 동일한 체제가 된다.

학제통합의 방향은 이같이 하더라도 유치원 높은반 과정과 소학교 과정을 통합하게 되면 당장 교실 확보와 교사 수급 문제가 해결돼야 한다. 시급한 교사 수급을 위해 유치원 교사 일부를 소학교 교사로 활용한다면 유치원 교사의 자격 승급 방안도 마련돼야 한다.

다음으로 커리큘럼, 즉 교과과정의 통합 문제를 보자.

앞서 살펴본 것처럼 북한의 교과과정에는 김일성 일가에 대한 우상화 교육이 상당 부분을 차지하고 있으며 사회 과목의 비중이 적은 실정이다. 더구나 민주시민으로서의 자질을 함양할 법치와 민주주의에 대한 교육은 한 번도 받아본 적이 없다. 자연과학 과목의 경우에도 남한과 수준별 차이가 존재할 것이다.

이런 상황에서 북한의 교과과정을 남한식의 교과과정으로 전면적으로 개편할 경우 북한 학생들이 변화된 교과과정에 적응할 수 없다. 지식의 습득도 습득이지만 우상화 교육을 받아오던 김일성 일가가 하루아침에 부정되는 상황도 받아들이기 쉽지 않을 것이다. 남한의 중고등학교에 해당하는 북한의 초급중학교와 고급중학교 학생들은 한창 감수성이 예민할 나이인데, 갑작스럽게 다가오는 가치관의 혼란이 성장과정에 심각한 부작용으로 작용할 수도 있다.

이런 혼란을 줄이기 위해, 북한 학생들이 배울 수 있는 과도기적인 교과서를 만들 수도 있을 것이다. 관련 분야의 전문가들이 존재할 것인 만큼 북한 학생들을 위한 교과서를 만드는 것은 어려운 일은 아니다. 하지만 소학교부터 초급중학교, 고급중학교의 학년별 국어, 영어, 수학, 사회, 과학 등 각 과목별 교과서를 전면적으로 새로 만드는 작업은 만만치 않은 작업이 될 것이다. 집필에서 인쇄, 보급까지 시간이 얼마나 걸릴 지도 알 수 없다.

그래도 교과서 보급은 시간만 있으면 해결되는 일이니 어쩌면 쉬운 일일 수도 있다. 문제는 새로운 교과서가 전면적으로 보급되더라도 이를 가르칠 교사가 부족하다는 것이다. 교과과정과 교과서가 전면 개편됐는데 북한 교사들이 학생 교육을 제대로 할 것이라 기대할 수는 없을 것이다. 북한 교사들 자체가 재교육을 받아야 하는 대상이기 때문이다.

그렇다고 남한 교사들을 대거 파견해 북한 교육의 공백을 메울 수 있을까. 남한 내에 임용을 받지 못하고 있는 교사들이 다수 존재하는 만큼 이런 교사들을 활용할 수 있을 것이라 생각할 수 있다. 하지만 2008년 기준으로 북한의 교사 수는 유치원, 소학교, 중학교, 대학교를 합쳐 30만 명 수준인데 이 많은 수의 교사를 남한에서 대체할 수 있는가.

이런 숫자의 교사들을 일거에 충원하는 것도 불가능하지만, 혹시 교사 수의 문제가 해결된다 하더라도 남한의 교사들이 북한에 가서 가르친다는 것은 보통 일이 아니다. 교육은 단순한 지식을 전달하는 것이 아니라 교육 주체들 간의 공감 속에서 효과를 발휘하는 과정인데, 북한의 교육문화도 모르고 북한 용어에도 익숙지 않은 남한의 교사들이 북한 학생 교육을 제대로 담당할 수는 없다.

북한 교사 자격을 인정할 것인가

미래 세대에 대한 교육을 책임지는 교사는 어느 국가에서나 일정 정도의 자격요건을 필요로 한다. 사회의 미래를 준비하는 막중한 임무를 부여받은 만큼 아무에게나 교사직을 맡길 수 없는 것이다. 남한에서도 초등학교 교사가 되기 위해서는 교육대학을 나오거나 그에 버금가는 자격을 갖추고 일정 자격시험을 통과해야 한다. 중고등학교 교사 역시 사범대학을 나오거나 그에 버금가는 자격을 갖추고 일정 자격시험을 통과해야 한다.

북한의 교사들도 일정 자격요건을 갖춘 사람들이다. 소학교와 유치원 교사는 3년제 교원대학을, 중학교 교사는 4년제 사범대학을 나온 사람들이다. 문제는 이렇게 자격을 획득한 북한 교사들에게 통일

후에도 교사 활동을 그대로 할 수 있게 자격을 인정할 것이냐이다.

북한의 교육시스템을 남한과 통합하려면 북한 교육과정의 혁명적인 변화가 불가피하다. 김일성 일가의 우상화 내용이 담긴 정치사상 교육을 중단해야 하고, 민주주의와 시장경제, 법치주의 등을 가르칠 사회 과목이 대폭 보강돼야 한다. 수학과 과학 같은 자연과학 과목도 남북한 교과과정 간 강조점과 심화도의 차이가 존재할 것인 만큼 전면적인 개편이 불가피하다. 기존 북한 교사들이 새로 바뀌는 교육과정에 제대로 적응해 학생들을 가르칠 수 있겠느냐는 우려가 제기될 수밖에 없는 것이다.

하지만 그렇다고 해서 북한 교사들의 자격을 전면 정지시킬 경우의 대안도 마땅치 않다. 앞서 살펴본 것처럼, 전체 교사 수는 30만 명으로 소학교와 중학교 교사만 따져도 20만 명 가까이 되는데 이처럼 많은 교사를 일거에 충원하는 것은 불가능하다.

인원 수요를 충당할 수 있느냐의 여부를 떠나 남한 교사들이 북한 학생 교육을 전면적으로 담당하는 것이 바람직한 것인가의 문제도 있다.

지금 남북 간에는 상당한 정도의 교육문화 차이가 존재한다. 북한에서 교사의 권위는 예전의 우리 사회처럼 절대적이다. 학부모들의 영향력이 갈수록 세지고 있지만 학부모들은 학생을 일단 학교에 보내면 교사가 전적으로 알아서 해줘야 한다는 인식이 강하고, 교사들도 학생들을 전적으로 책임져야 한다고 생각한다. 사제 간의 우애도 남한에 비해 두터운 편이다.

이렇게 교사의 역할과 권위에 대한 인식, 학부모의 역할에 대한 인식, 학생들의 행동 양식, 사제 간의 관계 등 모든 영역에서 남북 간 차이가 존재하는데, 이러한 교육문화에 익숙하지 않은 남한 교사가 파견돼 남한식의 교육을 실시하려 할 경우 북한 지역 내에서 상당한 거부감을 불러일으킬 가능성이 높다. 교육문화의 변화는 짧은 시간 안에 일어나는 것이 아니다.

또, 남북한 간에는 학력 차 뿐 아니라 사용하는 용어의 차이도 상당하다. 북한 학생들의 학력 수준과 용어에 익숙하지 않은 남한 교사가 북한 학생들을 교육하는 것은 효율성 측면에서도 바람직하지 않다. 정서적으로 보더라도 기존의 북한 교사들이 사라지고 새로운 남한 교사들이 전면 배치된다면 북한 학생들은 상당한 심적 혼란을 겪게 될 것이다.

이런 점들을 고려해 본다면 북한 교사들의 자격을 인정하는 것은 어느 정도 불가피해 보인다. 부자격자를 걸러내는 것은 반인권 행위자와 업무 부적격자 등 일부로 한정할 수밖에 없을 것이다. 다만 새로운 사회에 맞는 교육을 실시할 수 있도록 북한 교사들에 대한 재교육이 전면적으로 실시돼야 할 것이다.

북한 교사 재교육

북한 교사들에 대한 재교육은 대체로 다음과 같은 것들을 중심으로 이뤄져야 한다. 민주주의와 시장경제, 법치주의 등 자유민주주의 체제에 대한 이해, 역사교육과 남북한 언어 차이, 남북한 가치관과 문화의 차이 등 통일국가에 대한 이해도를 높여야 한다. 또, 컴퓨터 등 정보화교육을 통해 변화하는 시대를 따라갈 수 있는 자질을 갖추도록 해야 하고, 새로운 수업방법과 학생 진로지도 교육 등을 통해 새로운 통일사회에 맞는 교사로서의 자격을 갖추게 해야 한다.

문제는 이 같은 재교육을 실시하는 것이 말처럼 쉬운 것이 아니라는 점이다. 먼저, 북한 교사들에 대한 전면적인 재교육을 위해 북한 학교들을 공백 상태로 놔둘 수는 없다. 학생들에 대한 교육은 한시도 멈춰서는 안 되는 일이기 때문이다. 북한 교사들은 한동안 자신도 재교육을 받는 와중에 북한 학생들을 가르쳐야 하는 어정쩡한 상황에 처하게 될 것이다. 교사 자신도 무엇을 가르쳐야 하는지 잘 모르는데 학생들을 대상으로 수업은 해야 하는 혼돈스러운 상황이 한동안 계속될 수밖에 없는 것이다. 학교가 운영되고 수업은 이뤄지고 있다 하더라도 과도기적인 교육 공백이 어느 정도 불가피할 것이다.

북한 교사들이 교사로서의 역할을 하면서 재교육을 받으려면 재교육 장소가 근무지 근처여야 한다. 교사들이 방과 후나 주말 교육 같은 형태로 재교육을 받을 수밖에 없을 것이기 때문이다. 이 얘기는 재교육을 실시하는 장소가 북한 전역에 걸쳐 최대한 구석구석까지 마련되어야 한다는 것을 의미한다.

그런데 이렇게 재교육 장소를 많이 마련해서 맞춤식으로 재교육을 진행하려면 강사가 많이 확보돼야 한다. 어느 정도의 자격을 가진 사람에게 어떤 커리큘럼으로 재교육을 담당하게 할지 정하는 것도 문제지만, 정부가 원하는 수준의 자격을 갖춘 강사를 충분히 확보한다는 것도 쉬운 문제가 아니다. 2008년 기준 북한의 교사 수가 소학교와 중학교 교사만 따져도 20만 명 수준이라는 점을 감안하면 재교육에 필요한 강사가 얼마나 될지 가늠하기도 쉽지 않다.

북한 교사들이 몇 차례 재교육을 받았다고 해도, 기존 체제의 관점에 맞는 교육을 해 왔던 교사들이 새로운 사회의 이념을 이해하고 새로운 통일한국에 맞는 교육을 학생들에게 원활하게 실시할 수 있을지는 여전히 의문이다. 특히 김일성 일가 우상화 과목 등 폐지가 불가피한 정치사상 교과 담당 교사들을 재교육을 통해 활용할 수 있을 것인가의 문제도 제기된다. 국어, 수학, 과학 등 이데올로기나 가치에 비교적 중립적인 과목들은 재교육을 통해 교사로서의 역할을 계속 하게 할 수 있지만, 북한 체제 유지에 직접 공헌해 왔던 과목의 교사들은 해당 과목 자체가 폐지될 텐데, 재교육을 하더라도 어떤 과목을 가르치게 할 것이냐는 것이다. 독일[48]의 경우 동독에서 정치사상 교과를 담당했던 교사들은 재임용 과정에서 원칙적으로 배제됐지만, 정치사상 담당 교사라고 해서 무조건 해고하는 것이 능사인지는 고민해 볼 필요가 있다.

남한 교사 대북 파견

북한 교사들에 대한 재교육을 실시한다 하더라도 남한 교사들의 북한 지역 파견은 불가피할 것이다. 북한 교사들이 재교육을 받더라도 바로 담당하기 어려운 과목, 즉 민주주의와 법치주의, 시장경제를 가르치는 사회나 도덕 등의 과목에서 남한 교사들의 도움이 필요하고, 새로이 바뀐 사회에 맞는 학생 진로교육을 위해서도 남한 교사들의 역할이 있을 것이기 때문이다.

남한 교사들을 북한 지역에 파견한다고 할 때 필요한 인원을 어떻게 마련할 것이냐의 문제가 등장한다. 각 지역이나 학교에 몇 명씩만 파견한다고 하더라도 상당히 많은 수의 인원이 필요한데 이 많은 수의 인원을 어떻게 구할 것이냐는 것이다. 지원자를 받아 충당이 가능하다면 제일 좋겠지만 남북통합에 대한 소명의식으로 자발적으로 지원하는 인원만으로는 필요한 수요를 충당하기는 어려워 보인다.

그렇다고 강제적 인사발령을 내는 것도 무리가 있다. 본인의 주거지에서 멀리 떨어진 지역으로 강제파견한다는 것도 문제지만, 북한 지역은 전기, 수도, 냉난방, 인터넷 등 모든 인프라가 부족한데 강제파견되는 교사가 열악한 환경에서 업무를 충실히 수행하리라고 보는 것은 무리이다. 북한 지역에 파견되는 남한 교사는 남북한 교육통합 과정에서 밑거름이 되는 중요한 역할을 수행해야 한다. 그런데 원하지 않는 사람이 북한에 파견될 경우 북한 학생들에게 오히려 나쁜 이미지만 주게 될 가능성이 높다.

교육 공백 불가피한 북한 학생들의 혼란

통합과정에서 초래될 북한 교사들의 자격 논란과 재교육 문제 등에 관해 살펴봤지만, 사실 교육통합에서 가장 우려스러운 부분 중의 하나는 교육의 주인공인 학생들이 겪게 될 혼란이다.

통일과 함께 학제와 교과과정 등이 전면 개편된다면 학생들이 이에 적응하는 것도 쉽지 않을 텐데, 교과과정 개편이 마무리되고 새로운 교과서가 지급되기까지의 시간도 얼마나 걸릴지 모른다. 교과서가 보급된다고 해도 문제가 해결되지는 않는다. 새로운 교과서로 교육을 해야 할 교사들이 모두 재교육 대상이고, 남한 교사들이 일부 파견된다고 해도 한계가 있을 수밖에 없다. 북한 학생들은 사실상 개점휴업 상태인 학교에서 상당기간 교육을 받아야 할 것이다.

교과과정 개편 과정에서 또 하나 우려스러운 것은 북한 학생들이 겪게 될 가치관의 혼란이다. 북한 학생들은 어릴 때부터 김일성 일가에 대한 우상화 교육을 주요과목으로 배워왔다. 정치사상 과목뿐 아니라 영어, 과학 같은 일반과목에서도 김일성 일가를 우상화하는 내용이 곳곳에 배어 있다. 교과과정이 개편되면 김일성 일가 우상화 과목이 폐지될 뿐 아니라 김일성 일가에 대해 배워왔던 내용들이 허구적이라는 것을 알게 될 텐데, 어릴 때부터 우상처럼 떠받들어왔던 존재가 갑자기 추락하게 될 경우 학생들의 가치관에 상당한 혼란이 올수 있다. 또, 북한 학생들이 새로 배워야 할 민주주의와 시장경제, 법치주의 등의 개념은 그동안 살아왔던 것과는 판이한 사회도덕적 가치여서 이를 수용하는 데에는 상당한 혼란이 불가피할 것이다.

이런 혁명적인 변화 과정에서 북한 학생들이 겪게 될 가장 큰 어려움은 미래에 대한 불안감이다. 학교에서 열심히 공부를 하고 학교생활을 충실히 함으로써 미래의 길이 열리는 것이 아니라 '나의 미래가 어떻게 될지 모른다'는 생각, 그에 대해 교사도 뾰족한 해법을 제시하지 못하는 상황이 교육통합의 과도기적 상황에서 북한 학생들을 가장 힘들게 할 것이다.

북한의 대학 입시

남북한이 통합되면 교육 문제에서 가장 뜨거운 감자 중의 하나는 대학입시이다. 남한뿐 아니라 북한에서도 학부모들의 교육열이 대단해서 자식의 미래와 연관되는 대학입시는 어느 쪽도 쉽게 양보할 수 없는 문제다. 먼저 북한의 대학입시 제도부터 살펴보자.

북한 학부모들의 대학입시 경쟁은 자녀들이 중학교에 진학하는 단계에서부터 시작된다.

북한의 영재교육기관으로는 제1중학교라는 것이 있다. 남한의 특목고 같은 개념으로 우수한 학생들을 선발해서 교육시키는 곳인데, 초급중학교와 고급중학교 과정을 포괄하는 6년제이다. 제1중학교는 시, 군, 구역까지 확대됐다가 지금은 평양과 각 도별로 1개씩만 존재한다. 각 도의 제1중학교는 도에서 우수한 학생들을 선발하며, 평양 제1중학교는 전국에서 우수한 학생들을 선발한다.

학부모들이 아이들을 제1중학교에 보내려는 이유는 김일성종합대학 같은 명문대 입학도 입학이지만 제1중학교에 입학하면 일단 대부분 대학에 진학하게 되기 때문이다. 일반중학교에서 10% 내외의 학생들만 대학에 진학하는 것과 비교해 보면, 제1중학교 입학 자체로 대학 진학에서 엄청나게 유리한 위치에 서게 되는 것이다.

제1중학교에 대해 좀 더 알아보기 전에 북한의 대학입시 제도에 대해 간단히 살펴보기로 한다.

북한에서 대학에 가기 위해서는 각 지역별 예비시험과 대학별 본시험을 치러야 한다. 학생들은 예비시험 성적에 따라 본시험을 치를 수 있는 자격을 얻게 되는데, 본시험 자격을 얻는 학생 수는 학교별로 다르다. 북한 당국이 전체 대학의 입학생 숫자를 고려해 대학 본시험을 치를 수 있는 자격을 각 지역별로 할당하기 때문이다. 즉, 북한 내 각 교육위원회가 도별로 대학 본시험 응시자 정원을 할당해 주면, 도에서는 할당받은 정원에 따라 각 고급중학교별로 본시험 정원을 할당해 주는 식이다. 이 때 할당받는 본시험 자격을 북한에서는 흔히 '뽄트'를 받는다고 표현한다. '뽄트'는 러시아어에서 유래된 말로 정원이나 TO의 개념이다.

보통 예비시험을 거쳐 대학입학 본시험을 치를 자격을 얻는 학생, 즉 '뽄트'를 받는 학생은 일반중학교 졸업생의 20% 정도이고, 이 가운데 본시험에 합격해 대학에 진학하는 학생은 반수인 10% 정도라고 한다. 북한의 학력을 남한과 일괄비교하기는 어려우나 대학 입학자 비율로만 보면 북한에서는 상당히 우수한 학생만 대학에 갈 수 있는 것이다.남한의 경우 2012년 기준으로 볼 때 고등학교 졸업자의 71.3%가 대학에 진학했다고 한다. 고급중학교에서 대학에 갈만한 학생들은 교장이 공부하라고 노력동원을 빼주기도 한다고 한다.

제1중학교 입학이 대학입시에서 유리한 이유는 뽄트를 받을 때 제1중학교가 우선적으로 배려되기 때문이다. 제1중학교는 일반 고급중학교에서 받기 어려운 중앙대학전국 단위로 학생을 선발하는 대학 뽄트도 우선적으로 할당받는다. 제1중학교 학생들은 중앙대학에 가지 못해도 대부분 대학에 진학하게 된다고 한다. 제1중학교 학생들은 또 일반 중학교 학생들이 해야 하는 노력동원도 면제받는다.

제1중학교가 북한에서 인기 있는 이유는 대학 진학에서 유리하기 때문이기도 하지만, 중학교를 졸업하고 바로 군대에 가지 않아도 된다는 점이 또 하나의 선호요인이다. 북한에서는 대학에 진학하지 않으면 남자의 경우 대개 군대에 가는데, 군대 내 생활이 열악하기 때문에 부모들로서는 자녀들이 군대가 아닌 대학에 갈 수 있는 제1중을 선호한다. 대학을 졸업한 뒤 간부가 될 뜻이 있는 사람은 군대에 가지만, 간부가 될 뜻이 없는 사람은 군대에 가지 않기도 한다. 대학을 졸업한 뒤 군대에 가면 3~5년만 복무한 뒤 제대할 수 있다는 점도 제1중과 대학 진학을 선호하는 이유이다. 북한의 군 복무 기간은 남자는 12년 여자는 7년 정도이며, 특수부대 병력은 13년 이상 장기복무를 해야 한다.

제1중에 대한 선호는 북한 내에 사교육이 확대되는 계기로 작용했다. 돈 있는 학부모들이 자녀를 제1중에 보내려는 욕심과, 경제난으로 생계가 어려워진 교사들이 부가적인 돈벌이를 해야 했던 이해관계가 맞아떨어진 것이다. 시, 군, 구역까지 확대됐던 제1중이 평양과 도별 1개씩으로 축소된 것은 이런 사교육 부작용과 관계가 있다.

제1중이나 대학 진학에서 중요한 과목은 수학인데, 돈이 있는 집들은 학교 밖에서 별도로 수학 과외를 받기도 한다. 이를 위해 학부모들이 유명 수학교사를 섭외해 시내에 집까지 얻어준 뒤 제1중 입학을 위한 그룹과외를 시키는 경우도 있다고 한다. 뿐만 아니라 학부모들은 소학교 입학 때부터 실력 있는 수학교사 혹은 실력 있는 수학교사가 운영하는 수학 소조가 있는 학교를 찾아 자녀를 보내고, 실력 있는 수학교사를 자녀의 담임교사로 만들기 위해 영향력을 발휘하기도 한다.

제1중에 가려면 공부도 잘해야 하지만 부모의 경제력도 뒷받침돼야 한다. 제1중 학생들은 기숙사 생활을 하는데, 학교는 별 능력이 없기 때문에 부모들이 생활비용을 대야 하기 때문이다.

제1중은 매주 시험을 보고 학생들의 등수를 매기는데, 입학한 학생 중에서도 학력이 낮은 학생은 일반중학교로 보내거나 일반중학교에서 우수한 학생들이 제1중에 오는 경우도 있다.

제1중학교 외에 북한의 영재교육기관으로는 6년제인 외국어학원과 9년제인 혁명학원이 있다. 외국어학원은 외국어를 집중교육시키는 곳으로 졸업자는 평양외국어대학에 진학해 외교관 쪽으로 나가거나 사범대의 외국어교사 양성학과에 진학한다. 외국에 나갈 기회가 있기는 하지만 실제 해외에 나갈 수 있는 사람은 극소수이고 대부분 영어교사가 된다는 점에서 외국어학원 선호도는 제1중에 비해 상대적으로 떨어진다고 한다. 외국어학원도 평양과 각 도에 설립돼 있다. 혁명학원은 국가에 공이 있는 사람들의 자녀를 대를 이어 국가에 충성하는 인물로 만들기 위해 세워진 특수교육 기관으로 대표적인 것이 만경대혁명학원이다.

제1중이나 외국어학원 입학도 예비시험과 본시험을 거쳐야 한다. 소학교 졸업생 중 지역에서 실시하는 예비시험을 거쳐 뽄트를 받은 뒤 제1중이나 외국어학원에서 실시하는 본시험을 거쳐 선발된다.

북한에서 학부모들의 영향력이 과대해지면서 대학 입학을 위한 뽄트를 학부모가 직접 받아오는 경우도 있다고 한다. 학부모가 개인적인 능력으로 해당기관에 뇌물을 주고 뽄트를 따내는 것이다. 제1중을 가기 위한 사교육과 제1중 입학 이후에도 필요한 학부모의 경제력, 대학 입학 뽄트까지 따낼 수 있는 학부모의 영향력 등으로 인해 북한의 교육은 돈의 힘으로 학력과 특기를 획득해 소수만이 대학에 갈 수 있는 구조로 변해가고 있다. 경제력 격차에 따라 차별적으로 사교육이 이뤄지고 갈수록 계층 간 차이가 심해지는 것이다. 이런 이유들로 인해 북한 내에서는 '잘사는 집 자식이 공부를 잘한다'는 인식이 공공연해지고 있다고 한다. 분단의 저편에서도 남한과 비슷한 넋두리가 나오고 있다는 것이 신기한데, 이는 북한 학부모들이 자녀 교육에 올인을 하고 있다는 반증이기도 하다.

남북한 모두가 만족할 대학입시 제도는 있을까

우리나라에서 많은 사람들이 교육에 관심을 갖는 것은 교육이 자녀의 미래와 연관된다고 보기 때문일 것이다. 좋은 교육을 통해 자녀를 훌륭한 학교에 보내는 것이 미래에 자녀의 삶을 풍요롭게 만들 수 있다는 믿음 때문인데, 이러한 믿음의 현실적인 수요는 대학입시로 연결된다. 남한이나 북한이나 이른바 명문대학에 보내기 위한 경쟁이 학부모 사이에서 치열하게 벌어지는 것도 이 때문이다. 물론 근본적으로 대학에 가지 않고도 잘 살 수 있는 시스템을 만드는 것이 필요하지만, 그러한 시기가 오기 전까지는 대학입시가 갖는 중요성을 부정할 수 없다.

통일 이후 대학입시 통합의 관건은 남북한 모두가 인정할 수 있는 입시의 공정성을 확보하는 것이다. 남북한을 불문하고 실력에 따라 대학에 갈 수 있는 시스템을 확보해야 한다. 그런데 이게 말처럼 쉽지 않다.

먼저 북한 지역 학생들의 교과과정이 다르고 학력수준이 다른데 남북한 학생들에게 동일한 입시제도를 적용하는 것은 불공정하다. 지금 남한의 입시제도를 북한 학생들에게 적용해 대학에 진학하도록 하는 것은 북한 학생들에게 절대적으로 불리한 것이다. 북한 학생들에게 불리한 입시 여건은 한 두 해만에 극복되는 것도 아니다. 북한 학생들의 실력도 실력이지만 대학입시 지도를 해야 할 북한 교사들이 재교육을 받아야 할 상황이니 교사들의 지도도 제대로 이뤄질 리 없다. 공교육 이외의 교육 인프라, 즉 사설학원 등에 있어서도 남한 지역과 북한 지역의 차이는 현격하다. 이런 여건들을 무시하고 남북한 학생들에게 동일한 입시규칙을 적용한다면, 이는 어른과 아이를 동일선상에서 경주시키는 것과 같다. 자녀 교육을 위해 올인하고 있는 북한 학부모들이 이러한 입시제도를 순순히 받아들이기는 어려울 것이다.

그렇다면 북한 지역 학생들에게 입시상의 이점利點을 일부 제공하는 것은 어떨까? 대학 입학 정원 중 일부를 북한 학생들을 위해 배정하거나, 북한 학생들에게는 입시 성적에 가산점을 주는 방식 같은 것들이다.

하지만 이런 방식은 남한 학생과 학부모들의 반발을 불러일으킬 수 있다. 대학들이 입학 정원을 마냥 늘릴 수 없는 상황에서 일부 정원을 북한 학생들을 위해 배정한다면 남한 학생들의 입학 정원은 줄어들 가능성이 높다. 주요대학 입시경쟁이 치열한 상황에서 남한 학생들의 입학 정원이 줄어든다면 남한 학생과 학부모들의 불만이 높아질 것이다. 북한 학생들에게 입시 가산점을 주는 방안도 남한 학생과 학부모들이 얼마나 수용할지 의문이다. 아무리 통일이라는 역사적 상황이 발생했다 해도, 남한 사회의 교육열로 볼 때 남한 학생이나 학부모들이 입시에서 조금이라도 피해가 가는 일을 그대로 받아들이려 하지는 않을 것이다.

결국 어떤 입시 제도를 마련하든간에 남북한 모두가 공정하다고 생각하는 제도를 만들기는 쉽지 않아 보인다. 선호대학에 대한 경쟁이 치열한 상황에서 어느 쪽도 손해가 가는 일을 받아들이려 하지 않을 것이기 때문이다. 불리한 여건에 처해 있는 북한 지역 학생들에게 일부 이점을 줘야한다는 대원칙에는 공감할 수도 있겠지만, 이점의 정도가 어느 수준이어야 하는가에 대해 명쾌한 합의점을 찾아내기는 쉽지 않다.

남한 지역의 주요대학에 집중하다보니 이러한 분란이 생기는 만큼 북한 지역 학생들은 북한 지역의 대학으로 유도하는 방안이 있을 수 있다. 북한에도 김일성종합대학향후 이름은 바꿔야 할 것이다.과 같은 명문대학이 있는 만큼, 북한의 우수한 학생들을 이러한 곳에 입학하도록 유도하는 것이다.

그럴싸한 방안이지만 이러한 정책이 성공하려면 북한 지역 대학 졸업생들이 그에 걸맞은 대우를 받을 수 있어야 한다. 남한의 명문대학처럼 북한 명문대학 출신들도 적절한 대우를 받아야 하고, 남한 지역 대학을 나오든 북한 지역 대학을 나오든 취업에서 차별이 있어서는 안 된다. 하지만 남한에서도 이른바 명문대 출신과 비명문대 출신 간 취업 차별이 현실적으로 존재하는 상황에서, 북한 지역 대학 출신자들이 졸업 뒤 취업 과정에서 전혀 차별을 받지 않게 될지는 자신할 수 없다.

남한 지역의 대학입시도 계속 논란의 대상이듯, 통일 뒤 남북한이 동의할 수 있는 공정한 대학입시 제도를 마련하는 것은 무척이나 어려운 일이다.

5

북한 의사에게
수술을 받을 것인가

의료통합

북한의 보건의료시스템[49]을 구성하는 주요 요소는 무상치료제와 예방의학, 의사담당구역제와 동서양 의학의 통합이다. 사상적으로는 정성의학이 의료서비스의 기초를 이루고 있다.

　무상치료제란 말 그대로 국가가 전적으로 주민들의 건강을 무상으로 책임지는 것이다. 돈을 내야 치료받을 수 있는 자본주의에 비해 무상치료제는 사회주의의 우월성을 선전할 수 있는 좋은 제도이다. 북한은 무상치료제를 구축해가면서 단순히 치료에 중점을 두는 것이 아니라 병을 미리 예방하는 방향으로 의료시스템을 마련했다.

　예방의학이란 병에 걸려 치료받기 전에 병을 예방하는 것으로 방역을 비롯해 위생사업을 강화하고 예방접종을 실시하는 것 등을 가리킨다. 구체적으로 토요일을 '위생의 날'로 정해 전 주민들이 위생사업을 실시한다든지 위생문화 창조운동, 모범위생군 창조운동, 병 없는

리 창조운동 등이 전개되었다.

의사담당구역제란 예방의학의 취지에 맞는 주민건강관리제도이다. 의사가 일정한 주민들을 담당해 그들의 건강을 책임지고 보호 관리한다. 북한의 모든 주민들은 자신이 거주 또는 근무하는 지역의 병원이나 진료소에 등록하고 건강기록부를 작성하는데, 의사는 자기가 맡은 구역의 주민 건강을 체계적으로 관리하면서 예방치료 사업을 벌이게 된다. 의사담당구역제는 거주지담당제와 직장담당제 두 가지 형태로 구성되며, 내과-소아과-산부인과 3분야의 기본전문과 의사를 지정해 담당구역 주민들을 관리한다.

양방과 한방이 철저히 분리돼 있는 남한 시스템과는 달리 북한에서는 양방과 한방의학을 통합적으로 활용하는 동서양 의학의 통합 시스템을 도입했다. 때문에 북한 의대생들은 양방과 한방 관련 수업을 병행해서 배운다.

북한 의료시스템의 사상적 기초를 이루는 '정성의학'이란 의료인들이 환자들을 정성을 다해 치료해야 한다는 것이다. 자본주의처럼 환자를 치료하는 대가로 돈을 받는 계약적 관계가 아니므로 북한 의료인들에게 '정성'을 강조하는 것은 의료인들의 열의를 추동하는 중요한 사상적 기초가 된다. 의료인들이 수술 시에 자신의 피를 수혈하고 자신의 피부를 떼어내어 이식하는 것을 자원할 정도로 정성의학이 강조된다. 무상치료제하에서 환자들은 의사에게 매우 감사의 뜻을 표현하게 되는데, 이런 것들도 의사들의 동기 부여에 중요한 역할을 한다.

북한의 보건일꾼, 즉 의료인력의 수는 적지 않은 편이다. 북한이 무상치료제 실현을 위해 보건일꾼 양성에 힘을 기울였기 때문이다.

OECD 자료에 따르면 2003년 기준으로 북한의 의사 수는 1,000명당 3.3명으로 OECD 평균 3.1명보다 높고 아시아 22개국 평균 1.3명보다 높다.

병원도 적지 않은 편으로 행정구역별로 각지에 고루 배치돼 있다. 북한의 평균 병상 수는 연구기관의 추산치마다 차이가 있으나 인구 1만 명당 132~187개까지 추산된다. 최근 자료 수집에 한계가 있지만, 병상 수가 남한보다도 많고 일본에 이어 세계 2위 수준이라는 연구결과도 있다.

북한의 병원 시설은 1차 진료기관으로 리, 동 단위에 설치된 인민병원이나 진료소, 2차 진료기관으로 시, 군, 구역 단위에 설치된 인민병원, 3차 진료기관으로 도, 직할시 단위에 설치된 중앙병원이나 의과대학부속병원, 4차 진료기관으로 평양의대부속병원이나 중앙응급환자·고위 당 간부들이 이용하는 국가전문의료기관인 봉화진료소, 남산진료소, 조선적십자병원 등을 들 수 있는데, 1, 2, 3, 4차 진료기관을 합쳐 4,000~6,000여 개의 병원과 진료소가 있는 것으로 알려진다. 이 밖에 특수병원으로 결핵병원, 정신병원, 간염병원, 결핵요양소 등이 있고 검역소로는 국경검역소, 해안검역소, 항공검역소 등이 있다.

북한의 보건일꾼은 크게 상급보건일꾼, 중등보건일꾼, 하급보건일꾼노동자보건일꾼, 보조의료일꾼 세 가지로 나눠볼 수 있다. 상급보건일꾼은 6년제 의학대학과 약학대학을 졸업한 의사와 약제사들을 말한다. 북한에는 대체로 각 도마다 1개씩 12개의 의·약학대학이 있는데, 의학대학을 졸업하면 자동적으로 의사자격이 주어진다. 의사국가고시를 합격해야 의사자격이 주어지는 남한과는 다른 시스템이다. 중등보건일꾼은 3년제 의학전문학교를 졸업한 사람들로 의사나 약제사보다 한 단계 아래인 준의나 조제사 자격이 주어지는데, 의학전문학교도 대체로 각 도마다 1개씩 있다고 한다. 하급보건일꾼은 2년제 보건간부양성소를 졸업한 사람들로 간호원이나 조산원, 보철사나 안마사, 렌트겐기수남한의 방사선사 등을 이른다.

북한은 현장에서 경험을 쌓은 사람들이 의료인 자격을 얻게 하는 시스템도 마련하고 있다. 의학대학 통신학부를 통한 이른바 통신교육이 그것인데, 보건 부문 현직에 종사하는 사람들이 1년에 2차례씩 40일에서 50일 정도 대학에 등교해 관련 교육을 받으면 준의나 간호원은 의사로, 조제사는 약제사로 승급할 수 있다. 다만 이 경우 의사가 되려면 의사검정시험을 통과해야 한다. 북한은 이 밖에도 3년 만에 대학교육과정을 다 마치는 특설교육 과정도 마련하고 있다.

의과대학 자체가 전문적 지식을 가르치는 곳인 만큼 남북한 의과대학 간에는 공통된 교과목이 많다. 다만, 북한 의대에는 김일성 노작 등 정치 사상 과목이 10여 개 들어가 있으며 고려의학, 침구학 등 한방 관련 과목이 들어가 있는 것이 특징이다. 이는 앞서 언급한대로 북한 의료시스템이 한방과 양방을 결합한 형태로 운영되고 있기 때문이다. 또 종양학, 마취통증학 등 몇몇 과목들은 남한 의대에만 개설돼 있다.

북한의 의사들에게는 의과대학 졸업 뒤에도 계속 공부를 하도록 하는 시스템이 마련돼 있다. 의과대학을 졸업하면 별도의 시험 없이 의사 자격을 얻게 되지만 이는 6급 의사 자격에 불과하다. 이후 3년 간격으로 급수시험을 쳐서 결과에 따라 1급 의사까지 올라갈 수 있다. 시험점수가 나쁘면 승급을 못하고 기존 급수에 머물거나 급수가 내려가기도 한다. 4급까지는 필기시험만 치지만 3급부터는 학위논문 같은 연구실적이 있어야 하고 그에 상응하는 치료예방실적과 2가지 외국어 능력이 필요하다. 2급 의사 시험은 학사_{우리의} 석사학위 또는 부교수 학직을 받은 의사만 응시할 수 있고, 1급 의사시험은 박사학위 또는 교수 학직을 받은 의사만 응시할 수 있다. 때문에 대부분의 의사들은 경력이 오래됐어도 3-4급에 머무는 경우가 많다. 급수 상승은 의사의 실력을 나타낼 뿐 아니라 월 급여에도 영향을 미치기 때문에 모든 의사들이 급수 상승을 위해 노력한다. 이와는 별도로 모든 의사들은 의과대학 졸업 후 5년 뒤부터 의사재교육대학에서 3~6개월 동안 재교육을 이수해야 하는데, 북한의 경제상황이 악화되면서 재교육 시스템은 유명무실화된 상태라고 한다.

경제난으로 망가진 북한 의료제도

현재 북한 의료시스템은 제대로 굴러가지 않고 있다. 경제상황의 악화로 의료시설과 장비가 열악한 것은 물론 의약품 부족으로 무상의료제는 사실상 유명무실화됐다. 의약품 부족을 한약재로 보충하기 위해 의사들이 매년 2회씩 약초 채취에 동원되고, 약초 제출 의무까지 부과된다고 하지만 이런 식으로 의약품 부족을 메꿀 수는 없다.

10여 년 전까지만 해도 병원에 약이 없다보니 의사가 진단을 해 주면 약은 환자가 직접 구해 와야 했다. 의사가 환자에게 붕대에서부터 마취약, 주사기에 이르기까지 필요한 물품 목록을 적어주면 환자가 장마당에 가서 의약품을 구입했다. 의사들은 이 과정에서 나름대로 잇속을 차렸다. 장마당에 유통되는 의약품의 상당수가 의료인들이나 중간 상인들이 빼돌리는 것이었기 때문이다. 생계를 유지하기 어려운 의료인들이 국제기구 등 외부에서 지원되는 의약품을 장마당에 빼돌려 돈을 챙겼다.

최근 장마당에서 의약품 단속이 강화되면서부터는 국가에서 운영하는 약국에서 의약품이 거래되고 있다고 한다. 의약품을 장마당에 빼돌리는 일은 많이 사라진 것이다. 다만, 병원에 약이 부족하기는 마찬가지여서 환자들은 치료를 받으려면 약국에 가서 필요한 약을 사와야 한다. 무상치료하고는 여전히 거리가 먼 상황이다.

약이 있느냐 없느냐의 문제를 떠나 병원에서 무상치료를 받는 것은 어려운 일이 됐다. 의사들이 환자를 대상으로 돈벌이를 하고 있기 때문이다. 병원에 가면 의사들은 돈이 될 만한 환자들을 골라 먼저 치료하고 호의를 베푼다고 한다. 꼭 돈이 아니더라도 예전에는 감사의 표시였던 술, 담배 같은 선물이 이제는 비공식적 비용이 돼 가격이 정해지고 의료인들도 이런 것들을 받는 것을 당연하게 여기고 있다. 노력동원에서 면제받기 위한 의사소견서나 노동능력평가서를 발급받는 데에도 비공식적 진료비가 필요한 것은 물론이다. 당 간부처럼 사회적 지위가 높거나 돈이 많아 뇌물을 줄 형편이 안 되면 제대로 치료받기 힘든 것이 지금의 북한 의료시스템이다.

의약품 부족도 문제지만 북한 내 의약품 생산 실태도 걱정스럽기는 마찬가지다. 북한의 의약품 생산 시설에서 품질관리가 잘 되지 않고 있는 것으로 알려지고 있기 때문이다. 국제기구들이 북한 내 의약품 생산시설을 살펴본 바에 따르면, 주사제 생산 공장 건물에 위생구역과 환기시스템이 없고, 약품이 무균상태에서 제조되어야 하나 무균에 대한 개념 자체가 별로 없었다고 한다. 소독필터나 병들을 재사용하는가 하면, 생산된 의약품에서 눈에 보일 정도의 부유물이 떠다녔다고 한다.

의약품관리소에도 문제가 많다. 국제기구들이 살펴본 결과 평양의 중앙의약품관리소는 의약품 보관에 필요한 정도의 온도와 습도가 어느 정도 유지되고 있지만, 다른 도 지역 의약품관리소는 천장에 물이 새고 환기도 제대로 되지 않는 등 의약품 관리에 문제가 많았다. 냉장고가 제대로 작동하지 않아 백신이 안전하게 보관될 수 있을지 걱정스러운 곳도 많았다. 의약품을 운송할 수단이 부족해 지방으로 의약품이 적시에 배달되지 않고 있는 것은 공통된 현상이었다.

북한의 의료환경 개선 과제

통일 뒤 북한 의료시스템 개선을 위해 가장 먼저 추진할 수 있는 것은 의약품 지원이다. 지금 북한의 군 단위 병원에서는 소독제와 수술용 마취제마저도 아예 없거나 부족한 곳이 많다고 한다. 일단 기본적인 의료행위가 가능하도록 기초의약품을 지원할 필요가 있다. 의약품 관리가 제대로 될 것이냐의 문제가 있긴 하지만, 현지 사정을 잘 모르는 남한 보건당국이 북한의 의료관리시스템을 일거에 장악해 의약품 관리를 하기는 어려운 만큼, 초기에는 북한 시스템을 활용하면서 기초의약품 지원을 해야 할 것으로 보인다.

하지만 의료시설이나 장비를 어떻게 개선시킬 것이냐 하는 과제로 가면 쉽게 답이 나오지 않는다.

북한의 의약품 보관시설은 매우 열악하다. 평양은 그나마 나은 편이지만, 지방으로 가면 건물에 물이 새고 환기도 잘 되지 않으며 온도와 습도 유지도 제대로 되지 않는다는 것이 국제기구들의 전언이다. 시설에 대한 전면적인 개보수가 필요한 상황인데, 문제는 건물 개보수만으로 일이 해결되지 않는다는 점이다. 의약품의 안정적 관리를 위해서는 온도와 습도 유지가 필수적인데, 이는 전기 공급이 안정적으로 이뤄져야 가능하다. 전력사정이 좋지 않은 북한에서 전력 공급을 원활히 하는 데는 적지 않은 시간이 필요할 것이다.

북한 지역의 의료시설·장비를 업그레이드하는 문제도 쉽지 않다. 북한 전역에 새로운 병원들을 일제히 지을 수도 없고, 남한식의 현대화된 장비를 한꺼번에 들여놓는 것도 불가능하다. 현대화된 의료시설·장비를 사용하려면 전력 문제가 해결돼야 하는데, 전력 문제 해결도 단기간에 이뤄지는 것이 아니다. 또, 설사 최신 장비를 갖춰놓는다 한들 이를 운용할 수 있는 의료인력이 있느냐의 문제도 있다.

통일 후 북한 의료시스템 전환 과정에서 또 하나의 과제는 유상치료제의 도입이다. 지금은 유명무실화됐다고는 하나 북한의 의료시스템이 무상치료제인 만큼, 의료기관 이용 시 돈을 내도록 하는 유상치료제 도입은 북한 주민들에게는 생소할 수밖에 없다. 자칫 유상치료제가 '자본주의는 아무리 아파도 돈이 없으면 치료를 못 받는다'는 식으로 인식될 경우, 새로이 도래하는 통일국가에 대한 북한 주민들의 거부감을 확산시킬 수도 있다.

북한의 의료시스템 붕괴로 환자가 의약품을 직접 구해 와야 하고 의사에게도 비공식적 진료비를 지불하는 것이 일반화된 만큼, 병원에서 진료와 처방을 제대로 해 주고 돈을 내라고 한다면 큰 거부감 없이 유상치료제를 받아들일 것이라는 추정을 해 볼 수 있다. 비공식적인 진료비를 없애는 대신 공식적인 진료비를 받는 것이다.

다만 이런 시스템의 정착을 위해서는 의사들이 비공식적인 진료비를 받지 못하도록 철저히 단속하고, 병원에 약도 충분히 구비해놔야 한다. 환자 입장에서 볼 때 돈을 내고 치료를 받는 것이 아깝지 않으려면 병원 시설과 장비도 보강돼야 하고 병원들이 의약품 부족에 시달리는 일도 없어야 한다. 또, 의사들이 부정한 행위에 눈을 돌리지 않게 하려면 의사들이 정상적인 급여로 생활할 수 있도록 생계보장도 이뤄져야 한다. 북한의 열악한 의료시스템과 망가진 의료현실을 생각할 때 이 모든 것들을 한꺼번에 개선하는 것은 결코 쉽지 않은 과제들이라고 볼 수 있다.

북한 의사 자격을 인정할 것인가

통일 이후 북한 의사들의 자격을 그대로 인정할 것인가? 이는 통일 이후에도 북한 의사들을 믿고 환자 치료를 맡길 수 있느냐의 문제이다.

북한 의사들도 6년제 의학대학에서 의사가 되기 위한 공부를 했고, 의대 졸업 이후에도 급수시험을 위한 공부는 물론 재교육까지 받는 등 상당한 실력을 가지고 있는 것으로 추정된다. 다만, 의약품 부족과 장비의 열악함으로 인해 고도로 전문화된 환자 치료의 경험을 습득하는 데는 어려움이 있었을 것이다. 북한 의사들의 실력을 가늠할 수 있는 하나의 지표로 북한 의료인 출신으로 탈북해 남한 의료시스템에 편입한 사람들의 사례를 살펴보자.

2015년을 기준으로 볼 때 탈북 의료인 44명 가운데 남한 의사국가고시에 합격한 사람은 18명이다. 탈북의료인을 교육했던 남한 의료인들의 연구결과를 보면, 북한 의료인들은 의료장비를 활용해 본 경험이 부족해 엑스레이, 초음파, 단층촬영 등의 판독능력이 떨어진다고 한다. 질환에 대한 기본적인 이해를 갖고 있으나 이를 숙지하고 처방했던 경험은 드물고 동맥혈검사나 기관 삽관법 등 실습이 부족한 부분들도 드러난다고 한다. 또, 상처 치료에 있어 무균술에 대한 이해가 부족하고 심전도, 혈액종양내과 등 남한에서 아예 처음 접하는 분야도 있었다고 한다. 이 밖에도 남한에서는 많은 의학용어를 영어로 사용하고 있어 용어 이해에도 어려움을 보였다고 한다.

반면, 탈북 의료인들의 남한 적응 과정을 탈북자의 시각에서 연구한 결과를 보면, 의료기구나 장비 사용법을 숙지하는 것이 처음에는 생소했지만 북한 의대교육이 남한에 비해 못하지는 않았다고 언급한다. 다만 통신교육이나 특설교육을 통해 의사가 된 사람들의 실력은 상대적으로 부족하기 때문에 이들을 다른 의사들과 분별하는 것이 필요하다는 의견을 제시하고 있다.

전반적으로 볼 때, 북한 의료인들의 실력이 남한 의료인들에 비해 현저히 떨어지는 것은 아닌 것 같다. 하지만 경제상황 악화와 국제적 고립으로 최신 의료지식과 의료장비를 접해 보지 못한 데서 나오는 실력 차이와, 의약품과 시설의 부족으로 수술 등을 상시적으로 할 수 없는 데서 나오는 경험 부족 문제 등이 수준 차이를 드러내는 것으로 보인다.

상황이 이와 같다면 북한 의사들의 자격을 인정하는 것이 맞을까?

북한 의사들의 자격을 인정했을 때 가장 큰 문제는 남한 사람들이 북한 의사들에게 진료를 받으려 할 것인가 하는 점이다. 기존 남한 사회에서도 큰 병이 발생하면 더 좋은 병원, 더 큰 병원을 찾아 유명한 의사에게 진료와 치료를 받고자 하는 것이 현실인데, 북한 출신 의사가 진료를 담당하고 있을 경우 남한 사람들이 이 의사에게 진료나 수술을 받으려하겠느냐는 것이다. 아마도 남한 사람들은 북한 출신 의사가 운영하는 병원에는 가려 하지 않을 것이며, 종합병원에서도 담당의가 남한 출신이냐 북한 출신이냐를 따져 북한 출신 의사에게는 진료를 받지 않으려 할 가능성이 높다. 진료가 제대로 이뤄지기 위해서는 의사와 환자 사이의 신뢰가 중요한데, 북한 출신 의사와 남한 사람들 사이에서는 신뢰가 형성되기 쉽지 않다. 의사집단 사이에서 남한 의사들이 북한 의사들을 같은 수준의 의사로 인정할 것이냐의 문제도 발생할 수 있다.

그렇다고 해서 북한 의사들의 자격을 인정하지 않으면 또 다른 문제가 발생한다. 북한 지역의 의료 시스템이 공백 상태에 빠질 것이기 때문이다. 2003년 기준 북한의 의사 수가 1,000명당 3.3명이라는 OECD 자료에 근거하면 북한의 전체 의사 수는 8만 명이 넘는 것으로 추산되는데, 이들의 자격을 일거에 정지시켜버리면 이를 대체할 인력을 찾을 수 없다. 남한의 의사들이 이들을 일시에 대체하는 것도 불가능할 뿐더러 의료활동은 사람만 파견한다고 해서 되는 것이 아니라 시설과 장비 등이 수반돼야 하는데, 의료시설과 장비가 구비되지 않은 북한 지역에서 남한 의사들이 제대로 된 의료활동을 수행할 수도 없다.

북한 의사들의 자격 인정 문제와 함께 고민해봐야 할 부분은 북한의 예비 의료인, 이를테면 북한의 의대생들을 어떻게 할 것이냐 하는 점이다. 아직 의사 자격을 얻지 못했지만 북한식 의료시스템으로 배워왔던 이들을 통일한국에서 어떻게 수용할 것인가 하는 점도 생각해봐야 한다.

아직 배우는 단계에 있는 학생들인 만큼, 통일 이후 새로 바뀐 시스템에 맞춰 학생들을 교육시키면 될 것이라고 생각할 수 있다. 하지만 이들에게 새로운 교육 시스템을 제공하려면 교수진이나 실험실 등 교육 인프라가 마련되어야 한다. 남한의 의과대학에는 북한에는 없는 과목들도 있고 의료장비 활용 능력 등에서 남한이 북한보다 우월하기 때문에 이런 부분들을 보충할 교육여건이 마련되어야 하는 것이다. 하지만 평양과 각 도마다 있는 의과대학에 이러한 교육 인프라를 한꺼번에 마련해 주기는 쉽지 않다. 북한 의대생들을 남한 의대에 편입시켜 교육을 받게 하는 방법도 생각해 볼 수 있지만, 남한의 의과대학이 북한 의대생을 수용하는 데에는 한계가 있다. 실험실습에 필요한 인프라도 문제지만 북한 의대생들을 남한으로 데려올 경우 숙식비와 같은 비용을 누가 부담할 것이냐의 문제도 있다.

기존 시스템에서는 의대만 졸업하면 의사자격이 주어졌는데, 남한식의 시스템으로 바뀌면서 의대 졸업과 함께 의사고시에 합격해야 의사자격이 주어진다는 점에서 북한 의대생의 입장에서도 변화되는 상황이 달갑지는 않을 것이다. 특히 졸업을 앞둔 고학년의 경우 배우는 과목이나 내용이 달라짐은 물론 의사자격 시험까지 생기는 데 대한 불만이 적지 않을 것이다.

6

북한 재판의
대부분은 이혼 사건

사법통합

남한 사회에서는 판사, 검사, 변호사를 흔히 '법조 삼륜'이라고 부른다. 법조 시스템을 지탱하는 3개의 주요 바퀴라는 뜻이다.

북한에도 수사와 판결, 변론이라는 절차가 존재하는 만큼 판사와 검사, 변호사는 존재한다. 하지만 북한의 판검사, 변호사를 남한의 판검사, 변호사와 같은 개념으로 파악해서는 곤란하다.[50]

먼저 북한에서는 민주사회처럼 삼권 분립이 통용되지 않는다. 사법부의 독립이라는 개념도 없고 모든 조직은 조선노동당의 영도하에 활동한다. 재판 독립은 원천적으로 가능하지 않고, 사법기관은 재판이라는 실무를 담당하는 단순한 집행기관에 불과하다. 실제 조직 구성에 있어서도 우리의 대법원이나 대검찰청에 해당하는 중앙재판소나 중앙검찰소는 최고인민회의가, 각급재판소와 각급검찰소는 지방인민회의가 구성한다.

북한의 법원은 3단계로 구성돼 있다. 중앙재판소 아래 도·직할시 재판소, 그 다음 시·군·구역 인민재판소가 있다. 이와는 별도로 군사재판소, 철도재판소 같은 특별재판소가 설치돼 있다. 남한의 재판은 3심제이지만 북한은 3급 2심제를 채택하고 있다. 법원은 3단계로 구성돼 있지만 심리는 2단계로 이뤄진다는 뜻이다.[51]

인민재판소에서 하는 재판의 대부분은 이혼사건이고 그 다음이 형사재판이다. 민사재판은 거의 없다고 한다. 이혼사건이 많은 이유는 북한에서는 협의이혼을 인정하지 않고 재판상 이혼만 인정하고 있기 때문이다.

북한의 재판부 구성은 우리와 차이가 있다. 남한의 경우 판사 1인 또는 3인으로 재판부가 구성되지만, 북한 재판소에는 인민참심원이라는 특이한 직책의 사람이 들어간다.

인민참심원은 판사가 아닌 일반인 중에서 재판에 참가하는 사람이다. 원래 참심원 제도는 전문가의 지식경험을 재판에 활용하자는 취지에서 도입됐는데, 북한의 참심원 제도는 이런 취지는 사라지고 일반인을 재판에 참가시켜 재판을 통한 정치교육적 효과를 달성하는 것을 주목적으로 하고 있다. 실제 재판 과정에서 인민참심원은 주도적 역할을 하지 못하고 판사인 재판장이 주도하고 있다. 인민참심원은 해당 인민회의에서 선출돼 1년에 14일간 재판에 참가할 수 있다.

판사는 사법시험이나 로스쿨 같은 일정한 자격 요건이 필요한 것이 아니라, 법률교육 이수자 중 노동당의 추천을 받아 일정한 강습을 받은 뒤 자격을 취득한다. 판사는 해당 인민회의에서 선출되는데 선거권을 가진 북한 공민이면 선출될 수 있다고 규정하고 있다. 보통은 김일성종합대학 법학부를 나오고 재판소 서기나 집행원 등의 업무를 수행하던 사람 중에서 판사로 선출되는 것이 일반적이다. 판사로 선출되는 사람은 대부분 노동당원이다. 하지만, 반드시 대학 법학부를 나와야 하는 것은 아니고, 출신성분이 좋은 사람 중에서 판사를 임명하기도 하고 법학을 전공하지 않은 사람이 판사로 임명될 경우 판사 업무를 수행하면서 법학과를 다니기도 한다고 한다. 북한 판사는 약 300명으로 추정되고 있다.

북한의 검사와 형사절차

북한의 검사도 우리처럼 수사와 공소제기 등의 업무를 담당한다. 형사사건 처리에 있어 수사기관 및 예심기관의 활동을 지휘 감독하고, 경우에 따라 직접 수사나 예심 업무를 수행하기도 한다. 수사원과 예심원이 행하는 구속, 압수, 수색 등 모든 강제처분의 승인권도 가지고 있다. 수사와 예심 결과에 따라 기소를 하는 유일한 권한을 가지며 기소독점주의, 판단에 따라 기소를 하지 않을 수도 있다기소편의주의.

예심이란 우리에게는 없는 제도인데 수사와 기소 단계 사이에서 범죄의 유무를 본격적으로 밝혀내는 절차를 말한다. 우리나라에서 말하는 본격적인 수사 단계라고 볼 수 있다. 북한에서는 수사와 예심을 구분하는데, 수사는 범죄의 단서에 따라 범죄자를 적발하고 범죄자를 예심에 넘기기까지의 과정이고 예심은 넘겨받은 범죄자에 대해 본격적인 수사활동과 강제처분을 통해 범죄의 유무 등 모든 사실을 밝혀내 기소에 이르도록 하는 절차이다. 예심원은 피심자피의자 신문과 증인신문, 심리실험, 압수, 수색 등을 통해 피심자가 범한 죄의 성격 등 모든 사정들을 남김없이 밝혀야 한다. 예심원은 피심자를 재판에 넘길 만한 충분한 증거를 얻었다고 판단하면, 예심과정을 기록한 조서를 작성한 뒤 검사의 참가하에 예심을 종결한다. 검사는 예심원이 제출한 사건기록을 검토한 뒤 사건을 재판에 넘길 정도로 예심이 충분히 진행되었다고 판단되면 10일 안으로 기소한다.

북한의 검사는 이런 수사 권한뿐 아니라 북한 사회에 대한 광범위한 감시권한을 행사한다. 이른바 '준법성 감시'를 주된 업무로 하고 있는데 기관, 기업소, 단체와 공민들이 국가의 법을 정확히 지키는지 감시하고 국가기관의 결정 등이 헌법 등에 어긋나지 않는가를 감시하는 역할을 한다. 북한에서는 검찰의 위상이나 역할이 재판소보다 높다.

북한의 검찰 조직은 재판소와 비슷한 층위로 중앙검찰소 - 도·직할시 검찰소 - 시·군·구역 검찰소 3단계로 구성돼 있다. 또, 이와는 별도로 군사검찰소, 철도검찰소 같은 특별검찰소도 존재한다. 중앙검찰소장은 최고인민회의에서, 각급 검사는 중앙검찰소에 의해 임명 또는 해임된다.

재판소와 달리 북한의 검찰소 구성에 대해서는 별도의 법률이 없고 검사 임명 자격에 대해서도 아무런 규정이 없다. 검사가 북한 사회 전반에 대한 광범위한 감시권한을 행사하는 자리인 만큼 당성이 강한 사람이 검사로 임명될 것으로 보이는데, 보통 검찰소 예심원이나 서기 중에서 검사로 임명되는 것이 일반적이라고 한다. 검사도 거의 모두 노동당원이다. 북한의 검사는 1,000명이 넘는 것으로 추산된다.

북한의 변호사

북한의 변호사법에는 변호사가 '기관, 공민 등의 법적권리와 이익 보호, 법의 정확한 집행 보장을 목적'으로 한다고 돼 있다. 그러나 북한의 변호사는 피고인의 권익을 보호하는 우리 변호사와 역할이 사뭇 다르다.

김정일은 "변호사의 활동은 재판기관의 형사재판사업을 방조하고 도와주고 협력하며 우리 당의 사법정책을 옹호관철하는 중요한 사업"[52] 이라고 언급했다. 변호활동이 피고인의 권리와 이익을 실현하는 것이 아니라 당 정책과 법의 요구에 맞게 옳은 판결을 내릴 수 있도록 도와주는 것이라는 것이다. 변호사는 "당 정책의 선전자로 당 사법정책의 정당성을 인민들에게 옳게 인식시키기 위해 노력"해야 하고, 피고인으로 하여금 "조국과 인민 앞에 진 죄과의 엄중성을 똑똑히 인식하고 깊이 뉘우치도록 해야" 한다. 이런 맥락에서 변호사는 "피소자피고인의 대리인이 아니며 피소자를 비호하는 입장에 서는 것도 아니다" 북한 형사소송법에는 피고인이 변호인의 조력을 받을 수 있는 권리를 포기할 수 있다고 규정해 변호인 없는 재판도 가능하도록 규정하고 있다.[53]

북한 변호사 수는 1991년 기준으로 200명의 전직 변호사와 300명의 겸직 변호사가 있다는 자료가 있다. 변호사는 재판소 내에 사무실을 두고 있으며 이혼사건 소송장을 내면 먼저 변호사가 접수해 검토한다고 한다.

북한 사회에서 판사나 검사의 지위는 다소 높은 편이고 변호사는 보통 정도라고 한다.

북한에서는 판사, 검사, 변호사에 의한 일반적인 법률 시스템 외에 사회주의법무생활 지도위원회라는 협의체가 존재해 일반 주민들의 생활을 규제하고 있다. 사회주의법무생활 지도위원회는 북한 주민들이 김일성, 김정일 교시와 당 정책, 국가 규범을 제대로 지키도록 강조하는 비상설협의체인데, 검열기관이나 감찰기관, 사회안전기관의 제기에 따라 법 위반 사실을 심의하고 제재 조치를 취하는 막강한 권한을 행사한다. 경고, 엄중경고뿐 아니라 무보수노동, 노동교양, 강직, 해임, 철직직위해제, 벌금, 변상, 몰수, 자격정지, 자격박탈 등의 처벌을 줄 수 있다. 재판소가 사회적교양 처분에 처한 경우에도 사회주의법무생활 지도위원회가 이를 넘겨받아 필요한 조치를 취한다.

북한법 효력 정지와 새 법 적용의 과제

민주주의와 인권, 법치주의에 기반한 통일이 된다는 것은 이를 구현할 수 있는 법률이 북한 전역에 적용된다는 뜻이다. 다시 말해 기존 북한 법은 효력이 정지되거나 폐기되고 새로운 사회에 맞는 법률이 북한 전역에서 시행이 되어야 한다.

먼저 따져볼 부분은 기존 북한법의 효력을 어디까지 인정하고 어디부터 효력을 정지시킬 것이냐 하는 것이다. 북한법 효력을 전면 정지시킬 경우 북한 주민들이 그동안 형성해 온 법률관계가 전면 부정되면서 북한 주민들에게도 손해가 가고 법적 안정성이 저해될 우려가 있다. 인권에 반하는 반민주적인 법률들은 우선적으로 효력을 정지시키거나 폐기해야 하겠지만, 북한 주민들의 일상사와 관련된 법률은 사례별로 유지시켜야 할 것들이 있을 수 있다.

기존 법의 효력을 정지시키고 새로운 법을 제정하는 과정에서 중요한 것은 법적 공백이 있어서는 안 된다는 것이다. 과도기적 혼란기에 법적 공백이 발생하면 범죄자를 법에 따라 처벌할 수 없고, 불법행위로 인한 재산상의 피해를 배상받을 수 없는 사태가 초래될 수도 있다. 이 때문에 폐기할 법이더라도 과도기적으로 북한법의 효력을 인정해야 한다는 의견이 나온다. 독일의 사례를 살펴보자.

　독일은 통일조약에서 별도로 제한하거나 적용범위에 제한을 두지 않는 한, 서독의 연방법이 원칙적으로 동독 지역에 포괄적으로 효력을 가진다고 규정했다. 다만, 동독의 법률도 서독의 법치국가적 원칙에 배치되지 않을 경우 1992년 12월 31일까지 효력을 인정했다. 독일 통일이 1990년 10월 3일 이뤄졌으므로 통일 뒤 2년이 넘도록 동독 법률의 효력을 인정한 것이다. 법률 통합이 완결되지 않은 상태에서 동독법의 효력을 전면 부정할 경우 법적인 진공 상태가 초래될 것을 우려했기 때문이었다.

　북한법의 효력을 과도기적으로 인정한다 하더라도 북한 지역에 적용될 새로운 법률이 빨리 정비되어야 한다. 법률통합의 내용에 대해서는 관련 전문가들이 많이 연구하고 있을 것으로 보이지만, 남한 법률을 북한 지역에 확대적용하는 것 외에 새로운 법률을 제정할 경우 의회의 의결을 거쳐야 하는 절차적 과정이 필요하게 된다.

　새로운 법률제정 뿐 아니라 새로운 법을 집행할 법조인력이 북한에 존재하느냐도 문제이다. 북한의 판검사와 변호사는 남한의 판검사, 변호사와 역할이 다를뿐더러 새로 제정될 법에 익숙하지도 않다. 이들을 그대로 활용하기 어려운 것이다. 또 기존체제 유지에 이바지해 왔던 북한 법조인들을 새로운 사회에서 그대로 활용하는 것이 바람직한가의 문제도 제기된다.

남한 법조인들을 북한에 파견하는 방법도 생각해 볼 수 있지만 전기, 수도 등 각종 인프라가 열악한 북한 지역에 파견가려는 사람들이 얼마나 있을지 의문이다. 또, 법조인력의 수를 생각할 때 북한에서 필요한 만큼의 법조인들을 남한에서 충분히 충당하기도 어려울 것이다.[54]

북한 주민들에게 새로운 법률을 홍보하는 것도 큰 과제이다. 법체계가 근본적으로 바뀐다면 '내가 무슨 행동을 하면 죄가 되는지', '다른 사람과 집을 사고팔 때 어떤 법률적 행위를 해야 하는지' 등을 알고 있어야 한다. 북한 주민들에게 법치주의와 자본주의는 매우 생소한 것일 테니 말이다.

하지만, 북한 주민들에게 법률 홍보 작업을 하는 것이 쉬운 일은 아니다. 학생들처럼 한 곳에 모여 있는 것도 아니고, 법률 내용이라는 것이 다소 복잡한 것들이어서 한번 들어서 바로 알게 되는 것도 아니기 때문이다. 독일이 통일 후 지금까지도 모든 관공서와 도서관, 시청 등에서 국민이 알아야 할 최소한의 법률지식을 담은 책자를 배포하고 있다고 하니, 법률 홍보 작업이 얼마나 길고 어려운 작업이 될 것인지를 짐작할 수 있다.

북한 법조인 자격 인정문제와 기타 법률 현안

법조인이라는 직업은 어느 나라를 막론하고 권력에 가깝게 서 있으면서 그 체제의 유지에 중심축을 담당하는 직업이다. 따라서 북한 체제 유지에 핵심적인 역할을 했던 사람들을 다시 활용하는 것이 새로운 사회에 맞는 일인가 하는 문제가 제기된다.

이런 측면에서 보자면 북한 법조인들은 모두 새로운 사람으로 대체하는 것이 맞을 것이다. 북한 주민들 입장에서도 북한 체제유지를 위해 앞장섰던 인물들이 통일국가에서 똑같이 기소를 하고 판결을 한다면 그 사람들이 행하는 법적 행위를 수용할 수 있겠느냐는 문제가 있다. 아무리 재교육을 한다고 해도 사법독립에 대한 개념도 없고 노동당의 통제를 받는 것에 익숙한 데다가 민주적 법률에 대한 지식도 없었던 북한 법조인들이 남한 법조인 정도의 자질을 가질 수 있겠느냐의 문제도 있다.

하지만, 북한 법조인들을 마냥 배척할 수 없는 현실적인 측면도 있다. 타당성 있는 법 적용을 위해서는 지역 사정이나 주민에 대한 이해가 필요한데, 현지 사정을 잘 알고 있는 북한 법조인이 아니면 이런 역할을 할 수 없다는 것이다. 북한 지역의 특수성을 모른 채 남한의 판검사들이 기소와 판결을 행할 경우 현실과 괴리된 법적 행위가 행해질 수 있고 북한 주민들의 반발을 초래할 수도 있다. 결국, 헌법 이념에 맞지 않고 과거 체제에서 극악한 판결과 검찰권을 휘둘러 원성을 사는 사람들은 걸러내고 재임용을 통해 북한 법조인들을 선별적으로 활용해야 할 것으로 보이는데, 이러한 작업을 진행하는 데 시간이 걸릴뿐더러 이 기간 동안 재판과 수사, 기소 등 법적 절차가 지체될 가능성이 높다.

독일의 경우 재임용 기구를 마련해 동독 판검사들에 대한 재임용 여부를 결정했다.[55] 그 결과, 통일 당시 동독 판사와 검사 2,896명 중

2/3인 1,889명이 재임용을 신청해 1993년 기준으로 58%인 1,094명이 재임용됐다. 재임용된 동독 출신 판사들은 주로 민사재판을 담당했다고 한다. 통일독일의 사법 체계는 새로운 법질서에 맞게 주로 서독 출신의 판·검사나 신규 채용자에 의해 마련됐다고 볼 수 있다.

우리의 경우에도 재임용 심사기구를 통해 북한 판검사들의 재임용을 결정해야 할 것으로 보이는데, 재임용 기구 구성과 개별 판검사에 대한 심사를 거치는 시간이 만만치 않을 것이다. 또, 북한 판검사들이 재임용 심사를 거치는 동안 제대로 된 업무를 수행하기는 어려울 것인 만큼, 이 기간 동안 범죄가 늘거나 치안이 불안해질 우려도 있다.

실제로 독일 통일 과정에서는 범죄발생이 증가했다. 독일 통일 직후의 통계자료를 보면 독일 전체에서 1991년 10만 명당 6,649건이었던 범죄발생 건수가 1992년에는 7,938건으로 증가했고, 1993년에는 8,337건으로 늘어났다. 반면, 범죄해결률검거율은 1990년 47%였던 것이 1993년에는 43.8%로 떨어졌다.[56] 통합과정이 진행되는 과도기에 사회 혼란을 틈타 범죄는 늘어나고 검거율은 떨어지는 추세를 보인 것이다.

이렇게 범죄에 대한 처리가 제대로 이뤄지지 않을 가능성이 높다면 통일이라는 과도기에 범죄의 공소시효를 평상시처럼 유지시킬 것인가의 문제도 고민해봐야 한다. 나쁜 짓을 하고도 어수선한 시기에 수사와 재판이 제대로 이뤄지지 않아 공소시효를 넘겨 죄를 받지 않는 일이 있어서는 안 되기 때문이다. 공소시효란 일정 기간이 지나면 범죄에 대한 형벌권이 소멸하는 제도를 말한다. 이 밖에 기왕에 진행 중이던 재판을 어떻게 이어받아 마무리할 지에 대한 재판절차 인수대책도 마련되어야 한다.

북한 법조인들을 재임용하더라도 새로운 사회에 맞는 재교육이 실시되어야 한다. 자유민주주의와 법치주의, 인권보호와 같은 통일국가의 이념에 맞는 내용을 교육받아야 하고 실무적으로도 남한 법률에 대한 이해도를 높여야 하는데, 법률 재교육 작업은 단기간에 끝낼 수 있는 게 아니라서 이를 어떻게 체계적으로 시행할 것인지에 대한 방안도 마련돼야 한다.

이 밖에 아직 법조인이 되기 전인 북한 법과대학 졸업생이나 과정에 있는 학생들, 교수들에 대한 처리를 어떻게 할 것인가에 대해서도 생각해봐야 한다. 독일의 경우 동독 지역의 법률 관련 종사자들에게 판사 자격을 부여하는 다양한 경로가 마련되었다. 동독의 법과대학 교수는 재임용된 경우 판사 자격이 주어졌고, 동독 법과대학을 졸업하고 3년간 법률관련 직종에 종사한 자는 구동독지역에서 1년간 법원 실무수습을 거치면 판사 자격을 얻을 수 있었다. 또 동독 법과대학을 졸업한 자는 서독의 1차 국가시험에 합격한 것과 같은 자격을 부여해, 2차 국가시험에 합격하면 판사 자격을 얻을 수 있었다.

기존 공산 체제에 살다 새로운 체제에 적응해야 하는 사람들에게 어느 정도 이점利點을 제공하는 것은 합당한 일이겠으나, 남한의 법조인 희망생들이 이를 수긍할 것이냐의 문제도 생각해봐야 한다. 남한에서도 로스쿨에 들어가거나 법조인이 되려는 희망자가 많고 경쟁도 센 편인데, 북한의 법조인 후보자라는 이유로 이들에게 이점을 제공하는 것에 대해 순순히 수긍하겠냐는 것이다.

북한에는 없었던 법적행위를 담당할 인력을 확보하는 것도 과제이다. 즉, 등기업무나 독촉절차, 강제집행과 같은 업무를 담당할 사람들이다. 또, 교도소나 구치소 같은 교정인력을 어떻게 마련할 것인지도 고민해야 하는데, 북한의 교정인력은 다른 직역보다 인권탄압에 훨씬 더 많이 관련돼 있을 가능성이 높은 만큼 재임용에 신중을 기할 필요가 있다.

7

그동안의 삶이
송두리째 부정된다면

단계적 통합 방안

남북이 갑작스런 하드랜딩 통일을 하게 될 경우 어떤 충격과 과제를 안게 될지를 앞서 간략히 살펴보았다. 하드랜딩 통일이 가져 올 충격과 과제를 일부분만 살펴본 것이지만, 하드랜딩 통일의 여파가 만만치 않을 것임을 이해하는 데에는 도움이 되었으리라 본다. 이번 장에서 논의할 주제는 하드랜딩 통일의 부작용을 어떻게 극복할 것인가하는 것이다. 하드랜딩 통일이 불가피하게 일어난다면, 주어진 여건 하에서 부작용을 최소화할 방법을 찾아야 한다.

하드랜딩 통일의 완충장치를 만들자

우리말로 '완충', 영어로는 'Buffer버퍼'라는 말이 있다. 국어사전상 '완충'은 '대립하는 것 사이에서 불화나 충돌을 누그러지게 함'이라는 의미이고, '완충재'는 '두 물체 사이에 끼어서 충격을 완화하는 재료',

화학에서 '완충제'는 '급격한 외부 변화를 완화시키는 작용을 하는 물질' 등으로 사용된다. 다시 말해, '완충'이란 외부에서 강한 충격이 있을 때 이를 완화시키는 것을 의미한다.

이러한 말뜻에서 보듯 하드랜딩 통일로 혼란과 충격이 불가피하다면 이를 완화시키는 장치, 즉 완충장치를 찾아야 한다. 통일이라는 상황이 우리가 예상하는 대로 펼쳐지지는 않겠지만, 사전에 대처방안을 머릿속에 그려두고 있으면 상황이 닥쳤을 때 혼란과 충격을 줄이고 대비책을 마련하는 데 큰 도움이 될 것이기 때문이다.

그렇다면, 하드랜딩 통일의 완충장치는 어떻게 마련할 것인가?

통일 과정에서의 혼란과 충격이 남북한의 이질적인 체제가 갑자기 합쳐짐으로써 발생하는 것이라면, 이러한 충격을 완화시킬 방법은 갑작스런 통합의 속도를 늦추는 데에서 찾을 수 있을 것이다. 소프트랜딩 방식으로 점진적 통일이 이뤄졌다면 좋았겠지만, 그게 어려워졌다 해도 주어진 여건하에서 우리가 인위적으로 통합의 속도를 늦추는, 다시 말해 인위적인 소프트랜딩의 단계를 설정해 보자는 것이다.

인위적인 소프트랜딩이란 무엇을 말하는가. 통일 이후에도 남북한 지역을 한시적으로 분리해 점진적인 통합의 절차를 밟는 것을 말한다. 정치적으로는 하나의 통일국가가 형성됐다 하더라도 즉각적인 통합의 부작용을 감안해 남북한 지역을 기존처럼 한시적으로 분리해 통일정부가 통합의 속도를 제어하자는 것이다.

통일이 됐는데도 한시적 분리가 가능하겠냐는 문제 제기가 있을 수 있겠지만, 남북한은 독일과 달리 접경지역 통제가 가능하기 때문에 통합의 속도를 정부가 제어할 수 있음을 앞서 밝힌 적이 있다. 남북을 가로지르는 비무장지대에는 수많은 지뢰가 매설돼 있어 경의선과 동해선 통로와 같은 몇몇 육로연결로만 통제하면 남북한 지역의 분리가 가능하다. 해상을 통해 넘어오는 사람이 있을 수 있으나 이런 사람들은 소수에 불과할 것이고 이 또한 해경 등으로 통제가 가능하기 때문에 큰 변수가 아니다.

이 같은 방안은 이른바 하드랜딩 통일하에서 소프트랜딩 통합 단계를 인위적으로 설정하는 것으로, '하드랜딩 속 소프트랜딩 통합'이라 부를 수도 있을 것이다.

'하드랜딩 속 소프트랜딩 통합' 개념을 보다 구체적으로 설명하면 다음과 같다.

첫째, 남북한 지역은 통일 이후에도 한시적으로 분리한다. 남북한 지역 간 교류 접촉은 이전보다 늘어나겠지만 남북한 주민 간 왕래는 기본적으로 정부의 허가를 받아야 이뤄질 수 있다. 자유왕래가 제한된다는 것은 통합의 속도가 당국에 의해 조절된다는 뜻이다.

남북한 지역이 한시적으로 분리되는 만큼 대규모 인구 이동 같은 혼돈스런 상황은 일어나지 않는다. 다만 이 경우에도 이산가족이나 납북자 가족같이 인도적인 경우는 상시적인 면회가 가능해야 하고 남북 양측 가족이 동의할 경우 이주도 허용하는 등의 특별 조치가 취해져야 한다. 남북한 교류 접촉의 정도는 체제 통합 진도에 따라 점차 확대될 것이다.

둘째, 북한 지역은 이른바 '특별행정구역'으로 관리한다. 남북한 지역이 한시적으로 분리되긴 하지만 정치적인 통일은 이뤄지는 만큼 북한 지역은 통일한국의 한 부분이다. 북한 지역이 별도의 주권을 가지

는 주체가 아니라 통일정부의 통제를 받는 하부 행정단위라는 뜻이
다. 다만, 북한 지역이 남한 지역과 똑같은 행정 시스템으로 운영되기
는 힘들 것이고 지방자치제가 이뤄지기도 시기상조일 것이므로, 초기
에는 북한 지역 전체를 남한과는 다른 시스템으로 관리하는 별도의
행정 체계가 불가피해 보인다. 북한 지역 전체를 이른바 '특별행정구
역'으로 지정해 특별행정구역의 책임자가 중앙 통일정부의 지휘를 받
으며 남북한 통합 작업과 북한 지역 개발 작업을 진두지휘하게 하는
것이다. 특별행정구역 시스템은 남북한 간 한시적 분리가 끝나고 완
전 통합이 이뤄지면 자동적으로 소멸하게 된다.

'하드랜딩 속 소프트랜딩 통합'의 특징

'하드랜딩 속 소프트랜딩 통합'은 소프트랜딩 통일의 개념을 하드
랜딩 통일 과정에 적용한 것이지만, 기존 소프트랜딩 통일과는 다른
몇 가지 특징을 가지고 있다.

첫째, 통합 추진 과정에서 남북한 간 갈등이나 소모적 낭비가 발생
할 소지가 적다. 기존의 소프트랜딩 방식 통일이 통일로 가는 바람직
한 방법이기는 하지만, 남북한에 각각 별도의 정부가 존재하는 만큼
남북 간 협의 과정이 반드시 원활하게 이뤄진다는 보장이 없다. 모든
사안은 남북한 정부의 협의하에 진행돼야 하는데 양측 이해관계의 차
이로 갈등이 생길 경우 이를 조율할만한 뾰족한 방법도 별로 없다. 갈
등의 소지를 줄이기 위해 이해관계가 민감하지 않은 부분부터 타협을
진행하다 보면 국가적으로 긴요하지 않은 부분부터 자원이 투여될 가
능성이 높고, 정작 통합에 긴요한 부분에서 이해관계의 차이가 해소

되지 않을 경우 해법을 찾지 못한 채 시간만 낭비할 가능성도 있다.

하지만 '하드랜딩 속 소프트랜딩 통합'은 이미 통일국가가 형성된 이후 진행되는 과정이기 때문에 남북한 당국 간 갈등으로 소모적인 논쟁이 일어날 소지가 없다. '특별행정구역'인 북한 지역을 책임지는 사람은 통일국가 지도자의 지시를 받아 정책을 수행하는 공무원일 뿐이다. 특별행정구역 책임자가 통합정책의 방향과 속도를 놓고 범정부적 토론을 벌일 수는 있으나 통일국가의 지도부와 논쟁하거나 갈등하는 관계는 아니다. 회의의 형태도 기존 소프트랜딩 방식의 통합 논의 구도가 남북 각각 동수로 마주앉는 대결적 형태였다면, 하드랜딩 속 소프트랜딩 통합 논의는 전체 책임자 주재하에 부문별로 필요한 논의가 오가는 실무적인 형태가 될 것이다. 기존 소프트랜딩 방식의 통일에서 발생하는 협상의 비용이나 소모적 지출 부분이 상당히 줄어들 수밖에 없는 것이다. 통일정부가 북한 지역 경제개발에 대한 거시적인 계획을 수립하고 범국가적으로 정책을 추진한다면 가장 효율적인 방법으로 북한 지역 개발과 통합작업이 이루어질 수 있다.

둘째, 통합이라는 목표가 명확하다. 기존 소프트랜딩 방식의 통일 접근에서 가장 우려스러운 것은 소프트랜딩 방식의 접근이 반드시 통일로 이어진다는 보장이 없다는 것이다. 교류와 접촉을 점점 심화시켜나가다 보면 언젠가 통일의 길로 나아가지 않겠느냐는 기대는 가져볼 수 있지만, 교류 접촉의 확대가 반드시 통일로 이어진다는 확신은 없는 것이다. 남북한 당국자들이 서로 자신의 체제와 권력, 기득권을 끝까지 포기하지 않으려고 한다면 아무리 교류 협력이 증진된다고 한들 궁극적으로 합의에 의한 통일이 이뤄지기는 힘들다. 교류 협력 과정에서 갈등이 심화되면 통합이 역진적으로 진행돼 통일이 무산될 가능성도 배제할 수 없다. 국가연합이나 연방을 추진하던 국가들이 끝내 갈등을 극복하지 못하고 통합 과정에서 이탈한 사례들을 앞서 살펴본 바도 있다.

하지만, 하드랜딩 속 소프트랜딩 통합은 하나의 국가 안에서 이뤄지는 통합 과정인 만큼 궁극적인 목표는 완전통합일 수밖에 없다. 방향성이 명확한 만큼 궁극적인 목표지점에 대한 우려를 가질 필요가 없고 모든 역량은 효율적인 통합에 집중되게 된다.

통일이 됐는데도 남북한 지역을 한시적으로 분리하게 되면, 그러한 분리기간을 해소하는 데에도 많은 시간이 걸리는 것 아니냐는 걱정을 할 수도 있지만 그런 걱정은 하지 않아도 될 것 같다. 남북한이 통일이 된 상태에서 한시적 분리가 행해지면 모든 정책적 초점은 분리 기간을 얼마 만에 끝낼 수 있느냐에 맞춰지게 된다. 국회의원 선거나 대통령 선거 등 모든 선거의 주요 쟁점도 분리기간을 어느 정도로 할 것이냐에 맞춰질 것인 만큼 정치적 이유에서라도 분리 기간은 오래 가져가기 힘들다. 기존 소프트랜딩 방식의 통일 접근 방식이 분단 해소 시기를 가늠할 수 없다는 측면과 비교해 보면 '하드랜딩 속 소프트랜딩 통합'은 그야말로 과도기적인 한시적 분리 기간을 거칠 뿐이다.

분단국가가 통일이 됐는데도 남북한 지역의 자유왕래를 통제하는 것이 말이 되느냐는 비판이 있을 수 있지만, 갑작스런 통일이 가져올 엄청난 재앙을 생각한다면 이상적인 통일보다는 현실적인 단계별 통합 방안을 고려해야 한다. 남북한 지역의 분리는 어차피 한시적인 것이며 궁극적으로는 완전통합을 지향하는 만큼 '즉각적 분단 해소'라는 감성적 접근에 빠져드는 것은 위험하다.

남북한 지역의 한시적 분리를 검토하는 이유

통일 이후에도 남북한 지역을 한시 분리해 점진적 통합의 단계를 거치려는 이유는 갑작스런 통일이 우리 사회에 미칠 경제, 사회적 충격이 엄청날 것이기 때문이다. 세금과 사회복지비용의 엄청난 증가, 거리에 넘쳐날 실업자 등을 고려할 때 물리적인 충격을 줄일 수 있는 방법을 찾자는 것이 이러한 접근방법의 취지이다.

하지만 우리가 남북한 지역의 한시적 분리를 검토하는 이유가 반드시 물리적인 충격을 극복하기 위해서만은 아니다. 어쩌면 물리적인 충격보다 더 큰 충격, 바로 남북한 주민들의 삶 자체에 다가올 수 있는 혼란스럽고 불안한 상황을 최소화해야 할 필요가 있기 때문이다.

통일국가가 자유민주주의와 시장경제 체제를 갖추게 된다면 북한 지역은 정치, 경제, 사회적으로 모든 시스템이 재정비되게 될 것이다. 일자리에 대한 개념이 바뀌면서 먹고 사는 방식이 달라질 것이고 경제, 사회 시스템 전반이 재정비되면서 아마도 상당수는 새로운 일자리를 찾아야 할 가능성이 높다. 그동안 배워 왔던 정치, 사회적 지식은 상당 부분 무용지물이 될 것이며, 의사와 같은 전문직에 종사하는 사람들마저도 통일국가에서 살 길을 찾을 수 있을지 장담할 수 없게 된다. 북한 주민들이 살아 왔던 그동안의 삶이 송두리째 부정될 수도 있는 것이다.

북한 주민들에 비해서는 상대적으로 덜하겠지만 남한 주민들도 통일이라는 새로운 상황에 혼란을 느끼고 불안감을 갖게 되기는 마찬가지다. 한시적 분리는 물리적, 경제적 충격 완화라는 측면을 떠나, 통일로 인해 주변상황이 급격히 변화하지 않을 것이라는 안도감을 줌으로써 남북한 주민들에게 정서적, 사회적 안정을 주는 측면의 의미도 가지고 있다.

'한시적 분리'가 갖는 사회적 의미

남북한 지역의 한시적 분리가 갖는 사회적 의미에 대해 보다 구체적으로 살펴보기로 하자.

첫째, 북한이란 공동체의 붕괴를 방지하는 것이다.

통일은 분단 이후 '우리의 소원'이었지만 현실적인 통일은 남한 주민에게든 북한 주민에게든 '불안'의 이미지로 다가온다. 통일이 되면 내 삶에 구체적으로 어떤 일이 생길지 잘 알 수 없기 때문이다. 그런데 남북한 주민들이 느끼는 '불안'에는 다소 차이가 있다. 남한 주민들이 느끼는 불안은 통일비용으로 세금이 높아지고 북한 주민들이 대거 유입되면서 실업자가 늘거나 사회 분위기가 달라지는 것 아니냐는 정도의 불안이지만, 북한 주민들이 느끼는 불안은 '나와 내 자식의 삶이 송두리째 달라질 수밖에 없을 것'이라는 데에서 오는 극도의 불안감이다. 통일한국이 자유민주주의와 시장경제로 통일된다고 본다면 북한 지역의 경우 정치, 경제, 사회, 문화 등 모든 부문에서 체제 전환이 일어나야 하기 때문에 기존 북한 시스템에서 살아왔던 주민들의 삶에는 혁명적인 변화가 불가피하다. 그러한 변화가 '나'에게 득이 될지 독이 될지는 아무도 장담할 수 없는 것이다.

극도의 불안감 속에서도 사회적 안정을 유지하려면 점진적 변화에 대한 믿음이 있어야 하지만 남북한 지역이 전면 통합될 경우 변화의 속도를 제어할 수 없다. 정치, 경제, 사회, 문화 모든 면에서 남한으로부터 새로운 물결이 밀어닥칠 것이며, 북한 지역의 모든 시스템이 뒤흔들어지는 상황에서 상당수의 청·장년층은 기회의 땅을 찾아 남한행을 택할 것이다. 통일한국의 기본적인 표준은 남한이 될 가능성이 높으므로 길이 열린다면 남한으로 가는 것이 어쩌면 가장 현실적인 선택일 수도 있다.

사회 시스템은 허물어지고 일할 능력이 있는 사람들은 거의 모두 북한 지역을 떠나는 상황. 북한이란 공동체는 붕괴되고 북한 주민들이 그동안 살아왔던 삶은 송두리째 부정될 수도 있다. 북한 주민들에게 통일은 장밋빛이 아니라 잿빛 먹구름으로 다가올 수 있는 것이다. 통일한국의 정부가 물론 이런 상황을 막아보려 하겠지만 남북한 간 전면적인 자유왕래가 이뤄지는 상태에서 당국이 상황을 제어하는 데는 한계가 있다. 남북한 지역의 한시적 분리를 통한 하드랜딩 속 소프트랜딩 통합은 북한이란 공동체가 무너져 내리는 것을 막기 위한 불가피한 선택일 수 있다.

둘째, 자본주의 사회에 익숙하지 않은 북한 주민들에게 일정 기간 적응의 시간을 주는 의미가 있다.

통일한국이 시장경제에 기반한 자본주의 시스템을 채택하게 되면 북한 주민들은 새로운 생활방식에 익숙해져야 한다. 무엇보다 스스로 결정하는 데 익숙해져야 하는 것이다. 사회주의는 기본적으로 국가가 결정하고 개인은 주어진 과제에만 충실하면 되지만, 자본주의는 스스로 주체가 되어 결정하고 행동하는 데 기반을 두고 있다. 북한 체제가 이완되고 장마당에 의거한 생활이 보편화되면서 북한 주민들도 과거에 비해서는 스스로 결정해 먹고사는 데 익숙해졌지만, 거의 모든 것이 개인의 결정에 따라 움직이는 자본주의 체제에 적응하는 것이 쉽지만은 않은 일이다.

현실적으로 북한 주민들에게 다가올 위험요소는 각종 경제 행위와 관련된 계약들이다. 북한 지역에서 사유화가 진행되면 개인 재산이 생기게 되고, 이를 사고파는 행위들이 이뤄질 텐데, 간단한 물건 매매야 돈을 주고 그냥 진행하면 되지만 집과 같은 부동산 매매나 규모가 있는 사업들은 계약이라는 절차를 거쳐야 한다. 이 때 계약은 두 사람만 만나서 약속을 하면 되는 것이 아니라 서류를 작성하고 공증하는 등의 절차가 필요한데, 자본주의적 계약 관계에 익숙하지 않은 북한 주민들이 갑자기 이런 상황에 노출되면 많은 실수를 하게 될 가능성이 높다. 다행히 주변에서 선의를 가진 사람들이 도와주면 좋지만, 나쁜 뜻을 가진 사람들이 순진한 북한 주민들을 사기의 대상으로 삼으면 사유화된 재산을 헐값에 날려버리는 등 북한 주민들이 통일 초기 상당한 경제적 피해를 입을 수도 있다.

북한 여성들이 위험에 빠져들 가능성도 크다. 북한에서 여성들은 사회주의 배급제도가 붕괴되면서 장마당에서 장사에 나서는 등 생계유지의 최전선에 나서 왔는데, 통일국가 초기에도 상당 부분 생계유지의 최일선에 서게 될 가능성이 높다. 북한 지역의 경제상황이나 일자리 문제가 원활하지 않아 남성들이 생계유지에서 중추적 역할을 하지 못하게 된다면, 생계유지의 몫은 상당 부분 여성에게 넘겨질 가능성이 높기 때문이다.

문제는 통일이라는 열려진 공간 속에서 북한 여성들이 남한의 폭력조직 등에 의해 인신매매나 유흥가로 빠져들 가능성도 상당히 높다는 것이다. 자본주의 물정을 잘 모르는 북한 여성들과 이를 이용해 돈을 벌려는 남한 폭력조직들의 이해관계가 결합하면 사회적 취약계층인 북한 여성들에게는 재앙적인 결과가 초래될 수도 있다. 마치 먹고살기 위해 중국으로 탈북해 인신매매로 팔려가거나 중국인과 원치 않는 결혼을 해야 했던 비극이 통일한국에서 벌어질 가능성도 배제할 수 없는 것이다.

　물론 통일한국의 정부가 이런 위험성에 대한 교육을 북한 주민들에게 실시하고 필요한 단속 등을 하려 하겠지만, 전면적 통합이 이뤄지는 과도기적 상황에서 북한 주민들이 필요한 계도를 충분히 받아 새로운 자본주의 체제에 원활하게 적응할 수 있으리라고 보기는 어렵다. 한시적 분리 체제는 북한 주민들이 자본주의 시스템을 이해하고 적응할 수 있는 시간적 여유를 제공함으로써 통일국가에서 북한 주민들이 입을 피해를 막는 데 일조하게 될 것이다.

　셋째, 북한 주민들의 대거 남하로 인한 남한 사회의 불안을 막는 것이다.

　통일이 북한 주민들에게 많은 혼란을 줄 가능성이 높지만 남한 주민들이라고 해서 그 여파에서 벗어나 있는 것은 아니다. 통일비용으로 인해 세금이나 사회복지비용이 증가하는 것도 문제지만, 북한 주민들이 일자리 등 새로운 기회를 찾아 대거 남하할 경우 남한 사회도 큰 혼란에 빠져들 것이다.

　북한 주민들이 대거 남쪽으로 내려오면 일단 일용직 등 남한 저임금 근로자들의 고용 여건이 악화될 가능성이 높다. 남하한 북한 주민들이 남한에서 '괜찮은' 일자리를 찾기는 어려울 것이므로 저임금 비숙련 일자리를 찾을 가능성이 높은데, 이렇게 되면 일용직 등 저임금 일자리의 경쟁이 격화되고 임금 수준도 낮아지게 된다. 거리에 북한발 실업자들이 넘쳐나게 되면 고소득층이나 대기업에 근무하는 정규직들에게는 큰 영향이 없을 수 있지만 일용직으로 하루 벌어 하루 먹고 사는 사람들에게는 생계의 위기가 닥치는 것이다.

저소득층의 생계도 문제지만 남한 사회의 전반적 분위기도 흉흉해질 것이다. 북한 주민들이 대거 남하하면 주거 문제가 제대로 해결될 수 있을 지도 불투명한데, 머물 곳을 마땅히 찾지 못한 상당수가 거리에서 노숙을 하는 사태가 벌어질 수 있다. 서울역과 영등포역 등 남한 주요 곳곳에 노숙자가 넘쳐나게 되면 사회 분위기가 흉흉해지고, 먹는 문제를 해결하지 못한 일부 사람들이 절도나 빈집털이라도 나서는 상황이 되면 치안에 대한 불안도 커질 것이다.

수용 능력이 부족한 상태에서 이뤄지는 북한 주민들의 대거 남하는 남한 사회의 불안을 막기 위해서라도 제어돼야 하는 것이다.

8

한 나라 두 제도,
한 나라 한 제도

특별행정구역

앞서 '하드랜딩 속 소프트랜딩 통합'의 주요한 개념으로 남북한 지역
의 한시적 분리와 북한 지역의 특별행정구역화를 제시했다. 여기서는
특별행정구역이 무엇을 의미하는지에 대해 보다 자세히 살펴보도록
하겠다.

특별행정구역이 존재한다는 것은 한 국가 안에 두 개의 시스템이
존재한다는 것이다. 중앙집권 국가든 연방제 국가든 하나의 국가는
기본적으로 동일한 시스템으로 구성되는데, 국가 안에 특별행정구역
을 둔다는 것은 그것이 과도기적이든 반영구적이든 이질적인 시스템
의 존재를 인정한다는 것이다.

한 국가가 이질적인 시스템을 인정하는 대표적인 사례로 홍콩 특
별행정구를 들 수 있다.

홍콩 특별행정구

홍콩 특별행정구는 사회주의인 중국이 자본주의인 홍콩의 특수성을 인정하는 일국양제—國兩制 시스템의 대표적 사례이다.[57]

아편전쟁에서 패배해 홍콩을 영국에 넘겨주었던 중국은 1997년 7월 1일부로 홍콩에 대한 주권을 회복했다. 하지만, 사회주의 체제인 중국과는 달리 홍콩은 장기간 영국의 식민지로 있으면서 자본주의 시스템을 채택해 왔기 때문에 일거에 홍콩을 중국식 시스템으로 관리하는 것은 무리가 따를 수밖에 없었다. 중국은 이에 따라 홍콩의 기존 시스템을 2047년까지 50년 동안 유지시킨다고 발표했다. 사회주의 국가 안에 자본주의 구역을 인정하는 일국양제, 즉 한 국가 두 체제 실험에 나선 것이다.

중국이 홍콩의 시스템을 인정한다고 해서 홍콩이 국가로서의 모든 권리를 갖는 것은 아니다. '일국양제'에서 '양제兩制', 즉 두 시스템은 어디까지나 '일국—國', 즉 한 나라라는 것을 전제로 하는 것이기 때문이다. 홍콩은 여권발급권을 가지고 있고 경제, 무역, 금융, 체육 등의 분야에서 외국 정부나 국제기구와 협정을 체결할 수 있지만 외교와 국방에 관한 권한은 갖지 못한다. 홍콩에는 중국 중앙정부의 외교담당부서가 파견돼 있으며 중국 인민해방군 12,000명 정도가 주둔하고 있다. 특히 2020년 홍콩 국가보안법이 제정되면서 홍콩의 '일국양제'는 유명무실화돼 가고 있는 양상이다.

그러나, 홍콩은 상당한 자치권을 가지고 있다. 중국 중앙정부의 여러 제한 속에 있긴 하지만 입법, 행정의 권한을 독자적으로 행사한다.

홍콩 특별행정구의 최고책임자인 행정장관은 1,200명2018년 기준으

로 구성되는 선거인단을 통한 간접선거 방식으로 선출되며 중국 중앙
정부에 의해 임명된다. 각종 정책 결정과 법률 공포, 행정명령 발표뿐
아니라 법관을 임명하고 형벌을 사면·감경하는 권한, 입법부가 제출
한 법률안에 대한 거부권 행사 권한과 입법부 해산권 등을 보유하고
있다.

입법부의 역할을 하는 입법회는 2018년 기준 70석으로 구성돼 있
는데, 35석은 직능별 간선으로 35석은 지역별 직선으로 선출된다. 입
법회는 법률의 제정, 개정, 폐지와 예산안 심의, 행정장관 탄핵소추
의결 등의 권한을 갖고 있다. 사법부는 국방, 외교 등 국가행위와 관
련된 사건에 대해서는 관할권이 없다는 등의 한계가 있지만, 홍콩 법
원이 그 자체로 최종심을 내릴 수 있는 권한을 가지고 있다. 홍콩 국
가보안법 제정 이전에는 원칙적으로 중국의 사법질서가 홍콩 지역에
적용되지 않았다. 하지만, 국가보안법 제정으로 홍콩의 독자적 사법
권은 큰 의미를 갖지 못하게 됐다.

홍콩은 경제정책도 독자적으로 실행한다. 홍콩의 재정수입은 전부
특별행정구에서 사용하며 중국 중앙정부에 납부하지 않는다. 중앙정
부는 홍콩에서 세금을 징수하지 않는다. 홍콩은 자체적으로 화폐를
발행하고 금융정책을 실시한다. 홍콩달러의 발행 권리는 홍콩 특구
정부가 가진다.

홍콩이 이렇게 고도의 자치권을 행사하는 지역인 만큼, 중국인들
은 홍콩에 가려면 별도의 허가를 받아야 한다. 거주 목적으로 홍콩에
들어가는 것도 제한된다. 홍콩이 중국으로 편입은 됐지만 자유왕래가
이뤄지지는 않고 있는 것이다.

북한 특별행정구역(특구)의 성격

홍콩의 혼란스런 상황 때문에 특별행정구역특구 시스템에 대한 부정적인 인식이 있을 수도 있지만, 북한 지역을 특구로 지정하더라도 북한 특구의 개념은 홍콩 특구와는 사뭇 다르다. 우선 통일한국에서 형성되는 '북한 특별행정구역'은 일국양제 시스템이 아니다. 중국-홍콩 일국양제 시스템이 사회주의 국가 안에 자본주의 구역을 50년간 인정하며 상당 기간 동안 한 국가 두 체제 실험에 나선 것이라면, 통일한국의 북한 특구는 자본주의 국가 안에 사회주의 구역을 인정하는 것이 아니다. 북한 체제를 민주주의와 시장경제 시스템으로 전환하는 것을 목표로 하지만, 그 과정에 시간이 걸리는 만큼 한시적으로 북한 시스템을 남한 시스템과 분리하겠다는 것, 그 이상도 이하도 아니다. 북한 특구는 일국양제—國兩制가 아니라 일국일제—國—制를 지향하는 과정에서 나타나는 과도기적인 시스템일 뿐이다.

따라서 특별행정구역의 최고책임자인 '북한 특별행정구역 위원장'(가칭)의 권한도 홍콩 특구 행정장관과는 달라질 수밖에 없다. 북한 특구 위원장은 어디까지나 통일한국 정부의 지휘를 받아 남북한 통합작업과 북한 지역 개발을 담당하는 역할을 하는 것이면 충분하다. 북한 특구 위원장은 통일한국 정부가 임명하며 북한 지역에 독자적인 입법권이나 사법권이 부여될 필요도 없다.

또 이 기간에도 남북의 정치 체제는 통합적으로 운영된다. 앞서 살펴보았듯이 통일이 이뤄지는 단계에서 통일대통령과 통일의회가 구성되는 절차를 밟아야 하기 때문이다. 북한을 특별행정구역으로 지정하는 것은 남북한 의원들로 구성된 통일의회에서 결정되어야 할 사안이다. 한시적으로 남북한 지역이 다른 시스템으로 운영되지만 통일의 회에 북한 지역의 이해관계를 대변할 사람들이 있어야 의회에서 갈등이 소화되고 정치적 안정이 이뤄질 수 있는 측면도 있다.

다만, 통일 직후의 과도기적 상황에서 신속하게 북한 지역 안정화와 통합작업을 진행하려면 일반 행정관료에게 주어지는 권한 이상의 특례적 권한이 북한 특구 위원장에게 부여될 필요가 있다.

독일의 경우 통일 이후 서독의 연방법이 원칙적으로 동독 지역에 포괄적으로 효력을 가진다고 규정했다. 동독 법률의 효력을 한시적으로 인정하는 과도기적인 조치를 취하기도 했지만, 기본적으로 서독의 법률을 독일 전역에 일괄적으로 적용한 것이다. 급속히 통합이 이루어지고 양독 간의 인구 이동을 막을 수 없는 상황에서 한 국가 안에 두 개의 법체계가 존재할 수 없다는 점을 감안하면 불가피한 조치였다고 볼 수 있다.

하지만, 북한 지역을 특별행정구역으로 지정하면 독일과는 상황이 달라진다. 남북한 지역이 한시적으로 분리되는 만큼 북한 지역에 일괄적으로 남한의 법제도를 적용할 필요는 없는 것이다. 점진적인 변화를 통해 갑작스런 통일로 초래되는 혼란을 줄이자는 것이 북한 특구 설치의 취지이므로, 북한의 제도 변화는 북한 주민들이 적응해갈 수 있도록 점진적인 방식으로 진행해나가면 된다.

다만, 그렇더라도 남북한이 통합되면 북한 지역에서 시급히 바뀌어야 할 것들이 많이 있을 것이다. 인권보호 측면만 보더라도 수사기관의 자의적 구금이나 구타 고문 금지, 영장에 따른 기본권 제한 등은 민주주의, 법치주의를 기반으로 하는 통일한국 출범과 함께 즉각적으로 시행돼야 한다. 그런데, 이러한 조치들을 일일이 입법 조치를 통해 시행하고자 하면 많은 시간이 걸릴 수밖에 없다. 통일의회에서의 논의와 의결절차가 필요하기 때문이다.

따라서 통일의회에서 북한 지역에 적용될 법률들을 제정하거나 남한 법률의 확대적용을 의결할 때까지 북한 특구 위원장이 시급한 현안들에 대해 임시적 조치를 취할 수 있는 권한을 부여해야 할 것이다. 정식 법률이 확정될 때까지는 한시적으로 북한 특구 위원장의 명령이 법률적 효력을 갖도록 하는 특례 조치가 필요한 것이다. 물론 북한 특구 위원장은 이러한 권한을 독자적으로 행사하는 것이 아니라 중앙정부의 지휘 아래 여러 전문가 그룹의 자문을 받아 행사하도록 해야 할 것이다.

북한 특구의 화폐·금융정책

남북한 간에 한시적 분리가 이루어지면 남북한 화폐통합을 빨리 할 필요가 없다. 남북한이 일거에 합쳐지면 부작용이 있든 말든 남북한 화폐의 교환비율을 정해 화폐를 통합할 수밖에 없지만, 남북한 지역이 분리되면 무리수를 감수하면서까지 바로 화폐통합에 나설 필요가 없다. 남북한 지역에서 각각의 별도 화폐를 사용하면서 경제적 충격을 완화하는 가운데 화폐통합을 추진할 시간을 벌게 되는 것이다.

또, 남북한 지역의 화폐가 다르면 환율정책을 통해 북한 지역의 가격경쟁력을 높여줄 수도 있다. 북한 화폐의 가치를 절하시켜 남한 지역으로 유통되는 북한 상품의 가격을 더 싸게 만듦으로써 북한 상품의 가격경쟁력을 높여주는 것이다. 예를 들어 북한 화폐 2원과 남한 화폐 1원이 교환되도록 환율을 설정하면, 북한에서 200원 짜리 물건이 남한에서는 100원으로 유통됨으로써 북한 상품의 가격경쟁력이 생기게 된다. 북한 화폐의 가치를 절하시키면 북한 지역 노동자들의 임금도 상대적으로 더 싸지기 때문에 임금 경쟁력도 높아진다. 통합 초기 환율정책을 활용할 수 있다는 것은 북한 지역 경제를 활성화할 수 있는 중요한 수단을 확보하는 것이다. 하지만 한시적 분리 기간을 오래 가져갈 수 없다는 측면에서 보면, 환율정책은 통합 초기 북한 경제를 안정화시키고 활력 있게 만드는 방향에서 활용하고 점차 환율정책의 효과를 줄여나가야 한다.

통합 초기 두 개의 화폐를 사용하며 환율정책을 실시하더라도 남북한 완전 통합을 위해서는 결국 화폐 통합이 이뤄져야 한다. 이 때 화폐교환 비율을 어떻게 정할 것이냐가 중요한데, 한시적 분리기간 동안 적절한 화폐교환 비율을 찾아야 한다.

지금은 북한 화폐의 가치를 적절하게 평가하기 어렵기 때문에 남북한 화폐의 적절한 교환비율을 찾기 어렵다. 2019년 10월 기준으로 북한에서 시장환율(공식환율이 아님)은 지역에 따라 편차가 있지만 미화 1달러당 북한돈 8,000원 선이고 남한에서 환율은 미화 1달러당 남한돈 1,100원 선인데, 이 기준에 따르면 남한 화폐 대 북한 화폐의 교환비율은 1:8 정도로 하는 것이 바람직하다. 하지만 쌀 가격으로 따져보면 다른 결과가 나온다. 2019년 10월 기준 북한 쌀 가격은 역시 지역에 따라 편차가 있지만 1kg당 북한돈 5,000원 선이다. 20kg 기준으로 하면 북한돈 10만 원 선인 것이다. 반면 남한의 쌀 가격은 20kg 기준으로 남한돈 5만 원 안팎이다. 쌀 가격을 기준으로 하면 남한 화폐 대 북한 화폐의 교환비율은 1:2 정도가 맞는 것이다.

이런 화폐 교환비율을 생활비에 적용해 보면 또 다른 결과가 나온다. 대북단체들의 전언에 따르면, 2019년 10월 기준으로 북한 지방 도시의 4인 가족 한 달 생활비가 대략 북한돈 50~120만 원 정도 필요하다고 한다. 그렇다면 남북한 화폐 교환비율을 1:8로 적용하든 1:2로 적용하든 문제가 생긴다. 교환비율을 1:8로 적용하면 북한돈 50~120만 원은 남한돈 6만 2,500원~15만 원으로 교환되고, 교환비율 1:2를 적용하면 북한돈 50~120만 원은 남한돈 25만 원~60만 원으로 교환되는데, 어느 쪽이든 통일한국에서 이 정도의 돈으로 4인 가족이 한 달을 생활하기는 어렵다. 물론 통일 뒤 북한 지역의 물가가 남한 지역보다는 낮을 것이고 북한 지역의 노동자 임금도 급속히 상승하겠지만, 생활비 수준을 가지고 추산하면 1:8이나 1:2 교환비율을 북한 주민들이 수용하기는 어려울 것이다.

남북한 화폐 교환비율을 적절히 평가하기 어려운 것은 북한 화폐의 가치를 전반적으로 평가할 수 있는 자료가 마련돼 있지 않기 때문이다. 개별 상품의 가격이 아니라 대표적인 소비자가 구매하는 주요 상품과 서비스 조합의 가격을 지속적으로 관찰해서 남한 물가와 비교해야 적절한 화폐 교환비율을 산출할 수 있는데, 지금 상황에서는 이러한 자료가 마련돼 있지 않다.

따라서 남북한 화폐통합은 한시적 분리기간 동안 당국이 화폐 교환에 필요한 여러 자료들을 수집해 면밀히 분석하는 과정을 거친 뒤 이뤄져야 한다. 아마도 이런 자료 수집이 이뤄지는 동안 북한의 경제 개혁이 어느 정도 진행돼 시장경세가 전반적으로 안착돼야 할 것이다. 수요·공급에 의한 가격결정이 이뤄지고 물가도 안정을 찾는 등 북한 경제가 전반적으로 궤도에 올라야 남북한 화폐통합을 위한 의미 있는 자료들이 축적되게 될 것이다.

남북한 화폐통합을 하기 전 남북한 간 교역을 위한 화폐거래 시스템을 마련하는 것도 자료 축적에 도움이 될 수 있다. 남북한 화폐거래 시스템이 필요한 이유는 남북한 지역이 별도의 화폐를 사용하는 상황에서 두 화폐를 매개할 장치가 필요하기 때문이다. 개성공단의 경우 미국 달러로 임금 지급이 이뤄졌지만 남북이 통일되면 달러를 베이스로 교역을 할 필요는 없을 것이므로 별도의 거래 시스템이 있어야 한다.

이와 관련해 북한 지역의 물가가 안정화되기 전까지는 남북한 간 별도의 회계단위를 도입하는 방안을 검토해야 한다는 의견이 있다.[58] 남북한 화폐와는 별도로 남북한 간 거래대금 정산을 위한 별도의 회계단위를 도입하자는 것이다.

이는 경제 개혁에 들어간 북한에서 인플레이션이 심하게 발생할 가능성이 있어 남한 화폐와 북한 화폐를 직접 교환할 경우 남한 기업이 손해를 볼 수 있다는 우려 때문이다. 예를 들어 남한 기업이 북한 기업과 매매 계약을 체결했는데, 계약 당시 남북한 화폐의 교환비율이 남한 화폐 1원 대 북한 화폐 5원이었다고 하자. 계약 이후 실제 대금 지급은 6개월 뒤에 하기로 했는데 그 기간 동안 북한 지역의 인플레이션으로 북한 물가가 2배 올랐다고 하면 남한 기업이 북한 화폐 5원을 받아도 실제 받은 가치는 6개월 전 화폐가치 기준으로 2.5원 밖에 되지 않는다. 계약 당시에 비해 물가가 2배 오르면서 남한 기업은 그만큼 손해를 보게 되는 것이다.

남북한 간에 별도의 통합회계단위를 도입하면 이러한 우려를 해소할 수 있다. 편의상 통합회계단위를 '1unit'라고 명명하면 남북한 간의 거래는 다음과 같은 방식으로 이뤄진다. 남한 기업이 1unit당 북한 화폐가 10원일 때 계약을 체결하고 6개월 뒤 돈을 지급받기로 했는데, 6개월 뒤 북한 지역 인플레이션으로 물가가 두 배 올라 1unit당 북한 화폐가 20원이 됐다고 해도, 남한 기업은 어차피 1unit로 정산을 하게 되기 때문에 손해를 보지 않는다. 북한 지역의 물가 수준이 통합회계단위인 1unit에 실시간으로 반영되기 때문이다. 통합회계단위는 남북한의 대표적인 소비자가 구매하는 재화와 서비스로 구성해 수시로 업데이트해야 하며, 통합회계단위를 사용하게 되면 남북한 간 공동지급결제시스템 구축이 필요해진다.

　　북한 경제가 안정화되면 북한 원화와 1unit 간 교환비율이 안정화될 것이고, 이를 남한 원화 대 1unit 간 교환비율과 비교해 보면 남북한 화폐의 적정 교환비율이 산출될 것이다. 이후 새로운 화폐를 도입하든지 남한 원화를 단일화폐로 정해 북한 원화를 남한 원화로 교환해 줄 수 있을 것이다. 다만 통합회계단위를 통한 남북한 화폐 교환비율과 외환시장에서 형성되는 남북한 화폐 간 가치 비율의 차이 등 조정해야 할 문제들이 일부 있기는 하다. 통합회계단위로는 1unit당 남한 화폐 1원 대 북한 화폐 2원의 비율이었는데, 원-달러 외환시장에서 미화 1달러당 남한 화폐 1,000원 대 북한 화폐 1,500원의 비율이라면 이를 조정해야 하는 것이다.

　　화폐통합이 이뤄지기 전까지 북한 특구 지역에서 김일성 일가의 초상화와 우상화 선전물이 인쇄된 화폐를 그내로 사용할 것인가 하는 문제가 있다. 북한 화폐 가치에 대한 주민들의 신뢰도가 떨어진 상황인 만큼, 1차적으로 북한 특구 지역에서 화폐를 새로이 바꾸는 방안을 검토해야 한다.

한시적 분리기간 동안 북한 내 금융제도도 정비해야 한다.[59] 북한 내 금융시스템 정비에 있어 중요한 부분은 북한에 이원적 은행제도를 마련하는 것이다. 북한은 지금 중앙은행과 상업은행 기능이 분리돼 있지 않아 조선중앙은행이 모든 업무를 담당하고 있는데, 조선중앙은행이 남한의 한국은행처럼 중앙은행 기능만 담당하게 하고 일반 상업은행 업무는 다른 은행들이 담당하게 해야 한다. 중앙은행이 화폐발행과 통화정책 등만을 실행하게 해야 한다는 것이다. 북한의 중앙은행 역할을 하는 은행은 북한 지역에서 독자적인 통화정책을 수행하되, 북한 내에 이런 역할을 수행할 수 있는 전문인력이 없을 것인 만큼 한국은행의 지원을 받아야 할 것이다. 어차피 궁극적인 통합이 목적인 만큼 북한 지역 중앙은행은 독자적으로 설립하기보다 한국은행의 분원 형태로 운영하는 것이 바람직할 것이다.

북한 지역의 상업은행 설립은 남한이나 외국은행들이 북한 지역에 은행을 새로 만드는 방안과 남한이나 외국은행들이 북한 은행을 인수하는 방안 등이 있을 것인데, 조선중앙은행의 각 지점들을 인수해 상업은행화시키는 방안도 검토해 볼 만하다. 다만 북한의 기존 은행들을 인수할 경우 구체제의 유산인 부실채권이나 기업의 채무 문제를 해결해줘야 정상적인 영업이 가능해질 것이다. 정상적인 은행 영업을 위해서는 북한 은행과 기업의 재무제표를 남한 회계제도에 맞게 재정비해야 한다. 남한 회계제도에 맞게 대차대조표가 작성되어야 부실채권 규모 등도 정확하게 파악할 수 있다.

북한 지역 개발을 위해서는 개발금융과 중소기업금융을 담당하는 금융기관의 설립도 필요하다. 북한지역 경제개발을 목적으로 하는 '북한개발은행'(가칭)을 만들어 전력, 항만, 철도, 도로, 통신 등 사회간접자본 투자와 광업, 제철 등 일부 대형투자사업에 대한 자금공급을 지원하도록 해야 한다. '북한개발은행'은 남한 개발금융기관의 자금지원을 받아야 할 것인 만큼, 남한 개발금융기관예, 한국산업은행의 북한 지역 자회사 또는 지점 형태로 만드는 것이 좋을 것이다.

금융시장 운영과 관련해서는 북한 지역에 별도의 증권거래소를 설립하는 것보다 남한 지역 시스템을 이용하는 것이 바람직해 보인다. 북한 기업들을 상장할 필요가 있다면 남한에 있는 증권거래소에 직접 상장하면 되는 것이다. 금융감독체계도 남한 기관의 자회사나 지점 형태로 만들고 예금자보호제도도 마련해야 한다. 예금자보호 대상과 기준은 기본적으로 남한과 유사하게 적용하되 초기에는 은행제도를 활성화하기 위해 유인책이 필요하므로 남한보다 상대적으로 금리를 높이고 예금보호 수준도 높일 필요가 있다.

북한 특구의 사회복지제도

앞서 살펴본 것처럼 통일과 함께 남한의 사회복지제도를 북한 지역에 그대로 적용하는 것은 무리가 있다. 통일정부가 감당할 능력을 벗어날 가능성이 높기 때문이다. 따라서 일정한 여건이 마련될 때까지 남북한 지역 간에 사회복지제도의 차등적 적용은 불가피해 보인다. 일단 북한 지역의 수준에 맞는 사회복지제도를 마련한 뒤 이를 점차 확대해나가면서 남한 제도와의 통합을 모색하는 것이다. 남북한 간의 차등적 제도 적용이 가능하도록 통일헌법에도 근거조항을 마련할 필요가 있고 필요하다면 특별법 같은 것을 제정할 수도 있을 것이다.[60]

북한 지역에 별도의 사회복지제도를 마련한다고 할 때 어떤 복지제도를 우선 도입할 것인가?

북한과 같은 저개발지역에서 최우선 복지는 일자리를 마련해 줘 스스로 벌어먹고 살 수 있게 하는 것이다. 일자리를 통해 일정 규모의 임금을 받게 하고 본인과 가족의 생계를 책임지게 하는 것이 가장 기본적이고도 최우선적인 복지다.

일자리가 없거나 기타 다른 재산도 없어 생계를 유지하기 어려운 계층에게는 국가가 기초생활을 보장해줘야 한다. 가난한 실업자나 노인, 장애인, 주부양자를 잃은 여성과 아동 등에게는 다른 사회안전장치가 부족한 만큼 국가가 적극적으로 기초생계를 책임져야 한다.

국가가 기초 생계를 책임져야 할 긴급구호는 일단 식량과 생필품을 공급하는 현물구호 방식이 될 수밖에 없을 듯하다. 북한에도 자본주의 체제가 들어서는 만큼 현물 배급이 아니라 궁극적으로 현금을 지원하는 형태로 가야 하겠지만 초기에는 현물구호가 불가피한 면이 있다. 김일성 일가 얼굴이나 사적지가 그려져 있는 북한 화폐는 교체돼야 할 뿐 아니라 화폐가치도 제대로 인정받지 못하고 있는데, 북한 지역 화폐가 교환되고 가치가 안정될 때까지는 어느 정도 시간이 걸릴 것이기 때문이다.

식량이나 기초 생필품을 지급하는 현물구호는 새로운 행정망이 마련되기 전까지는 인민위원회 같은 북한의 기존 행정조직을 활용할 수밖에 없을 것이다. 초기에는 북한의 기존 행정조직의 도움을 받아 현물구호를 광범위하게 실시하되 새로운 행정 시스템 마련과 체계적인 실사를 통해 긴급구호가 필요한 대상자들을 선별해야 할 것이다. 생활능력이 되는 사람들에게까지 식량이나 생필품을 지원할 필요는 없기 때문이다.

북한 지역 화폐가 안정화되면 기초생활수급 개념의 현금구호가 시작될 수 있는 여건이 마련된다. 다만 현금구호가 실현되기 위해서는 제대로 된 행정망이 갖춰져야 한다. 행정망이 갖춰져 소득수준과 재산상황, 가족관계 등 기초자료가 파악 가능해야 기초생활수급제도의 실현이 가능하다. 남한식의 체계적인 사회복지제도가 갖춰지려면 시간이 걸릴 수밖에 없는 것이다.

일자리를 구할 수 있는 사람에게는 임금을 통해, 일자리를 구하기 어려운 빈민 계층에게는 국가가 구호제도를 통해 기본적인 사회복지 시스템을 마련한다고 해도 추가적으로 마련해야 할 사회복지제도가 있다. 이른바 4대보험에 기반해 살펴보자.

4대보험은 건강보험과 국민연금, 고용보험, 산재보험을 말한다. 장기적으로 4대보험 체계가 모두 마련되어야 하지만 이 가운데 시급한 것은 건강보험과 산재보험이다. 국민연금과 고용보험은 빈민계층에 대한 구호 차원으로 급한 대로 갈음할 수 있지만, 아플 때 높은 의료비 부담 없이 치료를 받을 수 있게 하는 건강보험과 일을 하다 다치면 치료를 받을 수 있게 하는 산재보험은 시급히 마련되어야 할 제도이다.

산재보험은 남한의 경우 전액 사업주 부담 원칙하에 시행되고 있는데 북한에서도 같은 방식으로 실시되어야 할 것으로 보인다. 북한 지역에 새로운 기업 시스템이 자리 잡는 것과 동시에 산재보험은 우선적으로 실시되어야 한다.

다음으로 건강보험에 대해 살펴보자.

건강의 중요성은 물론 두말할 필요가 없다. 건강은 개인적으로 볼 때 생활을 영위하는 가장 기초적인 조건이 되지만, 사회적으로 볼 때도 인적자본의 질을 유지시켜 경제적 성과를 성취할 수 있는 기본조건이 된다. 건강유지를 위한 지출은 사회 전체적으로 볼 때 단순한 소비가 아니라 투자의 성격도 가지는 것이다. 또, 사회 전체적으로 사람들의 건강이 유지되면 아파서 생활능력이 없어진 사람에 대한 공적부조의 필요성이 줄어듦으로 사회복지재정을 건전화하는 효과도 가지게 된다. 사회 전반의 건강 유지를 위해 국가가 시스템을 만들고 지원할 필요가 있는 것이다.

북한에 건강보험제도를 마련하려면 보험료 부과 등 재원조달 시스템을 마련하는 것도 중요하지만 일단 병원이 어느 정도 제대로 돌아가야 한다. 병원에 약이 없고 진료가 제대로 안 돼 치료를 받을 수 없는 상황이라면 병원비 부담을 줄이기 위해 건강보험에 가입한다는 것이 의미가 없기 때문이다. 그렇기 때문에 북한 내에 기본적인 의료체계가 갖춰진 뒤에라야 건강보험 도입을 논의하는 것이 의미가 있다.

북한 내 건강보험 도입은 남한에서 건강보험 도입이 그러했듯이 일정 규모 이상의 직장에서 개인과 직장이 보험료를 반반씩 부담하는 형태로 시작할 수밖에 없다. 건강보험 도입 범위는 대규모 직장에서 중소규모 직장, 나아가 자영업자 등 전 국민으로 점차 확대해나가야 하고, 급여항목도 처음에는 일부 필수적인 부분부터 시작해 점차 적용 항목을 늘려나가야 할 것이다.

앞서 살펴본 대로 통일이 되면 북한 주민 대다수는 건강보험보다는 공적부조 제도인 의료급여 지급 대상자가 될 가능성이 높다. 따라서 안정된 직장을 만들어 건강보험 가입 대상자를 늘리는 것이 국가가 재정으로 부담해야 하는 의료급여 비중을 줄이는 방안이 될 수 있다. 북한 노동자들이 일부 가입한 건강보험의 경우에도 보험료 징수만으로는 재원이 부족할 수 있으므로 정부 차원의 지원이 어느 정도 필요할 것이다. 지금 남한의 건강보험 재정에도 일정 부분 국고지원이 이뤄지고 있다.

북한 의료 시스템이 많이 붕괴되었다고 하나 북한 지역의 긍정적 의료 제도는 활용해 보는 것도 생각해 볼 만하다. 대표적인 것이 의사담당구역제이다. 북한에서는 의사담당구역제라 하여 의사가 일정 구역의 주민들을 담당해 보건의료를 책임지도록 하고 있는데, 이러한 공공의료 제도를 잘 활용한다면 의료보장 시스템이 정비되기 어려운 초기에 북한 주민들의 건강관리에 큰 도움이 될 수 있을 것이다. 남한식의 의료제도를 도입하면서도 북한의 기존 의사들이 시행하던 의사담당구역제는 그대로 살려나가는 방안을 고려해 볼 만하다.

정부가 북한 지역의 사회복지제도를 위해 노력하더라도 여전히 많은 부분이 부족할 것인 만큼, 북한 지역에 진출하는 기업들이 근로자들에게 사회복지시스템을 제공하게 하도록 유도할 필요가 있다. 근로자들을 위한 기숙사나 기업부설 병원, 부설 탁아소, 유치원 등을 마련하고, 퇴직금을 지급해 근로자들의 노후보장 대책을 마련해 주는 등 사회복지 서비스 제공 여부에 따라 법인세 감면 혜택 등을 부여해 기업의 역할을 늘릴 필요가 있다.

특별행정구역 종료의 적절한 시기는

즉각적 완전통합의 부작용을 줄이기 위해 하드랜딩 속 소프트랜딩 통합, 즉 한시적 분리 체제를 선택한다고 할 때 이러한 분리 체제는 언제쯤 해소돼야 하는가? 한시적 분리 체제에서 완전통합으로 이행할 적정한 시기가 언제인가 하는 것에 대해 논의해 볼 필요가 있다.

경제적으로 보면 남북 간 소득격차가 감내할 수 있는 수준까지 축소된 다음 남북한 경제를 통합하는 것이 충격이 적을 것이다. 남북 간 소득격차가 현격한 상황에서 경제를 통합하면 북한 인구의 대규모 남한 이동이 일어날 가능성이 높은 만큼, 이런 현상이 일어나지 않을 정도로 소득격차가 줄어든 다음에 남북한 경제를 통합하는 것이 경제에 주는 충격이 적을 것이다. 남한 내에도 지역별로 소득격차가 존재하지만 지역 간 대규모 인구이동이 발생하지 않는 것은 지역별 소득격차가 감내할 수준이라는 것을 의미한다.

통일 뒤 북한 경제는 남한 경제보다 빨리 성장할 것인 만큼 시간이 지날수록 남북 간 소득격차는 줄어들 것이다. 따라서 이러한 소득격차가 감내할 수 있는 수준까지 줄어들었을 때 남북한 경제를 통합하는 것이 적정해 보인다. 그렇다면 감내할 수 있는 소득격차는 어느 정도의 수준을 말하는가?

여기에 대해서는 남한 지역 내의 소득격차 수준을 살펴보는 것이 하나의 참고가 될 듯하다.[61] 남한 내에도 지역 간 소득격차가 존재하지만 이것이 경제에 큰 충격을 주지는 않고 있기 때문이다.

〈표 3〉은 통계청이 2017년 기준으로 작성한 1인당 지역 내 총생산과 1인당 지역 총소득 집계표이다. '지역 내 총생산'이란 쉽게 말해 지역별 국내총생산GDP과 같은 개념으로 특정 지역에서 창출한 재화와 서비스 등 최종생산물의 가치를 평가한 것이다. 1인당 지역 내 총생산은 이를 지역 인구수로 나눈 것이다. '지역 총소득'은 지역 주민들이 생산한 최종생산물의 합계로, 지역 내 총생산에서 외부인이 지역에서 창출한 소득은 빼고 지역 주민들이 외부에서 창출한 소득은 더하는 방식으로 얻어진다. 1인당 지역 총소득은 이를 지역 인구수로 나눈 것이다.

〈표 3〉 한국의 1인당 지역 내 총생산, 1인당 지역 총소득

(2017년, 단위: 천 원, 자료: 통계청)

1인당 지역 내 총생산			1인당 지역 총소득		
지역	총생산액	비율	지역	총소득액	비율
1 울산	64,410	1	1 울산	50,328	1
2 충남	51,491	0.80	2 서울	43,655	0.87
3 전남	39,658	0.62	3 충남	39,913	0.79
4 경북	38,406	0.60	4 경기	33,868	0.67
5 서울	38,062	0.59	5 전남	32,879	0.65
6 충북	38,034	0.59	6 경북	32,177	0.64
7 경남	32,479	0.50	7 충북	30,926	0.61
8 경기	32,347	0.50	8 제주	29,218	0.58
9 인천	28,757	0.45	9 경남	29,018	0.58
10 강원	28,703	0.45	10 인천	28,928	0.57
11 제주	28,420	0.44	11 대전	27,826	0.55
12 전북	26,569	0.41	12 부산	27,199	0.54
13 대전	24,361	0.38	13 광주	26,375	0.52
14 부산	24,293	0.38	14 강원	25,671	0.51
15 광주	23,565	0.37	15 대구	24,680	0.49
16 대구	20,605	0.32	16 전북	24,550	0.49
전국	33,657	0.52	전국	33,659	0.67

〈표 3〉을 보면 1인당 지역 내 총생산의 경우 16개 광역자치단체 가운데 가장 빈곤한 지역인 대구의 1인당 지역 내 총생산은 가장 부유한 울산의 1인당 지역 내 총생산의 32%에 불과하다. 1인당 지역 내 총생산이 3배 이상 차이가 나는 것이다. 대구와 울산은 지리적으로 그리 멀지 않은데, 이러한 소득격차 때문에 지역사회가 유지되지 못할 정도의 대규모 인구이동이 일어나고 있지는 않다. 다른 지역도 마찬가지다. 울산에서 대구보다 더 가까운 부산도 울산의 38%에 불과하고, 16개 광역자치단체 가운데 경남(7위) 이하의 10개 지역이 울산의 1인당 지역 내 총생산의 반 이하지만 나름의 지역사회를 유지하고 있다.

1인당 지역 총소득으로 보더라도 가장 빈곤한 지역인 대구(15위), 전북(16위)의 1인당 지역 총소득은 가장 부유한 울산의 49%에 불과하다. 울산과 가까운 부산도 울산의 54% 수준이다. 그럼에도 불구하고 이 지역들에서 지역사회 유지가 불가능할 정도의 대규모 인구이동이 일어나지는 않고 있다. 이 같은 상황을 보면 북한의 1인당 지역 내 총생산이나 지역 총소득이 남한의 30~40% 수준, 혹은 그에 좀 더 못미치는 수준에 도달했을 때 남북한 경제를 통합해도 큰 무리가 없을 것이라는 추론이 가능해진다.

경제학에서 자국편의Home Bias라는 개념이 있는데, 이는 외국에서 돈을 벌 수 있는 투자기회가 많아도 대부분의 투자자들이 자신에게 친밀한 환경이 있는 자국에서 투자하려고 한다는 것이다. 자신이 친밀하게 느끼는 곳에서 웬만하면 벗어나지 않으려는 인간의 속성과 관련된 것인데, 지역 사회에서 어느 정도 먹고 살 수 있는 환경만 마련되면 고향을 떠나 타지로 떠나는 사람들이 그리 많지는 않을 것이라고 추정해 볼 수 있다. 다시 말해, 한시적 분리 체제에서 북한 사회를 안정화시키고 북한 지역의 경제발전을 어느 정도 궤도 위에만 올려놓으면, 남북한 간의 소득 격차가 존재한다고 할지라도 완전통합으로 가는 데 있어 큰 지장이 초래되지는 않을 것이다.

특별행정구역 종료를 위한 정치적 압력 증대

경제적 측면에서 볼 때 완전통합의 적정한 시기가 언제쯤일지 살펴봤지만 완전통합을 향한 정치적 압력은 경제적 측면과는 별개로 거세질 가능성이 높다. 한시적 분리 체제에서도 정치 부문의 통합은 이뤄져 통일의회에 북한 지역 출신 의원들이 진출해 있을 것이기 때문이다. 북한 지역 출신 의원들은 북한 지역의 이해를 중점적으로 대변할 것이므로 의회 내에서 남북한 간의 차별적 시스템을 빨리 해소할 것을 주장할 것이다.

주기적으로 치러지는 대통령 선거나 국회의원 선거에서도 완전통합의 시기가 선거의 주요 쟁점이 될 것이다. 완전통합의 시기를 놓고 정당들이 경쟁을 계속하다 보면 한시적 분리 체제는 정치적 속성상 그리 오래가기 힘들다.

결국, 정치적 압력이 경제적 현실을 뛰어넘어 작동할 가능성이 높은데, 예상보다 빠른 완전통합이 이뤄지더라도 남북한 주민 모두 새로운 체제에 적응하는 데는 큰 무리가 없을 것으로 보인다. 한시적 분리 체제란 완전통합에 따른 경제, 사회적 부담을 완화시킨다는 측면도 있지만, 남북 양측에 통일로 인해 당장 큰 혼란이 초래되지는 않을 것이라는 정서적 안도감을 주는 측면이 사실 더 중요하기 때문이다.

특별행정구역 종료와 지방자치제

특별행정구역 체제가 종료될 때 중요한 정치 쟁점 중의 하나는 북한에도 남한과 같은 지방자치제를 전면적으로 도입할 것인가 하는 문제가 될 것이다. 지방자치제 도입이 쟁점이 될 수밖에 없는 이유는 특별행정구역 체제가 종료될 무렵 북한 지역이 지방자치의 역량을 가지고 있을 것이냐의 문제도 있지만, 북한 지역 개발이 여전히 필요한 상황에서 지방자치제가 자원의 낭비를 초래할 가능성이 있기 때문이다.

독일의 사례를 살펴보자.

독일의 경우 서독의 연방 체제에 동독이 편입되면서 통일 직후부터 구동독의 신생주들은 자치를 실행했다. 이에 따라 철도와 도로 건설을 제외하고는 연방정부로부터 막대한 통일비용이 동독 지역의 신생주들에게 주어졌는데, 이렇게 지원된 막대한 돈은 동독 지역 재건을 위해 적절하게 쓰이지 않았다. 동독의 신생주들은 지원받은 돈의 상당 부분을 놀이동산 조성이나 수영장, 승마장, 스포츠 시설 건립 등에 사용했다. 주민들의 편익을 위한 것이라고는 하지만 산업 재건이 시급한 동독으로서는 적절한 예산 집행이라고 볼 수 없었다. 또 신생주들의 방만 경영으로 인구 밀집 지역이 아닌 곳에 공항이 건설되거나 축구장이 세워지는 등의 낭비성 투자도 이뤄졌다.

연방정부가 1991년부터 2006년까지 통일비용으로 대략 1조 5,000억 유로를 구동독 지역에 지원했고, 이 기간 동안 구동독 지역의 신생주가 연방정부에 지불한 세수가 3,750억 유로이므로, 통일비용으로 구동독 지역에 순지원된 돈은 대략 1조 1,250억 유로로 추산할 수 있는데, 이러한 통일비용이 어떻게 쓰였는지에 대한 조사는 통일된 지 13년이 지난 2003년에서야 이뤄졌다. 막대한 돈을 구동독 지역의 자치정부에 지원하면서도 통일비용 사용 내역과 실효성에 대한 검증은 미비했던 것이다.

개별 주나 지방자치단체는 선거에 의해 리더가 정해지는 만큼 돈이 주어지면 주민들의 인기에 영합하는 부문에 돈을 쓰려는 속성을 가지게 된다. 국가 전체적인 개발보다는 당장 주민들의 편익에 도움을 주는 분야에 돈을 쓰려 하는 것이다. 물론 지역 주민들의 편익도 중요하지만 통합 초기 북한 지역 발전을 위해서는 거시적 차원의 경제 개발이 필수적인 만큼, 북한 지역 경제가 어느 정도 궤도에 오르기 전까지는 통일비용이 지역 개발에 집중 투자되도록 할 필요가 있다. 지방정부보다는 중앙정부가 예산집행권을 갖고 투자의 우선순위를 정하게 할 필요가 있는 것이다.

북한 지역에 지원되는 통일비용이 스포츠시설이나 유흥시설 등 비생산적인 부문에 주로 투자된다면 통일로 인해 세금 부담이 높아질 남한 주민들의 반발도 터져 나올 수 있다. 이런 측면을 감안한다면 특구 체제가 종료될 때 북한에 전면적인 지방자치제를 도입할 것인지에 대해서는 냉정한 판단이 필요해 보인다.

3

어떤 통일한국을
만들 것인가

북한 주민들이 스스로 체제를 선택한 것은 아니지만 그들에게 북한 체제는 세상의 모든 것이다. 북한 체제에서 태어나 그 사회에서 살아남기 위해 김일성 일가에게 충성을 다한 것이 죄가 될 수는 없다. 누구라도 그 사회에서 태어났다면 선택의 여지가 없었을 것이다. 분단 70년이 지나 그러한 시스템이 북한 주민들 사이에 뿌리내린 상황에서 통일이 됐다고 해서 그들이 이뤄왔던 모든 것을 부정할 수는 없다. 새로운 자유민주주의와 시장경제에 맞춰 북한 주민들의 삶을 변화시키되 그 변화는 '컷'이 아니라 '디졸브'처럼 점진적인 변화의 과정이 되어야 한다.

1

7번이나 변한 강산,
옛 모습은 사라졌다

분단 70년의 실체를 인정해야

해방 이후 남한은 자본주의를 북한은 사회주의 시스템을 채택했다.
그러나 분단 이후 70년이 지난 지금의 북한 체제는 사회주의라고 보
기도 힘들다. 김일성 일가의 세습 독재 체제라는 속성을 언급하지 않
는 한 북한 체제를 제대로 설명하기 힘들기 때문이다. 북한 체제를 어
떻게 이해할 것이냐에 대해 학자들마다 편차가 있긴 하지만, 전체주
의독재와 술탄주의왕조체제의 조합으로 북한 체제를 이해하는 데 큰 무
리는 없어 보인다. 쉬운 말로 하자면 김일성 일가의 왕조적 독재 체제
가 계속되고 있는 것이다.

북한 체제가 처음부터 그랬던 것은 아니었다. 해방 이후 김일성 일
파가 경쟁 파벌을 물리치고 권력을 잡긴 하지만, 초기에는 경쟁 세력
들의 조직적 저항이 가능한 정치적 공간이 있었고, 조선조이 실학이
나 이순신 장군과 같은 영웅 들이 평가받을 수 있는 사회적 공간도 존

재하고 있었다. 이러한 공간들은 1967년 노동당 제4기 제15차 전원회의를 계기로 완전히 사그라들게 됐다는 것이 학자들의 대체적인 연구결과인데, 이 시기 이후 북한은 김일성의 사상이 아니면 '보지도 듣지도 말하지도 말라'는 독특하고 폐쇄적인 사회로 변해갔다. 김일성의 사상을 절대화해 후계권력을 확보하려는 김정일의 야심이 작용한 결과였다.

이 같은 북한 사회에서 태어난 사람들은 원하든 원하지 않든 이러한 사회 시스템에 적응해야 했다. 김일성 왕조 체제에 저항할 경우 목숨을 담보할 수 없다는 절박한 이유도 있었지만, 세상에 태어나 꿈을 펼치고 멋진 인생을 살아보고 싶다는 인간의 기본적 욕구나, 내 자식이 사회에서 출세해 잘 살았으면 좋겠다는 부모의 평범한 바람 또한 무시할 수 없는 것이었다. 북한 체제에서 태어나고 자란 그들에게 북한 체제는 세상의 모든 것이었다.

소학교와 중학교에 들어가 소년단과 청년동맹에 입단하고, 북한이 김일성의 항일투쟁 근거지였다고 선전하는 백두산을 답사하며, 중요 교과목으로 편성돼 있는 김일성 일가의 우상화 교재를 충실히 공부하는 것은 그들이 북한 사회에서 꿈을 펼치기 위한 기본 요소였다. 출세하기 위해서는 노동당에 입당하는 것이 필요했고, 당에 대한 충실성을 인정받아 당중앙위원회에서 일하게 된다면 그것은 이들에게 가문의 영광이었다. 김일성 일가를 위해 충실히 일하고 그에 대한 인정을 받는 것이 이들의 인생을 보장하는 보증수표였던 것이다.

따라서 북한 체제에서 태어나 그 사회에서 출세하기 위해, 혹은 살아남기 위해 김일성 일가에게 충성을 다한 것이 죄가 될 수는 없다.

누구라도 그 사회에서 태어났다면 선택의 여지가 없었을 것이기 때문이다. 더구나 분단 70년이 지나 그러한 시스템이 북한 주민들 사이에 뿌리내린 상황에서, 통일이 돼 왕조적 전체주의 시스템이 사라진다고 해서 그들이 이뤄왔던 모든 것을 부정할 수는 없다. 2,500만 북한 주민들에게 북한 체제는 그들의 삶을 규정해 온 거의 모든 것이기 때문이다.

몰수재산 처리는 어떻게

북한 지역이 자본주의 체제로 편입되게 되면 반드시 거쳐야 하는 과제 중의 하나가 사유화이다. 사유재산을 인정하지 않는 사회주의 체제에서 사유재산을 인정하는 자본주의 체제로의 전환이 이뤄지기 때문이다. 이때 쟁점이 되는 중요한 문제 중 하나가 사회주의 설립 초기 국가에 의해 몰수된 재산을 어떻게 처리할 것인가 하는 점이다.[62] 산림이나 항만처럼 애초부터 누구의 소유도 아니었던 일반적 국유재산도 있지만, 원래 개인소유였던 재산이 국가에 의해 강제로 몰수된 경우라면 이 재산을 어떻게 처리할 것인지가 문제가 된다. 해방 후 북한 정권이 무상몰수 방식으로 국유화한 토지가 대표적인 예이다.

이렇게 원래 개인소유였다가 국가에 의해 몰수된 재산은 원소유자의 권리를 인정할 것인지, 아니면 현재 그 재산을 점유하고 있는 사람의 권리를 존중할 것인지의 문제가 생기게 된다. 원소유자의 권리를 인정한다면 재산을 원소유자에게 반환하거나 보상이 이뤄져야 할 것이고, 원소유자의 권리를 인정하지 않는다면 그럴 필요가 없게 된다. 이 문제가 정리되지 않으면 원소유자가 재산 소유권과 관련해 법적 분쟁을 제기할 수 있고 점유자도 불안한 상태에 놓이게 되며, 재산에 대한 법적 분쟁이 계속될 경우 새로운 국토개발에도 막대한 지장을 초래하게 된다.

분단 70년이 넘어가는 상황에서 북한 지역의 소유권을 되찾아오겠다는 사람이 많지는 않겠지만, 북한 지역에서 월남한 사람 가운데는 아직도 당시의 집문서, 땅문서를 보관하며 재산을 되찾겠다고 생각하는 분들이 있다. 6.25전쟁 당시 피난민 가운데 8~9%가 북한 토지관련 문서를 가지고 남하했다는 관측이 있고, 한때 그 토지문서를 남한에서 매매까지 했다는 얘기도 있다. 법적으로 보더라도 북한 정권의 재산 몰수 행위가 반국가단체의 불법적 몰수인 만큼 몰수된 재산을 원상회복시켜주는 것이 법치국가의 의무라는 견해가 일부 존재한다.

동구 사회주의권 국가들의 경우는

러시아와 동구 사회주의권도 체제 전환 당시 사유화를 어떤 원칙 하에 진행할 것인지를 놓고 고심했다. 크게 분류하면 러시아는 원소유자에 대한 반환이나 보상을 아예 불허했고, 헝가리는 반환 대신 보상을 하도록 하는 원칙을 채택했으며, 독일을 비롯한 다른 동구권 국가들은 대체로 원소유자에게 재산을 반환하는 정책을 채택했다.

러시아가 원소유자에 대한 반환이나 보상을 불허한 것은 1917년 볼셰비키 혁명 이후 이미 70년 이상이나 토지에 대한 국가소유권이 확립돼 왔고, 과거에 등기 제도가 존재하지 않아 현실적으로 원소유자를 파악하기 어렵다는 점이 고려됐다. 혁명 당시 토지를 몰수당한 사람들이 대체로 지주들이고, 농민들이 토지를 사적으로 소유한 전통도 미약하다는 점에서 원소유자 반환이 의미가 없다고 본 것이다.

헝가리의 경우 원소유자 반환 대신 보상의 원칙을 채택했다. 소유권 반환 문제가 사유화 추진에 장애가 되는 것을 막기 위해 몰수재산에 상응하는 금액을 보상하기로 한 것이다. 헝가리는 몰수재산에 대해 보상증서를 발급하고, 보상증서는 전매하거나 토지나 주택 구입에 사용할 수 있도록 했다. 또, 원소유자에게는 자신의 옛 재산에 대한 경매에 참가할 경우 다른 사람보다 먼저 해당 재산을 매입할 수 있는 권리가 주어졌다.

러시아와 헝가리를 제외한 다른 동구권 국가들은 대체로 원소유자에게 옛 재산을 반환하는 정책을 채택했다. 사회주의 성립 이후 비교적 짧은 기간인 40여 년 만에 체제 전환이 이뤄지면서 재산을 빼앗긴 사람들이 대부분 그대로 생존해 있고, 이들이 재산 반환을 강하게 요구한다는 점이 고려됐을 것이다.

독일이 몰수된 재산을 원소유자에게 반환하는 원칙을 채택한 것은 과거 동독 정부가 사유재산권을 몰수한 행위를 불법행위로 보았기 때문이다. 또, 동독이 분단 이전의 소유관계를 규정하는 토지대장을 폐기하지 않았을 뿐 아니라 등기 제도도 큰 변화 없이 유지되고 있었다는 점, 동독의 농업집단화가 소유권을 박탈하지 않은 채 출자 형식으로 이뤄졌다는 점, 나치에 의해 몰수됐던 유대인들의 원래 재산을 원주인에게 돌려주도록 하는 미국의 요구 등도 원소유자 반환의 배경이 됐다.

체코의 경우도 원소유자 반환 원칙을 채택했다.

몰수재산 반환은 가능하지 않다

북한 정권이 몰수한 재산을 원소유자에게 돌려주는 것은 쉽지 않을뿐더러 많은 문제점들이 존재한다.

먼저 원론적으로 생각해 볼 문제는 북한 정권에 땅을 빼앗긴 사람들에게 땅을 반환하는 것이 과연 정당하냐는 것이다. 현실적으로 가능한지의 여부를 떠나 정의의 관점에서 볼 때 북한 정권으로부터 강제로 몰수된 땅을 원주인에게 찾아주는 것이 올바른가 하는 문제가 있다. 법적으로 볼 때, 북한 정권의 불법적인 몰수 행위를 원상회복시키는 것이 법치국가의 의무라는 견해가 있는 반면, 북한의 국가성을 인정할 경우 북한 정권의 과거 조치는 적법한 것으로 평가할 수 있다는 견해도 존재한다.

몰수 재산의 원소유자 반환 문제는 이런 법적인 차원을 떠나 정치경제적 차원의 고려도 필요해 보인다.

정치적인 측면에서 볼 때 원소유자 반환은 북한 주민들의 70년간의 삶을 부정하는 의미를 가진다. 남북 분단이 70년이 넘어 북한 주민들 나름대로 삶을 꾸려온 지가 오래됐는데, 이제 와서 남한 사람들이 북한 지역의 땅을 다시 찾겠다는 것은 북한 주민들의 그동안의 삶을 부정하는 것이다. 북한 사람들이 어떤 맥락하에 살아왔던 그들이 살아온 삶의 이력이 있는데, 이를 부정하고 70년 전의 잣대를 들이대겠다는 것은 북한 주민들에게 엄청난 거부감을 줄 수 있는 행동이다. 자유민주주의 체제로 통일이 돼 남한 체제가 북한에 이식되게 되면 그렇지 않아도 북한 주민들은 피동적인 위치에 놓이게 될 텐데, 남한 사람들의 소유권 주장은 북한이 식민지로 전락했다는 느낌을 줘 통일

과정에서 북한 주민들의 불필요한 반발을 초래할 가능성이 높다. 또, 70년이 넘는 기간 동안 북한이 한반도에서 또 하나의 정치적 실체로 엄연히 존재해 왔고 우리 정부도 북한을 상대로 여러 정치적 행위를 해 왔던 만큼, 북한이 한 행동들을 모두 불법으로 규정하고 무효화시키는 것이 반드시 타당하다고는 볼 수 없을 것이다.

경제적 측면에서 보더라도 남한 사람들에게 북한 지역의 옛 땅을 반환하는 것은 좋지 않다. 통일 이후 중요한 문제 가운데 하나는 낙후된 북한 지역을 어떻게 재건하느냐가 될 것이다. 재건작업이 이뤄지기 위해서는 정부든 기업이든 재건작업을 담당할 주체들이 북한 지역으로 신속히 들어가 현지실사와 건설 등의 작업을 진행해야 할 텐데, 해당 지역의 소유권 문제가 명확치 않으면 작업을 진행할 수가 없다. 남한 사람들이 옛 땅을 찾겠다고 들어가 현지 주민들과 소유권 분쟁이 생기는 상황이 생기면 그 지역에 대한 재건 작업이 제대로 진행될 수 없다.

독일은 통일 이후 원소유자 반환 원칙에 따라 구동독 정권이 몰수한 재산을 원소유자에게 돌려주는 정책을 택했는데, 이로 인한 토지소유 관련 분쟁으로 무려 223만 건의 부동산 반환소송이 제기됐다. 소송에 엄청난 사회적 에너지가 소비됐음은 물론 토지소유 관계가 장기간 미해결된 상태로 가면서 토지활용과 도시개발 등 전후 동독 재건에 막대한 악영향을 끼치게 됐다. 결국 독일 정부는 일자리 확보나 창출, 주거공간 확충이나 투자 등에 필요할 경우 재산권에 일정한 제약을 가하고 투자를 우선하도록 하는 '투자우선법'재산권 반환청구 시 투자우선순위에 대한 법, 1992년을 제정해야만 했다. 체코의 경우도 원소유자로의 재산 반환 원칙을 채택했는데, 소유권 분쟁이 급증하면서 지역 개발과 투자 유치를 지연시키는 부작용을 초래했다.

북한 재산의 원소유자 반환이 어려운 또 다른 이유는 북한 내 소유권 확인이 어렵다는 점에 있다. 북한은 1946년 토지개혁을 추진하면서 소유권을 표시했던 등기부를 모두 소각한 것으로 알려져 있다. 일제강점기의 등기부와 지적도 등이 일부 소각되지 않고 남아 있을 수 있으나, 6.25전쟁을 거치면서 관련 문서들이 상당 부분 소실됐다고 보는 것이 일반적이다. 북한에서 농업집단화가 이뤄지기 전까지의 소유상황을 전반적으로 확인할 수 있는 자료는 사라진 셈이다.

북한은 이 밖에도 여러 차례에 걸쳐 토지정리 사업을 시행한 것으로 알려져 있다. 산을 깎아 밭을 만들고 소규모 농지들을 대규모 협동농장으로 통합하는 작업 등을 통해, 예전 토지형태와 다른 형태로 토지의 모양이 변형된 것이다. 10년이면 강산도 변한다고 하는데 분단 70년이 지난 상황에서 예전의 토지 모습이 그대로 남아 있으리라고 보는 것은 무리이다. 다시 말해, 문서도 남아 있지 않지만 문서가 남아 있다 한들 그 문서로 예전의 토지를 확인하기도 어렵다.

이러한 점들을 종합해 볼 때, 북한 지역의 재산을 남한의 원소유자에게 돌려주는 것은 가능하지도 않고 바람직하지도 않아 보인다.

몰수재산 반환 대신 상징적인 보상으로

그렇다면, 북한에서 토지를 몰수당하고 내려온 사람들의 권리를 아예 무시할 것인가? 조상 대대로 북쪽 지역의 고향에 살면서 터전을 가꿔왔던 사람들에게는 통일 이후에도 몰수된 재산에 대해 아무런 권리가 주어지지 않는다는 점을 인정하기 힘들 것이다. 따라서 이들의 박탈감을 고려해 상징적인 수준의 보상은 검토될 수 있으리라고 본다. 재산상으로는 큰 의미가 없더라도, 과거에 빼앗긴 재산을 보상받는다는 상징적인 의미와 위안을 주는 것이다.

사회주의 성립 이전의 옛 재산을 원소유자에게 반환하지 않고 상징적인 보상을 하기로 한다면 그 근거를 마련해야 한다. 통일헌법에 원소유자 반환 정책을 취하지 않겠다는 원칙을 추상적으로 포함[63]시키거나 특별입법, 대통령 긴급명령 등의 형식으로 향후 생길 수 있는 법적 분쟁에 대비해야 할 것이다. 옛 재산을 찾지 못한 실향민들이 사유재산권이 침해됐다며 법적 소송을 제기할 수 있기 때문이다.

상징적인 보상만을 하더라도 무엇을 근거로 보상할 것인지도 생각해봐야 한다. 보상의 근거가 되는 증빙자료가 있느냐의 문제다. 북한은 토지개혁을 실시하면서 등기부를 모두 소각한 것으로 알려져 있기 때문에 북한 내에 증빙자료가 존재할 가능성은 희박하다. 현실적으로 남아 있는 증빙자료는 실향민들이 남쪽으로 내려올 때 가지고 온 옛 집문서, 땅문서 밖에 없을 것인데, 이런 자료는 가지고 있는 사람도 있지만 잃어버린 사람도 많을 것이다. 때문에 일각에서는 가까운 사람들의 증언으로 소유관계를 증명하는 인우보증을 활용해야 한다는 주장도 하지만, 이렇게 될 경우 이미 70년이나 지난 소유관계에 대해 사람들의 증언을 어디까지 믿어야 할지 엄청난 혼란이 일어날 것이 불을 보듯 뻔하다.

결국, 다소간의 반발이 존재한다 하더라도 증빙자료는 문건으로 존재하는 것만 인정해야 할 것이다. 또, 70년 전의 문건인 만큼 진위 여부를 판별하는 작업도 신중히 이뤄져야 하고, 보상을 신청한 집안이 친일행위를 한 것으로 밝혀질 경우 보상에서 제외하는 방안도 마련해야 한다. 보상 신청 기간을 2~3개월로 한정하고 증빙자료 진위 여부와 친일행위자 판정 등 조사에 걸리는 시간을 길게 해 상당한 시간을 두고 보상이 이뤄지게 해야 할 것이다. 토지 소유량이 적을수록 상대적으로 많이 보상하고 소유량이 많을수록 상대적으로 적게 보상하는 하후상박의 원칙을 적용하되, 보상의 상한선을 설정하는 것이 바람직하다. 최대 상한선에 해당하는 금액도 그리 크지 않게 한다면 논란이 커지는 것도 막을 수 있을 것이다. 작업을 시작할 때부터 이 보상은 '최소한의 상징적인 수준'에서 이뤄진다는 점을 강조해 큰 기대가 생기지 않게 하는 것이 바람직하다.

통합은 '컷'이 아닌 '디졸브'

'컷Cut'과 '디졸브Dissolve'는 방송편집에서 나오는 개념이다. '컷' 편집은 한 화면에서 다른 화면으로 바로 바뀌는 방식을 말하는 반면, '디졸브' 편집은 한 화면이 조금씩 사라지고 다른 화면이 조금씩 등장하면서 화면이 바뀌는 방식을 말한다. '디졸브' 편집은 다시 말해 첫 화면과 다음 화면이 겹쳐지면서 첫 화면이 점진적으로 사라지는 방식이다. '컷' 편집이 가장 일반적인 형태의 편집방식이긴 하지만, '컷'과 '디졸브'를 대조해서 말할 때 '컷'은 단절을 의미하는 반면 '디졸브'는 첫 화면과 다음 화면을 이어주는 의미를 갖는 것으로 이해된다.

여기서 '컷'과 '디졸브'를 언급하는 이유는 통합은 '디졸브'일 수밖에 없다는 점에서다. 통일로 북한 사회가 새로운 정치 경제 시스템을 받아들인다 해도 북한 주민들의 삶은 꾸준히 지속되는 것인데, 통일이 됐다고 해서 전혀 다른 삶을 살라는 것은 가능하지 않다. 새로운 자유민주주의와 시장경제에 맞춰 삶을 변화시키되, 그 변화는 컷이 아니라 '디졸브'처럼 점진적 변화의 과정이 되어야 한다. 북한 주민들이 기존에 살아왔던 방식, 기존에 가지고 있었던 것들을 최대한 존중하면서 새로운 사회에 적응할 시간적 정신적 여유를 주어야 하는 것이다.

북한 의사들의 자격인정 문제를 '디졸브'식 접근이라는 차원에서 살펴보자.

앞서 살펴본 대로 통일 뒤 북한 의사들의 자격을 일거에 정지시키는 것은 불가능하다. 북한 지역의 의료공백을 메꿀 방법이 없기 때문이다. 또 북한에서 의사가 되는 것도 쉬운 일이 아닌데, 통일이 됐다고 해서 의사자격을 인정하지 않으면 기득권을 박탈당한 북한 의사들의 반발도 만만치 않을 것이다.

하지만 북한 의사들의 자격을 그대로 인정하면 남한 주민들이 북한 의사들에게 진료를 받으려 할 것이냐의 문제가 생긴다. 남한 주민들은 북한 의사들의 실력이 남한 의사들에 비해 떨어진다고 보고 있는데, 의사자격증이 있다고 해서 북한 의사들에게 진료를 받으려 하겠느냐는 것이다.

따라서 통일 뒤 의사 시스템의 통합은 남한 주민이나 북한 의사들이 받는 충격을 최소화하면서, 시간의 흐름과 함께 새로운 의사 시스템이 북한 지역까지 자연스럽게 정착되게 하는 방법이 필요하다. 북한 의사들이 의료인으로서의 기득권을 유지하게 하되, 남한 주민들은 원한다면 남한 의사들을 상대로 진료를 받을 수 있는 선택권을 행사할 수 있도록 하고, 궁극적으로는 남한의 의사 시스템이 북한 지역까지 파급되는 방향성을 가져야 하는 것이다. 다시 말해, 기존 북한 의사들이 피해를 보지 않으면서도 북한 의사 시스템은 점진적으로 소멸하고 남한 의사 시스템으로 대체되는 '디졸브'식 변화가 이뤄져야 하는 것이다.

이런 난제를 해결할 방법은 북한 의사들의 자격을 인정하되 북한 지역에서만 인정되게 하는 것이다. 북한 의사들이 기존처럼 의료행위를 할 수 있도록 하되 북한 지역에서만 가능하게 하고, 한반도 전역에서 의료행위가 가능한 사람들은 남한 의사자격을 가진 사람들로 한정하는 것이다. 이렇게 되면 북한 의사들은 기존처럼 북한 지역에서 진료활동을 할 수 있게 되므로 기득권이 박탈되는 일은 발생하지 않는다.

남한 지역에는 남한 의사자격을 가진 사람만 존재하고, 북한 지역에는 남한 의사자격과 북한 의사자격을 가진 사람들이 공존하게 될 텐데, 어떤 의사를 찾아갈 것이냐는 주민들의 선택에 달리게 된다. 사실 북한 주민들은 그동안 북한 의사들에게 진료를 받아온 만큼 북한 의사들에게 치료를 받는 데 거부감이 없다. 북한에서도 실력 있는 사람들이 의대에 가고 의사가 되기 위해 상당한 수준의 의학교육을 받아왔기 때문이다. 북한 의사들의 진료를 꺼려하는 것은 남한 주민들일 텐데, 북한 의사들의 자격을 북한 지역에 한정하면 남한 주민들도 진단과 치료에 있어 달라질 것이 없다. 남한 주민들이 북한 지역에 갈 경우 어떤 의사에게 진료를 받을 것이냐는 전적으로 본인의 선택에 달려 있다.

다만, 새로운 의료진 양성은 남한 시스템으로 이뤄지게 해야 한다. 남한 의사 시스템을 전국적으로 확산시키는 것이 의료통합의 궁극적 목적이기 때문이다. 북한 의과대학의 고학년에 재학 중인 학생들에게는 졸업 뒤 과도기적으로 북한 의사 자격을 부여할 수 있겠지만, 기본적으로 새로 의사가 되려는 학생들은 남한 시스템으로 교육받게 하고 졸업 뒤 의사고시를 거쳐 남한 의사 자격을 얻도록 해야 한다. 고학년 학생의 경우에도 남한 의사 자격을 얻기 위해 스스로 추가적인 공부를 할 수도 있을 것이다. 이렇게 되면, 시간이 갈수록 북한 의사들은 점진적으로 줄어들고 남한 의사 시스템으로 양성된 신규 인력들이 늘어남으로써 한반도 전역의 의사 시스템이 통합될 것이다.

통일정부는 사실 이보다 적극적으로 남한식 의료통합을 추진할 수도 있다. 북한 의사들의 자격을 인정하되 북한 지역에서 개업한 남한 의사면허 소지자들에게 별도의 인증을 해 주는 것이다. 이렇게 되면 북한 주민들이 의료 실력이 높은 남한 의사면허 소지자들을 선호하게 될 것이고, 시장원리에 따라 기존 북한 의사들이 자연스럽게 도태되는 과정을 밟게 될 것이다. 이 과정에서 남한식 신규 의사면허 취득을 원하는 북한 의료진이 있다면 재교육의 기회를 부여해야 한다. 본인이 추가적인 노력을 통해 남한 의사면허를 취득할 경우 그 자격을 인정해 주고, 기존 북한 의사 자격으로 살아가겠다는 사람들은 또 그 자체로 인정해 주는 것이다. 이렇게 되면 남한 의사면허 소지자들에 의해 점진적으로 기존 북한 의사들이 도태되게 되더라도 큰 불만을 가지지는 않을 것이다.

일반 의사 뿐 아니라 약사와 간호사, 치과의사, 한의사, 방사선사,

물리치료사, 안경사 등의 경우에도 북한 사회에서의 기존 자격은 인정하되 북한 지역에서만 통용될 수 있도록 하고 신규 인력은 남한 시스템으로 양성하는 과정을 통해 점진적으로 통합을 추진해 나갈 수 있을 것이다.

의료나 기술 전문직이 아닌 정치, 사회 부문의 직업들은 앞서 예시한 사례를 적용해 통합작업을 진행하기에 어려움이 있을 것이다. 뒤에서 살펴보겠지만 체제의 근간을 이루는 직업들은 재임용 절차를 거쳐 기준을 통과한 사람들에 한해 선별적으로 기존 자격을 부여하는 것이 불가피한 면도 있다. 하지만 기존 북한 체제에서의 자격은 대체로 인정하는 것을 원칙으로 하자는 게 필자의 생각이다. 기존 체제에서의 기득권을 최대한 인정하되 점진적으로 새로운 시스템으로의 변화가 이뤄지게 함으로써 '컷'이 아닌 '디졸브'식 변화를 이루는 것이 바람직한 통합의 방향이다.

2

'밑 빠진 독에 물 붓기'가
되지 않으려면

통일비용

남북한 통일 과정에서 필요하게 될 비용을 어디까지 '통일비용'으로 정의할 것이냐에 대해서는 여러 의견이 있을 수 있다. 통일 추진에 소요되는 직접비용만을 따질 수도 있고, 통일 이후 남북한 지역의 경제 격차를 해소하는 비용 전체를 포함할 수도 있다. 하지만, 한 가지 확실한 것은 어떤 정의를 활용하든 간에 통일 과정에서 상당한 돈이 들어갈 것이라는 점이다. 남북한의 경제격차가 현격한 만큼 북한을 남한 수준으로 끌어올리기 위해서는 상당한 돈이 투입되어야 할 것이다. 독일의 경우에도 통일 과정에서 상당한 통일비용이 소요됐는데 독일의 통일비용을 살펴본 후 남북한의 경우를 알아보기로 한다.

독일의 통일비용

독일은 처음에는 통일비용에 대해 크게 부담을 갖지 않는 상황이었다.[64] 추가적으로 증세를 하지 않고도 동독 지역의 자산 매각이나 차입, 통일독일의 발전에 따라 자연스럽게 증가하게 될 세수를 통해 통일비용을 조달할 수 있을 것이라고 판단했다. 하지만 통일비용은 이런 방법만으로는 충당할 수 없을 정도로 계속 증가했고, 결국 여러 측면에서 증세 조치를 단행하게 됐다.

독일 정부는 통일기금 조성과 연대세 도입, 부가가치세와 유류세 인상 같은 증세 조치뿐 아니라, 실업보험료와 연금보험료 같은 각종 사회보험료 인상, 국방비 감축이나 각종 보조금 삭감 같은 정부 지출 감축 등의 방법으로 통일비용을 조달했다. 채권을 발행하고 동독지역의 국유자산 매각대금도 활용했다.

독일의 통일비용은 어느 분야에 가장 많이 소요됐을까?

다음의 자료를 보자.

〈표 4〉 독일 연방건설교통부의 통일비용 내역(1991~2003 추정치)

구분	내용	금액	비중
인프라 재건	도로, 철도, 교통, 주택, 도시건설 등	1,600억 유로	12.5%
경제 활성화 지원	지역경제 활성화, 농업 지원 등	900억 유로	7%
사회보장성 지출	연금, 노동시장 보조, 육아보조, 교육보조	6,300억 유로	49.2%
임의기부금 지출	독일통일기금(1991~1994), 판매세 보조, 주재정 균형화, 연방보조금 지급	2,950억 유로	23%
기타 지출	인건비 및 국방비	1,050억 유로	8.2%
총 이전 지출		1조 2,800억 유로	100%

이 자료는 독일의 연방건설교통부가 1991년부터 2003년까지의 통일비용 내역을 산출한 것인데, 독일 통일비용 가운데 가장 많은 비중을 차지한 것이 사회보장성 지출인 것으로 나타난다. 연금이나 노동시장 보조 등 복지분야에 투입된 지출이 전체 통일비용의 49.2%, 즉 절반가량이나 됐다는 것인데 이는 서독의 사회보장시스템을 그대로 동독지역에 적용하면서 불가피하게 발생한 비용이었다.

독일 통일은 동독 주민들이 급속하게 서독과의 통합을 원했고 동독 주민들의 이동을 막을 어떤 방법도 없는 상황에서 진행됐다. 때문에 동독 주민들의 대량 이주를 막기 위해 서독 정부는 1:1의 화폐통합을 결정했고 동독 지역에도 서독과 같은 수준의 복지를 보장하는 것이 불가피했다. 이로 인해 독일은 인프라 재건비용이나 경제활성화 지원비용보다도 훨씬 많은 비용을 사회보장성 지출에 써야만 했다.

통일비용으로 먼저 동독 지역의 경제를 발전시키고 그로 인해 늘어나는 세수를 통일비용으로 활용할 수 있는 구조가 되었더라면 좋았을 텐데 통일비용의 상당 부분이 복지비용으로 지출되면서 투자는 상대적으로 지체됐고 경제발전이 더디게 이뤄졌다는 지적이 나온다. 동독 지역의 경제발전이 지체되면서 구동독 지역의 세금 수입 또한 많이 늘지 않았고, 이로 인해 서독 지역에서 동독 지역으로 계속 통일비용이 투입되어야 하는 상황이 됐다. 투자적 지출인 인프라 재건이나 경제활성화 지출을 늘렸더라면 동독 지역의 경제발전을 앞당길 수 있었을 것이며 전체 통일비용을 줄일 수 있었을 것이라는 의견이 나오는 이유이다.

인프라에 투자하기로 한 자금을 소비목적 지출에 활용한 사례들도 나타났다. 동독의 지방자치단체들이 주민들의 환심을 사기 좋은 항목에 통일비용을 우선적으로 지출했기 때문이다. 통일 초기의 재건 시기에는 지방자치제보다는 중앙집권적 경제개발이 필요해 보인다.

민영화를 담당한 동독 신탁청에 투입된 통일비용도 상당했다.

경영정상화 및 민영화에 지출한 금액은 1990~1994년 동안 1,700억 마르크였지만, 민영화를 통한 수익금 등 수입액은 같은 기간 동안 45.3억 마르크에 불과했다. 적자가 막대했던 것이다. 하지만 동독 지역에서 구조조정 등을 통한 기업회생 사례가 많지 않았고 동독 주민들이 얻은 이득의 크기도 작았다는 평가가 있다. 통일 이후 북한 지역에서 살릴 수 있는 기업은 살려야 하지만 통일한국에서 경쟁력을 갖고 살아남을 수 있는 기업[65]이 많지 않은 만큼 냉철한 판단하에 정리할 것은 과감히 정리해야 할 것으로 보인다.

남북한 통일비용

남북한이 통일이 되면 독일보다 훨씬 많은 통일비용이 소요될 것이다.[66] 앞서 살펴본 것처럼 통일 당시 동서독의 1인당 GDP 격차가 3.3배에 불과했던 반면 2018년 기준 남북한의 1인당 GNI 격차는 26배에 달하고, 인구는 통일 당시 동서독의 격차가 3.7배에 달했던 반면 2018년 기준 남북한의 격차는 2.1배에 불과하기 때문이다. 즉 독일에서는 서독 사람 3.7명이 동독 사람 1명을 도와주는 구조였지만, 남북한의 경우 남한 사람 2.1명이 북한 사람 1명을 도와줘야 하는데, 북한 사람들이 동독 사람보다 훨씬 못사는 상황이다.

따라서 독일 통일비용 지출 사례에서 보듯 통일비용의 상당 부분을 사회보장 지출에 사용할 경우, 감당하기 어려운 수준의 통일비용이 들어가게 된다. 기초생활보장제도나 기초연금 등의 사회보장제도를 북한 지역에 동일하게 적용하려면 얼마나 많은 재정 부담이 생기게 되는지는 앞서 실증적으로 살펴본 바도 있다. 가급적 초기 통일비용은 인프라 재건이나 경제활성화 같은 투자 부문에 사용되도록 해 북한 지역 경제를 발전시키고 그로 인해 늘어나는 세수를 통일비용으로 활용할 수 있는 구조가 되어야 한다.

지금부터 통일비용을 어떻게 조달할 것인지에 대해 살펴보자.

통일비용 조달은 통일을 기준으로 비용 조달 시점에 따라 크게 세 가지 방안으로 구분해 볼 수 있다. 통일 전에 조달하는 방법은 기금을 미리 조성해놓는 것이고, 통일 시점에 조달하는 방법은 세금으로 징수하는 것이며, 통일 이후에 조달하는 방법은 통일 시점에 채권을 발행해 미래 세대가 비용을 부담하게 하는 것이다.

좀 더 자세히 살펴보자.

통일기금을 조성하는 것은 다가올 통일에 대비해 사전에 자금을 마련해놓는 것이다. 우리나라는 현재 남북교류협력에 필요한 비용을 남북협력기금을 조성해 사용하고 있는데, 남북협력기금의 미사용액은 적립되지 않고 그대로 사라지게 돼 있어서 남북협력기금을 누적 방식으로 전환해야 한다는 의견이 꾸준히 제기돼 왔다. 즉 남북협력기금 불용액을 차곡차곡 모아 미래의 통일비용으로 활용하자는 것이다. 국회의원들 중에도 이런 방식의 기금법 개정을 발의하기도 했고, 류우익 통일부 장관 시절 통일부도 남북협력기금을 적립하는 방식의 기금법 개정을 추진했으나 불발된 상태다. 만약 기금법 개정이 이뤄져 남북협력기금 미사용액이 누적된다면 자발적인 통일성금 기탁자들의 모금도 받을 수 있을 것이다.

다만 이런 식의 사전 기금 적립 방식이 경제적으로는 비효율적이라는 의견도 있다. 사전에 기금을 마련한다는 것은 국민경제 성장에 필요한 재원 중 일부를 빼낸다는 의미인데, 그만큼 경제성장에는 마이너스가 될 것이기 때문이다. 경제적 효율 여부를 떠나 사전 기금 조성이 통일에 대한 공감대 확산에 기여한다면 이득이라는 의견도 있으나, 반대로 사전 재원 조성이 통일비용 부담에 대한 우려를 확산시킴으로써 통일에 대한 거부감을 불러일으킬 것이라는 시각도 있다.

통일 시점에 비용을 마련하는 방법은 기본적으로 세금을 통해서이다. 통일이 되는 시점에 여러 가지 필요한 비용이 증가할 것이라고 본다면 기존 세금을 인상하거나 새로운 세목의 세금을 신설하는 조치가 필요하게 된다.

기본적으로는 소득세나 법인세, 부가가치세 등을 인상하거나 통일세와 같은 새로운 세금을 신설하는 방안이 거론된다. 또 생산에 관계없는 오락행위나 고가의 소비재에 부과하는 레저세 신설, 불로소득에 대한 세금인 상속세나 증여세 인상, 과징금이나 과태료 인상을 제기하는 의견도 있다. 형벌에서도 '징역형과 선택이 가능한 벌금형'의 경우 벌금액을 인상하는 방안도 거론된다.

통일 이후에 통일비용을 조달하는 방법은 국채를 발행하는 것이다. 채권을 발행해 팔면 정부에게 당장 돈이 생기지만, 일정 기간이 지나 채권이 만기가 되면 이자와 함께 정부가 갚아야 하므로 채권 만기 시점에 세금을 납부해야 하는 미래세대가 부담을 지게 된다. 통일의 편익이 미래에 생길 것으로 본다면 미래 세대에게 통일비용의 부담을 나눠지게 하는 것이 불합리한 것은 아니다. 국채를 발행하고 만기에 재발행하는 방식을 택하면 이자 부담만 지면 되므로 국채발행부터 그 이후 세대가 연간 국채 이자만큼 통일비용을 부담하는 셈이 된다. 또, 국채발행은 조세저항이 거의 없어서 현실적인 제약 요인이 작은 것이 장점이기도 하다.

결국, 통일비용은 합리적인 범위 내에서 증세를 하고 나머지는 국채를 통해 조달하는 것이 기본 뼈대가 될 것 같다. 통일독일의 경우에도 국채발행이 가장 중요한 재원조달 방식이었다고 한다.

이 밖에 통일복권을 발행하거나 카지노 설립, 통일카드 발급과 포인트 적립 등도 방안으로 거론된다. 통일 포인트 적립은 신용카드 포인트를 통일기금 포인트로 바꾸는 것으로 카드사의 협조를 얻어 실행할 수 있을 것이다. 아예 통일카드를 발급해 포인트를 통일비용으로 적립하는 방법도 있다. 통일카드 발급이나 포인트 적립은 비용 조달이라는 측면에서 큰 의미는 없으나 통일에 대한 국민적 관심도를 높일 것이라는 의견이 있다.

개성공단과 같은 남북경제특구 내 기업의 부가가치에 대한 부담금을 징수하는 방안도 있다. 남북의 경제권이 한시적으로 분리돼 북한 지역 특구로 진출한 우리 기업이 북한 지역의 낮은 임금으로 인해 이윤을 많이 얻게 된다면 제도적 이점을 누리는 대가로 통일비용을 부담하는 것은 타당하다 할 것이다.

또, 남한 지역에서 북한 지역으로 갈 때 통행세혹은 북한방문수수료를 징수하는 방안도 고려할 수 있다. 남북의 경제권이 분리되면 북한 지역은 남한에 비해 싼 물가체계가 유지될 텐데, 남한 사람이 북한에 가면 물가 차이로 인해 편익을 얻을 수 있게 되므로 부담금을 지울 수 있다. 편익 유무를 떠나 북한 지역 개발 비용을 분담한다는 차원에서 통행세를 물릴 수도 있을 것이다. 다만, 통일이 됐는데도 북한 지역으로 넘어가는데 통행세를 부과하는 것이 정서적 거부감을 불러일으킬 수 있으므로 통행세는 과도하지 않은 범위에서 책정될 필요가 있다. 이렇게 통행세가 신설된다면 북한 지역의 관광자원들을 개발해 남한 관광객을 유치할 경우 더 많은 통일비용을 확보할 수 있을 것이다. 아울러, 북한 지역의 특정 상품관광지의 관광 물품에 부가가치세를 부과해 통일비용으로 징수하는 방안도 고려할 수 있다.

정부의 재정지출을 감축하는 것도 통일비용 마련의 한 방안이 될 수 있다. 하지만 기존 재정지출을 줄여 통일비용으로 활용할 만한 대규모 자금을 마련하기는 쉽지 않아 보인다. 전통적으로 국방비 감축이 하나의 방안으로 거론되기도 했지만 통일 국면에서 반드시 국방비를 감축할 수 있을지는 확신할 수 없다. 통일 당시 국제정세의 변화가 우리가 국방비를 감축할 정도의 상황이 될지 예측하기 어렵고, 군 통합을 위해서는 북한군 해체가 불가피한데 북한 군대의 해산비용명예퇴직금 등을 고려하면 국방비 감축이 가능할지도 알 수 없다.

통일비용을 줄이기 위해서는 민간 부문의 투자도 적극 유도해야 한다. 도로건설과 같은 인프라 건설도 주요 축은 국가가 시행하되 구간구간 민자건설을 활용할 수 있을 것이다. 병원법인 등에도 인센티브를 부여해 북한 지역에 투자를 유도하는 방안이 마련되어야 한다. 특히, 관광사업에는 민간자본을 활용할 수 있을 것이다. 북한 지역에

천혜의 자연명소가 많으므로 관광사업이 가능한 곳을 기업에게 일정 액의 사용료를 받고 장기임대해 주고, 해당 기업이 해당 지역의 도로 등 기초인프라까지 건설해 개발하도록 한다면 통일비용도 확보하고 지역개발까지 동시에 하는 일석이조의 효과를 거둘 수 있을 것이다.

북한에 매장된 지하자원을 개발해 판매함으로써 통일비용을 마련 할 수도 있을 것이다. 또, 북한 지역 주요자산은 국가 소유이므로 그 대로 국가가 인수한 뒤 사업성 있는 것을 민간기업 등에 매각해 비용 을 조달할 수도 있다.

국제기구의 재원도 활용할 수 있다면 최대한 활용해야 한다. 국제 금융기구ADB 등을 통한 조달, 선진국 ODA 자금 활용, 별도의 '동북아 개발은행'(가칭) 설립 등도 고려해 볼 만하다.

이 밖에 북한 해외공관을 처분하거나 북한 소유의 군사무기를 판 매하는 방안을 거론하기도 한다. 또, 북일 간에는 일제 식민지 배상 문제가 끝나지 않았으므로 일본으로부터의 식민지 배상금을 받아 통 일비용에 활용할 수도 있을 것이다. 다만, 일제 식민지 배상금 문제는 우리가 목을 맬수록 일본이 여러 무리한 조건을 제시할 수 있으므로 절대적으로 믿고 있을 수는 없다.

이상적인 통일비용 조달 방안

남북한 통일비용을 조달하는 가장 이상적인 방안은 통일비용 소요 를 최대한 줄이는 것이다. 통일비용이 줄어든다면 비용 조달 부담도 그만큼 낮아질 것이기 때문이다. 그렇다면, 어떻게 통일비용을 줄일 것인가? 통일비용을 줄이는 가장 효과적인 방법은 북한 경제를 빨리 발전시켜 남북한 경제격차를 줄이는 것이다. 북한 경제가 빨리 발전할수록 중앙정부가 투입해야 할 재정 부담도 줄어들며 북한 지역에서 새로운 세금 수입도 기대할 수 있다.

관건은 초기 통일비용을 인프라나 생산설비 같은 생산적 요소에 얼마나 효율적으로 투자할 수 있느냐이다. 열악한 북한 내 생활환경을 고려해 북한 주민들의 복지 향상에도 힘을 기울여야겠지만, 초기 통일비용이 복지수준 향상에 집중될 경우 통일비용은 '밑 빠진 독에 물 붓기'처럼 끝없이 불어날 수도 있다. 초기 통일비용을 북한의 생산력 향상 쪽에 집중해 북한 경제가 급성장할 수 있는 동력을 확보한다면 남북한 경제격차도 빠른 시간 내에 줄고 통일비용도 절약할 수 있을 것이다.

북한 경제를 개발하는 과정에서 남한 경제도 같이 활성화할 수 있다면 증세의 여력도 높아지게 된다. 남한은 지금 경제성장도 정체기를 맞고 있고 젊은이들의 취업도 잘 되지 않고 있다. 북한 지역 개발 과정에서 남한 경제가 활성화돼 기업 매출뿐 아니라 자영업 여건이 나아지고 취업률도 높아진다면 통일비용을 위한 증세를 하는 데 있어 저항도 낮아질 것이다. 증세를 단순히 통일이 됐으니 같은 민족으로서 부담해야 한다는 식으로 접근하는 것이 아니라, 통일로 얻는 편익이 남한에도 공유되는 만큼 나와 내 자녀의 삶에 도움이 되기 위해 증세가 필요하다는 논리로 접근하고, 국민들이 이를 수긍할 수 있다면 그보다 더 이상적인 것은 없을 것이다.

한 가지 덧붙이면, 경제가 활성화되면 증세를 하지 않더라도 재정수입이 늘어나기 때문에 늘어나는 재정수입을 통일비용으로 사용할 수 있을 것이라는 관측이 있다. 그러나 이렇게 늘어나는 재정수입을 통일비용으로 사용하기는 쉽지 않다고 한다. 재정수입이 늘어나면 보통 재정지출도 함께 늘어나게 돼 있기 때문이다. 늘어나는 재정수입을 통일비용으로 활용하려면 경기활성화로 재정수입이 늘어도 재정지출이 늘어나지 않게 기존 지출을 '절대액'으로 묶는 방안이 필요하다.

3

무조건 덮고 넘어가는 것이
능사는 아니다

재임용과 과거청산

통일 과정에서 북한 주민들의 삶이 부정되지 않도록 하고, '컷'이 아닌 '디졸브'식 변화가 이뤄져야 한다고 앞서 언급했다. 북한 주민들이 기존 체제에서 가져왔던 지위나 자격을 가급적 인정하는 쪽으로 가는 것이 바람직하다는 것이다.

하지만 자유민주주의와 시장경제를 기반으로 하는 새로운 사회가 시작되는 마당에 기존 기득권을 인정할 수 없는 직업들이 있다. 군과 경찰, 공무원처럼 체제의 근간을 이루는 직업들이다. 이런 직업들에 자칫 자유민주주의 체제에 부정적인 생각을 갖고 있는 사람들이 존재한다면 체제통합 작업 자체가 흔들릴 수도 있다. 그렇기 때문에 체제의 골간을 이루는 직업들에서는 재임용 심사를 통해 통일한국에서도 복무가 가능한 사람들을 선별하는 작업이 불가피해 보인다. 새로운 사회 건설을 위한 진통이라고나 할까.

재임용과 함께 불가피하게 진행되어야 할 작업이 과거청산이다. 과거청산이란 기존 체제에서 행해져왔던 일 가운데 사법적이든 비사법적이든 청산해야 될 부분을 돌아보고 필요한 단죄와 진상규명 등의 절차를 진행하는 것을 말한다. 과거청산이라는 말이 다소 과격해 보이지만 새로운 사회의 도래와 함께 과거청산은 어느 정도 필요한 면이 있다. 과거청산이 제대로 진행되지 않을 경우 새로운 사회에 대한 기대감이 저하되고 새로운 사회 건설을 위한 동력을 약화시킴으로써 국가발전에 저해가 되는 결과로 이어질 수도 있기 때문이다.

해방 이후 일제의 잔재를 청산하는 것이 민족적 과제였음에도 불구하고, 이런 작업이 제대로 이뤄지지 못하면서 두고두고 우리 사회의 갈등 요소가 되었던 점이 과거청산의 중요성을 보여준다. 과거청산이 전前 정권에 대한 보복의 장을 만들자는 것은 아니지만, 무조건 덮고 넘어가는 것이 능사는 아니라는 것이다.

군 재임용

군대는 무력을 행사할 수 있는 집단인 만큼 통합에 특히 신경을 써야 하는 조직이다. 자칫 어설픈 봉합식으로 통합이 이뤄질 경우 추후 남북 출신 군인 간 교전 등 불상사가 발생할 수도 있다.

군 통합의 기본방향은 남한군 중심의 재편이 될 수밖에 없다. 남한군의 조직을 골간으로 하고 일부 북한 군인들을 심사를 거쳐 재임용하는 방식이다. 남한 출신 부대, 북한 출신 부대가 공존할 경우 군 명령의 일사불란함이 저해됨은 물론 언제 어떤 종류의 분란이 생길지 알 수 없기 때문에, 남한군과 북한군을 섭합시켜놓는 방식의 군 통합은 피해야 한다.

독일의 경우[67] 1989년 당시 50만 명 규모의 서독군과 17만 5,000명 규모의 동독군을 통일 이후 37만 명으로 줄이자는 데 국제적인 합의를 이뤘다. 2차 대전의 전범국으로서 통일 독일이 다시 위험한 세력이 될 것을 우려하는 주변국들의 반발을 무마하고 통일을 성취시키고자 한 불가피한 선택이었다. 독일은 이에 따라 서독군을 감축하는 과정에서 동독군도 흡수통합해야 하는 이중의 과제를 안게 됐다.

통일독일군 구성은 동독군을 해체하고 일부를 재임용하는 방식으로 이루어졌다. 동독군의 병력은 17만 5,000여 명이었지만 통일 시점까지 잔류한 동독군은 8만 9,000여 명이었고, 이 가운데 5만여 명이 통일독일군에서 계속 근무하기를 원했다. 따라서 통일독일의 국방부가 담당해야 할 과제는 이 5만여 명 가운데 몇 명을 어떤 기준으로 통일독일군에 잔류시킬 것인가 하는 것이었다.[68]

구동독군의 통일연방군으로의 편입은 크게 3단계로 이루어졌다.

1단계는 지원단계로 통일 이후 1991년 1월까지 3개월에 걸쳐 이루어졌다. 1991년 6월 이전 정년대상자를 제외한 모든 구동독군 출신 장병에게 2년 계약근무자로 지원할 수 있는 기회를 부여함과 동시에 구동독군의 조기전역을 유도하기 위해 1990년 12월 31일 이전에 전역을 희망하는 사람에게는 7개월분의 퇴직금과 현역 당시 급여의 75%를 연금으로 지불하는 명예퇴직제를 도입했다. 그 결과 통일독일군으로 편입됐던 구동독군 가운데 절반가량이 1990년 말까지 군을 떠나 2만 5,000명가량만 남게 됐다.

2단계는 계약근무자 선발단계로 2년 계약근무를 희망한 2만

5,000명(장교 1만 1,700명, 하사관 1만 2,300명, 병사 1,000명)의 구동독군 병력을 서독군 부대에 6~8주 배치해 사상성과 근무자질을 검사했다. 그 결과 1만 8,000명(장교 6,000명, 하사관 1만 1,200명, 병 800명)의 병력이 2년 계약 근무자로 선발됐다.

3단계는 최종선발단계로 1차 선발된 인원을 2년간 관찰하고 근무 실적을 평가했다. 그 결과 1993년 9월 30일 이루어진 최종선발에서 구동독군 출신 가운데 장교 3,027명, 하사관 7,639명, 병사 207명 등 총 1만 873명이 통일연방군에서 계속 근무하게 됐다. 이렇게 잔류한 구동독군 출신 가운데 1998년에는 최초의 대대장이 나오기도 했다.

독일 통일 시 서독이 주장한 '1국가 1군대' 원칙은 통일한국에서도 적용돼야 한다. 군이 이원화된 통일국가란 있을 수 없기 때문이다.

2018년 국방백서를 토대로 하면 북한군은 모두 128만여 명에 이른다. 육군 110만여 명과 해군 6만여 명, 공군 11만여 명, 전략군 1만여 명 등이다. 앞서 언급한대로 남한군 중심으로 군을 재편한다는 것은 북한군을 감축하고 재임용 절차를 거쳐 통일한국군에 편입시키는 작업을 의미한다.

남북한은 독일과 같은 전범국이 아니므로 독일처럼 통일한국군의 규모를 주변국과 합의해야 할 이유는 없지만, 통일한국군의 규모를 지금 남한군과 북한군을 합친 200만 명 가까이 유지한다는 것은 비효율적인 만큼 군 감축은 불가피하다. 특히 남한군 중심으로 군을 재편하기 위해서는 북한군의 대규모 감축이 불가피한데, 사병들은 과감히 소집해제해 집으로 돌려보내고 장교들은 명예퇴직을 유도하되 잔류희망자는 선별작업을 거쳐 통일한국군으로 인수하는 작업이 필요할 것이다.

　떠나는 장교들의 경우 명예퇴직금 뿐 아니라 고위직의 경우 전역식 등으로 충분히 예우해 박탈감을 갖지 않고 군을 떠날 여건을 조성하고, 전역자에게 취업교육 등을 통해 민간 부문에서 일자리를 찾을 수 있도록 도와주는 작업이 필요할 것이다. 잔류희망자 선별작업은 독일의 사례에서 보듯 몇 가지 단계를 거쳐 순차적으로 진행할 수밖에 없는데, 군에 남고자 하는 사람들에게는 공정하게 군복무 기회를 준다는 인식을 갖게 하는 것이 중요하다. 사실 통일한국군에서도 북한 지역 출신 사병들의 신병교육이나 부대 내 관리 등을 생각한다면 북한 출신 장교들이 필요한 측면이 분명히 있다. 적절한 선별 과정을 거쳐 북한군 장교들을 통일한국군으로 편입하는 것이 통일한국군 발전을 위해서도 도움이 될 것이다.

경찰 재임용

　경찰 또한 군대처럼 물리력을 가진 집단인 만큼 통합 작업에 있어 세심한 주의가 필요하다. 통합 과정에서 분란이 발생할 경우 물리적 불상사가 생길 가능성이 있기 때문이다.

　그러나 경찰 조직의 통합은 군대와는 다른 측면이 있다. 군대의 경우 남한군 중심의 재편이 이뤄지더라도 남한군이 북한군의 임무를 적절히 인수하기만 하면 국방 업무를 수행하는 데 큰 지장이 없지만, 일반 주민들의 치안을 담당하는 경찰의 경우 외부에서 온 경찰이 현지 사정을 모르는 상태에서 치안 업무를 담당하는 데 한계가 있기 때문이다. 해당 지역을 잘 아는 치안 담당자가 있어야만 주민들을 범죄로부터 보호할 수 있는 만큼 북한 경찰사회안전원들의 재임용이 필수적인 것이다.

독일의 사례를 살펴보자.[69]

동서독의 경찰 통합은 동독 지역에 서독의 경찰 체제를 이식하는 방식으로 이루어졌다. 서독은 연방제 국가로 경찰권이 각 주의 권한이었던 반면 동독은 중앙집권국가로 경찰권이 국가의 직접 관할하에 있었는데, 통일과 함께 동독의 경찰권은 서독처럼 통일독일에 새로 신설된 구동독 지역의 주들로 이양되었다.

동독 경찰의 중앙요직은 대부분 서독인사들로 채워졌다. 고위직은 물론 각 경찰서 과장급 이상은 전원 교체됐다. 경정급 이상이거나 50세 이상의 경찰 간부들은 대부분 해고되거나 퇴직했다. 고위직 가운데 일부 재임용된 경우가 있다 하더라도 계급이 1~2단계 하향 조정되었다.

이처럼 동독 경찰 고위직들이 대거 교체됐을지라도 일반 경찰관들은 대체로 재임용되는 방향으로 조직 통합이 이루어졌다. 치안을 담당하는 경찰의 경우 현지사정을 잘 알아야 하고 외부 인사들이 치안유지에 갑자기 투입될 경우 주민들에게 위화감을 줄 수 있다는 측면, 현실적으로 서독 경찰만으로는 동독 지역 치안 유지가 불가능하다는 측면들이 고려된 결과였다. 동독 경찰 6만 7,356명 가운데 5만 4,944명이 통일독일의 경찰로 재임용돼 재임용율이 85.6%에 달했다.[70]

남북 경찰 통합에서도 중요한 과제는 통합 과정에서 치안 공백이 발생해서는 안 된다는 것이다. 남한 경찰이 일시에 북한 경찰을 대체하기는 어렵다는 점을 감안할 때 북한 경찰, 즉 사회안전원의 재임용은 불가피하다. 하지만, 구체제에서 인권탄압 등으로 악명이 높았던 인물들이 그대로 재임용된다면 북한 주민들이 새로운 통일사회에 대해 갖는 기대는 실망으로 바뀔 수 있다. 사회안전원 상당수는 재임용해서 민주사회의 경찰로 재교육하되 문제 있는 인사들은 걸러 내야 하는 이중의 작업을 수행해야 하는 것이다.

북한의 경찰기구인 사회안전성에는 특별시·직할시·도에 12개의 사회안전국과 시·군·구역에 200여 개의 사회안전부, 동·리에 4,000여 개의 분주소가 설치돼 있으며, 사회안전원은 약 23만 명에 이르는 것으로 추정된다. 이 가운데 주민등록업무나 건설·자재 관리, 철도관리, 산업감찰 등 순수 경찰 업무를 담당하지 않는 인원을 제외하면, 약 8만 명 정도가 순수 경찰업무에 종사 중이라는 연구가 있다.

통일 시 북한 지역에서 필요한 경찰 수요도 이와 비슷하게 7만 명에서 10만 명으로 추산하기도 하는데 근거는 이렇다. 남한 경찰관은 2018년 기준 11만 8,651명으로 경찰관 1인당 담당인구는 437명이다. 통일 시 북한 지역은 과도기적 혼란으로 인해 치안수요가 높아질 것인 만큼 경찰력에 대한 수요도 평시 남한에 비해 높아질 것이다. 경찰관 1인당 담당인구를 남한의 2배 수준인 250명으로 계산하면 2018년 북한 인구 2,513만 명을 기준으로 할 때 10만여 명의 경찰이 필요하고, 경찰관 1인당 담당인구를 350명으로 계산하면 7만 1,800여 명의 경찰이 필요하다는 계산이 나온다. 11만여 명 수준의 남한 경찰이 7~10만 명 규모의 북한 지역 경찰 수요를 담당하기는 원천적으로 불가능한 것이다.

결국, 북한 사회안전원 가운데 상당수를 재임용해 활용하는 것은 불가피해 보인다. 북한 지역 경찰 수요를 남한 경찰로는 대체할 수 없기도 하고, 현지 사정을 잘 아는 경찰들을 통해 통일 과도기에 치안 공백을 막기 위한 조치이다. 다만, 북한 경찰 상당수를 재임용하더라도 지휘권만큼은 남한 경찰이 확실히 인수해 북한 경찰 조직을 민주사회의 경찰로 바꾸어나가야 한다.

북한 경찰들에 대한 재임용 심사 과정에서 인권탄압이나 반인륜범죄에 연루된 사람들은 배제해야 한다. 이는 군대에서도 마찬가지이만, 군대의 경우 병역 의무를 위해 차출된 인원들로 구성된 조직이고 일상생활과 격리된 집단인 만큼 인권탄압이나 반인륜범죄에 연루됐을 가능성이 그리 높지 않다. 하지만 경찰은 일상생활에서 주민들을 상대로 하는 집단인 만큼 사건 처리 과정에서 각종 부정행위와 인권탄압 등에 연루됐을 가능성이 있다. 특히 북한과 같은 전체주의 독재체제에서는 체제의 보위를 위한다는 목적으로 고문이나 기타 반인륜범죄가 행해졌을 가능성이 있는데, 이런 범죄적 행위에 연루된 사람들은 통합과정에서 배제되어야 북한 주민들이 새로운 사회에 대한 기대감을 가질 수 있을 것이다. 국가보위성처럼 김 씨 일가 체제를 유지하기 위해 주민들을 억압한 기관 출신들은 원칙적으로 배제하거나 재임용하더라도 엄격한 기준을 적용해야 할 것이다.

공무원 재임용

군이나 경찰, 사법기관 같이 강제력을 동원하는 조직 외에도 행정의 근간을 이루는 공무원 조직의 통합은 통일한국 구성에 매우 중요하다. 북한 지역의 공무원들을 그대로 인수해 쓸 수는 없는 만큼 공무

원 재임용도 중요한 과제인데 독일의 사례부터 살펴보기로 한다.[71]

독일에서는 통일과 함께 동독 공무원들에 대한 대규모 구조조정이 이루어졌다. 서독 관료에 비해 동독 관료들 수가 상대적으로 많아 인력감축이 불가피했기 때문이다. 통일 당시 동독 인구 1,600만 명 가운데 취업자 수가 900만 명 가량이었고 이 가운데 200만 명이 공공기관에 근무하고 있었다. 또, 200만 명의 공공기관 근무자 가운데 경찰이나 비밀경찰 종사인원만 30만 명이나 됐다. 전체 인구대비 공공기관 종사자 비율을 보면 서독이 7% 정도인데 비해 동독은 14%나 돼서 구조조정이 불가피한 상황이었다. 인원수가 많다는 점 외에도 동독 관료들은 서독 관료들에 비해 업무능력이 뒤떨어지는 경우가 많았고, 동독 고위직의 경우 통합 과정에서 어느 정도 배제가 불가피했으며, 비밀경찰 등 인권탄압에 관여한 사람들은 공무원 재임용이 불가하다는 점도 구조조정이 이루어진 요인이었다.

동서독은 통일조약을 통해 동독 공무원들을 심사하고 이들을 과감하게 감축할 수 있도록 했다. 공무원 재임용 여부를 결정하기 위해 유예기간을 두고 인성과 전문능력, 과거경력인권탄압 여부 등을 평가했으며, 문제가 없어 재임용됐다고 해도 일단 견습공무원 신분을 부여받았다. 견습공무원으로 3년 동안 전문교육 및 인성테스트 등을 거쳐야 평생직 공무원 신분을 얻을 수 있었다. 이렇게 재임용된 경우에도 대부분은 직위가 강등돼 국장, 과장급이 사무관으로 일하기도 했다. 이런 과정을 거쳐 동독 지역 공무원 수는 1990년 이전 200만 명 수준에서 1990년 170만 명, 1991년 140만 명, 2002년 85만 명, 2009년에는 72만 명까지 감축되었다.[72]

북한의 공무원 수가 어느 정도인지는 정확히 파악된 것이 없으나 북한도 민간 부문의 자율성이 보장되지 않는 국가기관 위주의 시스템인 만큼 공무원 수가 과도한 상태일 것임이 분명하다. 통일 후 북한 공무원들에 대한 구조조정이 불가피하다는 얘기다.

결국은 심사과정을 통해 업무능력과 자질을 인정받은 사람들을 재임용해야 할 텐데, 재임용에서 탈락하는 사람들에게는 계약제 공무원이나 시간근무제 같은 다른 형태의 선택지를 통해 실업의 충격을 줄여나가야 한다. 다만 심사과정에서 인권탄압이나 기타 형사처벌을 받아야 할 행위를 한 것으로 드러나는 사람들은 해고가 불가피할 것이다.

독일의 과거청산

지금부터는 과거청산 문제에 대해 살펴보자. 먼저 독일의 사례이다.

통일된 독일에서도 동독 지역에서의 과거청산이 주요한 문제로 대두되었다.[73] 독일 정부는 동독 공산정권에 의한 인권 탄압이나 불법 행위를 처벌함으로써 불행했던 과거를 청산하고자 했다. 구체제에서 비난받을 일을 한 사람들이 아무런 단죄를 받지 않을 경우, 구동독 지역 주민들이 새 체제에 대해서도 불신을 가지게 될 것이기 때문이었다.

통일독일은 구동독 체제에서 인간의 존엄성을 유린하고 인간의 기본권에 대해 불법행위를 한 자들을 처벌하는 작업을 대대적으로 진행했다. 과거 동독 집권층에 대한 조사가 이루어져 호네커 전 서기장과 슈토프 전 총리, 케슬러 전 국방장관, 밀케 전 국가안전부 장관 등이 주민 살해 등과 관련된 혐의로 구속되었다. 크렌츠 전 당서기장 등 정치국원 6명은 동독 탈출자들에게 발포명령을 내린 혐의로 기소됐고,

탈출 주민들을 직접 사격한 국경수비대원과 장교 등에게도 중형이 선고되었다.

구동독 체제를 유지하는 데 중요한 역할을 했던 관료들을 배제하기 위한 작업도 진행되었다. 동독 행정기관 근무자들이 재임용을 희망할 경우 심사가 이뤄졌는데, 국가안전부슈타지 등 국가보위기구 근무자와 공산당과 공산 체제 수호를 위해 적극적으로 활동한 자 등은 즉시 해고가 가능하도록 했다. 판검사들의 경우도 공산 독재 정권과 사회주의 체제 유지를 위해 하수인으로 활동했다는 이유로 상당수가 재임용에서 탈락했다.

가해자 처벌과 함께 피해자 구제 작업도 진행되었다. 정치적 기본권과 인권에 반하여 처벌됐거나 유죄 판결을 받은 자, 동독 관청의 행정행위로 불이익을 받은 자 등에게 형법적, 직업적, 행정법적으로 구분해 복권과 보상이 실시됐다.

통일한국의 과거청산

북한에 대한 과거청산[74]은 주로 극악한 인권침해범죄에 대한 단죄방식으로 진행돼야 할 것이다. 정치범수용소로 대변되는 인권침해 외에도 북한 내에서는 즉결처형과 살인, 강간, 폭행, 고문, 강제낙태, 인신매매, 강제이주, 신념과 표현의 권리 박해, 종교박해 등 수많은 인권침해가 존재하고 있음이 탈북자들의 증언을 통해 확인되고 있다. 특히, 이런 인권침해 범죄들이 국가 공권력에 의해 조직적으로 자행되고 있는 것이 북한 체제의 특징이다.

이런 인권침해 행위가 광범위하게 존재했음에도 통일국가에서 이에 대한 청산이 제대로 이루어지지 않아 인권침해 가해자들이 거리를 버젓이 활보하고 다닐 경우 북한 주민들이 통일에 대해 협력적이기는 힘들 것이다. 대표적인 인권침해 가해자들에 대한 진상규명과 단죄를 진행하는 절차가 없다면, 북한 사회 내에서 통일국가에 대한 신뢰가 저하되고 통일에 대한 회의감마저 생길 가능성이 있다. 모든 것을 덮고 넘어가는 것이 능사는 아니라는 것이다. 때문에 과거청산은 불행했던 과거에 대한 청산작업이지만 동시에 미래지향적인 의미를 가지고 있다. 불행했던 과거의 역사와 사건들에 대한 해소과정을 통해 사회통합과 국가발전의 토대를 마련해야 하는 것이다.

다만 이런 과거청산이 또 다른 갈등 유발 요소로 작용하지 않게 하기 위해서는 극악한 인권침해범죄는 단죄하더라도 전반적으로는 처벌과 대립보다는 참회와 용서, 화해를 통한 사회통합과 국가발전을 도모할 필요가 있다. 일반적으로 피해자와 가족들은 가해자에 대한 강력한 처벌을 요구하고, 국가는 사회통합과 발전을 위해 진실규명과 화해, 용서를 강조하는 경향이 있는데, 이로 인한 갈등이 불거지지 않도록 잘 조율할 필요가 있다.

과거청산이 이러한 의미를 갖고 있다 하더라도 실질적인 과거청산이 어떻게 진행될지는 통일 당시의 정치적, 사회적 환경에 따라 달라질 것이다. 만약, 통일이 급진적 방식으로 이뤄질 경우 과거청산도 즉시 강도 높게 진행될 가능성이 높다. 일제의 패망으로 인한 해방, 히틀러 독일의 패퇴로 인한 프랑스의 해방, 대중시위에 의한 동독 정권의 붕괴 등과 같은 혁명적 방식으로 체제 전환이 이뤄질 경우, 과거사의 잔재를 청산하라는 요구가 즉각적으로 강하게 제기될 수밖에 없고 청산 대상자들도 강도 높은 처벌에 처해질 가능성이 높다.

하지만 통일이 완만하고 점진적인 방식으로 진행된다면 과거청산의 시기는 늦어지고 처벌 강도도 약해질 가능성이 높다. 체제 통합이 점진적인 방식으로 진행된다면 기존 기득권 세력이 어느 정도 유지되는 상황에서 체제통합이 이뤄질 가능성이 높기 때문이다. 때문에 과거청산의 수준은 해당 시기의 정치적 사회적 환경과 해당 지역 주민들의 이해관계를 반영해 전개될 수밖에 없다.

아울러 과거청산은 1차적으로 북한 주민 스스로에 의해 이뤄지게 하는 것이 바람직하다. 해당 지역 주민들의 별다른 요구가 없는데 외부에서 과거청산을 강제하는 경우, 주민들이 외부 세력의 간섭에 대해 거부감을 가질 가능성이 높다. 북한의 경우 극악한 인권침해 사례에 대해 당연히 과거청산 요구가 있을 것으로 보이지만, 어디까지나 청산의 에너지는 북한 내부에서 분출되게 하는 것이 좋다. 북한 내에서 과거청산에 대한 요구가 일어날 때 통일정부가 이를 받아 구체적인 사법적 절차 등을 진행하는 것이 바람직하다. 독일의 과거청산도 서독정부가 주도했다기보다 동독 주민들의 의사에 따라 진행되다가 주된 역할을 통일독일 정부가 담당하게 된 것이다.

본격적인 과거청산 작업에 들어가면 청산 작업을 담당할 기구가 필요하다. '과거사청산위원회'라는 명칭은 너무 과격하게 들리는 면이 있으므로, '인권침해청산위원회'(가칭)와 같은 명칭이 어떨까 한다. 이는 과거 북한 정권에서 있었던 모든 행위를 들여다본다기보다 극악한 인권범죄 행위에 대해 책임을 묻는다는 취지를 좀 더 명확히 한 명칭이다. 과거 북한 정권의 실정법에 따라 행해진 행위를 새로운 통일국가 기준에 맞지 않는다고 하여 모두 처벌 대상으로 삼기는 어려울 것으로 보인다. 독일에서도 통일 직후 구동독 시절 불법판결에 관여한 판검사들에 대해 일부 유죄판결이 내려지기도 했지만, 판결 내용이 인간 존엄에 대한 명백하고 심각한 침해가 아니라면 동독 판사들이 동독법에 의거해 판결한 것을 처벌할 수 없다는 취지의 판결이 나온 이후 법조인 처벌이 주춤해졌다고 한다.

새로운 기구가 만들어지려면 특별법 제정 등을 통해 권한이 부여되어야 한다. 위원회가 가해자 조사를 담당해야 할 텐데 조사권과 사법처리권을 어느 정도로 부여할 것인지, 또 어느 시기의 어떤 범죄에 대해 조사를 진행할 것인지, 상당한 과거의 범죄까지 처벌한다면 '시효' 문제는 어떻게 해결할 것인지, 위원회 구성은 어떻게 할 것인지 등에 관한 법적인 근거가 필요하다.

위원회의 구성에는 피해자 집단뿐 아니라 양심적인 지식인 집단, 시민사회, 인권전문가 등이 포함되어야 할 것이다. 공산당에 협력했다는 이유만으로 처벌할 수는 없지만 즉결처형, 살인, 강간, 폭행, 고문, 강제낙태, 인신매매 등 극악한 반인륜적 범죄는 반드시 처벌 대상에 포함돼야 한다. 가해자의 경우에도 권력핵심인지 간부계층인지 단순 가담자인지 등에 따라 다른 기준을 적용해야 할 것이다.

과거청산이 보복을 위한 것은 아닌 만큼 처벌은 최소화하되 가해자들이 주요 공직에 재임용되는 것은 방지해야 한다. 인권침해의 가해자들이 새로운 통일국가의 주요 직위를 차지한다는 것은 통일국가의 정통성과 피해주민들의 통일국가에 대한 신뢰감 형성에 마대한 해를 주기 때문이다. 혹시 자료의 미비로 재임용된 인사가 있다 하더라도 심각한 인권침해 행위가 드러날 경우 직위를 박탈해야 한다.

아울러, 과거청산은 언론의 취재 보도와 함께 가야 할 부분이다. 위원회가 아무리 자료를 수집하고 피해자 증언을 듣는다 해도 물리적 한계가 있는 만큼, 언론을 중요 구성원으로 동참시켜 필요한 청산 작업이 이뤄지게 해야 할 것이다.

인권침해 피해자들에 대한 복권도 이뤄져야 한다. 정치적 범죄의 경우 사안을 검토해 형사복권이 이뤄져야 한다. 보상의 필요를 제기하는 시각도 있으나, 기존 체제의 피해자들에 대해 새로운 통일국가에서 물질적 보상을 해 줄 수 있을 지는 의문이다. 통일 초기 통일비용이 들어가야 할 부분이 한두 곳이 아닌데, 보상을 해 줄 피해자 선정도 쉽지 않거니와 피해자들에게 의미 있는 보상을 해 줄 정도의 예산을 확보하기도 쉽지 않아 보인다. 하지만 인권침해 피해자들이 심각한 정신적 후유증을 앓고 있다면 사회적응 훈련이나 외상 후 스트레스 장애, 고문 후유 장애 치료 프로그램 등을 통해 도움을 줄 수 있을 것이다.

이 같은 과거청산을 위한 기초작업으로 탈북자들을 대상으로 한 인권침해 기록작업이 진행 중이다. 북한인권법 제정에 따라 통일부 내 북한인권기록센터에서 탈북자들을 대상으로 인권침해사례를 조사해 기록한 뒤 자료를 법무부로 이관하고 있다. 통일이 되면 북한 지역 주민들을 대상으로 인권침해 조사 작업이 광범위하게 진행돼야 하겠지만, 3만 명이 넘는 탈북자들을 대상으로 한 인권침해 조사자료도 통일 뒤 과거청산 작업의 중요한 기초자료로 활용될 수 있을 것이다.

4

수돗물 먹으면 배탈,
대동강엔 죽은 물고기

물 문제, 사유화, 사회갈등

북한의 각종 인프라가 열악한 상황이라는 것은 대체로 알고 있는 사실이다. 철도와 도로 등 교통 인프라가 안 좋은 것은 물론이고 전력, 통신 등 국가의 기간 시설 전반이 부실해 통일 뒤에는 대대적 개선이 필수적인 상황이다. 여기서는 우리 피부에 직접 와닿는 물 문제를 통해 북한 인프라의 열악한 상황을 살펴보도록 하겠다.[75]

북한은 경제가 침체되면서 수도 부문의 투자가 거의 중단된 상태이다. 정수시설과 수도관 등이 노후화되고 수질관리가 제대로 이뤄지지 않는 것은 물론이고 전력이 부족하다보니 고지대로의 물 공급도 어려운 실정이다. 애초 북한의 수도는 국가계획에 따라 체계적으로 개발된 것이 아니라 자력갱생에 의한 개발이 진행됐는데, 자금 부족과 전력 부족으로 기존 시설마저 유지가 힘든 상황인 것이다.

좀 더 구체적으로 살펴보자. 정수장의 경우 1960년대 동독에서 상당한 투자를 해 준 부분이 있지만 아직까지도 일제강점기에 건설한 것을 그대로 사용하는 곳도 있다. 대부분 1단계 침전, 2단계 소독 방식으로 정수하나 염소 부족으로 소독을 하지 못하는 경우도 많다고 한다.

자금 부족으로 정수장 관리가 제대로 안 되는 상황이니 수질관리도 제대로 될 리 없다. 수원지나 정수장에서 수질검사를 한 뒤 결과가 좋지 않으면 적절한 조치가 취해져야 하지만 별다른 조치가 없는 실정이다.

상수도관에도 문제가 많다. 상수도관은 대부분 주철관인데 노후화됐을 뿐 아니라 누수도 상당하다. 특히 시, 군 지역에는 공동수도관만 설치된 곳이 많은데, 주민들이 자체적으로 공동수도관에 비닐관을 연결하고 용접한 뒤 시멘트 등으로 적당히 처리해 누수가 심하다고 한다.

이렇다 보니 물은 끓여 먹지 않으면 안 되는 수준이다. 북한에서는 수도가 설치된 곳이라도 물 공급이 24시간 되지 않는 곳이 대부분인데, 물 공급이 재개될 때에는 초기에 '녹물'이 나온다고 한다. 또 여름철에 수돗물을 그대로 먹었다가 배탈이 나는 사례도 많다고 한다.

이런 수준이나마 수도가 가옥별로 설치된 곳은 평양과 개성 등 대도시 지역에 불과하다. 일반 시, 군 지역의 경우 앞서 언급한 것처럼 공동수도관만 설치된 곳이 많고, 농촌 지역에서는 우물이나 졸짱_{땅 속에 관을 박아 수동펌프로 물을 끌어올리는 설비}을 이용하고 있다. 가옥별로 수도가 설치된 대도시도 하루에 몇 시간씩 시간제로 수돗물이 공급되고 있다.

전력부족도 수도가 열악한 원인 중 하나다. 전력이 부족하다 보니 정수시설 등이 제대로 가동되지 않고, 고지대로 물을 끌어올리지도 못한다. 아파트의 경우 위층까지 물이 공급되지 않아 1층에 내려와서 물을 길어가는 경우가 많다고 한다.

하수도 상황은 상수도보다 더 열악하다. 먹는 물 관리가 안 되는 실정인데 버리는 물 관리가 될 리가 없다.

생활오수는 물론 산업폐수도 대부분 강물에 무단 방류되고 있다. 대도시에는 하수처리장이 있다고 하지만 시설 노후화와 부품 부족으로 제대로 가동되지 않는 것으로 보인다. 전력부족도 하나의 원인이다.

하수처리가 잘 안되면서 북한의 강들은 심각한 오염 상태에 처해 있다. 대동강에서는 평양 시민들이 버리는 오수로 인해 물고기가 죽어 떠오르는 광경이 수시로 목격된다고 한다. 압록강과 두만강은 북한과 중국에서 흘러드는 생활오수와 산업폐수로 인해 식수로 사용이 곤란할 정도로 강물이 오염되었다 하고, 원산만 연해에서는 어패류와 해조류가 아예 멸종됐다고 한다.

지하수 오염도 심각하다. 북한의 경우 아직 상당수가 재래식 변소를 사용하고 있는데, 정확한 통계는 없지만 분뇨의 80% 가까이가 하수 처리가 되지 않는다는 연구결과도 있다. 수거한 분뇨는 대개 퇴비로 밭 등에 뿌려지는데 기생충 등 위생 문제도 심각하다고 한다.

관리되지 않는 하수는 환경오염도 문제지만 먹는 물의 질에도 영향을 미친다. 오염된 물이 상수원을 위협하기 때문이다. 수돗물을 그대로 먹었다가 배탈이 나는 경우가 많다는 것은 정수시설이 제대로 가동되지 않는 것이 기본 원인이겠지만, 그 이전에 상수원이 심각하게 오염돼 있음을 의미한다. 또, 수도시설이 제대로 구비가 안 돼 우물이나 졸짱을 많이 이용하는 현실에서 지하수 오염은 수인성 전염병의 위험을 높이고 있다.

문제는 이러한 문제들을 해결할 기본 자료조차 제대로 마련돼 있지 않다는 것이다. 아직까지도 일제강점기의 상하수도망을 그대로 쓰고 있는 경우도 있는데 상하수도망 도면이 아예 없는 곳도 있다고 한다. 예전 도면들이 6.25전쟁 등을 거치면서 사라졌기 때문이다.

북한의 상하수도 시설 개선을 위해서는 전력부족 문제를 포함해 상하수도 시설을 새로 구축해야 할 것으로 보이는데, 물 문제만 보더라도 북한 지역의 인프라 개선이 만만치 않은 과제가 될 것임을 시사하고 있다.

전통적 토지 사유화 방식의 재검토

앞서 몰수재산 반환 문제에 대해 살펴봤지만, 사유화 문제는 자본주의 체제로 전환되는 북한 지역에서 중요하게 추진되어야 할 과제이다. 사유화 과정이 중요하고도 복잡한 문제인 만큼 토지, 기업, 주택별로 사유화에 대한 많은 연구들이 이뤄져 왔는데, 여기서 살펴보려고 하는 것은 토지 사유화에 대한 부분이다.

전통적인 농경 사회에서 땅이란 재산의 거의 전부였고 농민들이 땅에 갖는 애착도 남달랐던 만큼, 토지 사유화는 이러한 농민들의 전통적인 소유 욕구를 충족시켜주는 방향에서 논의가 진행돼 왔다. 하지만 세상은 변했고 땅이 갖는 의미도 달라졌다. 이제는 내 땅을 갖게 됐다는 것에 연연하는 사람도 많지 않고, 앞으로 그러한 경향은 더욱 심화될 것이다. 그렇다면, 토지 사유화에 대한 접근 방식도 예전과는 달라져야 하지 않을까. 이 단락은 이 부분에 대한 문제 제기이다.

북한의 소유권은 크게 국가소유권과 협동단체소유권, 개인소유권으로 구분된다. 국가소유권은 그야말로 국가가 소유권을 갖는 것이고, 협동단체소유권은 협동단체 즉 노동자들의 집단적 소유를 말하는 것이며, 개인소유권은 사적 소유를 말하는 것이나 소비품에 국한된다. 개인은 토지나 주택에 대해 이용권만 가지고 있다. 텃밭에 대해서도 경작권만 인정된다. 토지 사유화란 이렇게 개인 소유가 인정되지 않는 토지를 개인이 소유할 수 있게 하는 작업을 말한다.

토지 사유화에 대해서는 일반적으로 농사를 지을 사람이 땅을 소유하게 하는 쪽이 바람직하다는 경제적 측면과, 실질적인 경작자에게 소유권을 넘겨줌으로써 정착을 유도하는 것이 북한 주민들이 남한으로 대거 이주하는 것을 막을 수 있다는 정치적 측면에서 논의가 진행돼 왔다.

먼저 경자유전耕者有田이라는 경제적 측면에서 살펴보면, 토지는 그 땅에서 농사를 지어 온 사람에게 소유권을 주는 것이 가장 자연스럽고 바람직하다. 구체적으로는 경작자가 계속 경작하는 조건으로 장기 임대 후 싼 가격에 매매하는 방식이 고려될 수 있다. 토지를 단순 무상분배하면 토지를 분배받은 사람이 바로 토지를 팔고 떠나버릴 우려가 있기 때문에 실질적인 경작의사가 있는 사람을 파악하기 어렵다는 측면을 감안한 방안이다.

정치적 측면의 토지 사유화는 토지 소유권 분배를 통해 통일 후 빌생할 수 있는 북한 주민들의 대거 남한 이주 사태를 막아야 한다는 측면과 연관된다. 경작을 하는 현 거주자에 한해 토지 소유권을 분배받을 기회를 줌으로써, 북한 주민들이 거주지에 그대로 머물도록 유도하자는 것이다. 통일 후 북한 주민들의 거주이전의 자유를 제한할 수 없다는 측면에서 본다면, 토지 사유화가 혼란스런 대거 이주를 막는 하나의 방편이 될 수 있다. 학자들은 경작을 하는 조건으로 땅을 살 수 있는 매입우선권을 주되 다른 곳으로 이주할 경우 매입우선권을 박탈하는 방안 등을 제시하고 있다.

하지만 이 같은 토지 사유화 방안이 현실적인지에 대해 비판적 검토가 필요해 보인다. 21세기인 지금은 땅을 조금이라도 가진 사람이 농사만 열심히 짓는다고 해서 편안히 먹고 살 수 있는 시대가 아니다. 또 해방 이후처럼 내 땅을 한번이라도 갖고 죽었으면 좋겠다는 시대도 아니다. 지금은 대규모 영농을 하거나 특화된 작물을 재배하지 않는 한 농사로 수지타산을 맞추기 어려운 시대이다. 단순히 경작자에게 토지 소유권을 준다는 개념으로 접근하면 영세농들이 대규모 파산 사태에 직면할 수도 있다.

경작자에게 소유권을 넘겨줌으로써 정착을 유도한다는 정치적 측면의 토지 사유화도 다시 생각해 볼 부분이 있다. 이는 북한 주민들을 현 거주지에 그대로 머물게 하는 것이 북한 지역 안정화와 개발에 도움이 될 것이냐의 문제와 연관된다.

통일 후 북한 지역을 특별행정구역으로 지정해 남북한 지역 간 한시적 분리가 이뤄지게 되면, 북한 주민들이 남한 지역으로 대거 이주할 우려는 사라진다. 북한 주민들의 남한 지역으로의 거주 이전의 자유가 한시적으로 제한되기 때문이다. 이렇게 되면 토지 사유화를 통해 북한 주민들의 정착을 유도한다는 것도 큰 의미가 없어진다. 북한 주민들이 북한 지역 내에서 꼭 고향에 머물도록 해야 할 필요는 없다.

오히려 북한 주민들이 새로운 일자리를 찾아 이동하게 해 북한 경제 개발에 활력이 되게 하는 방안을 검토해야 한다. 통합 초기 북한 지역의 경제개발은 건설경기가 주도할 수밖에 없을 것으로 보이는데, 농촌 지역 인구가 개발 움직임이 본격화되는 곳으로 이동해 필요한 노동력 공급이 이뤄질 수 있게 해야 한다. 철도와 도로, 항만, 공항 등 남북한 교통망 연결을 위한 건설과 주요 도시의 인프라 구축 현장이 주요 대상이 될 것이다.

북한의 농업 인구를 개발 현장으로 이동하게 하는 것은 농민들의 영세화를 막는 방법이기도 하다. 북한의 농업 인구 비율은 2008년 북한 인구 총조사 당시 36.8%2013년 기준 남한 농업인구 비율은 5.7%에 이를 정도로 과다한 상황인데 이 많은 농민들이 개별적으로 토지를 사유하게 되면 북한 지역에는 수많은 영세농들이 생겨나게 된다. 통일 이후 영세농의 양산은 북한 농민들에게도, 경제의 활력을 찾아야 하는 국가 전체적으로도 바람직하지 못하다.

따라서 북한 지역 토지 사유화는 대규모 부지에서 기업형 영농이 이뤄지는 방향으로 추진되어야 한다. 과다한 농업 인구는 구조조정을 통해 개발 현장으로 이동하게 하고, 농촌 지역에는 기계화를 통한 대규모 영농이 이뤄지게 해야 승산이 있다. 이를 위해서는 북한에서 토지를 갖게 된 사람들이 자기 땅을 팔 수 있어야 한다.

다만, 개발 이익을 노린 남한 사람들이 북한에 신출하게 될 경우 세상 물정 모르는 북한 사람들이 남한 투기 세력의 먹잇감이 될 우려가 있는 만큼, 남한 사람들에 대한 토지 매매는 제한적으로 허용할 필요가 있다. 일단 남한 사람에게 토지를 매매하는 것은 일정 기간 제한하면서 투자 목적의 토지 매매에 한해 예외적으로 허용하는 방안을 생각해 볼 수 있다.

투자 목적의 토지 매매라 함은 이를테면 남한의 대규모 영농법인이 대규모로 농사를 짓기 위해 토지를 매입하는 것을 말한다. 통일 이후 북한의 농업은 대규모 영농법인이 경제성 있는 규모로 농사를 짓게 해야 한다. 특수작물처럼 특별한 노하우로 경쟁력을 가질 수 있는 작물은 개인 경영도 가능하겠지만, 일반 작물의 경우 대규모 영농법인이 기업형으로 농사를 짓도록 해야 승산이 있다. 대규모 영농을 주도해 수익성을 확보할 수 있는 곳은 현실적으로 남한의 영농법인일 수밖에 없다는 점을 고려한다면, 북한에서 토지를 갖게 된 사람들이 영농법인에 땅을 파는 것은 허용할 필요가 있다.

토지를 분배받은 농민이 영농법인에 땅을 팔게 할 수도 있겠지만, 아예 대규모 영농이 필요한 부지는 농민들에게 땅 대신 돈으로 보상을 하는 방안도 고려해 볼 수 있을 것이다. 다만, 화폐가치가 안정되지 않았을 때 돈으로 보상하면 인플레이션으로 인해 손해를 볼 수도 있으므로 일정한 가치의 보상채권예, 쌀 ○○kg 가치을 지급한 뒤 화폐가치가 안정된 다음 보상금액을 지급하는 방법도 있을 것이다. 돈으로 보상을 받은 농민들이 원한다면 영농법인에 우선적으로 취업할 수 있도록 유도하면 좋을 것이다.

북한이 대규모 축산단지로 조성한 지역예, 세포지구도 해당 지역 농민들에게 사유화 차원에서 돈으로 보상하고, 경영은 남한의 대규모 축산법인이 담당하게 하는 방법을 고려할 수 있다. 마찬가지로 돈으로 보상을 받은 주민 가운데 원하는 사람들은 우선적으로 축산법인에 노동자로 취업하게 할 수 있을 것이다.

남북한 사회갈등 해소

남북한 통합과정에서 불거지는 문제는 하드웨어적 시스템에만 국한되지 않는다. 통합은 결국 남북한의 주민들이 하나가 되는 과정인 만큼, 통합 과정에서 발생하는 정서적 갈등을 해결하지 못하면 엄청난 분란이 생길 수도 있다. 하드웨어적 시스템은 당장은 어렵더라도 시간이 흐르고 정부 재정이 투여되면 해결될 수 있지만, 정서적 갈등은 심화되면 내란이나 폭동으로 이어질 수도 있다는 면에서 훨씬 어려운 문제이다. 또, 정서적 갈등은 단기간에 해법을 찾을 수 있는 것도 아니다. 남북한 지역 간에 생길 수 있는 주민 갈등을 효과적으로 제어하지 못한다면 통합 과정 자체가 어그러질 위험성도 있다.[76]

남북한 주민 통합과정에서 생겨날 수 있는 갈등의 단면을 우리는 탈북자들의 정착과정에서 살펴볼 수 있다. 국내에 정착해 살고 있는 탈북자들은 남한 사회에서 살면서 탈북자라는 이유로 차별받거나 무시당한 경험이 있다고 말한다. 똑같은 일을 해도 임금 등에서 차별을 받기도 하고, 채용 과정에서도 탈북자라고 하면 피해를 보게 된다고 말한다. 탈북자가 한국 사회의 엄연한 구성원이자 동등한 국민이 아니라 2등 국민에 해당된다는 하소연도 나온다. 남한 사람 입장에서는 탈북자들의 업무능력이 떨어지기 때문에 차별을 둔다고 발할지 모르지만, 북한 출신이라는 이유로 차별을 받는 것을 탈북자들이 이해하기는 어렵다. 탈북자들 중에는 다시 북한으로 돌아가고 싶다는 사람들도 있다고 한다.

언뜻 생각하기에 못 먹고 못사는 북한 사람들에게 먹을 것과 입을 것을 주고 자유와 민주주의를 안겨 주면 고마워할 것이라고 생각할지 모르지만, 먹고사는 걱정에서 벗어나게 되면 가장 참기 힘든 것이 차별과 무시이다. 탈북자들은 남한 사회에서 수가 적기 때문에 북한으로 돌아가고 싶다는 하소연을 하는데 그치고 있지만, 통합 과정에서 북한 사람들이 느끼는 차별과 무시가 누적되면 어떤 사태가 일어날지 모른다.

남북한 주민들의 기본적인 문화와 인식의 차이 또한 남북통합을 우려스럽게 만드는 것 중의 하나이다.

남북한이 반만년 동안 한민족으로 살아왔다고는 하지만, 분단 70년을 넘어가면서 많은 부분에서 차이점이 생긴 것도 사실이다. 특히 북한 사회는 김일성 일가의 독재와 우상화 교육이 몇 십년 동안 계속되면서 북한 주민들을 김 씨 일가의 노예로 만들어 놓았다. 우리로서는 이해하기 힘들지만 비가 오면 내 옷보다는 김일성의 초상화가 젖을까 걱정하고 김일성의 혁명사적지를 방문하고 김일성을 기리는 노래를 들으면서 눈물을 흘리는 일이 실제로 일어나고 있다. 물론, 나이를 먹고 외부의 소식을 이리저리 들으면서 김 씨 일가에 대한 충성도가 낮아지기는 하지만, 북한 사회와 주민들 사이에서 김일성 일가가 가지는 절대성은 무시할 수 없는 수준이다. 특히 우리가 6.25전쟁의 원흉이라 생각하는 김일성에 대한 북한 주민들의 호감도는 상당히 높은 편이다. 김일성이 항일무장투쟁을 했고 김일성 시대에는 그래도 먹고살기 좋앞다는 인식들 때문이다. 이런 상황에서 통일이 돼 남한 사람들이 김씨 일가를 무조건 비하하면 일상생활의 곳곳에서 싸움이 벌어지고 서로가 서로를 이해하지 못해 감정의 골이 깊어질 수도 있다.

북한은 또한 엄청난 가부장적 사회이다. 예전보다 덜해졌다고는 하지만 아버지 밥에만 계란 반찬을 올리고 반찬 뚜껑을 여자들이 열어줘야 하는 것이 당연시됐던 사회이다. 통일로 남녀 평등 문화가 북한에 전파되면 북한 가정 내에서 상당한 분란이 생길 가능성도 있다. 또, 남녀 평등에 대한 인식 차이는 남북한 주민들 사이에 갈등의 소재가 될 수도 있다.

6.25전쟁이 일어난 지 벌써 70년이 지났지만 전쟁의 상흔을 안고 사는 사람들이 여전히 존재한다는 것도 감안해야 한다. 6.25전쟁에서 가족을 잃은 사람들은 휴전선의 반대편 사람이라는 이유만으로도 무조건적으로 적대적인 경우가 있다. 이것은 남한이건 북한이건 마찬가지다. 남북한 주민들이 교류하게 되면 다툼이 일어날 가능성이 있는 것이다.

이 밖에도 계약 관계에 익숙하지 않은 북한 사람들이 새로운 자본주의 체제에서 사기 등 경제적 피해를 입게 될 가능성, 북한 여성들이 돈을 벌기 위해 남한으로 내려왔다가 유흥업소 등에 팔려 다니는 피해를 보게 될 가능성 등 남북한 주민 간 갈등의 소재가 될 일들은 한두 가지가 아니다. 한 탈북자는 필자에게 "지금 당장 남북한을 합쳐놓으면 결국 폭동과 내란으로 가지 않겠느냐"고 말하기도 했다.

앞서 통합 초기 남북한 지역의 한시적 분리가 필요한 이유로 자본주의 체제에 익숙하지 않은 북한 주민들에게 적응의 시간을 주는 의미가 있다고 밝힌 적이 있다. 적응의 시간이란 남한 주민에게도 북한 주민에게도 서로에 대한 이해를 높이고 정서적 갈등을 완화하는 계기로 작용할 것이다. 하지만 아무리 한시적 분리 기간을 거친다 해도 모든 문제가 해결되는 것은 아니기 때문에, 남북한 주민들의 사회적 갈등을 해소하려는 노력은 통일정부가 주안점을 갖고 꾸준히 추진해야 할 과제이다.

5

희망이 아니라
짐이 돼 버린 교육

남한 사회 이식은 답이 아니다

이 장에서 살펴보려고 하는 것은 남한 사회의 구조적 문제점들에 관한 부분이다. 통일에 대해 논하는 책에서 왜 갑자기 남한 사회의 문제점들을 살펴보는 것인지 의아할 수도 있다. 그러나 통일이 남한 사회의 문제점들을 북쪽으로 단순히 확장시키는 계기가 되어서는 곤란하다고 본다면, 우리 사회의 문제점을 진단하고 개선책을 찾아보려는 노력도 필요하다. 통일이 우리 사회의 업그레이드 계기가 되기 위해서는 남한 사회의 문제점들을 짚어볼 필요가 있는 것이다.

하지만 이것만으로는 부족하다. 제4차 산업혁명으로 일컬어지는 전 세계적 차원의 변화는 남한 사회든 통일한국이든 이전과는 다른 차원의 변화에 적응하도록 강제하고 있기 때문이다. 통일이 우리의 미래를 준비하는 작업이라고 본다면, 통일 과정에서 남한 사회의 문제점들을 개선하려는 노력과 함께 미래의 사회구조 변화 가능성까지 고려하는 것이 필요하다. 이 장부터 세 개의 장은 여기에 관한 이야기이다.

과도한 교육열

남북한 모두 교육열은 엄청난 수준이다. 남한에서 교육의 목표는 교육을 통한 계층의 유지 혹은 상승에 있다. 단계별 교육은 남보다 상대적 우위를 점하기 위한 것으로 상대방보다 나아지는 것이 목표이기 때문에 학력을 향상시키려는 의지의 종착점은 없다.[77]

학력 향상을 위한 끝없는 경쟁은 초등학교 전 단계에서부터 시작된다. 의무교육이 초등학교부터 시작되므로 누구나 초등학교에 입학하면 교육과정을 이수하는데 문제가 없어야하지만, 초등학교 교육은 아이들이 이미 한글을 배워왔을 것이라는 전제하에 시작된다. 선택사항이어야 할 유치원 교육이 사실상 필수과정이 돼 초등학교 입학을 위한 준비교육이 이뤄지고 있기 때문이다. 이런 상황이라면 유치원 교육이 의무교육에 들어가 있어야 한다. 유아교육이 아이들의 사회성과 인성을 함양하는 데 초점이 맞춰져야 한다는 말은 허울 좋은 명제가 돼 버렸다.

학교에 들어가도 사교육이 일상화돼 있다. 학생들은 학원에 매달리고 이에 따라 학교급별 교육수준이 지속적으로 높아지면서 도태되는 학생은 계속 늘어난다. 사교육이 일상화되고 그것을 뒷받침하는 가정의 역할이 커질수록 경제적으로 취약하고 가정 내 돌봄이 제대로 뒷받침되지 않는 학생들의 문제가 부각된다. 다문화가정 자녀가 늘고 있는데 부모 중 한 명이 모국어를 잘 구사하지 못해 소통의 문제가 생기고 사교육도 제대로 받지 못해 아이들이 도태되고 중산층과 갈수록 격리될 가능성이 높아진다.

대학졸업장이 갖는 사회적 가치가 하락하고 있음에도 여전히 모두가 대학에 가려 한다. 2008년 기준으로 고등학교 졸업생의 83.8%가 대학을 갔고, 2012년 기준으로는 고등학교 졸업생의 71.3%가 대학에 진학했다고 한다. 박사 학위는 해당분야의 전문가임을 의미하지만 박사가 된다고 취업에 유리한 것도 아니다. 아니, 오히려 박사가 일반적인 취업시장에서는 불리하다. 한마디로 우리 사회는 너무 고학력 인플레 현상에 처해 있다.

대학졸업자는 눈높이가 높아져 웬만한 직장에는 가려하지 않고 가더라도 오래 적응하지 못한다. 고학력 사회가 되면서 사회적으로 꼭 필요하지만 힘든 일을 하려는 사람들이 사라지고 있다. 1950~1960년대에는 교육이 희망이었는데 2000년대 들어서는 교육이 짐이 되고 있다. 교육을 받아도 걸맞은 직업이 없으면 희망이 없게 된다.

남한 사회의 과도한 사교육은 학생들에게 과도한 학업 부담으로 신체적, 정서적으로 폐해를 주고 가정에는 경제적 부담으로 작용한다. 2013년 사교육비 총지출액은 연간 18조 6,000억 원에 이른다고 한다. 아이 키우는데 교육비가 많이 들다 보니 출산을 꺼리게 되고, 중장년 세대는 교육비를 대느라 노후대비를 못해 노후에 빈곤층으로 전락할 우려가 커진다. 사교육비를 부담할 수 있는 계층과 그렇지 못한 계층에 따라 교육에서도 양극화가 심해지고 이런 사교육이 입시에까지 영향을 미칠 경우 장기적으로 사회 양극화의 난초가 된다.

사람들이 사교육에 매달리는 이유로는 여러 가지가 거론된다. 공교육 부실과 내 자녀가 다른 자녀보다 앞서가야 한다는 지나친 경쟁심리, 주변에서 다 시키니 어쩔 수 없다는 수동적 방어심리와, 학부모의 불안 심리를 이용한 학원들의 불안 마케팅, 사교육이 성적 향상에 효과적일 것이라는 학부모들의 믿음 등이 그것이다. 하지만, 이 모든 것을 관통하는 가장 중심적인 이유는 대학, 그것도 명문대학에 들어가기 위해서이다. 서열화된 대학 구조와 학벌을 중시하는 사회 풍토, 명문대에 들어가야 취업이나 출세에서 유리하다는 사회적 인식이 사교육을 근본적으로 부추기는 원인이다. 실제로 대졸과 고졸 간 임금격차, 또 대기업과 중소기업 간 임금격차가 상당 부분 존재하면서 어떻게든 명문대에 들어가 대기업 같은 이른바 좋은 일자리를 가지는 것이 사회적으로 중요한 과제가 되었다. 한국교육개발원이 2010년 실시한 여론조사에서 48.1%가 '학벌과 연줄'이 개인 성공과 출세에 가장 중요하다고 응답했다고 한다.

취업난

일할 생각만 있으면 일자리 찾기가 그리 어렵지 않던 시기가 있었다. 대한민국 경제가 역동적으로 성장하던 시기에는 일자리 선호도에 대한 차이는 있었을지라도 취업이 심각한 사회 문제로 등장하지는 않았다.

하지만, 지금은 실업 문제가 전 사회적인 과제가 되었다. 대학을 나와도, 아니 대학 졸업자가 너무 많아짐으로 인해서 대졸자에 맞는 일자리 찾기는 더욱 어려워졌다. 청년실업의 심각성이 화두가 된 것이 한두 해의 일이 아니고, 취업이 되지 않아 연애, 결혼, 출산을 포기했다는 '3포 세대'라는 자조어까지 나오는 상황이 됐다.

청년실업 문제도 심각하지만 중장년 실업의 문제 또한 자영업 과포화와 빈곤 자영업자의 양산으로 이어진다는 측면에서 문제가 크다.[78] 명퇴 등으로 직장에서 나온 중장년층이 다시 직장을 잡기 어려운 상황에서 상당수의 중장년층이 자영업의 문을 두드리고 있다. 가정형편이나 건강으로 볼 때 아직 경제활동이 필요한 상황인데 임금근로자로 취업이 어렵기 때문이다. 고령자 가운데 60% 이상이 노후대책으로 근로를 희망한다고 하는데 나이가 많아 채용하겠다는 업체가 없는 실정이다.

이런 상황에서 너도나도 자영업 전선에 뛰어들면서 우리나라 자영업은 과포화 상태이다. 2015년 기준 자영업자 수는 556만 3,000명으로 자영업자 비율이 27%에 달한다. 이는 OECD 평균 16%보다 10%p 이상 높은 수치로 OECD 국가 중 자영업 비중이 높은 나라 상위 5위 안에 들어간다.

자영업 과포화로 과도한 경쟁에 시달리면서 상당수가 심각한 경영난에 처해 있고, 2012년 8월 기준으로 사업체 유지기간이 3년 미만인 자영업자 비율이 26%에 달하고 있다. 4명에 1명꼴로 자영업을 시작한 지 3년도 되지 않아 문을 닫는다는 뜻이다. 전체 자영업자의 가구당 평균소득은 근로자 가구당 평균소득의 3/4 수준이라고 한다.

자영업 전선에 뛰어들었다 철수하게 되면 투자비용을 대부분 날릴 가능성이 높다. 직장 퇴직 시 받았던 퇴직금 등 보유자산을 일시에 소진히고 빈곤층으로 전락할 기능성이 높은 것이다.

높은 주거비

고등학교나 대학교를 졸업한 사람이 취직해서 받은 월급으로 아무리 저축해도 서울에서 집 한 채 사기 어려운 곳이 한국이다. 서울에서 아파트 한 채를 구입하려면 월급 한 푼 안 쓰고 10년 이상 저축해야 한다는 말이 있었는데, 최근에는 10년이 아니라 평생 월급을 모아도 대출 없이는 집 사기 어려운 상황으로까지 집값이 폭등했다. 이러한 주거비 부담[79]은 청년들의 결혼과 출산을 주저하게 만드는 주요한 원인 중의 하나로 작용하고 있다.

지금까지 주택정책의 목표는 크게 두 가지, 시장안정화와 경기활성화라는 측면에서 추진되어 왔다. 다시 말해 전체적인 경기 변동의 맥락에서 주택정책이 고려돼 온 것이다. 때문에 주택가격이 상승하고 투기 거래가 만연할 때에는 강력한 부동산 규제정책 등을 이용해 시장안정화 정책에 주력하고, 반대로 부동산경기가 침체된 때에는 부동산 규제를 완화해 경기활성화를 꾀하는 정책이 반복되어 왔다. 이런 현상이 반복되면서 추세적으로 집값은 계속 올라가고 월급을 모아서는 집 사기가 힘든 상황으로 점점 더 변화돼 왔다.

물론 주거시스템의 안정만 추구할 수 없는 현실적인 이유도 있다. 대한민국에서 집은 주거의 공간일 뿐 아니라 주요한 재산 중 하나이기 때문이다. 부동산경기가 안정 내지 침체돼 집값이 떨어지면 빚을 내서 집을 산 사람들이 '하우스 푸어'로 전락하게 된다. 또 집을 갖기 전에는 주거 문제가 심각하다고 느끼던 사람도 집을 갖고 나면 부동산 가격 상승을 바라는 기득권층으로 변화하기도 한다. 집값이 떨어져 개인자산이 감소하면 소비가 줄어들고 내수도 줄어 경제 전체가 침체에 빠지게 될 우려가 있다. 집값이 떨어지면 건설경기도 덩달아 침체될 우려도 크다.

이렇게 주택정책이 경기변동의 맥락으로 사고되고 집값이 추세적으로 계속 올라가면서 중산층이라고 생각하는 계층도 점점 집 사기 어려운 상황이 되어가고 있다. 역대 정부별로 임대주택 건설, 보금자리주택 건설, 행복주택 건설 같은 갖가지 주거안정화 정책을 펼쳐왔지만 저소득층이 주거를 마련하는 것은 여전히 지난한 과제이다.

집이 많아지면 주거 문제가 해결될 것이라고 생각할 수도 있으나 현실은 그렇지 않다. 사람들이 집을 주거의 개념뿐 아니라 재산의 개념으로 보고 있기 때문에 경제적 능력이 되는 사람들은 집을 몇 채씩 소유하기도 한다. 주택보급률은 2014년 기준으로 이미 103.5%를 기록해 주택 공급은 전체 수요자에 비해 부족하지 않은 상황이다. 그럼에도 불구하고 자가점유율은 71.7%(1970) - 58.6%(1980) - 49.9%(1990) - 53.3%(1995) - 54.2%(2000) - 55.6%(2005) - 54.2%(2010) - 56.8%(2015)로 50%대를 벗어나지 못하고 있다.

다주택자들의 주택 소유량은 점점 늘어나고 있다. 국세청과 행정안전부 자료에 따르면, 2016년 기준으로 부동산 가격 기준 상위 1%(13만 9,000명)가 보유한 주택은 90만 6,000 채로 1인당 평균 6.5채를 보유한 것으로 나타났다. 9년 전인 2007년에는 상위 1%(11만 5,000명)가 보유한 주택이 37만 채로 1인 평균 3.2채꼴이었는데, 9년 만에 평균 주택 보유 수가 2배 이상 늘어난 것이다. 2015년 11월 기준 전체가구의 44%에 해당하는 841만 2,000가구가 무주택 가구이고, 2013년 기준 전체가구의 9.7%인 171만 가구가 주거취약계층이라는 점을 고려하면 주거 불균형이 심각한 상태임을 알 수 있다. 주거취약계층이란 부적합주택 거주자나 비닐하우스, 판잣집 등에 거주하는 사람들을 말한다.

인구가 줄어들고 있으므로 장기적으로 주거 문제가 해결될 것이라고 생각할 수 있으나 반드시 그런 것은 아니다. 다주택자들의 주택 소유량이 점점 늘어나고 있는 것도 문제이고, 1인가구가 급증하고 있는 것도 변수이다. 결혼을 안 하고 독신으로 사는 가구도 늘고 있고, 고령화 사회로의 변화와 함께 노인 1인 가구도 증가하고 있는 추세이다. 2000년에는 전체가구 가운데 15.5%만이 1인 가구였지만, 2010년 23.9%, 2018년에는 29.3%까지 증가했고, 앞으로도 1인 가구는 더 늘어날 전망이다. 1인 가구 증가는 주택수요를 추가로 창출함으로써 인구감소로 인한 주택수요 감소를 상쇄하는 효과가 있을 것으로 예상된다.

또, 수요와 공급의 불균형 문제도 있다. 수도권에 2,000만이 사는 등 인구가 밀집돼 있기 때문에 전체적으로는 집 공급이 많아도 수도권 집값은 오를 여지가 있다. 서울 중에서도 교육특구라는 강남과 목동은 전입 수요가 많기 때문에 집값이 높아지고 있는 것이 단적인 예이다.

저출산

우리나라의 저출산[80]은 심각한 수준이다. 인구 현상유지에 필요한 출산율이 2.1명 수준이라고 하는데, 우리나라 출산율은 2005년 1.08명을 기록했고 이후에도 1.3명을 넘지 못하는 세계 최저수준의 출산율을 기록하다 2017년 1.05, 2018년 0.98, 2019년에는 0.92로 1 아래로까지 떨어졌다. 인구가 점점 줄게 되면 미래 세대가 짊어져야 할 복지부담이 커지는 것은 물론이고 나라의 생산력이 쇠락하면서 국력의 쇠퇴로도 이어질 수 있다.

현재 대한민국 저출산의 주요원인은 결혼 후 아이를 적게 낳는 것도 하나의 원인이지만, 결혼을 늦게 하거나 결혼 자체를 하지 않는다는 것이 큰 원인이다. 우리나라의 경우 결혼을 해서 가족이 형성되지 않으면 출산이 잘 이뤄지지 않는 경향이 큰데, 결혼을 통한 가정 형성이 예전에 비해 어려워지면서 출산율이 줄고 있는 것이다.

그렇다면, 젊은이들은 왜 결혼하기를 주저하는가? 앞서 살펴본 세 가지 요소, 즉 취업난과 비싼 주거비, 사교육비가 주요한 원인이다.

먼저, 취업난과 주거비의 문제를 보자. 결혼을 하려면 직장을 잡아 돈벌이를 통해 경제적으로 독립할 수 있어야 하는데, 요즘처럼 취업이 안 되면 선뜻 결혼을 생각하기 어렵다. 비싼 주거비도 결혼의 발목을 잡는다. 웬만한 직장을 가지고 있더라도 부모 지원이나 은행 대출 없이 신혼집을 마련하기는 쉽지 않다.

이런 난관을 극복하고 결혼한다 해도 아이들 교육에 들어갈 비용을 생각하면 출산을 쉽게 생각하기 어렵다. 아이를 키우는 데 드는 사교육비 부담이 만만치 않은 상황에서 둘, 셋씩 낳아 기르기란 쉬운 일이 아니다. 이런 현상이 고착화되어가다 보니 결혼은 필수가 아니라 선택이라는 가치관의 변화까지 생겨나고 있다.

결혼을 하고 나서도 비싼 주거비가 출산율에 영향을 미친다는 연구결과도 있다. 주택소유 접근이 어려울수록 출산에 부정적이라는 것이다. 주택가격 상승은 자가의 경우 출산율을 높이나 임대의 경우 출산율을 낮춘다. 또, 주택규모가 작을수록 출산율은 저하된다. 방이 적으면 아이를 많이 낳기 어렵다는 뜻이다.

　종합적으로 볼 때 취업난과 주거비 문제, 사교육비 부담이라는 구조적인 3대 원인이 해결되지 않는 한 저출산 문제를 해결하기는 쉽지 않다. 그리고 이러한 3대 구조적 원인 가운데 가장 핵심은 역시 일자리 문제이다. 일단 취업이 되어서 안정적으로 돈벌이를 할 수 있어야 주거 문제에 대해 고민하고 결혼과 출산을 생각하게 되기 때문이다.

6

누구나 인간다운 생활을
보장받을 권리가 있다

기본소득 vs 안심소득

앞서 살펴본 것과 같은 많은 문제점들이 남한 사회에 존재하지만, 이러한 문제점들에 대한 해결방안을 모색하는 데 있어서는 보다 거시적인 안목이 필요해 보인다. 언뜻 정부가 정책을 잘 펴면 되는 것 아니냐고 생각할 수 있지만, 그렇게만 접근할 수 없는 보다 구조적인 변화가 전 세계적으로 진행되고 있기 때문이다.

특히 저출산의 3대 구조적 원인 가운데 핵심인 일자리 문제는 우리나라만 당면하고 있는 것이 아니다. 제4차 산업혁명으로 일컬어지는 혁신적인 과학기술의 발전이 사회 구조를 근본적으로 변화시키면서 갈수록 인간의 일자리를 빼앗아가고 있기 때문이다. 이러한 도도한 흐름은 우리가 거부할 수 있는 것도 아니며, 이 같은 변화의 흐름에 어떻게 적응해갈 것인가 하는 것은 우리에게 선택이 아닌 필연적인 과제가 되고 있다. 여기서는 인공지능과 로봇 등으로 대표되는 제

4차 산업혁명의 흐름이 우리에게 어떤 의미를 주고 있는지 살펴보도록 하겠다.

자동화와 일자리 감소

컴퓨터와 기계에 의한 정보화, 자동화 시스템에 이어 로봇과 인공지능으로 대표되는 제4차 산업혁명[81]은 우리 사회에 많은 변화를 가져오고 있다.[82] 자동화로 인한 편리함이 생기는 것도 사실이지만 그러한 편리함과 함께 우리에게 다가오는 걱정은 많은 일자리가 사라지고 있다는 점이다. 인공지능은 이미 학습조교의 임무와 투자 자문, 의료 분야 등에서 실용화되고 있는데, 인공지능이 상용화되면 공장의 생산직이나 단순 서비스직 등 많은 일자리들이 사라질 것이라는 예측이다. 인공지능의 역량이 어느 정도인가 하는 것은 알파고와 이세돌의 바둑 대결에서 이미 증명된 바 있다.

제레미 리프킨Jeremy Rifkin은 『노동의 종말』이라는 저서에서 이미 기계가 사람을 대체해 생산현장에서 인간이 거의 필요 없는 세계가 올 것이라고 전망한 바 있다. "기계가 새로운 프롤레타리아다. 노동계급에게 해고 통지서가 발부되고 있다"는 경고처럼 4차 산업혁명의 시대에 일자리를 얻는 것은 매우 어려운 일이 될 가능성이 높아지고 있다.

한국고용정보원이 분석한 결과, 자동화에 따라 직무의 상당 부분이 인공지능과 로봇으로 대체될 위험이 높은 직업은 콘크리트공이나 정육원, 청원경찰, 환경미화원, 택배원, 주유원 같은 직종이었다. 업무를 수행하기 위해 단순 반복적이고 정교함이 떨어지는 동작을 하거나 사람들과 소통하는 일이 상대적으로 적은 것이 특징이다. 반면,

화가나 조각가, 사진작가, 작곡가 등 감성에 기초한 예술 관련 직업은 자동화로 대체될 확률이 상대적으로 낮았다.

4차 산업혁명이 진행된다고 해서 일자리가 없어지기만 하는 것은 아니다. 스마트폰 애플리케이션 개발자나 가상현실 전문가, 로봇공연 기획자처럼 새로운 시대에 맞춰 생겨나는 직업들이 있다. 문제는 새로 생겨날 직업은 고학력 전문직 직종이 될 가능성이 높다는 것이고, 사라질 직업에 종사하는 사람들의 상당수는 기술이나 학력이 낮아 다른 직업을 찾기가 쉽지 않을 것이라는 점이다. 즉, 단순직 일자리는 없어지고 고학력 전문직 일자리가 생겨날 것이라는 것인데, 이렇게 되면 단순직에 종사하던 사람들이 대거 실업자가 되면서 사회 양극화가 심해질 가능성이 높다. 실업자가 늘어나면 전체적인 수요가 줄어 경제도 불황이 될 뿐 아니라, 취업을 하지 못한 사람들이 결혼도 못하고 출산도 하지 못하면서 사회는 정체되고 불안해지게 된다. 또 이렇게 되면 취업이 더욱 어려워지면서 이른바 좋은 대학에 들어가기 위한 입시경쟁은 더 심해지고 사교육은 횡행하면서 우리의 삶을 옥죌 가능성이 높다. 4차 산업혁명에 따른 자동화를 좋아만 할 것이 아니라, 우리 사회의 일자리 문제를 어떻게 해결하고 사회의 안정성을 높일 것인지 고민해야 되는 것이다.

물론, 주민등록 전산화나 인공지능에 의한 암 진단, 수술용 로봇처럼 사람보다 기계가 하면 더 효율적인 일은 자동화하는 것이 필요하다. 하지만, 매표나 주차관리, 경비 등 사람이 해도 되는 일은 사람이 하게 만들어서 실업을 줄이는 것도 필요해 보인다. 기술발전에 따른 자동화를 우선으로 할지, 적절한 수준의 고용 유지를 위해 인간이 할 영역을 남겨 놓을지 사회적 합의가 필요하다.

2016년 초 다보스포럼에서 나온 '직업의 미래' 보고서에 따르면 자동화 직무 대체는 2020년 전후에 시작될 것이라고 했다. 2020년까지 인공지능과 로봇의 영향으로 전 세계적으로 일자리 710만 개가 사라지고 200만 개가 창출돼 결과적으로 약 510만 개의 일자리가 사라진다는 것이다.

2009년도 「뉴스위크」는 '일본, 산업자동화 국가 맞아?'라는 제목으로 일본에 관한 기사를 실은 적이 있다. 일본의 공장들은 높은 수준으로 자동화돼 있는데 상점이나 음식점, 호텔, 사무실 등에 가면 손님에게 인사하고 방향을 알려주며 엘리베이터 버튼을 대신 눌러주는 사람들이 매우 많다는 것이다. 비효율적인 인력 사용이 많다는 것인데 이는 고용을 늘리려는 사회적 욕구와 연관돼 있을 것이다. 이런 방식의 고용 증진이 바람직한 것인지는 의문의 여지가 있지만, 자동화와 일자리 감소는 우리 시대가 안고 있는 중요한 화두이다.

일자리 나누기와 근로시간 단축

무조건적인 자동화 대신 사람 손으로 할 수 있는 일은 사람이 하게 하는 방식으로 고용을 늘린다 하더라도, 이런 방식으로 4차 산업혁명이 불러오는 자동화의 물결에서 고용을 유지하기는 쉽지 않다. 일자리를 늘리기 위한 새로운 고민이 필요하다는 것인데, 고용을 유지 또는 창출하기 위한 방편으로 흔히 거론되는 것이 '일자리 나누기'이다.[83]

'일자리 나누기Work Sharing'는 경기불황 국면에서 감원이 필요할 경우 고용을 줄이는 대신 근로시간 단축이나 시간당 임금을 삭감해 전체적인 노동비용을 감소시킴으로써 고용을 유지해 실업의 고통을 방지하는 개념이다. 실업률이 증대되면 가정파탄과 자살, 범죄, 약물중독 등 사회적 혼란이 커지고 소득세 감소와 사회보장 급부 증가 등 정부의 재정 악화, 결혼 기피와 저출산 등으로까지 연결되는 만큼 다소간의 임금 조정을 통해서라도 고용을 유지하는 것은 사회의 건강성 유지를 위해서도 긴요한 과제이다. 긴 근로시간을 줄여 하나의 일자리를 두 개의 일자리로 나눌 수 있다면 일자리 나누기는 고용 유지를 넘어 고용 창출까지 기여하는 개념이 된다.

일자리 나누기를 위해 기업이 일정 정도 비용 부담을 감수한다 하더라도 노동자들 입장에서 임금 감소가 생계비 수준 이하로 내려가면 곤란할 것이기에 일자리 나누기는 저임금 노동자보다는 고임금 노동자 집단을 대상으로 실시될 때 효과적이다. 일자리 나누기를 위한 노동시간 단축이 가능하려면, 노동시간 단축의 대상이 되는 노동자들이 임금감소를 감수할 수 있을 정도의 임금수준에 도달해 있느냐가 핵심이다.

일자리 나누기의 사례로 독일 폭스바겐 모델이 많이 거론되는데, 폭스바겐에서 일자리 나누기가 가능했던 것도 임금수준이 비교적 높았기 때문이라는 분석이다.

폭스바겐은 주당 근로시간 28.8시간제를 도입해 근로시간을 대폭 줄였다. 급격한 노동시간 단축을 통한 고용유지와 줄어든 노동시간에 따른 임금감소를 사용자와 노동자들이 받아들인 것이다.

다만 충격을 줄이기 위해 노동시간 단축은 즉시 실시하되 임금조정은 3단계로 나누어 실시했다. 1단계로 월급은 유지하되 휴가비와 연말특별상여금 등을 삭감했고, 2단계로 임금을 동결해 실질임금 하락을 감수했으며, 3단계로 시간당 휴식시간을 5분에서 2.5분으로 줄여 노동조건 악화를 일부 수용했다. 폭스바겐은 이 밖에 노동시간계좌제를 도입해 초과노동에 대한 현금지급을 줄였다. 즉, 노동자가 초과노동을 하게 되면 초과노동시간을 계좌에 적립했다가 나중에 휴가나 안식년, 조기퇴직에 활용할 수 있게 한 것이다.

우리나라도 근로시간 단축을 통한 일자리 나누기가 시도되고 있다. 2018년 2월 근로기준법을 개정해 7월 1일부로 300인 이상 사업장부터 주 52시간 근무제를 도입한 것이다. 이 같은 근로시간 단축 제도 도입에는 우리나라 노동자들의 근로시간이 너무 길다는 현실이 작용했다. OECD 자료를 보면 2010년 기준으로 우리 노동자들의 연평균 근로시간은 2,193시간으로 OECD 평균 1,749시간보다 444시간이나 길고 OECD 국가 중 최장을 기록했다. 자영업자를 빼고 임금 근로자만 계산해도 연 2,111시간을 일해 칠레의 2,122시간에 이어 OECD 두 번째였다고 한다. 세계 최장 수준인 근로시간을 줄여 노동자들의 삶의 질을 개선하고 일자리도 늘릴 수 있다면 일석이조의 효과를 거두는 셈이다.

하지만, 근로시간 단축이 생각처럼 호의적인 평가를 받고 있는 것은 아니다. 노사 모두 근로시간 단축에 반발하는 부분이 있기 때문이다. 노동자들은 휴식시간이 늘어나는 것은 좋지만 연장근로가 줄어들면서 시간외수당이 줄어 전체적인 급여가 하락하기 때문에 근로시간 단축이 탐탁지 않은 부분이 있다. 고임금 노동자라면 다소 줄어든 임금에도 불구하고 여가시간을 즐길 수 있지만, 고임금 노동자가 아닐 경우 임금 하락분을 보전하기 위해 다른 일을 찾아야 하는 양극화 현상이 생기기도 한다.

기업들도 근로시간 단축에 호의적이지 않다. 근로시간이 단축된 상태에서 동일한 생산능력을 유지하려면 고용을 늘려야 하는데, 노동 유연성이 부족한 상황에서 노동자들을 추가로 고용할 경우 경기 불황 시 대응하는 데 부담이 있다. 노동자들을 마음대로 해고할 수가 없기 때문이다. 최소한의 노동자들을 고용하면서 일감이 늘어날 경우 초과 근로를 통해 수당을 좀 더 지급하는 게 안정적인 기업경영방식인 것이다. 노동자들을 추가로 고용할 경우 사용자로서는 4대보험과 퇴직금 적립, 초기교육비용, 각종 복지비용 등 추가적인 비용부담도 발생한다.

근로시간 단축이 바람직한 일자리 나누기로 이어질 것인가에 대해서도 논란의 소지가 많다. 근로시간 단축이 일자리 나누기로 이어진다는 것은 같은 업무량을 소화하기 위해 더 많은 사람이 필요하다는 가정을 전제로 하는데, 기업들이 기존 근무자들의 노동 강도를 높이거나 노동력을 기계로 대체하면 일자리는 늘지 않을 수 있다. 노동자들을 마음대로 해고할 수 없는 상황에서 기업들은 신규 고용을 최대한 줄이려는 속성을 가지고 있기 때문이다.

1980년대 이후 프랑스와 독일 등에서 일자리 창출을 위해 근로시간 단축을 시도했지만 고용 증진 효과는 관찰되지 않았다고 한다.[84] 또, 근로시간 단축으로 기업이 신규 고용을 창출한다고 하더라도 새로 창출되는 고용의 상당 부분은 인턴과 같은 임시직이나 파트타임일 경우가 많다는 점도 문제이다. 근로시간 단축과 이를 통한 일자리 나누기가 자동화로 줄어드는 고용 문제를 근본적으로 해결하기에는 한계가 있는 것이다.

정규직 파트타임제

일자리 나누기로 일자리 문제를 해결하는 데 한계가 있다면, 일자리 감소라는 거스를 수 없는 추세하에서 새로운 고용시스템을 고민해 볼 필요가 있다. 기존처럼 정규 출퇴근을 기반으로 하는 고용시스템이 아닌 다른 방식의 고용제도가 필요하다는 것이다.

여기서 하나의 예로 거론되는 것이 네덜란드의 '정규직 파트타임제'이다.[85] 네덜란드의 '정규직 파트타임제'는 이름에서부터 알 수 있듯이 파트타임 업무를 하면서도 비정규직이 아니라 정규직으로서의 고용 안정성이 보장된다.

네덜란드는 파트타임의 천국으로 불릴 정도로 파트타임제가 발달 돼 있다. 2010년 기사에 따르면 전체 고용의 35% 정도를 파트타임직이 차지하고 있다고 한다. 네덜란드 여성의 경우 파트타임 근무를 통해 75%에 이르는 노동시장 참여율을 기록하고 있다고 한다.

우리나라의 경우 파트타임 하면 저임금 비정규직을 생각하게 되지만, 네덜란드의 파트타임은 대부분 영구계약직에 4대보험 같은 각종 사회보장제도를 그대로 적용받는다. 풀타임직과 파트타임직은 시간당 임금과 부가급여, 휴가, 훈련 등에서 차별이 없다. 그래서 네덜란드의 파트타임은 '정규직 파트타임'이라는 이름으로 불린다.

네덜란드의 파트타임은 원래 아이를 돌봐야 하는 어머니들이 많이 사용한 제도였다고 한다. 육아를 해야 하는 입장에서 일정 시간만 일하기 원하는 어머니들의 요구에 부합한 제도였던 것이다. 그런데 지금은 젊은 청년들도 파트타임직을 많이 선택한다고 한다. 좀 더 쉬면서 여유로운 삶을 가지길 원하는 젊은이들이 늘고 있기 때문이다.

특히, 네덜란드에서는 5일 중에 4일만 일하고 하루를 쉬려는 사람들이 늘고 있는데, 전체적인 국민소득이 높은 데다 누진적 세금제도를 가지고 있어 하루를 더 일한다고 해서 실질소득이 크게 늘지 않기 때문이다. 5일 중에 하루를 쉬면서 취미생활을 즐기려는 욕구들이 늘고 있다는 것이다.

일반화하기는 어렵지만 일하는 시간이 줄어들면 업무집중도가 높아져 시간당 생산성이 높아진다는 주장도 있다. 파트타임 업무를 잘 활용할 필요가 있다는 뜻이다. 다만 파트타임직은 근무시간 자체가 짧기 때문에 풀타임직에 비해 임금이 적을 수밖에 없고, 업무 노하우에 대한 차이로 풀타임직에 비해 관리자급으로 승진하기 힘들다는 측면이 있다.

기본소득

일자리 나누기나 정규직 파트타임제 같은 새로운 형식의 고용 시스템을 도입하더라도 자동화로 인한 일자리 감소에서 오는 충격을 극복하기는 쉽지 않아 보인다. 절대적인 일자리 수가 줄어드는 상황에서, 모두가 적절한 일자리를 찾아 생계유지에 필요한 급여를 받아 생활하는 것이 쉽지 않을 것이라는 얘기다. 이 지점에서 우리는 '기본소득'이라는 개념과 마주하게 된다.[86]

'기본소득'이란 고용과 관계없이 일정 소득을 보장하자는 것으로, 국가가 모든 국민에게 직업 유무나 빈부의 차이 등에 관계없이 일정한 액수의 금액을 지불해 기본 생활을 보장하는 것을 말한다. 기존 시스템에서는 고용이 감소돼 실업자가 늘어나면 많은 사회적 문제가 야기되는데, 국가가 기본소득으로 국민의 기본생활을 보장하게 되면 취업 여부와 관계없이 국민들이 자신의 기본생활을 영위할 수 있게 되므로 사회적 문제를 예방할 수 있다. 일자리 감소와 실업 증가가 거스를 수 없는 추세라면 일자리와 관계없이 기본적인 생활을 할 수 있는 방안이 마련되어야 하고, 이러한 방편으로 기본소득이 부상하고 있는 것이다.

기본소득이 보장되면 사람들이 일을 하지 않을 것이라는 우려가 있지만, 국가가 보장하는 것이 그야말로 기본소득에 불과하다면 기본소득 때문에 일자리를 거부하지는 않을 것이라는 게 기본소득 도입론자들의 주장이다. 기본소득이 보장되면 일자리에 목을 매지 않고 자신이 원하는 만큼 일을 하는 것이 가능해진다. 파트타임식 일자리가 임시직이 아닌 지속가능한 형태의 일자리가 될 수도 있는 것이다.

기본소득이라는 구상이 등장한 것은 상당히 오래 전이다. 토마스 모어는 『유토피아』에서 절도죄를 예방하기 위해서는 엄격한 처벌보다 공공부조가 효과적이라면서 "모든 사람에게 약간의 생계수단을 제공해서, 목숨 걸고 훔치지 않을 수 없는 절실한 상황을 면하게 하는 것"이 필요하다고 주장했다. 존 스튜어트 밀 또한 "먼저 일정 최소량을 공동체 구성원 모두에게 그들의 생계를 위해 분배하고, 나머지를 노동과 자본, 재능에 따라 분배"할 것을 제안했다.

현행 사회보장제도는 완전고용을 전제로 고안된 것이다. 실업보험도 일시적으로 발생하는 실업에 대응하기 위한 차원이다. 하지만, 고실업률이 일상화된다면 대응하는 데 한계가 있다. 실업보험과 같은 지금의 사회보장제도와 다른 방안이 마련돼야 하는 것이다.

　　복지제도가 다양하고 복잡해지면서 행정비용이 높아지고 복지비용의 누수를 막기 어려워진다는 점도 기본소득이 부상하는 원인 중 하나다. 복지제도를 단순화해 행정비용을 줄일 필요가 있다는 것이다. 직업이나 빈부의 차이와 관계없이 일정 액수를 지급하는 기본소득제도가 시행되면 수혜자의 재산 상황이나 생계유지 능력 등을 파악해야 하는 행정비용이 줄어들게 된다.

　　이 밖에도 복지사각지대와 빈곤함정을 막기 위한 방편으로도 기본소득이 거론된다. 아무리 복지제도를 촘촘히 짜려고 해도 사각지대가 발생하는 만큼, 모든 국민에게 지급하는 기본소득을 통해 복지사각지대를 없애야 한다는 것이다. 빈곤함정이란 복지수당을 타고 있는 가난한 사람이 일정 수준 이상의 소득을 얻게 되면 복지수당 수급자격이 박탈되기 때문에 아주 크게 돈을 벌게 아니라면 일할 유인이 없어져 빈곤한 상태에 머물게 되는 것을 의미한다. 이런 사람들에게 기존 사회보장제도 대신 기본소득을 지급하면 일할 유인이 생길 수도 있다. 기본소득은 누구에게나 기본적으로 제공되는 것인 만큼 가난한 사람이 돈을 더 번다고 해서 기본소득이 깎이지는 않기 때문이다.

　　또, 가난한 사람이 복지급여를 타게 되면 수급자격을 심사받는 과정에서 굴욕감을 느끼게 되는 경우가 많은데, 기본소득이 제공되면 이런 심사과정이 필요 없어지므로 '가난한 사람'이라는 낙인이 찍히는 이른바 '낙인효과'가 사라지는 이점도 있다.

기본소득은 보다 본질적으로 다음과 같은 의미가 있다. 자본주의에서 노동은 대개 먹고살기 위해 어쩔 수 없이 해야 하는 것으로 자리 잡았다. 그러나 인간에게는 누구나 유급 근로활동을 하지 않고도 인간다운 생활을 보장받을 권리가 있다. 기본소득으로 최소생계가 보장되면 사람들은 먹고 살기 위해 어쩔 수 없이 하는 노동에서 벗어나 그야말로 자기가 하고 싶은 일을 자발적으로 하게 될 것이다. 이제 '일하지 않는 자는 먹지도 말라'는 시각에서 탈피할 때가 되었다는 것이다.

마지막으로 기본소득은 사회적 약자의 권리를 신장시키는 효과도 있다. 예를 들어 경제적인 의존 때문에 가정폭력에 시달리면서도 참고 사는 여성들에게 기본소득이 제공되면 또 다른 선택의 기회가 제공될 수 있다.

기본소득의 유형

기본소득에는 세 가지 유형이 있다.

첫째, 완전기본소득제이다. 이 제도는 기본소득의 취지에 맞게 기본소득만으로도 살 수 있도록 충분한 액수의 돈을 지급하는 것이다. 이 제도를 시행하게 되면 기초생활수급제와 실업보험 등 기존 사회보장 시스템 대부분을 기본소득으로 대체하게 된다. 하지만, 일을 안 해도 충분한 돈이 지급되면 일을 하려는 사람이 있겠느냐는 우려와 함께 막대한 재정 부담을 어떻게 해결할 것이냐의 문제가 있다. 완전기본소득제는 실제 시행은 고사하고 아직 실험도 해 본 적이 없는 제도이다.

완전기본소득제로 구상됐던 방안에는 다음과 같은 것들이 있다.

① 머리의 미국을 위한 방안: 정부가 21세 이상의 모든 미국 시민에게 연 1만 3,000달러를 12개월로 나눠 은행계좌에 지급하는 안이다.

② 바르셀로나 대학 교수들이 제안한 스페인을 위한 방안: 정부가 18세 이상 스페인 시민과 공인 거주자들에게 OECD 기준의 스페인 빈곤선 소득인 연 7,500유로를 12개월로 나눠 지급하는 안이다.

③ 핀란드 정부에서 기본소득 실험에 앞서 비교대상으로 검토했던 방안: 정부가 연금 수급자노령과 장애 연금를 제외한 18세 이상 핀란드 시민과 영주권자에게 매달 1,500유로를 지급하는 안이다.

둘째, 부분기본소득제이다. 이 제도는 낮은 수준의 기본소득을 지급해 기존의 사회보장시스템 일부만 대체하는 제도이다. 핀란드에서 실시한 기본소득 실험이 부분기본소득제에 해당한다.

셋째, 음소득세Negative Income Tax이다. 음소득세를 처음 제안한 사람은 영국의 리스-윌리암스1942인데, 프리드먼Milton Friedman이 빈곤 완화 대책으로 음소득세를 다시 제안1962했다.

음소득세는 소득세법의 적용범위를 면세점 이하로 확대해 일정 기준 이하의 소득자에게는 세율에 따른 음소득세를 보조금으로 지급하는 제도이다. 쉽게 말해 일정 기준 이상의 소득을 얻는 사람에게는 세율에 따라 국가가 세금을 징수하지만, 일정 수준 이하의 소득을 얻는 사람에게는 역시 세율에 근거해 역으로 돈을 지급하는 것이다. 소득이 높은 사람일수록 세금이 늘어나듯이 음소득세하에서는 저소득자일수록 국가로부터 지급받는 돈도 많아진다. 이는 사회보장제를 소득세제로 통합하는 개념이다. 누구에게나 조건 없이 돈을 지급하는 것이 아니라 일정 기준에 미달하는 저소득자에게만 돈을 지급한다는 점에서 엄밀히 말하면 기본소득은 아니라고 할 수도 있다. 하지만, 저소득자에게 일정 수준의 기본소득을 보장하고 근로유인을 높인다는 점에서는 목적이 동일하다.

음소득세는 빈곤완화라는 목적에 충실하게 가난에 초점을 맞춰 도움을 주자는 제도이다. 음소득세의 수혜기준은 오로지 가난으로 다른 고려가 있어서는 안 되며, 제도가 시장을 왜곡하거나 방해하지 않는 방식으로 작동해야 한다는 개념에 기반한다. 음소득세는 기존의 사회보장제도 상당 부분을 대체할 때 제도로서의 의미가 있다. 기존 사회보장제도를 유지하면서 음소득세를 도입할 경우 재정 부담만 늘게 돼 복지제도가 개악될 가능성이 높다는 지적이다.

현실에서의 실험

이와 같은 기본소득제도는 이론상의 논의를 떠나 실제 실험 단계로 들어가고 있다. 기본소득 지급이 실제 논의되고 있는 사례를 알아보자.

기본소득에 대한 세인의 관심을 불러일으키는 주요한 계기가 됐던 사건은 스위스에서 기본소득 지급을 놓고 진행된 국민투표였다. 2016년 6월 국민투표에서 기본소득안은 압도적 차이로 부결됐지만, 이는 기본소득에 대한 인식을 확산시키는 데 기여했다. 스위스 기본소득안은 실행하겠다는 제도 자체도 불확실했고 기본소득 말고도 다른 복지제도가 잘 마련돼 있어 스위스 국민들의 관심을 끌지 못했다. 국민투표를 주도한 측도 기본소득 법안의 통과보다는 기본소득제도를 홍보하는 데 의의를 둔 측면이 컸다.

핀란드는 2017년부터 2018년까지 2년 동안 실업급여를 받던 사람 가운데 2,000명을 무작위로 추출해 매달 560유로의 기본소득을 지급하는 실험을 했다. 핀란드의 기본소득은 실업급여와 최저생계비를 대체하는 개념이다. 핀란드가 기본소득 실험에 나서게 된 것은 모든 국민에게 기초생활비를 지급한다는 기본소득의 고유한 취지보다는 높아지는 실업률 속에 기본소득을 통해 고용률을 높일 수 있지 않을까 하는 기대감 때문이었다.

핀란드의 경제사정이 나빠지면서 새로 생기는 일자리는 주로 저임금 일자리인데, 실업급여를 받는 사람들은 이런 일자리를 가지려 하지 않는다. 파트타임이나 임시직으로 저임금을 받으나 국가로부터 실업급여를 받으나 별 차이가 없기 때문이다. 비슷한 돈을 받는데 굳이 일하느니 그냥 놀면서 실업급여를 타는 게 낫다는 사람들이 늘어난 것이다. 이른바 '빈곤함정'이다. 핀란드는 이에 따라 사회보장 체계를 개혁해 고용률을 높일 필요에 대해 고민하게 됐다.

기본소득은 여기에 대한 대안으로 제시됐다. 기존 실업급여는 파트타임으로라도 일자리를 얻으면 지급이 중단돼 저임금 일자리를 기피하는 요인으로 작용했지만, 기본소득은 일자리 유무와 관계없이 지급되므로 저임금 일자리라도 일을 할 유인이 생기게 된다. 핀란드의 2015년 여론조사에서 기본소득 1,000유로 지급에 찬성한 사람들이 69%로 조사됨으로써 기본소득 실험이 이뤄질 수 있는 기반이 마련됐다.

핀란드는 완전기본소득제와 부분기본소득제, 음소득세 3가지 방안을 놓고 실행방안을 검토한 결과 부분기본소득제를 실험하기로 했고, 앞서 기술한 것과 같은 실험을 2년 동안 진행했다. 기본소득 지급이 근로의욕에 미치는 영향을 확인하려는 실험이었던 만큼, 지급 대상은 일할 나이인 25세에서 58세 사이로 한정됐고 노령연금을 받는 사람과 학생은 제외했다. 또, 비교를 위해 기존대로 실업급여를 받는 대조군도 선정해 실험을 진행했다.

핀란드가 이 실험을 통해 목표로 한 것은 노동참여율을 높이는 것은 물론 비대해진 사회보장제도와 관료주의를 개혁하는 것이었다. 복지국가가 되면서 각종 사회보장제도가 복잡해지고 이로 인해 관료제도 확대됐는데, 기본소득제로 사회보장제도가 단순화되면 관료제가 줄고 행정비용도 줄어들 수 있기 때문이다.

핀란드 정부는 2019년 2월 기본소득 실험 결과를 발표했다. 그 결과 기본소득이 스트레스를 줄이고 행복감을 높이는 등 삶의 질은 높여주지만 고용에 미치는 영향은 크지 않은 것으로 나타났다. 연구팀은 "실험 결과 기본소득 수혜자들이 노동시장에서 일자리를 찾는 비율은 대조군과 비교해 더 낮지도 못하지도 않았다"고 밝혔다. 2017년 자료를 놓고 분석했을 때, 기본소득 수혜자들은 1년에 49.64일을 일한 반면 기본소득을 받지 않는 대조군은 49.25일을 일해 큰 차이가 없었다는 것이다. 기본소득 지급을 통해 핀란드 정부가 목표로 했던 결과는 얻지 못한 셈이다.

하지만 기본소득 지급 실험은 여전히 진행형이다. 1년 만에 실험을 중단한 캐나다 외에 미국 알래스카와 네덜란드 등에서 기본소득제가 일부 실험되고 있다. 우리나라에서도 기본소득제가 현실의 장에 진입했다. 이재명 경기지사가 성남 시장 당시 실시한 청년배당은 성남에

3년 이상 거주한 만 19~24세 청년에게 연 100만 원을 분기별로 25만 원씩 현금이 아닌 성남사랑상품권으로 지급하는 제도이다. 누구에게나 현금으로 지급하는 기본소득제와 차이는 있지만 기본소득 개념을 국내에서 현실화시켰다는 의미가 있고, 저축이 불가능한 상품권 형태로 지급함으로써 성남 지역의 소비를 늘려 자영업 매출을 진작시키려 한 특색이 있다.

2020년 5월에는 정부가 코로나19로 인한 경제 재난을 극복하는 차원에서 전 국민에게 4인 가구 기준 가구당 100만 원의 긴급재난지원금을 지급했다. 긴급재난지원금은 1회성으로 모든 국민에게 조건 없이 정기적으로 지급하는 기본소득과는 다르지만, 모든 국민들을 대상으로 일정 금액을 지급했다는 점에서 기본소득 개념이 원용된 것으로 볼 수 있다. 각 지자체별로도 다양한 형태의 재난지원금이 지급됐다.

한국형 음소득세: 안심소득제

여기서 살펴보려고 하는 것은 기본소득의 한 유형으로 제시된 음소득세Negative Income Tax이다. 음소득세는 앞서 언급한대로 엄밀한 의미의 기본소득은 아니다. 누구에게나 조건 없이 돈을 지급하는 것이 아니라 일정 기준에 미달하는 저소득자에게만 돈을 지급하기 때문이다. 음소득세 도입을 주장하는 사람들은 기본소득제도에 대해 다음과 같은 우려를 제기한다.

먼저, 누구에게나 기본소득을 주면 근면하게 살아가는 사람들까지 게으르게 만들지 않을까 하는 우려이다. 일을 안 해도 기본적으로 먹고살만한 돈을 주는데 누가 구태여 일하려 하겠냐는 것이다. 물론 일이란 자아실현을 위한 것이기도 하고, 사람이 먹고사는 데 지장이 없다고 하더라도 아무 것도 안한 채 지내기는 어렵기 때문에, 기본소득이 주어진다고 해서 모두가 놀 것이라는 우려는 과도한 것이라고 볼 수도 있다. 또, 기본소득이 지급되더라도 그야말로 기본생활을 할 정도로만 지급된다면 더 나은 생활을 위해 일을 할 유인은 있을 것이다. 하지만 저소득층에서 적게 먹고 적게 놀자며 아예 일을 도외시할 가능성도 배제할 수는 없기 때문에, 기본소득이 근로의욕에 어떤 영향을 미치게 될지는 장기간의 실험이 이뤄지지 않는 한 확실히 단언하기 어렵다.

기본소득제도를 전면적으로 실시했는데 부작용이 많이 발생할 경우 이를 다시 되돌리기 어렵다는 점도 중대한 우려 사항이다. 복지제도는 한번 주어진 것을 되돌리려 할 경우 상당한 반발에 직면하게 된다. 더구나 기초 생활비를 국가가 지급해 주다가 어느 날 갑자기 취소한다고 할 경우 이를 순순히 받아들일 국민들은 많지 않을 것이다. 정부가 아무리 기본소득제도 시행의 문제점을 설득한다고 해도 대규모 반정부 시위 등 엄청난 혼란이 야기될 가능성이 높다.

이와 같은 우려 외에도 기본소득제도 실행을 회의적으로 보게 하는 또 하나의 요인은 경제적으로 넉넉한 사람들에게까지 기본소득을 제공할 필요성이 있는가에 관한 것이다. 모든 국민에게 기본소득을 지급하기 위해서는 막대한 세금이 들어갈 텐데, 경제적으로 넉넉해 기본소득이 푼돈 정도로밖에 느껴지지 않는 사람들에게까지 세금을 들일 필요가 있느냐는 것이다. 예를 들어, 대학생에게까지 기본소득이 제공될 경우 어려운 처지에서 고학하는 학생들에게는 기본소득 제공이 의미가 있을 것이다. 그러나 부모에게 용돈 받아쓰는 데 문제가 없고 기본소득이 용돈 정도의 역할만 하는 학생들에게까지 국가가 세금으로 기본소득을 줄 필요가 있느냐는 의문이 제기된다.

이런 이유 때문에 일정 수준 이하의 저소득층에게만 정부가 보조금을 지원하자는 음소득세의 논리가 등장한다. 여기서는 한국형 음소득세로 제안되고 있는 이른바 안심소득제[87]에 대해 소개하기로 한다.

안심소득제의 논리를 간단히 설명하면 다음과 같다.

현재 우리나라의 기초생활보장제도는 생계, 주거, 교육, 자활, 의료, 해산, 장제 등 7개 급여체계로 되어 있다. 2016년 기준으로 소득인정액이 없는 4인 가구에 지급하는 월 지원액은 생계급여 127만 3,516원과 주거급여(서울) 30만 7,000원을 합할 경우 158만 516원이다. 연간 지원액으로 계산하면 월 지원액의 12배인 1,896만 6,192원이 된다. 여기에 교육급여고등학생 자녀 2인으로 가정와 의료급여까지 합할 경우 생계, 주거, 교육, 의료급여의 합은 연 3,423만 6,992원, 약 3,400만 원 정도가 된다.[88]

기초생활보장제도의 경우 다른 소득이 생기면 각종 급여와 상쇄된다. 일을 해서 돈을 벌면 돈을 번 만큼 국가에서 받는 급여혜택이 사라지는 것이다. 예를 들어, 생계급여 수급자가 매달 100만 원 버는 직장에서 일할 경우 연 1,200만 원을 벌게 되지만, 국가로부터 생계급여 1,200만 원을 받지 못하게 되기 때문에 본인이 얻는 소득에는 변함이 없다. 이론적으로는 연 3,400만 원 이하 일자리, 교육과 의료 급여를 빼더라도 연 1,896만 원 이하 일자리는 일힐 유인이 없는 것이다. 이른바 '빈곤함정'이다.

이런 맹점을 개선하기 위해 근로장려금이라는 제도가 마련돼 있다. 근로장려금은 기초생활보장 급여과 상쇄되지 않고 추가로 받는 돈이다. 생계급여 수급자가 일을 해서 소득이 생기면 장려금을 주는데, 2016년 기준으로 소득이 연 1,000만 원 미만일 때는 소득의 21%, 1,000~1,300만 원 사이일 때는 210만 원, 1,300~2,500만 원 사이에서는 장려금이 점점 작아져 연 소득이 2,500만 원 이상이 되면 없어지는 제도이다. 쉽게 말해 생계급여 수급자가 돈을 벌면 연 1회 최대 210만 원의 근로장려금을 별도로 탈 수 있다.

근로의욕을 높이는 제도라고 생각할 수 있지만, 연 1,200만 원을 버는 일을 하고도 내 수중에 추가로 떨어지는 소득이 210만 원에 불과하다면 과연 일을 하려는 의욕이 생길지 의심스럽다. 박기성 교수는 이에 따라 기초생활보장제 7개 급여 중 생계, 주거, 자활 급여와 근로장려금, 자녀장려금을 폐지하고 안심소득제를 신설할 것을 제안한다.

박 교수의 주장을 좀 더 자세히 살펴보자.

박 교수는 4인 가구 기준 연소득 5,000만 원(1인 가구 기준 1,250만 원) 미만까지 안심소득제로 현금을 지급하자고 제안한다. 5,000만 원을 소득세 면세점으로 그 이상은 소득세를 내고 그 이하 계층에게는 정부 보조금을 지급하자는 것이다. 2016년 기준 4인 가구 연 중위소득이 5,269만 7,208원이므로 연소득 5,000만 원은 4인 가구 연 중위소득에 해당하는 수준이다.

안심소득세율을 40%로 하면, 4인 가구 기준 안심소득은 다음과 같은 식으로 계산된다.

$$0.4 \times (5{,}000만\ 원 - 연소득)$$

연소득이 3,000만 원이라면 수식에 따라 [0.4 × 2,000만 원]에 해당하는 800만 원을 정부로부터 지급받는 것이다. 이 같은 안심소득제가 실시되면 개인의 가처분 소득, 즉 개인이 실제로 쓸 수 있는 돈은 다음과 같이 계산된다.

$$연소득 + \underbrace{\frac{0.4 \times (5{,}000만\ 원 - 연소득)}{}}_{정부\ 보조금}$$

개인이 벌어들인 돈에 정부로부터 지급받는 보조금을 합한 금액이다. 이 식을 계산해서 간단히 정리하면 다음과 같이 된다.

$$2{,}000만\ 원 + 0.6 \times 연소득$$

이 식의 의미는 국가가 모든 4인 가구에 최소 연 2,000만 원의 소득을 보장한다는 것이다. 연소득이 0원이어도 2,000만 원은 남게 되기 때문이다. 소득인정액[89]이 전혀 없는 가구에 4인 기준 2,000만 원 1인 기준 500만 원을 보장하는 것으로 1인당 월 40만 원 정도의 기본소득을 제공하는 셈이다. 단, 이러한 보조금은 연소득에 비례해 줄어들고 연소득 5,000만 원 이상의 4인 가구에게는 지급되지 않는 만큼 모든 국민에게 똑같이 제공되는 기본소득과는 차이가 있다.

다시, 위의 가처분소득 부분을 좀 더 살펴보자. 소득인정액이 전혀 없는 4인 가구는 연 2,000만 원을 받지만, 추가 소득이 생기면 생기는 소득의 60%씩이 추가 가처분 소득이 된다. 위 식에서 보면, 연소득에 0.6을 곱한 만큼씩만 내 소득이 되기 때문이다. 추가 소득의 60%만 추가 가처분 소득이 되는 이유는 국가가 40%를 떼어가기 때문이 아니라 그만큼 국가 보조금이 줄어들기 때문이다.

기존 기초생활보장제도에서는 연소득 2,500만 원 이하일 경우 일을 해서 소득이 생겨도 수중에 떨어지는 게 최대 연 210만 원으로 소득의 21% 이하에 불과한데, 안심소득제하에서는 추가 소득의 60%가 수중에 떨어지므로 노동자들은 더 일할 유인을 가지게 된다. 예를 들어, 매달 100만 원 버는 직장에서 일할 경우 연 1,200만 원의 소득이 발생하는데, 기초생활보장제하에서는 기존 지원혜택이 삭감돼 210만 원만이 추가로 수중에 남게 된다. 그에 비해 안심소득제하에서는 1,200만 원의 60%인 720만 원이 수중에 남아 510만 원의 추가 이득이 생기는 것이다. 이 경우 안심소득제하에서는 4인 가족 기준으로 볼 때 국가가 제공하는 기본소득 연 2,000만 원에 추가 가처분 소득 720만 원을 합쳐 2,720만원이 연 소득이 된다. 기초생활보장제도에 비해 일을 할수록 소득이 더 늘어나기 때문에 일할 유인이 높아진다고 볼 수 있는 것이다. 또, 이 경우 가처분 소득 2,720만 원은 기초생활보장제도하의 생계와 주거급여를 합친 1,896만 6,192원에 근로장려금 210만 원을 합친 2,106만 6,192원보다 많다. 안심소득제가 일할 유인은 더 높게 만들면서도 저소득층 지원 효과는 기초생활보장제도보다 효과적일 수 있다는 얘기다.

다만 박 교수는 기준 연소득인 5,000만 원 이상 소득자의 경우 기존 소득세율을 그대로 적용할 것을 주장한다. 기준 연소득 이하의 저소득자에게만 최소한의 안심소득을 보장하자는 것이다.

기본소득 제도 도입을 지지하는 이유 중의 하나가 복잡한 사회보장제도를 단순화해 행정비용을 줄이자는 것인데, 안심소득제를 실시하게 돼도 복잡한 사회보장 관료제를 단순화해 행정비용을 절감하는 효과를 거둘 수 있다. 부양의무자 같은 다른 조건들을 평가할 필요 없이 전체 소득인정액이 기준점 이하인지 이상인지만 파악하면 되기 때문이다. 또, 제도가 단순화되면 복잡한 제도하에서 이리저리 샐 수 있는 예산 누수를 최소화할 수 있다.

이 밖에 최저임금 제도는 저소득 가구에 대한 지원을 기업에게 떠넘기는 방안인데, 안심소득제는 국가가 세금으로 저소득가구를 지원하는 것이므로 기업의 부담을 줄이면서 저소득층 지원이 가능하다는 장점이 있다.

안심소득제에 들어가는 예산은 박기성, 변양규가 추산한 결과 연 37조 3,026억 원, 안심소득제 도입으로 절감되는 예산을 제외하면 순예산은 연 24조 8,529억 원 정도라고 한다. 여기서 절감되는 예산은 기초생활보장제하의 생계, 주거, 자활 급여와 근로장려금 등이다.

연 37조 원의 예산도 적은 돈은 아니나 기본소득제와 비교하면 적은 예산이다. 안심소득 예산 연 37조 원은 기준 연소득 5,000만 원 이하의 사람들에게 1인당 연 500만 원 월 40만 원 정도를 지급하는 것인데, 기본소득의 경우 2016년 한국 인구 5,125만 명을 기준으로 할 때 연 500만 원을 지급하면 연 256조, 그 절반인 연 250만 원만 지급한다 해도 연 128조의 예산이 든다. 모든 사람에게 기본소득을 제공하느냐 일정 수준 이하의 가난한 사람에게만 기본소득을 제공하느냐에 따라 예산 차이가 엄청난 것이다. 또, 당연한 얘기지만 안심소득제가 기본소득제에 비해 소득불균형 완화 효과가 높다고 한다. 가난한 사람들을 골라 집중적으로 지원하기 때문이다.

음소득세안심소득제를 도입하든 기본소득제를 도입하든 기존의 사회보장제도 상당 부분을 대체하는 방식으로 이뤄져야 한다. 그렇지 않을 경우 복지 재정의 중복지출로 재정 부담만 늘어나기 때문이다. 하지만 기존 제도를 새로운 제도로 대체하는 작업이 일시적으로 행해질 경우 상당한 혼란이 초래될 가능성이 있다. 일단 제도의 취지를 국민들에게 홍보해 이해도를 높이고, 일부 지역이나 일부 계층을 대상으로 선도적으로 실험을 해 본 뒤 결과를 평가하고 미비점을 보완해 적용대상을 확대하는 방식으로 단계적인 접근이 이뤄져야 한다.

또, 음소득세는 일정 소득에 못 미치는 사람들에게만 지급되는 보조금이므로, 이들이 돈을 생계유지에 도움이 되는 방향으로 쓰도록 유도할 필요가 있다. 현금으로 지급할 경우 사행성 업소 등에 돈을 탕진하고 정작 생계에는 곤란을 겪을 가능성이 있으므로, 음소득세 지급을 선불카드로 하고 특정 업소에서는 사용할 수 없도록 제한하는 방안을 검토할 필요가 있다. 카지노나 경마장, 골프장 같은 사치업소나 차량이나 골프채 구입 등 음소득세 선불카드를 사용하지 못하는 곳들을 지정한다면 음소득세가 생계유지에 도움이 되는 방향으로 사용될 수 있을 것이다. 음소득세를 저축을 할 수 없는 선불카드로 지급하게 되면 소비를 진작시키는 데에도 도움이 될 수 있을 것이다.

기본소득제를 우리 사회에 도입한다면

지금까지 일자리 감소라는 거스를 수 없는 대세하에서 사람들의 기초적인 생계를 유지하게 하는 방안으로 기본소득제와 그 하나의 유형인 음소득세에 대해 살펴보았다.

기본소득제라는 것이 사람들에게 '일'을 생계의 수단이 아닌 자아실현의 방편으로 생각할 수 있게 한다는 점에서 이상적이기는 하나, 기본소득제 실현에 들어갈 막대한 예산 규모나 기본소득제가 자칫 열심히 일하는 사람들의 근로의욕을 꺾지 않을까 하는 우려에서 여전히 자유롭지 못하다고 본다면 기본소득제 실시는 신중해야 할 것으로 보인다. 기본소득 실험을 가장 적극적으로 해 본 핀란드가 2년간의 실험을 통해 고용률을 높이려던 원래 목표를 달성하지 못했다는 점도 충분히 참조해야 한다. 또, 국가 예산으로 부자에게까지 용돈 개념의 기본소득을 지급해야 하는가라는 질문에 선뜻 수긍하기 어렵다고 본다면, 기본소득제 실시는 아직은 시기상조로 보인다.

기본소득제보다는 저소득층을 타깃으로 정해 집중 지원하는 음소득세가 예산 규모도 줄이고 빈부 격차도 완화하는 현실적인 대안이 아닐까 싶다. 음소득세 도입에도 추가적인 예산이 필요하지만 일자리 감소라는 세계사적 흐름 속에서 저소득층의 기초 생계를 유지시켜 주는 것이 필연적인 과제가 될 것이라고 본다면 다른 사회보장제도를 단순화시키면서 적극적으로 도입을 생각해 볼 필요가 있다.

한 가지 지적할 점은 우리가 음소득세를 도입한다면 어떤 구체적인 정책적 목표하에 도입할 것인가에 대한 분석적인 고민이 있어야 한다는 것이다. 막대한 예산을 들여 이런 복지제도를 도입한다면 그러한 예산을 들이는 사회적 의미가 있어야 한다는 뜻이다. 기본소득의 취지가 누구나 인간답게 살 수 있도록 해야 한다는 원론적인 측면에 근거하고 있지만 그러한 이상을 실현하기에는 아직 이른 듯하고, 정부가 음소득세 도입이라는 정책을 편다면 보다 현실적인 정책적 의미가 담겨 있어야 한다. 핀란드의 기본소득 실험이 복지제도를 개편해 고용률을 높이려는 현실적 이유에서 실행된 것처럼 말이다.

우리나라가 음소득세를 도입한다면 이는 일자리 감소 시대에 누구나 기본적으로 먹고 살 수 있는 환경을 조성해 결혼도 하고 출산도 가능하게 하는 것이다. 좋은 일자리에 취업이 안 되니 생활이 불안정하고, 생활이 불안정하니 결혼을 꿈꿀 수 없다. 젊은이들이 결혼하지 않으니 출산율이 낮아지는 것은 당연지사다. 이렇게 사회적 생산력이 줄어들고 역동성이 사라지게 되면 우리 사회의 미래는 암담할 수밖에 없다.

4차 산업혁명으로 인해 좋은 일자리가 갈수록 줄어들 수밖에 없는 추세라면, 어떤 일자리를 얻더라도 국가가 기본적으로 먹고 살 수 있는 환경을 조성해 젊은이들이 미래를 꿈꾸고 결혼도 할 수 있는 기본 생활환경을 만들어줘야 한다. 이렇게 들어가는 돈은 단순한 복지예산이 아니라 우리 사회를 젊게 만들어 다가올 미래를 역동적으로 만들기 위한 투자이기도 하다.

음소득세가 우리 사회의 미래와 관련해 이렇게 복합적인 의미를 갖고 있다고 할 때, 음소득세 도입이 정치인들의 포퓰리즘 차원에서 추진되는 것은 경계해야 한다. 음소득세 도입으로 한국 사회의 미래를 어떻게 그려갈 것인지, 음소득세 도입과 함께 복지제도 전반을 어떻게 개편할 것인지에 대한 냉철한 판단하에 제도 도입이 추진되어야 한다.

물론, 한국 사회의 현실에서는 음소득세 지급만으로는 부족하고 사교육비나 주거비 문제 등의 해결이 동시에 진행돼야 한다. 하지만, 사교육비나 주거비 문제는 다른 트랙에서 논의돼야 할 주제인 만큼, 4차 산업혁명과 일자리 감소라는 문제에 한정해 볼 때 음소득세 지급은 우리 사회의 미래를 위한 투자라는 관점에서 진지하게 검토해 볼 필요가 있어 보인다.

7

'기회의 창'은
열릴 것인가

___

통일을 통한 업그레이드

지금까지 우리 사회의 문제점과 제4차 산업혁명이 가져온 전 세계적 변화의 흐름에 대해 간단히 살펴보았다. 앞서 살펴봤듯이 일자리 문제와 사교육비, 주거비 문제는 전 세계적인 구조적 변화와 함께 우리 사회의 고질적인 문제점이 응축돼 있어 단기간에 해결할 수 있는 것이 아니다.

청년들의 미래를 어둡게 해 결혼과 출산을 주저하게 만들고 이로 인해 국가의 장래마저 불투명하게 만드는 악순환에서 벗어나기 위해서는 장기적인 안목에서 이런 문제점들을 해결하려는 노력이 필요하다. 단기적인 대책이 아니라 우리 사회를 구조적으로 변화시키려는 장기적 차원의 고민과 대책이 필요하다는 것이다. 하지만, 지금의 현실 정치 세력들이 이런 장기적인 어젠다에 관심을 기울이기보다 단기 성과에만 집착하고 있는 것은 안타까운 일이다.

여기서 소개하려고 하는 것들은 우리 사회의 구조적 변화와 관련된 아이디어들이다. 이는 필자가 개인적으로 생각해낸 것이 아니고, 우리 사회의 개선방향에 대해 고민하는 사람들이 내놓은 아이디어를 약간의 수정을 거쳐 보완한 것이다.[90] 또, 이 가운데 일부는 우리 사회에서 이미 시험적으로 시행되고 있는 것도 있다.

이러한 것들을 소개한 뒤 앞서 논의한 것들까지 종합해 '통일을 통한 한국사회의 업그레이드'라는 것이 의미하는 바가 무엇인지에 대해 검토해 보기로 하겠다.

고졸 취업 활성화 방안

대학 입시를 위해 소요되는 막대한 사교육비와 대졸자의 취업난을 완화시키기 위해 너도나도 대학에 가는 풍토를 개선하고 고졸 취업을 활성화시켜야 한다는 문제의식은 끊임없이 제기되어 왔다. 2012년 기준으로 고등학교 졸업생의 71.3%가 대학에 가는 고학력 인플레 상황에서 대졸자는 눈높이에 맞는 직장을 구하지 못해 취업난에 허덕이고 산업 현장에서는 필요한 사람을 구하지 못해 인력난에 허덕이는 이중적 상황이 계속되기 때문이다.

이명박 정부 시기에는 대통령이 직접 나서 고졸 채용을 적극 장려하기도 했지만, 이러한 분위기는 오래가지 못했다. 고졸 채용이 우리 사회에 시스템으로 정착되지 않은 상황에서 대통령의 관심으로 고졸 채용을 끌어가기에는 한계가 있었고, 대통령의 관심이 시들해지면 고졸 채용 정책도 같이 시들해졌기 때문이다. 기관별로 고졸 채용 TO를 정해 놓고 정해 놓은 숫자에 고졸자를 맞추라는 방식은 지속성을 가지기 어렵다.

그렇다면, 우리 사회에 시스템적으로 어떻게 고졸 채용을 활성화시킬 것인가?

기업체의 일부 인사담당 관계자들은 고졸자를 뽑기 위해서는 고졸자의 기초 능력을 판별할 수 있는 시스템이 마련돼야 한다고 지적한다. 기업이 짧은 채용 과정에서 개인의 능력을 정확히 판별해내기는 쉽지 않다. 기업이 대졸자를 뽑을 때 학벌을 활용하는 것은 대학 진학 과정에서 일부 검증된 학벌이라는 틀을 활용하는 것이 인재 채용에서 실패하지 않을 확률을 높여준다고 보기 때문이다. 이런 맥락에서 보면 기업들이 고졸자를 선발하려면 고졸자의 기초 능력을 평가할 수 있는 기본적이고 객관적인 틀이 마련되어야 한다. 이를테면 '고졸 직무능력 시험'과 같은 것이 될 수 있을 것이다. 개별 기업이 고졸자의 실력을 판단하는 테스트를 만들기는 쉽지 않으므로 국가가 이를 정책적으로 마련해 주고 기업이 이를 활용하게 해야 한다는 것이 일부 인사담당자들의 지적이다.

'고졸 직무능력 시험'을 어떻게 구성할지는 교육전문가와 기업체 관계자들의 논의가 필요할 것이다. 대입 수학능력시험과 비슷하게 할지 차별을 둘지, 엑셀이나 파워포인트 프로그램처럼 실제 업무에 필요한 컴퓨터 능력과 기초회계 같은 실용적인 과목을 포함시킬지 등에 관해 검토가 필요하다. 또 1, 2점 차이로 순위를 가리는 시험을 만들지, 지적 능력과 학업 성취도를 개괄적으로 진단하면 족하므로 과목별로 점수 구간을 정해 A, B, C, D, E와 같이 성취 레벨만 평가할지도 결정해야 한다. '고졸 직무능력 시험'을 활용한 구체적인 채용방식은 기본적으로 채용주체가 결정할 일이므로, 시험성적 외에 내신이나 심층면접, 별도 추가시험 등의 방법이 활용될 수 있을 것이다.

하지만 이상의 논의만으로는 부족한 것이 있다. 아무리 직무능력 시험을 마련한다고 한들 고졸자의 대부분이 대학에 가겠다고 직무능력 시험을 외면해버리면 큰 의미가 없어지기 때문이다. 고졸 채용을 확산시키기 위해서는 고졸자들이 직무능력 시험을 통해 취업하도록 유도하는 유인책이 필요하다.

사실 정부는 이 부분에서 강력한 무기를 가지고 있다. 대학생들의 상당수가 선호하는 공무원 선발 권한을 가지고 있기 때문이다.

현재 대학을 나온 상당수의 사람들이 공무원 시험 준비에 매달리고 있다. 공무원이 안정적인 직장이라는 인식 때문이다. 따라서 정부가 고졸 직무능력 시험을 토대로 공무원을 뽑겠다고 하면 대학 진학 대신 직무능력 시험을 통한 취업을 선택하는 사람들이 늘어나게 될 것이다. 정부가 가지고 있는 공무원 선발 권한을 통해 고졸 취업을 시스템적으로 유도할 수 있는 것이다.

고졸자를 공무원으로 뽑을 경우 전문성이 떨어지지 않겠느냐는 우려가 있을 수 있지만, 이는 보완책을 마련하면 된다. 9급 공무원을 고졸로 선발한다고 하면, 합격자 전원에 대해 필요한 만큼 집중적으로 직무와 관련된 교육을 시키면 된다. 9급 공무원이 일상생활에서 수행하는 업무가 수개월의 직무연수를 거친 뒤에도 습득하기 어려운 업무는 아닐 것이다.

9급 공무원 채용과 관련해서는 최근에 변화된 사항들이 있기 때문에 좀 더 자세히 설명하기로 한다. 9급 공무원 채용 시험은 원래 공통과목국어, 영어, 한국사에다 각 직류별일반행정직, 교정직, 세무직 등로 행정학개론, 형법, 회계학 같은 대학수준의 전문과목 2개를 선택해 치르는 형태였다. 공통과목 3개에 선택과목 2개를 합쳐 5개 과목의 시험을 치르는 것이다. 그런데 2013년부터 선택과목에 사회, 수학, 과학이 추가되었다. 고졸자의 공직 진출을 확대하기 위한 조치였다. 이에 따라 응시자들은 선택과목에서 형법이나 회계학 같은 전문과목 대신 사회, 수학, 과학 중 2과목을 선택할 수 있게 됐고, 공통과목까지 합쳐 고교 과목 5개로만 9급 공무원 시험을 보는 것이 가능하게 됐다. 실제로 2018년도 세무직 9급 합격자 가운데 65%는 회계학 같은 전문과목 대신 고교 과목으로만 시험을 본 것으로 조사됐다.

하지만 선택과목으로 고교 과목을 추가했음에도 불구하고 고졸자의 공직 진출 효과는 미미한 것으로 나타났고, 오히려 직류별 전문과목을 공부하지 않은 사람들이 일선 업무를 담당하게 되면서 9급 공무원들의 전문성이 떨어진다는 부작용이 제기됐다. 결국 인사혁신처는 2022년 9급 공무원 시험부터 선택과목에서 사회, 수학, 과학 등 고교 과목을 제외하기로 결정했다.

이상의 9급 공무원 시험과목 변경 과정을 보면 고졸자를 9급 공무원으로 임용하는 데 따른 문제가 드러난 것처럼 보이지만, 이는 보완책을 어떻게 마련하느냐에 따라 해결될 수 있다. 지금의 경우 9급 공무원 합격자는 각 기관별로 4~6주 정도의 연수를 통해 직무교육을 받는데, 이러한 직무교육 기간은 대학수준의 전문과목을 선택해 공부해 왔던 사람들에게는 충분할 수 있으나 고교과목을 선택해 시험을 치른 사람들에게는 부족할 수 있다. 고교과목만 공부해 시험에 합격한 사람들이 4~6주 안에 형법이나 회계학 등의 전문지식을 배워 업무에 활용하기에는 버거울 수 있다. 더구나 지금은 합격자 안에 전문 과목을 선택한 사람들과 고교과목을 선택한 사람들이 섞여 있다 보니, 고교 졸업생 수준에 맞는 교육이 이뤄지기도 쉽지 않다.

이 같은 문제는 9급 공무원 합격자에게 충분한 직무교육 기간을 부여할 경우 해결될 수 있다. 고졸 직무능력 시험을 통해 고졸자를 주 대상으로 한 9급 공무원 선발이 이뤄지고 합격자들을 대상으로 3~4개월, 필요하다면 그 이상 집중적인 교육을 시킨다면 직무에 필요한 전문성을 확보하는 데 큰 지장이 없을 것이다. 앞서 언급한대로, 9급 공무원이 일상생활에서 수행하는 업무가 수개월의 직무교육을 받은 뒤에도 수행할 수 없는 업무는 아닐 것이기 때문이다.

또, 9급 공무원 합격자가 고졸자로 균일화된다면 직무교육 또한 고졸자의 눈높이에 맞춰 이뤄질 수 있다. 합격 뒤 이뤄지는 교육이니만큼 합격자들의 집중도가 떨어질 수 있는 점이 우려된다면, 교육이 끝난 뒤 시험을 통해 일정 점수 이상을 획득하는 사람에 한해 최종 임용이 가능하도록 하는 등의 보완책을 마련할 수도 있다. 9급 공무원에 고졸자가 취업하는 것으로 인식전환이 이뤄질 경우, 대학 진학에 대한 선호도 자체가 크게 감소할 것이며 우리 사회에 만연한 교육 인플레를 해결하는 데에도 도움이 될 것이다.

국가직이든 지방직이든 공무원 시험 선발 자체를 '고졸 직무능력 시험'으로 일원화하고 대기업의 신입사원 선발에도 '고졸 직무능력 시험'을 활용하도록 유도한다면, 고졸 취업 시스템이 우리 사회에 제도화될 수 있을 것이다. 이 과정에서 고졸 남자의 경우 병역의무를 이행하지 않았으므로 취업 뒤 휴직을 하고 군대를 다녀올 수 있게 하고 그 경력도 인정해 주는 사회적 합의가 있어야 한다.

물론 모든 채용을 고졸로 하자는 것은 아니다. 공무원이든 기업체 신입사원이든 대졸자를 대상으로 하는 선발계획도 당연히 있어야 한다. 다만 지금처럼 고졸 학력만으로도 소화할 수 있는 업무를 위해 모두가 대학에 가고 이 때문에 모두가 고통스러워하는 사회적 구조는 바꿀 필요가 있다.

정규직 파트타임제 도입·확대하자

일자리 감소라는 추세를 거스를 수 없다면 네덜란드의 '정규직 파트타임제' 같은 새로운 방식의 고용 시스템을 검토해 볼 필요가 있다. 네덜란드의 정규직 파트타임제가 주는 아이디어는 파트타임직이더라도 계속 고용이 보장돼 고용의 안정성이 보장된다는 측면과, 정규직에게 주어지는 각종 사회보험의 혜택을 똑같이 받을 수 있고 시간당 임금, 휴가, 부가급여 등에서 차별이 없다는 것이다. 물론, 전체적인 근무시간이 적은 만큼 총임금은 풀타임직에 비해 적을 것이다.

우리 공무원 사회에도 이미 이와 비슷한 제도가 도입돼 있다. 시간선택제 공무원이다. 시간선택제 공무원이란 통상적인 근무시간주 40시간, 일 8시간보다 짧게 근무하는 것으로, 주 20시간 근무가 원칙이지만 정년은 풀타임직과 똑같이 60세가 보장된다. 임금과 승진은 근무시간에 비례해 정해지고 공무원연금도 적용된다.

시간선택제 공무원은 육아 등으로 인해 풀타임 업무가 곤란한 사람을 채용해 일자리를 창출하고 경력단절 여성 등에게 일할 기회를 주기 위해 2014년에 도입됐다. 2019년도 응시자격을 보면 채용 급수별로 차이가 있지만, 석·박사 학위 소지자이거나 3년 이상 경력자, 관련자격증을 획득한 뒤 일정기간 경력이 있는 자 등으로 일정 정도의 전문지식이 있거나 경력이 있는 사람들이 대상이다. 신입사원이 아닌 경력자를 대상으로 하는 만큼 채용 절차도 서류전형과 면접으로 이뤄진다.

네덜란드의 정규직 파트타임제의 개념을 우리도 시도하고 있다고 볼 수 있는데, 시간선택제 공무원은 2014년 366명을 시작으로 2015년 353명, 2016년 461명, 2017년 492명으로 계속 채용인원이 늘어나다 2018년 135명, 2019년 34명으로 줄어드는 추세다. 선발인원이 줄어들고 있는 것은 정부 각 부처들의 수요가 줄었기 때문이다. 시간선택제 공무원이 일하는 분야가 한정돼 있는 만큼 어느 정도 수요가 채워져 추가 수요가 줄어들고 있는 것으로 보인다.

일자리 문제가 갈수록 심각해지는 상황이라면 시간선택제 공무원과 같은 정규직 파트타임직을 확대하는 쪽으로 가야 할 것 같은데, 이를 위해서는 가능한 선에서 기존 풀타임 업무를 순차적으로 정규직 파트타임 업무로 전환하고 민간부문까지 정규직 파트타임을 확대하는 노력이 필요할 것으로 보인다.

기존 풀타임 업무를 정규직 파트타임 업무로 전환한다는 것은 지금처럼 경력자만을 대상으로 시간선택제 공무원을 뽑는 것이 아니라 신입사원까지 채용범위를 확대한다는 의미이다. 몇몇 분야에 대해서는 기존 풀타임 업무에 종사하는 사람들이 퇴직하는 네 따라 후속 채용을 정규직 파트타임직으로 실시하는 방안을 생각해 볼 수 있다. 민간부문에 정규직 파트타임직을 도입하는 것은 정부가 강제할 수 없으나, 정부가 얼마나 적극적인 정책 의지를 보이느냐에 따라 영향을 줄 수는 있을 것이다.

정규직 파트타임제를 도입, 확대한다고 할 때 파트타임직 종사자에게 중요한 것은 이 업무를 통해 생계를 유지할 수 있느냐일 것이다. 정규직 파트타임직의 경우 시간당 임금은 풀타임직과 동일하다 할지라도 일하는 시간이 적은 만큼 임금이 풀타임직에 비해 적을 수밖에 없기 때문이다.

정규직 파트타임직이 생활비를 보충하게 하는 방안으로는 우선 '투-잡Two-job'을 허용하는 방법이 있다. 파트타임 업무를 수행하는 만큼 남는 시간에 다른 일을 할 수 있도록 허용하는 것이다. 공무원의 경우에는 품위를 저해하지 않는 범위에서 다른 일을 하도록 하는 등의 부가조건이 필요할 것이다.

파트타임직을 늘려 '투-잡'을 갖게 할 것이라면 파트타임직을 확대하는 것이 무슨 의미가 있느냐고 생각할 수 있지만, 일자리 문제가 구조적으로 해결되지 않는 상황이라면 실업의 고통에서 최대한 많은 사람들이 벗어나게 하는 것도 의미가 있다. 파트타임직이라고는 하나 고용이 보장되는 정규직인 만큼 직장을 갖고 있는 것과 그렇지 않은 것은 큰 차이가 있기 때문이다.

'투-잡'을 허용하는 것 다음으로 생각해 볼 수 있는 방안은 우리가 앞서 논의한 바 있는 음소득세를 지급하는 것이다. 일정 소득 이하의 파트타임직에게 국가가 음소득세를 지급한다면 파트타임직의 생계 안정에 도움이 될 수 있다. 다만, 음소득세를 지급한다면 정규직 파트타임직에게만 지급할 수는 없고 모든 국민들을 대상으로 해야 할 것인 만큼 음소득세 지급이 바로 현실화되기는 어렵다. 음소득세는 국민적 동의와 예산이 확보되면 복지제도 개편과 함께 추진되어야 할 과제이다. 음소득세 지급과 정규직 파트타임제가 맞물려 돌아가면서 정착될 수 있다면, 굳이 풀타임직에 매달리지 않고 파트타임직에 만족하는 사람들도 생겨날 것이다.

통일을 통한 업그레이드란

남북통일을 연구하는 많은 학자들이 자주 언급하는 것 중 하나는 통일로 우리 사회가 한 단계 업그레이드되는 계기를 만들어야 한다는 것이다. 남한과 북한을 그대로 조합해 놓거나 남한 사회를 그대로 북한 지역에 이식하는 것이 아니라, 통일을 통해 우리 사회가 한 단계 질적으로 도약할 수 있어야 통일의 진정한 의미가 있다는 것이다. 남한의 자유민주주의와 시장경제 위주로 통일이 된다 하더라도, 많은 문제점을 가지고 있는 남한 체제가 그대로 북한 지역으로 확대되는 것은 바람직하지 않다는 소망의 반영이기도 할 것이다. 이 얘기는 다시 말해 통일이라는 사회 전환기에 남한 사회의 여러 문제점들이 해결되거나 적어도 완화되는 계기가 되어야 한다는 뜻이기도 하다.

하지만 통일이 어떤 측면에서 우리 사회의 업그레이드 계기가 될 수 있을지에 대해서는 구체적으로 제시된 것이 없다. 추상적인 차원에서 통일을 통한 질적 도약을 이야기하고 있지만, 통일작업이 진행되는 과도기에 구체적으로 어떤 과정을 통해 우리 사회가 업그레이드 될 수 있다는 것인지 명확하게 언급된 내용은 없다. 현실적으로 볼 때, 자유민주주의와 시장경제로의 남북통합은 남한 시스템을 북한에 이식하기 급급한 형태로 진행될 가능성이 높은데 말이다.

필자가 보기에 통일을 통한 우리 사회 업그레이드의 열쇠는 북한 지역에 남한보다 개선된 시스템을 얼마나 구축할 수 있느냐에 달려 있다.

남한은 이미 사회구조가 고도화돼 있는 만큼 사회 시스템을 바꾸기가 쉽지 않다. 아무리 대통령이 의지가 있다고 해도 국민적 공감대를 형성해 정치적 반대 세력과 이해집단의 반발을 극복해야 하고 국회의 동의를 얻어야 한다.

하지만 북한 지역은 일당독재와 계획경제를 기반으로 하는 사회주의를 자유민주주의와 시장경제를 기반으로 하는 자본주의로 개편해야 하기 때문에 통일 과정에서 사회의 골간이 변화할 수밖에 없다. 새로운 시스템을 도입할 여지가 많다는 것이다. 이러한 과정에서 북한 지역에 개선된 시스템을 구축하고 그 장점이 남한으로까지 역으로 파급될 수 있다면 우리 사회는 좀 더 업그레이드되는 계기를 마련할 수도 있다.

먼저 남한의 대표적인 현안인 주거 문제를 살펴보자.

남한에서 주거 문제의 해법을 찾기는 쉽지 않다. 이미 전체적인 주택 공급이 수요를 초과한 상태에서도 집값이 잡히지 않고 있기 때문이다. 2018년 8월 기준으로 집을 20채 이상 소유한 임대사업자가 8,691명에 이를 정도로 다주택자가 많고, 수도권에 집중되는 주택 수요, 1인 독신가구의 증가 등으로 인한 주택 수요를 포함해 여러 요인들이 복합적으로 집값 상승에 작용하고 있다. 또 역대 정권들이 주택

정책을 시장안정화라는 측면에서만 바라본 것이 아니라 경기활성화라는 측면에서도 사고해 왔고 그런 경향이 앞으로도 크게 바뀌지 않을 것이라는 점도 주거 문제 해결의 전망을 어둡게 한다.

이런 점들을 종합적으로 고려해 볼 때, 주거 문제의 해결은 결국 공공임대주택을 확대하는 쪽으로 가야 하는 것 아니냐는 생각을 하게 된다. 영국, 프랑스, 스웨덴 등 국가에서는 공공임대주택 비율이 전체 주택의 20% 정도로 높아 누구나 원할 때 임대주택에 들어갈 수 있는데, 이런 환경이다 보니 주거 문제가 큰 현안으로 등장하지 않는다. 반면, 남한의 경우 2010년 기준으로 공공임대주택 비율이 전체 주택의 4.7%에 불과해 사람들은 살 집을 마련하기 위해 온갖 궁리를 다해야 한다.

이제 와서 대한민국에서 그러한 정책이 가능하겠느냐는 문제 제기를 한다면 이에 대해 선뜻 긍정적 답변을 할 수 있는 사람은 많지 않을 것이다. 임대주택을 대규모로 지으려면 사람들이 선호하는 지역에 부지를 마련해야 하는 것도 문제지만, 집값이 떨어질 것을 우려하는 주변 주민들의 반발도 극복해야 하고, 임대주택 건설에 들어갈 예산도 꾸준히 마련해야 한다. 남한 체제는 이미 사회구조가 짜여질 대로 짜여진 만큼, 이러한 난관을 극복하고 정책을 실행하기가 쉽지 않다.

하지만 북한과의 통합을 통한 통일한국의 건설이라는 측면에서 생각하면 우리는 새로운 꿈을 꿀 수 있다. 통일이 되면 우리에게는 북한 지역을 새롭게 건설할 과제가 주어지기 때문이다. 북한도 물론 주택 매매가 일반화되고 있다고는 하지만 아직까지 주택 배급제와 매매가 공존하는 등 시스템 개편의 여지가 충분하고, 주택의 상당수가 낡아 전면적인 주거 환경 개선이 필요한 만큼 주거시스템을 재편할 여지는 충분하다. 남한의 건설업체들이 진출해 주택을 건설할 때 임대주택 건설 비율을 일정 수준 이상 지키도록 국가가 초기부터 규제한다면, 임대주택 위주의 주거시스템을 마련해 갈 수 있을 것이다.

이렇게 해서 북한 지역에서 주거안정이 실현된다면 그 파급효과가 남한에까지 미칠 수도 있다.

북한 지역의 주거안정으로 임대주택 확대에 대한 국민적 공감대가 남한으로 확산되면 정부가 정책적 의지를 가지고 임대주택 확대정책을 보다 적극적으로 추진할 수도 있다. 일부 주민들의 반발은 국민여론과 정부의 정책적 의지로 돌파하고, 임대주택 건설에 필요한 부지는 발상의 전환을 통해 마련할 수도 있다. 반드시 대규모 임대 아파트 단지를 건설하는 것이 아니라 도심 곳곳에 몇 채 또는 몇십 채 단위의 소규모 임대주택을 꾸준히 건설해 갈 수도 있는 것이다. 예산 문제도 생각하기 나름이다. 2006년부터 2018년까지 13년간 저출산·고령화 대책에 투여한 예산이 무려 268조 9,000억 원에 이른다고 한다. 이렇게 막대한 예산을 쏟아붓고도 2019년 출산율이 0.92까지 떨어진 것을 보면, 이 예산을 차라리 주거안정에 투여하는 것이 효과적일 수도 있다. 저출산의 3대 구조적 요인취업난, 비싼 주거비, 사교육비 중 하나라도 꾸준히 개선하는 것이 출산율을 높이는 데 더 효과적인 방법일 수 있는 것이다.

물론 남한 지역의 주거안정은 쉽지 않은 문제지만, 북한 지역의 개선된 시스템에 의해 남한 내에서도 시스템을 개선하자는 공감대가 확산되고, 이것이 정부의 정책으로까지 이어질 수 있다면 우리는 통일한국의 업그레이드 계기를 마련할 수 있게 된다.

'고졸 직무능력 시험'을 통해 고졸 위주의 취업 시스템을 만드는 작업도 북한 지역에서 먼저 시도해 볼 수 있다. 통일이 되면 어차피 북한의 입시 시스템은 개혁되어야 한다. 일부만 '빽트'를 받아 대학시험을 치르는 게 아니라 완전경쟁식의 입시 시스템이 마련되어야 한다. 이렇게 입시 시스템 전반을 개혁해야 할 때 고졸자 위주의 취업 시스템을 도입해 볼 수 있다. 어차피 새로운 제도가 도입되는 만큼 새로운 제도에 대한 거부감도 덜할 것이고, 고졸로도 공무원 등 안정적인 직장을 잡을 수 있다면 구태여 대학에 가야 한다는 생각을 가지지도 않을 것이다. 북한은 일반 중학교 졸업생의 10% 정도만이 대학에 입학하는 만큼, 고졸취업이 자연스럽게 받아들여질 가능성이 높다. 북한 지역이 고졸 취업 시스템 정착으로 대학입시 지옥에서 해방된다면, 지긋지긋한 남한 사회의 대학입시에도 파급효과가 미칠 수 있다.

음소득세 역시 북한 지역을 대상으로 먼저 실행해 볼 수 있다. 음소득세는 다른 사회보장제도와 중복되지 않게 실행해야 예산도 절약하고 제도의 실효성도 점검해 볼 수 있는데, 남한에서는 기초생활보장제도 등 다른 사회보장제도가 시행되고 있기 때문에 기존 사회보장제도를 없애면서 새로운 제도를 시행하는 데 따른 반발이 있을 수 있다. 북한 지역에서는 어차피 새로운 사회보장제도가 실시돼야 하므로 안심소득제와 같은 음소득세 실행이 예산만 확보된다면 큰 무리 없이 실행될 수 있다. 또 음소득세 실행으로 국가가 저소득층의 최소 생계를 보장할 수 있다면 정규직 파트타임제를 실행하는 것도 수월해질 것이다. 이러한 시도들이 북한 지역에서 긍정적 효과를 거둔다면, 남한 지역의 사회보장제도 개편 등 남한 사회의 업그레이드 논의도 본격화될 수 있을 것이다.

이렇게 통일은 우리가 새로운 구상을 펼치는 기회의 창이 될 수 있다. 70년 이상 분단된 두 체제가 하나로 합쳐지는 데는 분명히 많은 혼란과 어려움이 수반되겠지만, 그러한 어려움이 오히려 우리에게 새로운 기회를 제공하는 중요한 계기가 될 수도 있다. 그리고 그러한 기회의 창을 잘 살려 북한 지역에 구축한 개선된 시스템이 남한에까지 긍정적 영향을 미치는 단계로까지 간다면, 통일을 통한 우리 사회의 업그레이드도 가능할 것이다.

4

통일 시대를 이끌
리더십을 기대하며

지금처럼 우리 스스로 적대적으로 분열돼 있는 한 우리는 앞으로 나아가기 힘들다. 무한 경쟁의 시대, 우리의 역량을 결집해도 쉽지 않은데 국민적 에너지를 서로 헐뜯는 데 쓰고 있으니 어떻게 대한민국이 세계 속에서 앞으로 나아갈 수 있겠는가? 지금과 같은 적대적 분열을 극복하지 못하면 우리는 제자리를 맴돌 수밖에 없으며, 지금과 같은 편가르기가 사라지지 않는 한 합리성과 상식에 기반한 사회를 건설할 수 없다. '적'은 바로 우리 안에 있는 것이다.

1

1875년 시작된
질곡의 역사

통일의 역사적 의미

1875년 음력 8월 21일 강화도 초지진의 조선 수병들은 예고 없이 접근하는 국적 불명의 외국 군함을 주시하고 있었다. 당시 강화도 일대는 병인양요 이후 어떠한 선박도 허가 없이 통과할 수 없는 군사적 요충지였다. 잠시 뒤 군함에서 내린 수십 명의 무장군인들이 보트를 타고 초지진 포대까지 접근했다. 조선 수병들이 이들의 상륙을 막기 위해 경고 사격을 가했다. 보트에 타고 있던 무장군인들은 소총으로 응사하면서 일단 본함으로 철수했다.

곧이어 외국 군함으로부터 초지진을 향한 맹렬한 함포사격이 시작됐다. 당시 조선의 화포는 사거리가 700미터를 넘지 못하는 구형이어서, 군함이 쏘아대는 신식 대포와는 비교가 되지 않았다. 초지진 포대는 순식간에 궤멸되었다. 이후 외국 군함은 영종도로 가 영종진을 포격하고 영종도에 상륙해 살육과 약탈을 자행했다. 영종도에서만 전사자 35명, 포로 16명, 많은 공공건물과 민가가 소실되고 대포와 화승총 등을 약탈당했는데, 외국 군함 쪽 피해는 경상자 2명에 불과했다. 외국 군함의 이름은 운요호, 이것이 이른바 '운요호 사건'이다.[91]

운요호 사건은 예고 없이 침입한 일본 군함에 대한 조선 수병들의 정당한 경고사격에서 비롯됐다. 그럼에도 불구하고, 일본은 운요호가 조선에서 불의의 포격을 받아 사건이 일어난 것이라며 운요호 사건에 대한 조선 정부의 사죄를 요구했다. 일본은 군사력의 우위를 바탕으로 폭력적 방법으로 조선을 개항시키기로 마음먹은 상태였다. 조선에 있는 일본 거류민을 보호한다는 구실로 조선 근해로 파견되는 일본 군함도 늘어나기 시작했다. 조선은 당황했지만 어찌할 방도를 찾지 못하고 있었다.

1876년 음력 1월 16일 일본의 특파대사 구로다 기요타카가 6척의 군함과 함께 강화도 갑곶진에 상륙했다. 1853년 미국 페리 제독이 일본의 문호를 개방시키기 위해 태평양 함대를 끌고 갔던 것과 같은 방식이었다. 조선과 회담을 위해 강화도에 온 것이었지만 이들은 상륙하면서 예포라 하여 공포를 쏘아댔고 400명의 군인들이 무력시위를 펼쳤다.

이러한 공포 분위기 속에서 '강화도 조약'이 체결됐다. 조선이 근대적으로 맺은 최초의 조약이었지만, 조선 영토 내에서 일본인의 치외법권을 인정하고 일본 상인의 무역행위에 대해 조선 관헌이 간섭하지 못하게 해 조선 정부가 무역 통제권을 상실하는 등 조선에 극히 불리한 불평등 조약이었다. 우리의 근대화 과정이 왜곡되고 한민족의 기나긴 고통과 질곡의 역사가 시작되고 있었다.

일본의 강제 개항 이후 조선은 일본의 침략적 야욕 속에 국가로서의 운명을 조금씩 다해갔다. 물론 쇠잔해 가는 민족의 운명을 되살리려는 노력이 없었던 것은 아니다. 김옥균, 박영효 등 급진개화파들이 일본의 지원하에 정변을 일으켜 근대국가 건설을 목표로 정치개혁을 시도하기도 했고, 반봉건과 반외세를 기치로 한 민중봉기인 동학농민운동이 일어나기도 했다. 국민을 계몽하고 민권을 신장시켜 개혁을 이루겠다는 독립협회의 활동도 있었다.

　하지만 외세의 힘을 빌려 정권을 탈취하려 한 급진개화파들의 개혁 시도는 백성들의 지지를 얻지 못했고, 뜻은 거룩했으나 국제정세에 어둡고 무장도 제대로 되지 않았던 동학농민군은 관군·일본군과의 전투에서 처참하게 패배했다. 근대적 민권운동을 전개했던 독립협회도 보수 세력의 모함과 고종의 해산 명령으로 사라졌다. 일본의 침략 야욕이 갈수록 노골화되는 속에, 조선은 국제정세에도 어두웠고 내부는 분열돼 있었으며 정부는 무능했다. 1910년 8월 29일 조선은 결국 나라를 빼앗겼다.

　일제 치하의 기나긴 고통을 거쳐 1945년 해방이 이뤄졌지만 민족의 수난은 끝나지 않았다. 전쟁은 일본이 일으켰는데 분단은 우리에게 주어졌다. 유럽에서는 전범국인 독일이 분단됐지만, 동북아에서는 전범국인 일본이 아니라 피해자인 우리가 분단의 족쇄를 짊어졌다.

　제2차 세계대전 전승국들은 한국 사정에 별다른 관심이 없었다. 미국은 원자폭탄 투하로 일본이 예상보다 빨리 무너지자 한반도에서의 군사점령을 위한 편의적인 선으로 38도선을 제안했다. 소련군이 1945년 8월 13일 청진에 상륙하는 등 이미 한반도 북동쪽에 진입하고 있는데도, 한반도로 이동 가능한 미군은 오키나와나 필리핀에 머물고 있었던 현실적인 한계를 감안한 것이었다. 일본군의 항복을 받기 위한 군사적 편의주의에 기반한 조치였지만 이 과정에서 우리 민족의 의사는 안중에도 없었다.

미소의 분할 점령은 결국 조국의 분단으로 이어졌다. 일제 치하의 독립운동 과정에서 민족주의 계열과 사회주의 계열 등 우리 내부가 다양한 분파로 갈라져 해방 국면에서 단일대오를 갖추지 못한 것도 원인이겠지만, 한반도 상황에 무지한 강대국들의 전후질서 재편작업과 2차 대전 이후 표면화된 미소의 이데올로기적 대립 구도하에서 전쟁의 피해자인 우리가 오히려 분단이라는 질곡을 안게 된 것이다. 더 근본적으로 따져보자면, 일제에 의해 자주적 근대화 과정을 제약받고 국권마저 침탈당하면서 근대국가 형성의 기회를 갖지 못한 한국이 지정학적 특수성으로 말미암아 전범국인 일본의 전쟁 뒤처리 과정에서 오히려 뜻하지 않은 피해를 보게 된 것이었다.

1950년 한국전쟁은 미소가 인위적으로 그어 놓은 38도선을 완전한 분단의 선으로 고착화시켰다. 3년 동안 총칼을 들고 싸운 남북한 주민들이 이념에 얼마나 충실했는지 의문이지만, 전쟁을 거치면서 남북은 반만년 같은 민족이라는 말이 무색하게 서로에 대한 적대감을 최고조로 끌어올렸다. 남북을 가로지르는 군사분계선은 그 어떤 국경보다 강고한 차단선이 됐고, 비무장지대의 철책과 지뢰밭은 전 세계적인 냉전의 상징이 됐다.

분단체제는 민족의 역량을 극도로 소모시켰다. 분단만 아니었다면 우리 민족의 역량을 보다 발전적으로 발현시킬 수 있었겠지만, 분단

체제에서 남북한 역량의 상당 부분은 한반도에서든 국제무대에서든 상대를 제압하기 위한 경쟁에 소모돼 왔다.

냉전 시기 자유민주주의 대 사회주의 구도가 명확할 때에는 그나마 남북한 모두 각각의 블록 안에서 생존을 모색할 수 있었지만, 탈냉전으로 각국의 이해관계가 복잡해진 상황에서 남북 간 대립은 우리 민족 스스로의 역량을 깎아먹는 마이너스 효과만을 초래하고 있다. 미국, 중국, 일본, 러시아 등 한반도 주변 열강과의 협력과 갈등이 복잡하게 전개되는 지금 남북 대립은 우리 민족의 미래를 불투명하게 만들 뿐이다.

분단체제는 또 끊임없는 내부 갈등의 씨앗이 되고 있다. 우리 사회의 주요한 갈등 가운데 상당 부분은 북한 문제에 대한 시각에서 비롯된다. 친북이냐 반북이냐, 더 나아가 종북이냐는 프레임이 우리 사회 이념 갈등의 주요한 뿌리를 형성한다. 노동과 자본의 대립이라는 계급 갈등 외에 북한 문제를 둘러싼 이념 갈등은 진보와 보수라는 이름 하에 우리 사회의 분열적 갈등을 일으키는 핵심 소재이다.

구한말부터 시작된 우리 민족 수난의 역사는 아직도 끝나지 않았다. 한 세기 반 전에 비해 모든 것이 천지개벽할 만큼 달라졌지만, 나라를 빼앗기고 조국이 분단됐던 과거의 질곡으로부터 우리는 완전히 벗어나지 못했다. 여기서 과거의 질곡을 얘기하는 것은 그것이 비단 과거의 일로 그치는 것이 아니라, 분단으로 인한 민족 역량의 소진과, 이념을 둘러싼 내부 분열 등 지금의 우리에게도 꾸준히 영향을 미치고 있기 때문이다. 분단 상황을 해소하고 한반도 전역에서 완진힌 민족국가를 건설하는 것, 그것이야말로 1875년 '운요호 사건'에서부터 비롯된 질곡의 역사를 청산하는 마침표가 될 것이다.

왜소화되고 잊어버린 역사 극복의 첫걸음

환인의 아들 환웅이 인간 세상을 구하고자 하는 뜻을 품자 아버지가 환웅의 뜻을 헤아려 허락했다. 환웅이 무리 3,000을 이끌고 태백산 신단수에 내려와 인간세상을 다스렸다. 이 때 곰 한 마리와 호랑이 한 마리가 사람이 되게 해달라고 빌자, 환웅은 쑥 한 줌과 마늘 20쪽을 주면서 이것을 먹고 100일 동안 햇빛을 보지 않으면 사람이 된다고 일렀다. 곰은 동굴 속에서 이 말을 잘 지켜 21일 만에 여자가 되었으나 호랑이는 참지 못하고 굴 밖으로 나와 사람이 되지 못했다. 여자가 된 웅녀熊女는 아이를 갖게 해달라고 기원했고 환웅이 잠시 사람으로 변해 웅녀에게 아이를 갖게 해 아이가 태어나니 이 분이 우리 민족의 시조인 단군왕검이다. 단군은 기원전 2333년에 고조선을 세웠고 1,500년 동안 나라를 다스리다가 산신이 되었는데 이 때 나이가 1908세였다.

이상은 우리가 익히 알고 있는 단군신화이다. 우리 민족의 시조 탄생을 기술한 것이지만 이게 사실일 수는 없다. 곰이 사람이 될 수도 없고 사람이 1908년을 살 수도 없기 때문이다. 고대에서 왕조의 탄생을 신화적 요소로 포장한 것은 흔히 있는 일인 만큼 단군의 탄생도 신비감을 더하기 위한 신화적 각색으로 이해할 수 있겠으나, 단군의 탄생이 우리 역사에서 더욱 신화처럼 느껴지는 것은 단군이 세웠다는 고조선의 역사가 거의 남아 있지 않기 때문이다.

고조선이 기원전 2333년에 세워져 기원전 108년까지 2000년 넘게 존재했다고 하나 우리 역사서에 남아 있는 고조선의 역사는 단군 신화를 제외하고는 하나도 없다. 지금 전해지는 고조선의 일부 역사는 중국 사서에서 주변국을 기술하는 차원에서 전해진 것들이다. 역사가 거의 남아 있지 않다 보니 우리들 인식 속의 고대사는 주로 삼국 시대고구려, 백제, 신라부터 시작되고, 고조선이 실제 존재했던 역사인지에 대해 불분명하게 생각하는 사람들마저 있다.

하지만 동시대의 중국 역사를 보자.[92] 중국 최초의 국가라는 하나라가 세워진 것이 기원전 2070년 무렵이다. 하나라는 초기에는 실재 여부를 인정받지 못했으나 지금은 실재했던 나라로 인정받고 있다. 하나라는 기원전 1600년 무렵 상나라은나라라고도 불렸음에 의해 멸망했다. 상나라의 탕왕이 하나라를 섬기던 세력들과 손잡고 군대를 일으켜 하나라의 마지막 왕인 걸왕을 몰아낸 것이다. 상나라의 뒤를 이은 나라는 주나라이다. 주나라의 무왕은 기원전 1046년 폭정으로 인심을 잃은 상나라의 마지막 왕 주왕을 몰아내며 상나라를 멸망시켰다. 주왕은 싸움에서 패하자 스스로 목숨을 끊었다고 한다.

주나라가 쇠퇴하면서 기원전 770년 무렵부터 춘추전국 시대가 펼쳐졌다. 여러 제후국들이 자웅을 겨루며 수시로 전쟁이 이어졌고 혼란한 세상 속에 진리를 탐구하는 제자백가들이 생겨났다. 대표적인 사상가인 공자가 활동한 시기가 이 때로 공자는 기원전 551년에 태어나 기원전 479년에 죽었다.

춘추전국 시대는 기원전 221년 진나라의 시황제에 의해 통일된다. 중국 최초의 통일왕조가 탄생한 것이다. 하지만, 가혹한 통치를 일삼던 진시황이 죽자마자 도처에서 반란이 일어났다. 대표적인 두 세력이 『초한지』로 유명한 항우와 유방이다. 두 사람의 사활을 건 전쟁 끝에 유방이 항우를 물리치고 중국을 다시 통일한 것이 기원전 202년이고 유방이 세운 나라가 한나라이다.

중국의 고대 역사를 다소 장황하게 기술한 것은 고조선이 존재했던 기원전 2333년부터 기원전 108년 사이에 중국에서는 여러 왕조가 교체되고 수많은 전쟁이 있었다는 것을 설명하기 위해서다. 중국에서 수많은 왕조 교체와 전쟁이 치러질 때, 우리 민족의 활동무대였던 만주와 한반도에서는 곰이 사람이 되고 웅녀의 아들인 단군이 1,500년 동안 나라를 다스리는 신화적 상황이 발생하고 있었겠는가. '하-상-주-춘추전국-진-한'으로 이어지는 중국 역사가 진행되는 동안 고조선에서도 수많은 역사적 상황들이 전개됐을 것이며 기억할만한 영웅과 사건들도 많았을 것이다. 또, 이를 기록한 자료와 문헌들이 곳곳에 남아 있었다고 보는 것이 상식적일 것이다. 그런데, 왜 우리에게는 고조선의 역사를 기록한 자료들이 단군신화 외에는 남아 있지 않을까?

우리의 중요한 역사가 사라진 데에는 몇 가지 원인이 있다.[93] 고대에는 역사서를 성서聖書라 하여 왕궁에 비밀리에 보관하고 민간에 유포하는 것을 허락하지 않았는데, 고구려와 백제가 멸망할 때 왕궁에 보관돼 있던 역사서가 방화로 불에 타버렸다. 당나라 장수 이적은 평양에서, 소정방은 부여에서 고구려와 백제의 600~700년 역사문헌들을 불태웠던 것이다. 신라의 통일 이후 신라와 발해가 남북으로 대치했는데, 발해는 거란에게 멸망하면서 문헌을 찾을 여지가 없어졌고, 신라의 문헌들은 후백제 왕인 견훤이 가져갔다가 후백제가 망할 때 불타 없어졌다.

이런 와중에도 불에 타지 않고 보관돼오던 일부 역사문헌들은 고려를 거쳐 조선에까지 전해졌다. 조선에서도 이런 문헌들을 왕궁에 깊이 감춰 두었는데 임진왜란 때 경복궁이 불타면서 소실됐다. 수많은 전란을 거치면서 중요한 역사 자료들이 사라진 것이다.

여기에다 우리 역사의 기록들이 사라지게 된 결정적인 계기는 일제강점기이다. 1910년 8월 29일 우리나라를 강탈한 일본은 같은 해 11월부터 1937년까지 조선의 관습과 제도를 조사한다는 명분으로 조선과 관련된 갖가지 사료들을 압수했다. 전국의 경찰서를 동원해 진행된 이 작업을 통해 전국의 서점, 향교, 양반가, 종가집, 세도가 등에서 단군과 조선사 관련 자료, 조선의 지리, 위인전, 열전 등 20만여 권의 책이 압수돼 불태워졌으며, 일부는 일본으로 넘어가 궁내부 도서관 등에 수장됐다. 일제가 이때 불태우지 않고 남겨둔 책들은 조선사를 왜곡하는 데 도움이 될 것으로 여긴 책들이었다. 이후 일본은 매국노 이완용, 권중현 등과 일본인 학자들을 동원해 조선사 왜곡작업을 본격적으로 추진했다. 총독부의 명령으로 추진된 '조선반도사'의 편찬 요지에는 조선의 인민들이 선조를 경멸하게 만들고 조선인들을 일본에 동화되게 하는 것이 편찬 목적이라고 밝히고 있다. 역사상 수많은 전란과 일제강점기를 거치면서 우리 역사가 사라지고 왜곡된 것이다.

그런데 여기에서 한 가지 더 짚어볼 부분이 있다. 현존하는 역사서들은 우리 역사를 제대로 기술하고 있는가 하는 점이다. 단재 신채호 선생은 현존하는 우리나라 역사서 가운데 가장 오래된 『삼국사기』를 신랄하게 비판한다. 『삼국사기』의 저자 김부식이 사대주의에 입각해 우리 고대사를 기술하면서, 우리 역사를 왜소화시키고 많은 역사를 사장시켰다는 것이다.

김부식은 서경 천도와 칭제북벌을 주장하며 군사를 일으킨 묘청의 반란을 진압한 책임자이다. 김부식이 묘청의 난을 토벌하기 전까지만 해도 고려 조정 내에서 서경 천도를 주장하는 세력이 적지 않았는데, 김부식이 1년이 넘는 지구전 끝에 묘청의 난을 진압하면서 김부식의 정치적 반대파였던 서경 세력은 퇴조하고 김부식의 위상이 막강해졌다. 김부식은 이후 모든 관직에서 물러난 뒤 『삼국사기』를 집필하는데, 중국 중심의 유교주의에 입각한 김부식의 정치적 성향이 『삼국사기』 저술에 작용하게 된다.

신채호는 김부식이 사대주의에 맞춰 우리 역사를 압록강 동쪽의 작은 나라로 만들었다고 혹평한다. 『삼국사기』를 저술하며 사대주의에 반대되는 독립사상은 삭제하고 우리 역사를 사대주의의 역사로 만들었다는 것이다. 이 같은 역사 저술과 사대주의의 횡행이 묘청의 난 토벌과 서경 세력의 퇴조 이후 이뤄진 만큼, 묘청이 제멋대로 난을 일으켰다가 김부식에게 패한 것이 정치, 종교, 학술 등 모든 분야에서 사대주의의 노예가 된 결정적 사건이었다는 것이 신채호의 평가이다. 신채호가 묘청의 난과 김부식의 승리를 "조선 역사상 1천년 이래 최대 사건"이라고 평가한 것은 이 같은 이유이다.

『삼국사기』에 대한 평가는 각자 다를 수 있으나, 현존하는 우리나라 최고最古의 역사서인 『삼국사기』가 우리 고대사를 기술하는 데 있어 부족한 점이 많은 것은 사실이다. 고조선 등 삼국 이전의 민족사가 배제되었고, 가야의 역사, 또 통일신라시대 민족사의 또 다른 축이었던 발해의 역사도 빠져 있다. 『삼국사기』[94]는 어디까지나 삼국, 즉 고구려, 백제, 신라의 역사를 기술한 책이라는 반론도 가능하나, 『삼국사기』 편찬 과정에서 수집했을 수많은 고대의 역사자료들이 사라졌고, 『삼국사기』의 사대주의적 저술이 후세에 미친 영향을 생각하면 『삼국사기』에 대한 아쉬움은 여전할 수밖에 없다.

단군이 나라를 세운 기원전 2333년부터 우리 민족은 반만년의 역사를 이 땅에 일궈왔다. 하지만 우리 역사의 상당 부분은 흔적을 찾기 어려울 정도로 사라졌고, 사대주의에 기반한 역사서와 일제에 의한 역사 왜곡으로 우리 민족은 한반도의 왜소한 역사만을 우리의 것인 양 받아들이는 처지가 되고 말았다. 더구나 조국마저 분단되면서 지금 동북아에서의 우리 처지는 반만년 역사 중에 가장 왜소해진 듯도 하다.

하지만 곰곰이 생각해 보자. 만주와 한반도를 주름잡던 우리 민족의 생활권이 한반도로 축소된 것은 발해가 멸망한 이후일 뿐이다. 발해 멸망이 926년이니 기간으로 치면 대략 1100년 정도가 될 것이다. 이에 비해 우리 민족이 만주와 한반도를 무대로 활동한 시기는 고조선 건국 시기인 기원전 2333년부터 발해 멸망 926년까지이니 거의 3300년에 이른다. 반만년 우리 역사 중에 우리 민족의 무대가 한반도로 축소된 것은 1/4 정도에 불과한 것이다.

그렇다고 해서 우리 민족의 활동무대였던 만주 땅을 되찾아오자는 것은 아니다. 지금은 예전처럼 전쟁을 통해 영토 확장을 추구하는 시대가 아니다. 하지만 우리의 역사를 잊어서는 안 된다. 역사 자료 소실과 사대주의, 일제의 역사 왜곡으로 왜소화된 역사 의식에서 벗어나 3000여 년 동안 대륙을 무대로 자웅을 겨뤘던 우리 민족의 웅대한 이상을 되찾아야 한다.

역사를 잊은 민족에게 미래는 없다고 했던가. 우리가 우리 민족의 웅대했던 역사를 잊어버리면 우리는 지금의 왜소한 처지가 우리의 운명인 양 영원히 주변국의 눈치를 보며 살아가야 한다. 반만년의 역사에서 가장 왜소해진 지금, 분단 극복을 시작으로 다시 웅크린 어깨를 펴야 한다. 우리는 애초 한반도의 왜소한 민족이 아니었다.

21세기형 열린 민족주의로

필자가 통일의 중요성을 제기하며 민족 개념을 거론하고 있지만, 그렇다고 해서 혈통적 의미의 민족을 중시하는 것은 아니다. 한민족이 혈통으로서의 단일 민족이라는 것은 하나의 이데올로기일 뿐이며, 단일 민족이라는 것이 우리 삶의 궁극적인 가치, 즉 '인간의 보편적 행복'이라는 목표에 도움을 주는 것도 아니다.

만약 단일 민족에 집착함으로써 다른 민족을 질시하고 배척한다면 그러한 민족주의는 인간의 삶을 이롭게 하는 것이 아니라 해롭게 하는 것이 되고 만다. 갈수록 결혼 이주 여성과 그 자녀들을 통해 우리 사회의 구성원이 다양해지는 상황에서 혈통으로서의 한민족을 강조하는 것은 시대에도 맞지 않고 자칫 소수자에 대한 차별을 불러올 가능성이 있다. 21세기에 합당한 민족주의는 이들을 모두 포괄하는 '열린 민족주의'여야 한다.

하지만 민족주의 자체가 구시대적 개념으로 더 이상 의미 없는 것 아니냐는 문제 제기에는 선뜻 동의할 수 없다. 적어도 한국에서는 말이다. 민족과 민족주의를 근대국가의 성립과 함께 생겨난 근대사의

산물로 보는 영국의 세계사학자 에릭 홉스봄Eric John Hobsbawm도 한국, 중국, 일본만큼은 동질적인 인구로 오랜 기간 동안 국가를 이뤄 온 희귀한 사례라며 민족국가적 특성을 인정한 바 있다.[95] 여러 민족이 한 나라를 이루고 한 민족이 여러 나라를 이루는 과정을 반복해 온 유럽과는 달리 동북아의 한국, 중국, 일본은 오랜 기간 각각의 나라를 이루면서 분절적인 역사를 이뤄왔다. 때문에 이들의 민족국가적 특성을 인정하지 않고 이들 국가의 국민들을 인위적으로 재단하려 할 경우 오히려 부작용을 일으킬 수 있다. 일제 말기 일본이 우리 민족을 말살하려 한 황국신민화 정책이 우리 민족에게 많은 고통을 안겨 주었던 것이 실증적인 예이다. 비단 역사적인 예를 들지 않더라도 한중일이 민족적 차이를 불문하고 어느 날 갑자기 한 나라가 된다는 것을 상상할 수 있는가? 한중일이 인위적으로 합쳐질 경우 각각의 세 민족이 조화롭게 융합되는 것이 아니라 일제강점기와 같은 민족적 차별과 고통을 불러올 것이 뻔하다. 한국, 중국, 일본은 독자적인 언어와 문화, 국가를 오랫동안 유지해 온 역사적 특성으로 볼 때, 개별 국민들의 행복을 보장하기 위해 각각의 민족국가를 이루는 것이 바람직하다.

한국에서의 민족주의는 국민들의 인간다운 삶을 보장하는 장치로서의 의미를 여전히 갖고 있으며, 한민족의 국가가 허물어질 때 우리 국민들은 주변국들의 괴롭힘으로 인해 고통에 시달릴 가능성이 높다. 21세기의 민족주의는 소수자를 배척하지 않는 열린 민족주의여야 하지만, 배타성이 강한 동북아의 현실에서 우리 민족이 주변국의 핍박을 받지 않고 인간답게 살아가기 위해서는 민족국가를 유지하고 발전시키는 것도 중요하다.

2
민족주의와
통일대박론을 넘어

통일은 꼭 필요한가

'우리의 소원은 통일 꿈에도 소원은 통일' 필자가 학교에 다닐 때 배웠던 이 노래처럼 분단 이후 한동안 우리 사회에서 통일의 필요성에 의문을 제기하는 사람은 없었다. 우리의 의사와 관계없이 조국이 분단된 상태에서 통일은 당연히 이뤄야 할 민족적 과제로 인식됐고, 분단의 고착화로 부모, 형제, 자녀가 생이별한 상태에서 통일은 가족의 결합이라는 가장 인도적인 요구로 다가왔다. 금강산에서 간헐적으로 진행된 이산가족 상봉에서 한恨 어린 눈물을 흘리는 가족들의 모습을 보고 통일의 당위성에 이의를 제기할 사람은 없었을 것이다.

하지만 시간은 흘렀고 세상은 변했다. 세상이 변하면서 분단 이후 새로 태어난 세대들의 생각도 달라졌다. 냉전의 철조망 건너편에 살고 있는 사람들은 점점 더 '나와는 다른 사람들'이라는 인식이 커졌다. 고령의 이산가족들도 빠르게 사망하면서 가족의 결합이라는 인도적 필요에 따른 통일 당위성도 점차 줄어들고 있다. 2020년 6월 기준으로 정부에 등록된 이산가족 13만 3,387명 가운데 생존해 있는 사람은 5만 1,079명으로 벌써 61.7%가 사망했다. 생존자 가운데 80세 이상은 3만 3,334명, 65.3%나 돼 조금만 더 지나면 부모, 형제, 자녀의 상봉을 기대할 수 없게 된다. 통일의 필요성에 공감하는 젊은 세대의 비율이 낮아지고 있다는 각종 여론조사도 민족주의와 인도주의에 기반한 통일담론이 위기를 맞고 있음을 의미한다.

박근혜 대통령의 '통일대박론'은 이 같은 상황에서 통일을 당위가 아닌 이익이라는 관점에서 풀어보려 한 것이었다. 민족적 과제나 인도주의적 요구라는 당위적 측면이 아니라, 통일이 우리 경제를 대도약시켜 나에게 일자리와 소득을 늘려주는 등 직접적인 이익을 줄 것이라는 관점에서 통일을 사고하도록 한 것이다. 이른바 통일편익론의 관점이다.

사실 역대 정부가 통일조국의 미래상을 그리는 등 장밋빛 통일 청사진을 제시했던 토대에는 어느 정도 통일편익론이 자리하고 있었다. 통일이 궁극적으로는 우리 민족에게 밝고 풍요로운 미래를 가져올 것인 만큼 통일을 향한 의지를 버리지 말아야 한다는 것이다. 이는 분단 이후 태어나 갈수록 정치나 역사의식에 무관심해지는 세대들에게 통일을 호소하는 또 하나의 방법이기도 했다.

하지만, 이 같은 통일편익론적 접근이 젊은 세대들의 통일의식 함양에 기여했는지는 의문이다. 통일편익론이 통일에 대한 긍정적인 인식 변화를 이끌어 냈다는 유의미한 연구결과도 찾기 힘들다.

왜 그럴까? 우리 국민들의 의식이 통일편익론이 의도하는 '교육적 목적'보다 훨씬 위에 있기 때문이다. 통일이 되면 '통일편익론'에서 말하는 것처럼 장기적으로 우리 경제가 발전하고 일자리도 늘어날 가능성이 높지만, 당장의 통일 과정에서는 세금 증가나 북한지역 통합 과정에서 생기는 사회적 혼란 등으로 부담이 생기는 것이 불가피하다. 단기적으로 이런 증세나 혼란 가능성에 대해 일정 정도의 두려움이 존재하는 것이 사실인데, 장기적인 편익만을 강조하며 통일대박을 강조하는 것이 국민들에게 쉽게 다가오지 않는 것은 어쩌면 당연한 일이다.

그렇다면 우리에게 통일이 필요한 이유는 무엇인가? 민족주의도 인도주의도 편익도 통일 필요성에 대한 명쾌한 답변이 되는 것이 아니라면 우리는 어디에서 통일을 추구할 이유를 찾아야 하는가?

대한민국이 독립변수로 살아남기 위해

카터 미국 행정부 시절 국가안보담당 특별보좌관이었던 브레진스키는 21세기 미국의 세계전략을 분석한 『거대한 체스판』이라는 책에서 한국을 매우 중요한 지정학적 추축 가운데 하나로 분류한다. 동북아 지역에서 한국은 미국이 패권을 유지하는 데 있어 매우 중요한 지역이라는 것이다.[96]

브레진스키가 지적했듯이 한국은 매우 독특하고도 중요한 지정학적 위치를 가지고 있다. 한국 주변의 4대 강국 중 3개국^{미국, 중국, 러시아}이 안보리 상임이사국이자 핵보유국이며, 일본도 상임이사국에 버금가는 국력을 가지고 있다.

한국 또한 세계 10위권의 경제대국으로 만만치 않은 힘을 가진 나라로 부상했지만, 주변 국가들의 힘이 너무 세다 보니 동북아 지역에서 한국은 상대적으로 왜소한 모양새이다. 만약 한국이 중동이나 아프리카에 위치했다면 그 지역의 맹주로 자리 잡았겠지만 한반도라는 독특한 지역에 위치하다보니 상대적 열세의 입장에 놓여 있다. 이것이 바로 한반도가 가지는 지정학적 위치의 특수성이다.

한반도 주변의 4대 강국은 사실 한국이 통일된다 해도 상대하기 버거운 국가들이다. 인구와 영토, 경제력과 군사력 등 여러 지표에서 우리를 능가한다. 지금은 예전처럼 전쟁을 통해 인구와 영토를 넓히는 시대가 아닌 만큼, 한국과 주변국 간 여러 국력의 지표들이 쉽사리 바뀌지는 않을 것이다.

문제는 우리가 분단까지 돼 있다는 점이다. 통일이 돼서 한나라로 국력을 결집해도 부족할 판에 남북이 나눠져 있으니 우리의 힘은 더욱 왜소해진 상태다. 분단은 단순히 힘이 1/2로 나뉘어졌음을 의미하지 않는다.

분단이 되면서 남북은 해양 세력과 대륙 세력 대치의 전초기지가 되어 있다. 미일의 해양 세력과 중러의 대륙 세력 간 중간 지점에 정확히 남북이 위치하고 있는 것이다. 이는 해양 세력과 대륙 세력이라는 구도 외에 자유민주주의와 사회주의라는 이념적 대립구도까지 더해지면서 상당히 강고한 대치 구도를 만들어내고 있다.

그 대치의 끝자락에서 남북은 살기 위해 사활적으로 대립해 왔다. 6·25전쟁이라는 극단적인 대결이 끝난 뒤에도, 남북은 한반도 내에서든 밖에서든 상대를 짓밟고 올라서기 위해 상낭기간 동안 소모저인 체제경쟁에 매달려 왔다. 서로가 서로를 깔아뭉개기 위해 안달이었으니 한민족의 국력은 단순히 1/2로 나뉜 것이 아니라 소모적으로 낭비되고 있었던 것이다.

탈냉전으로 정세가 많이 바뀌었다고는 하지만, 남북한이 기본적으로 한미일 대 북중러의 대립 구도 속에 머물러 있는 상황에서 남북한은 동북아의 독립변수가 되기는커녕 해양 세력과 대륙 세력의 대립과 갈등을 가장 최일선에서 구현하는 종속변수에 머물고 있다. 그리고 그 과정에서 소모적으로 힘을 낭비해야 하는 우리는 언제나 주변 4대 강국의 눈치를 봐야 하는 위치에서 탈피하기 어렵다. 한미일 대 북중러 구도와는 별개로 불거지는 한일, 한중 갈등에서 우리가 열세를 벗어나지 못하는 것은 결국 우리의 국력이 상대적으로 약하기 때문인데, 지금과 같이 남북 대립으로 서로의 역량을 깎아먹는 상황에서는 더더구나 주변국과의 경쟁에서 불리한 위치에 처할 수밖에 없다.

남북의 분단은 또한 주변국 외교에서 우리를 불리하게 만든다. 우리가 미세먼지에 대해 중국에 항의해도 중국이 미온적인 태도를 보이는 것은 한중의 국력 차이도 있지만 북한을 전략적 자산으로 가지고 있는 중국에 대해 한국이 별다른 조치를 취할 수 없을 것이라는 점을 알고 있기 때문이다. 북중 밀착으로 중국이 북한을 지렛대로 가지고 있는 한 한국은 북한 문제 해결을 위해 중국의 협조를 구할 수밖에 없으며, 남북 분단의 국제정치를 활용한 중국의 대한반도 전략은 한국의 대중 외교력을 심각히 저해한다. 국제정치는 현실인데, 한국이 북한 문제에 중국의 협조를 강력히 바라고 있는 상황에서 중국이 한국의 목소리에 얼마나 귀를 기울이겠는가.

사드 배치 과정에서 발생한 외교적 분란도 분단이 미친 영향이 크다. 우리 정부가 많은 외교적 부담에도 미국의 사드 배치 요구를 받아들일 수밖에 없었던 것은 남북 대치 상황에서 안보의 핵심축인 미국의 요구를 거부할 수 없었기 때문이었다. 사드 배치에 대해 중국이 보복할 때 중국에 별다른 항의를 못했던 것도 교역도 교역이지만 북한 문제에 대한 중국의 영향력을 무시할 수 없었기 때문이었다.

남북 분단은 일본과의 관계에도 부담으로 작용하고 있다. 일본이 재무장하는 데 주요 명분으로 삼는 것이 북한 위협이다. 우경화로 가고 있는 일본에게 북한은 자신들의 이해관계를 관철하기 위한 적절한 소재로 활용되고 있다. 북한 위협을 명분으로 군사력을 높여 우리에게도 부담을 주는 형국이다.

주변국들이 분단된 남북을 자신들의 외교자산으로 활용하는 상황에서 우리의 외교력은 많은 한계에 부딪히게 되고 우리의 국익 또한 훼손된다. 이러한 한계는 분단이 극복되지 않는 한 결코 해소되지 않는다. 분단으로 인해 우리는 주변국이 두는 장기판에서 이리저리 휘둘리는 '졸'이 되고 마는 것이다.

통일이 되면 우리나라는 외교지평에서 지금보다 훨씬 다양한 선택 영역과 외교력을 확보할 수 있다. 한반도의 중요한 지정학적 특성으로 인해 우리가 어떤 선택을 하느냐에 따라 동북아의 지형이 달라지기 때문에 주변국들은 우리의 선택을 주시할 수밖에 없다.

강대국에 둘러싸인 동북아에서 우리가, 우리의 후손들이 제대로 목소리를 내고 살기를 원한다면 분단을 극복하는 것이 첫걸음이 되어야 한다. 통일은 민족주의나 인도주의, 경제적 편익을 위한 차원이 아니라, 한반도라는 지정학적 특수성을 가진 지역에서 우리가 우리 목소리를 내고 살아가기 위한 최소한의 조건이다. 대한민국이 동북아에서 독립변수로 살아남기 위한 최소한의 조건, 우리의 생존을 위한 최소한의 조건이 통일인 것이다.

분단비용의 해소

통일이 필수적인 또 하나의 이유는 우리가 모르는 사이 지출하고 있는 분단비용을 없애기 위해서이다.

남북이 통일을 할 경우 통일비용이 들 것이라는 점은 잘 알고 있지만, 우리가 분단으로 인해 분단비용을 지출하고 있다는 것을 인식하는 사람들은 많지 않다. 조국이 분단되지 않았으면 치르지 않아도 될 비용, 즉 분단비용은 우리 사회 곳곳에서 많은 불필요한 비용을 발생시키고 있다.

분단비용은 물질적인 것 뿐 아니라 비물질적인 것까지 다양하다. 가장 대표적인 분단비용은 막대한 국방비이다. 국방의 중요성이야 어느 나라건 두말할 필요가 없지만, 조국이 분단돼 있음으로 해서 100만이 넘는 남북의 군인들을 유지하는 데 드는 비용, 또 휴전선에서의 대치를 위해 투여되는 각종 부대건설비와 유지비, 재래식무기 투자 유지비용 등은 분단으로 인해 초래되는 비용들이다. 통일이 된다면 남북한의 병력을 감축해 병력 유지비를 줄이고 국방비를 첨단전력 건설에 집중 투자함으로써 분단돼 있던 시기에 비해 적은 국방비로도 효율적인 국방력 건설을 할 수 있을 것이다.

남북의 대치는 소모적인 국방비 낭비 뿐 아니라 우리 사회에 여러 비물질적인 비용을 부담시킨다. 남북 간에 간헐적인 무력충돌로 무고

한 인명이 살상되는가 하면, 주기적으로 찾아오는 북한발 긴장고조로 우리는 항상 전쟁의 불안감을 안고 살아야 한다.

남북 대치 때문에 젊은이들이 장기간 군복무를 해야 하는 것도 엄청난 비용이다. 한창 생산력이 왕성한 시기에 젊은이들이 사회를 떠나 군복무를 함으로써 우리 사회는 그만큼 산업적으로 손해를 보고 있다. 물론 의무복무제는 한반도의 지정학적 특성상 통일이 된다고 해도 쉽게 폐지할 수 있는 것은 아니지만, 직업군인 위주로 군체계가 개편되면 의무복무 기한은 지금보다 대폭 줄어들 것이다.

분단이 가져오는 경제적 측면의 비용도 만만치 않다.

한반도가 통일돼 있었다면 우리는 남북을 아우르는 넓은 내수시장을 갖고 있었을 것이다. 분단으로 내수시장이 작아지면서 기업들은 북한이라는 잠재적인 수요를 잃게 됐고 이는 기업들이 규모의 경제를 실현하는 데 제약으로 작용하고 있다. 수요가 많아서 물건이 더 많이 팔리면 공장설비도 늘리고 생산단가도 낮출 수 있을 텐데, 분단으로 인해 이러한 기회를 잃어버리는 비용을 치르고 있는 것이다.

분단으로 인해 북한 지역의 풍부한 자원을 활용할 수 없는 것도 비용이다. 통일 상태라면 수입하지 않아도 될 자원들을 분단으로 인해 외국에서 수입하며 불필요한 비용을 낭비하고 있다.

조국의 허리를 가로지르는 분단선으로 인해 우리 국토를 효율적으로 활용하지 못하는 비용 또한 엄청나다. 비무장지대DMZ와 인근 군사보호구역이 국토 이용에서 배제돼 있고, 남북 접경 수역에서는 어민들이 어로작업에 지장을 받고 있다. 무엇보다 가장 큰 피해는 분단으로 길이 막히면서 남한은 사실상 섬나라가 되었다는 것이다. 대륙으로 길이 연결될 경우 활용할 수 있는 물류적 이익을 우리는 분단으로 인해 누리지 못하는 비용을 감수하고 있다.

'코리아 디스카운트'로 지칭되는 한국 경제의 저평가 현상 또한 분단비용이다. 한반도에서의 상시적인 긴장은 외국인 투자자들에게는 불안감으로 다가올 수밖에 없고 이로 인해 우리 기업과 경제는 상시적인 손해를 보고 있다. 대한민국의 신용도 또한 통일이 돼 전쟁위험이 제거되면 상향을 기대할 수 있다는 점에서 우리는 분단비용을 치르고 있는 셈이다.

이 밖에도 분단으로 인한 이산가족의 아픔, 단일국가를 이루지 못해 국력이 분산됨으로써 생기는 상대적인 국력의 열세, 북한 문제로 생기는 내부 이념 분열 등 우리 사회가 치르는 분단비용은 엄청나다. 통일비용은 일시적이지만 분단비용은 대를 이어 계속되고 누적되고 있다는 것을 잊어서는 안 된다.

3

찬탁과 반탁의 분열은
되풀이되나

통일의 적은 내부에 있다

과연 통일이 될 것인지 의심하는 사람들이 많다. 분단 70년이 넘어가
는 상황에서도 북한이 여전히 건재한데 과연 남북한 통일이 이뤄질
수 있겠냐는 것이다. 물론 지금 당장 북한 체제 존립에 이상 징후가
보이는 것은 아니다.

하지만 김 씨 일가의 세습독재가 무한정 계속될 수 있겠는가라는 질
문에 대한 답변은 부정적일 수밖에 없다. 지금은 고려나 조선처럼 봉
건왕조가 일반적인 시대가 아니기 때문이다. 언제 어떤 방식으로 변화
가 올지 모르지만 북한의 세습왕조가 지속되는 데에는 한계가 있다.

지금의 북한 체제가 지속될 수 없다면 점진적 변화든 급진적 변화
든 변화의 시기는 반드시 올 수 밖에 없다. 필자는 두 가지 변화 가운
데 급진적 변화의 가능성에도 대비해야 한다고 보고 있다. 우리 내부
의 분열로 인한 대북정책의 비일관성, 북한 체제의 경직성으로 인해

점진적 변화가 일어나기 어렵다고 보기 때문이다. 북한 체제에서 급진적 변화가 일어난다면 그것은 70년 넘는 분단 체제가 극적으로 변화하는 시작점이 될 것이다. 통일의 가능성이 열리는 시기가 되는 것이다.

다만 그러한 시기가 온다고 해서 반드시 통일로 연결되는 것은 아니다. 분단 체제의 균열은 상당히 복잡하고 유동적으로 전개될 것이며, 한반도의 운명이 어떻게 흘러갈지도 명확하지 않을 가능성이 높다. 해방 뒤 남북이 예상치 않은 분단을 맞았듯이 분단 체제가 균열되는 시기에도 생각지도 않은 변수들이 튀어나올 가능성이 있다.

한 가지 확실한 것은 분단 체제가 허물어지는 시기 한반도의 운명을 결정하는 데에는 두 가지의 큰 힘이 작용할 것이라는 것이다. 하나는 우리 내부의 힘이고 또 하나는 외부의 힘, 즉 주변국의 영향력이다.

이 땅의 운명을 결정하는 가장 중요한 힘은 우리 내부에서 나온다. 한반도의 구성원인 남한과 북한이 어떤 목소리를 내느냐에 따라 한반도의 운명은 달라질 수 있다. 하지만 미국, 중국, 일본, 러시아 등 주변국 또한 한반도의 운명에 개입하려 할 것이다. 해방 후 분단을 외세가 결정했듯이 분단 체제 이후의 한반도의 구도에 대해서도 주변국들은 영향력을 행사하려 할 것이다. 이 두 가지 힘이 어떤 방향으로 어떻게 작용할지, 또 두 가지 힘 중 어떤 것이 주도권을 쥘지에 따라 우리가 분단을 극복하고 통일을 이룩할 수 있을지도 결정될 것이다.

통일의 가장 큰 적은 내부 분열

분단 체제가 허물어지는 시기 주변국들은 한반도 통일에 어떤 입장을 취할까?

통일된 한반도가 자신들에게 우호적인 영향권으로 남지 않을 것이라면 주변국들은 차라리 한반도가 지금처럼 분단돼 있는 것을 선호할 것이다. 한반도가 가지는 중요한 지정학적 위치를 감안할 때, 반도의 한쪽 편이라도 자신들의 영향권에 남는 것이 유리하다고 생각할 것이기 때문이다.

대륙 세력인 중국, 러시아와 해양 세력인 미국, 일본이 대치하는 가운데 통일 한반도가 두 세력이 선호하는 영향권에 동시에 편입될 수 없다고 본다면, 한반도 주변국들이 남북한의 통일을 앞장서 추진하는 모습은 상상하기 쉽지 않다. 한반도 운명을 결정하는 두 힘 가운데 하나인 외부의 힘, 주변국의 영향력은 남북통일에 긍정적이지 않은 방향으로 작용할 가능성이 높은 것이다.

주변국들의 외부적 영향력이 통일에 긍정적이지 않을 것이라면, 한반도 운명을 결정하는 또 다른 힘인 우리 내부의 힘이 중요하다. 사실 내부의 힘은 외부적 영향력보다 훨씬 결정적인 의미를 가진다. 내부적 역량이 월등하면 외생변수인 외부적 환경이 영향을 미치는 것은 제한적일 뿐이다. 더구나 지금은 고대나 제국주의 시대처럼 외부 국가가 무력을 동원해 마음대로 침략을 감행할 수 있는 시대도 아니다. 우리 내부, 즉 남과 북이 일치된 목소리로 통일을 지향할 수 있다면 주변국이 이를 반대하는 데에는 한계가 있다.

한반도의 지정학적 중요성은 대륙 세력이나 해양 세력이 일방적으로 한반도에 영향력을 행사하기 어렵게 만드는 장점도 있다. 두 세력 모두 서로가 서로를 첨예하게 견제하기 때문이다. 우리 내부의 목소리만 강력하고 확실하다면 외부 환경이 통일의 장애가 될 수는 없다.

문제는 우리 내부가 분열돼 있을 경우이다. 북한에 급진적 변화가 일어나는 경우 한반도 내부의 목소리는 남한이 주도하며 북한을 아우를 수밖에 없는데, 남한 내에서 진보와 보수로 첨예하게 갈려 통일이라는 현안을 놓고 적대적으로 대립할 경우 통일을 추동할 내부 역량의 발현은 기대하기 어렵다.

통일을 추진하는 과정에서 발생할 수 있는 내부 갈등의 지점들은 여러 가지가 존재한다. 가장 먼저 통일의 당위성에 관한 부분이다. 지금 젊은 세대에서는 '반드시 통일을 해야 하는가'라고 생각하는 사람들이 늘고 있다. 지난 몇십 년처럼 분단된 채로 살아가도 될 것을 굳이 통일을 해서 정치, 경제, 사회적 부담을 떠안아야 하느냐는 것이다. 남북이 하나의 민족이라는 의식이 강한 기성세대와 민족보다는 개인의 삶을 중요시하는 젊은 세대 사이에 통일의 당위성을 놓고 갈등이 불거질 수 있다.

그래도 이러한 갈등은 핵심적인 분열의 소재로 등장하지는 않을 것이다. 아무리 젊은 세대라 해도 통일의 당위성을 대놓고 부정하기는 쉽지 않을 것이기 때문이다. 오히려 통일의 당위성에 대한 관점 차이는 통일 속도에 대한 논쟁으로 이어질 가능성이 높다. 통일의 당위성에 공감하는 쪽에서는 즉각적인 통일을 주장하겠지만, 통일회의론에 기울어져 있거나 통일에는 동의하더라도 당장의 부담이 걱정스러운 사람들은 분단 상황을 좀 더 유지하면서 통일을 서서히 추진하자는 점진적 통일론에 기울 수 있다. 언뜻 보면 단순히 통일 속도에 대한 논쟁으로 보이지만 사실상 통일 보류에 대한 논쟁이기 때문에, 이는 통일 추진 과정에서 가장 첨예하게 맞부딪히는 핵심 갈등이 될 가능성이 높다. 이 밖에도 통일한국이 중앙집권국가를 지향할 것인지 연방제 국가를 지향할 것인지 등 통일국가의 형태와 관련해서도 갈등이 불거질 수 있다.

우리 사회가 민주사회인 만큼 통일에 대한 다양한 의견들이 분출되는 것은 자연스러운 일이다. 다만 문제는 이러한 의견들이 대화와 토론을 통해 중심적인 여론으로 수렴되는 것이 아니라 점점 더 양극단으로 갈라지는 분열적 상황으로 전개될 경우이다. 특히 지금과 같이 진보-보수 간 적대적 분열이 심각한 상황에서는 객관적 사실과 실용주의에 기반해 사안을 판단하기보다, 상대 세력에 대한 체질적인 거부감으로 상대측 의견에는 아예 귀를 닫아버리고 무조건적인 반대를 할 가능성도 배제할 수 없다.

필자는 통일부에 출입하면서 통일부가 위치한 서울 광화문 정부종합청사에서 광화문 사거리를 거쳐 청계천까지 왔다 갔다 할 기회가 많이 있었다. 그런데 이 짧은 거리를 다니면서 피케팅이나 천막농성, 유인물을 나눠주는 사람들을 보면 친미에서 반미, 친북에서 반북까지 우리 사회 이념의 극단적 현장들을 적나라하게 볼 수 있는 경우가 많았다. 진보와 보수가 같은 날 광화문 광장과 서울시청 앞 광장, 혹은 서울역 광장에서 따로따로 집회를 하면서 정반대의 주장을 외치는 상황을 보면, 해방 후 찬탁과 반탁으로 나뉘었던 극심한 국론의 분열이 통일 국면에서 다시 일어나지 않으리라는 보장이 없는 것 같다.

이렇게 내부가 분열하면 다시 외세가 개입할 여지가 생긴다. 우리 내부가 분열돼 우리의 목소리가 무엇인지조차 불분명하게 되면, 한반도의 운명을 결정하는 데 있어 주변국들의 외부적 영향력이 강화될 수밖에 없다. 주변국들이 자신들의 이해관계를 한반도에 관철하려는 상황에서 우리 내부적으로 찬성파와 반대파가 혼재하며 서로 싸운다면 한반도 운명의 결정권은 다시 외세에게 넘어가게 된다. 해방 이후처럼 주변국들의 담합에 의해 한반도의 운명이 결정돼도 우리가 내부의 분열로 제대로 목소리를 내지 못하는 사태가 재연될 수도 있는 것이다.

역사는 반복된다고 했던가. 하지만 비극의 역사라면 그것이 그대로 반복되지 않게 하는 것이 이 시대를 사는 우리의 책무일 것이다. 해방 이후처럼 다시 한반도가 격변하는 시기가 왔을 때 우리의 의사와 관계없이 한반도의 운명이 결정되는 비극을 반복하지 않으려면 우리 내부의 역량을 결집할 수 있느냐가 매우 중요하다. 통일 국면에서 가장 큰 적은 외부의 간섭이 아니라 우리 내부의 분열이 될 것이다.

역사의 기회를 놓치지 말자

반만년 역사를 되돌아보면 한반도 구도가 격변하던 시기가 몇 차례 있었다. 삼국통일과 왕건의 고려 건국후삼국 통일, 조선 건국과 구한말, 해방 이후 분단과 같은 것들이다. 이러한 격변은 내부의 주체적 역량에 의해 이뤄진 것도 있지만 주변 국제정세의 강력한 영향하에 초래된 것들도 있었다. 주목할 점은 이러한 구도가 한번 형성돼 안정화되면 이를 출렁이게 할 강력한 충격이 발생하지 않는 한 기존 구도가 쉽게 깨지지 않는다는 것이다. 더구나 지금처럼 힘에 의한 영토 정복이 제한된 시기에는 더더욱 그렇다.

해방과 분단, 한국전쟁 이후 한반도 구도를 바꿔 놓을 충격은 아직 발생하지 않았다. 한참 동안이나 냉전 구도가 강고했으며, 탈냉전 이후에도 한미일 대 북중러의 대치 구도가 온존하는 속에 북한에서는 세습 독재가 3대째 이어져 왔기 때문이다. 이 같은 구도를 깨뜨릴 충격이 언제 어떤 방식으로 발생할지 모르지만, 이후 한반도에 발생할 충격은 통일이라는 기회의 창과 연관될 가능성이 높다.

문제는 우리가 그러한 기회의 창을 열 수 있을 것인가이다. 통일의 기회가 열리는 시점에 통일이 초래할 충격에 겁먹고 통일에 유보적인 태도를 보일 경우 통일의 기회는 영영 달아나버릴 수도 있다. 한반도에 통일의 가능성이 다가오는 시기는 언제나 있는 것이 아니기 때문이다. 물론 통일의 후유증을 최소화하는 문제가 중요하긴 하지만, 그것은 통일이라는 정치적 통합체를 대내외적으로 확고히 한 뒤 통일정부가 내부적으로 풀어야 할 문제이지 통일을 미루는 이유가 될 수는 없다.

점진적인 통일을 추구한다는 명목으로 남북이 통일을 보류하면, 주변국들이 자신들의 이해관계에 맞는 쪽으로 한반도 상황에 다시 개입할 수 있고 우리 내부적으로도 어떤 돌발변수가 생겨날지 장담할 수 없다. 흔히 교류 협력이 증대되면 동질감이 높아지고 자연스럽게 통일의 길로 갈 수 있을 것이라 생각하지만, 교류 협력이 반드시 통일에 긍정적인 영향을 미친다는 보장은 없다. 남북 간 교류 협력의 증대가 서로의 이질감을 확인시키고, 남한 주민들은 북한 주민들을 끝없이 도와줘야 한다는 불만을, 북한 주민들은 남한 주민들에게 무시받는다는 불만을 확대시켜 서로의 갈등을 고조시킬 수도 있다.

또, 분단 체제가 일단 계속되면 남북의 어느 정부도 이후 통일의 시점을 다시 잡기가 쉽지 않을 것이다. 분단 상태가 길어지면 분단으로 인해 이득을 보는 기득권층이 형성되기 때문에, 이들이 자신들의 기득권을 유지하기 위해 통일에 암묵적으로 반대할 가능성도 있다.

통일은 역사의 기회가 다가왔을 때 과감히 추진해야 한다. 통일이 가능할 때 먼저 정치적으로 하나의 국가를 만들어 다른 변수가 끼어들지 못하도록 하는 것이 중요하다. 통일의 후유증을 최소화하는 문제는 통일정부를 구성한 뒤 내부적으로 풀 문제이다. 한반도 구도가 격변하는 중차대한 시기가 왔을 때 즉각적인 통일이냐 점진적인 통일이냐를 놓고 내부 분열에 빠져 역사의 기회를 놓쳐서는 안 된다.

4

모든 것을 얻든지
모든 것을 잃든지

분열 극복의 과제

'운요호 사건'이 발생하기 4개월 전인 1875년 4월, 조선과의 수교 교섭을 위해 조선에 파견돼 있던 일본 측 대표 모리야마 시게루는 부관인 히로쓰 히로노부를 시켜 본국에 다음과 같은 건의서를 보내게 했다. 당시 조선에서는 대원군 실각 이후 대원군파와 민비파의 세력다툼 속에 경복궁에서 화재가 발생하고 재상 민승호의 집에서 폭발물이 터지는 등 민심이 흉흉하고 국론 분열이 심각한 상태였다.

* 구신(具申): 상관에게 낱낱이 보고함

구한말 나라의 운명이 백척간두의 위기로 가고 있을 때 조선이 보여준 극심한 분열은 일본에게 좋은 침략의 기회를 제공했다. 국력을 모아 대응해도 부족할 판에 서로가 서로를 짓밟고 죽이는 데 힘을 소비하고 있었으니 외세의 침략에 대응할 수 없는 것은 어쩌면 당연한 일이었다. 조선은 나라를 지키기 위한 변변한 노력도 해 보지 못한 채 무너졌다.

그로부터 100년이 넘게 지난 지금은 물론 그때와는 상황이 다르다. 구한말처럼 국제정세의 흐름에서 우리가 소외돼 있는 것도 아니고 나라의 운명이 백척간두의 위기에 처해 있는 것도 아니다. 하지만, 우리 사회의 분열은 여전히 심각한 상황이다.

분열의 원인

우리 사회의 분열은 주로 어디에서 비롯되는가?

첫째, 북한에 대한 관점 차이이다.

한국 사회에서 보수와 진보를 가르는 핵심적인 변수 중 하나는 북한에 대한 시각차이다. 동족상잔의 한국전쟁을 일으켜 수많은 형제자매를 죽게 한 북한, 하지만 같은 민족으로 언젠가는 하나가 돼야 할 북한. 북한은 적과 동포의 이미지를 동시에 갖고 있는데, 보수 성향이 강할수록 적의 이미지에, 진보 성향이 강할수록 동포의 이미지에 영향 받는다. 그런데, 이 두 가지 이미지는 쉽게 타협 가능한 것이 아니다. 적과 동포라는 것은 다시 말해 적군과 아군이라는 뜻으로 서로 양립할 수 없는 정반대의 의미를 담고 있기 때문이다. 더구나 한국전쟁은 남한 사회의 이데올로기 지형을 대단히 협소화시켰다. 냉전적 반공주의는 예전보다 약해졌다고 하지만 북한에 호의적이라는 뜻의 친북이나 종북은 남한 사회에서 여전히 상대를 '적'으로 낙인찍는 주요한 도구로 활용되고 있다. 북한에 대한 관점 차이에서 비롯되는 진보와 보수 간 극심한 이념 갈등과 분열은 한반도의 갈라진 북쪽에 북한이 존재하는 한 사라지지 않는다.

　　둘째, 서로에 대한 투쟁을 불러오는 대통령제이다.

　　한국의 대통령제는 제도적으로 타협보다는 분열을 심화시키고 있다. 대통령에 당선되기만 하면 정치, 경제, 사회, 문화, 안보 등 거의 모든 부문에서 막강한 영향력을 행사하기 때문에, 대통령이라는 자리를 놓고 각 세력들은 사활을 건 투쟁을 벌인다. 마치 봉건 시대에 왕위 옹립을 위한 치열한 투쟁과도 같다. 이러한 투쟁은 모든 것을 얻느냐 모든 것을 잃느냐는 외나무다리식 혈투이기 때문에 타협의 여지가 있을 수 없다. 권력구조의 문제점과 관련된 부분은 조금 뒤에 좀 더 자세히 살펴보도록 한다.

셋째, 온라인 공간의 양극화이다.

우리나라는 인터넷 강국이다. 대한민국 어디서든 인터넷 연결에 지장을 받는 곳은 거의 없으며, 사람들은 스마트폰을 통해 언제 어디서든 필요한 것을 검색하고 SNS에 글을 올린다. '빨리빨리'에 익숙한 우리 문화에 비춰보면 실시간 소통과 반응이 이뤄지는 인터넷 문화가 우리 국민들의 속성에 상당히 부합하는 것 같기도 하다.

SNS를 통한 동호회 활동도 활발한 상황이다. 온라인 공간에서 동호회 회원들끼리 의견을 주고받는 것은 물론, 온라인 모임이 오프라인으로까지 확대돼 모임이 이뤄지기도 한다. 대중이 빠른 시간 내에 움직임을 보이기 위해서는 정보의 전파 속도가 중요한데, 이런 면에 있어서는 우리나라가 다른 나라의 추종을 불허하는 수준이다.

하지만 온라인 공간의 활성화, 즉 인터넷 정치의 확산은 우리 사회의 분열이라는 측면에서는 상당한 부작용을 불러일으키고 있다. 온라인 공간의 특성이 자신이 원하는 정보만 선별해서 습득하는 행위를 강화하고 있기 때문이다.

SNS 이용자들은 자신과 같은 정치적 견해를 가진 사람들끼리 연결망을 형성하고 동질적인 그룹 내에서 정보를 유통한다. 일반적으로 사람들은 자기와 다른 정치적 견해를 갖고 있는 사람들과 별로 대화하고 싶어 하지 않는 경향이 있는데, 지금의 SNS 연결 시스템은 그러한 불편함을 깨끗하게 해소시켜준다. 혹시 정치적 견해가 다른 사람들이 SNS 연결망에 들어가 있더라도 스스로의 선택이든 다른 회원들의 성화에 못 이겨서든 이단아가 그 연결망에서 퇴출되는 것은 시간문제이다. 사람들은 자신과 같은 정치적 견해를 가진 사람들끼리 정보를 주고받으면서 자신의 관점과 부합하는 정보는 좀 더 설득력이 있다고 생각하고 그렇지 않은 정보는 신빙성이 떨어진다고 생각하는 자기 확신을 강화한다. 자신과 다른 시각을 가진 사람들에 대해 점점 더 배타성을 강화하는 것이다.

2010년 6·2 지방선거 기간 동안 유통된 트윗 글을 분석한 연구에서는 비슷한 정치성향을 가진 사람들끼리만 트위터로 연결돼 있는 분절화 현상이 뚜렷이 나타났다고 한다. 진보는 진보끼리, 보수는 보수끼리 트위터로 연결돼 있었다는 것이다. 온라인 공간에서 다른 이념 성향을 가진 사람들과 대화하고 타협점을 찾으려는 노력은 보이지 않았다. 이 밖의 많은 연구들에서도 SNS에서의 연결망이 상당히 편향되는 경향을 보여 주는 것으로 나타나고 있다.

문제는 이렇게 편향성을 보이는 사람들이 정치에 적극적으로 참여하면서 목소리를 높일 가능성이 크다는 것이다. 머츠Mutz, Diana C.는 참여민주주의Participatory Democracy와 숙의민주주의Deliberative Democracy 사이에 상당한 딜레마가 있다고 언급했다. 다른 쪽의 의견도 경청할 줄 아는 사람들은 대체로 정치 참여에 소극적이고, 자신의 입맛에 맞는 정보만을 수용하는 편향적인 사람들이 적극적으로 정치적 의견을 개진하며 정치 참여에 활발한 모습들을 보였기 때문이다. 즉 '참여하는 이들은 숙의하지 않으며 숙의하는 이들은 참여하지 않는다'는 것이다. 남의 이야기에 귀 기울일 줄 아는 사람들은 목소리를 크게 내지 않고, 자신의 시각에만 매몰돼 있는 편향성을 가진 사람들이 목소리를 크게 높인다는 것인데, 온라인 공간의 활성화는 이렇게 편향성을 가진 사람들에게 쉽게 목소리를 낼 수 있는 공간을 제공한다.

온라인을 통해 정치적 의견을 적극적으로 표출하는 사람들은 단순한 의견 개진을 넘어 온라인 여론을 주도하려는 의도적 행동을 벌이기도 한다. 특정 방향의 댓글을 달기 위해 집단적으로 움직인다든지 포털에서 실검 순위 경쟁을 벌이는 것 등이 이러한 예이다. 또, 자신들의 생각과 반대되는 의견에는 무차별적인 욕설과 비난을 퍼붓기도 하는데, 익명성의 그늘 아래서 편향성을 가진 사람들이 온라인 공간을 지배하려는 온라인 정치의 어두운 민낯이기도 하다.

　온라인 정치의 활성화가 대중들의 정치참여를 적극화시킨 긍정적인 측면도 있지만, 온라인 공간을 통한 편향성의 확대가 정치적 대립을 심화시키고 우리 사회의 분열에 일조하고 있는 점을 부인할 수 없다. 높은 수준의 정치 참여를 보이고 있는 한국의 인터넷 이용자들이 매우 심각할 정도로 관용의 수준이 낮은 것으로 조사됐다는 몇몇 경험적 연구들도 이런 분석을 뒷받침한다.[98]

　우리 사회 분열의 중요한 원인 중의 하나로 인터넷 정치의 활성화, 온라인 양극화가 자리매김하고 있다는 것인데, 실검 순위나 댓글 지지 확보에 혈안이 되도록 하는 현재와 같은 인터넷 시스템이 계속되는 한 이를 해결할 뾰족한 해법은 없다. 인터넷을 통한 소통이 필수불가결한 사회가 됐다면 인터넷의 장점을 활용하면서도 부정적인 효과를 줄이는 노력들이 필요할 텐데, 대형 포털과 인터넷 업계 종사자들이 사회적 책임감을 가지고 지금의 분열적 인터넷 시스템을 어떻게 개선할 것인지 고민이 필요해 보인다.

서로에 대한 투쟁을 불러오는 대통령제[99]

　우리나라의 대통령 선거는 정치권에서 성장한 유력 대통령 후보들이 당내 경선을 거쳐 경쟁자들을 물리친 뒤 상대당 후보들과 최후의 일전을 벌이는 방식으로 진행된다. 대통령이라는 월계관을 쓰기 위해서는 기본적으로 주변의 경쟁자들을 순차적으로 제압해 나가야 하는 구조이다. 여야 간의 본선이 제일 중요하지만 당내 경선에서 떨어지면 어차피 그 후보자는 대통령이 될 수 없기 때문에, 후보자의 입장에서는 당내 경선이든 여야 간의 본선이든 사활을 걸어야 하는 똑같은 경쟁의 장이다. 군웅할거 시대에 광야에서 모두를 물리치고 최후에 남는 사람이 왕이 되는 구조라고 할까. 다시 말해, 대통령이 되는 과정은 모든 경쟁자들에 대한 투쟁 과정이다.

　보통 유력한 후보별로 캠프가 꾸려지는데 여기에 합류하는 인사들도 자신들의 주군을 대통령에 옹립하기 위해 죽을 힘을 다해 투쟁한다. 정치, 경제, 사회, 문화, 안보 등 모든 권력이 대통령 1인에게 집중되는 대통령제하에서 나의 주군이 이기면 나에게도 전리품이 떨어지지만 주군이 패하면 아무 것도 남는 것이 없기 때문이다. 대통령이라는 자리를 차지하기 위한 싸움은 후보 개인의 싸움일 뿐 아니라 캠프 인사들 간의 사활을 건 투쟁이기도 하다. 모든 것을 얻든지 모든 것을 잃는 사생결단의 전투가 대통령 선거 때마다 치러지는 것이다.

　대선에서 승부가 일단락되더라도 서로에 대한 투쟁이 끝나는 것이 아니다. 정권 초기 짧은 허니문 기간이 끝나고 나면, 대통령에 대한 신랄한 비판이 야당에서 쏟아진다. 대통령이 잘 하기를 바라는 긍정적 의미의 비판도 있겠지만, 대통령과 집권 세력이 잘못되기를 바라는 억지성 비난도 끊이지 않는다. 야당이 다음 대선에서라도 권력을 잡기 위해서는 집권 세력이 정치를 잘해서 국민의 지지를 얻어서는 안 되기 때문이다. 상대의 실패는 나의 성공, 상대의 성공은 나의 실패인 것이다.

야당의 비난뿐 아니다. 지금과 같은 적대적 대결 시스템에서 차기를 노리는 여권 내의 야심가들은 대통령의 임기 말로 갈수록 전략적으로 현직 대통령과의 차별성을 강조할 필요를 느끼게 된다. 현직 대통령이 임기 말까지 높은 지지율을 유지한다면 모르되, 그렇지 않을 경우 대통령과 차별화를 해야만 차기 주자로서의 이미지를 각인시킬 수가 있기 때문이다. 이명박 정부 시기 박근혜 당시 의원의 행보를 본다면 쉽게 이해할 수 있을 것이다. 지금의 대통령제하에서 한국의 정치는 여야 간은 물론 당내에서도 서로에 대한 투쟁을 벗어나기 힘들다.

과반 미만의 지지로 당선될 수 있으면서도 모든 권력을 독식하는 지금의 대선 구도 역시 서로에 대한 투쟁을 부추기는 요인이 된다.

먼저, 민주화 이후 치러진 1987년 제13대 대통령 선거에서부터 2017년 제19대 대통령 선거까지의 득표 결과를 보자. 이 기간 동안 대통령 당선자가 50% 이상의 지지를 받았던 경우는 2012년 제18대 대통령 선거가 유일했다. 당시 박근혜 대통령 당선자는 51.6%의 지지율로 당선됐는데, 50% 이상의 지지가 가능했던 것은 선거가 문제인 후보와의 양자 구도였기 때문이다. 여타 대선의 경우 대통령 당선자는 36.6%(13대, 노태우 당선자)의 지지 밖에 얻지 못한 경우도 있었고, 40.3%(15대, 김대중 당선자)나 41.1%(19대, 문재인 당선자), 42.0%(14대, 김영삼 당선자)처럼 40% 초반대의 지지만 얻은 경우도 있었다. 안정적인 정당 구도가 뿌리내리지 못하면서 대통령 선거가 3자 이상의 구도였던 적이 많았기 때문이다.

결과적으로 국민의 반 이상이 당선자를 지지하지 않는데, 과반 미만의 지지를 받은 1등만이 모든 권력을 가져가는 승자독식의 현상이 빈번하게 반복되고 있다. 당연히 모든 것을 잃게 된 야당 측에서는 국민의 반 이상이 지지하지 않은 당선자를 심정적으로 인정하지 않으려 하고, 이는 정권 초부터 상대에 대한 헐뜯기로 이어진다.

또, 과반 미만의 지지로도 모든 권력을 향유할 수 있는 현행 대통령제는 국민의 지지보다 정치공학적 사고에 몰입하게 하는 부작용도 초래한다. 대통령에 당선되기 위해서는 국민의 지지를 얻는 것이 물론 중요하지만, 대선이 3자 내지 4자 구도로 치러지면 과반 미만의 지지로도 대통령에 당선될 수 있기 때문에 상대측 후보들의 분열을 유도하는 것이 중요한 과제가 된다. 우리 측 후보로 과반 지지 확보가 어렵다면 다른 후보와 합종연횡을 하거나 상대측을 이간질하는 등의 갖가지 정치공학이 동원된다. 국민들이 기대하는 정책 중심의 선거라는 것은 참으로 기대하기 어려운 상황이다.

한국의 대통령제는 이처럼 서로에 대한 갈등과 적대감을 양산하는 것 외에 권력 운용 과정에서도 많은 문제점을 초래하고 있다. 대통령으로 당선되는 과정에서 여야 간 외나무다리 혈투를 치르고 권력을 잡았기 때문에, 여야 정권 교체가 되었을 경우 새로 선출된 대통령은 전임 정권과 완전한 차별화를 하고 싶은 욕구에 사로잡힌다. 이전 정부와의 차별성을 강조해 자신에 대한 기대감을 높이고, 구정권과 단절된 새로운 정책을 추진함으로써 자신의 권력기반을 구축하기를 원하는 것이다. 과거 정권의 정책적 실수와 능력 부족은 과도하게 포장될 가능성이 높고 전임 정부가 내세웠던 비전은 폐기의 길로 가게 될 가능성이 높다. 여야 정권 교체가 아니라 정권재창출이 이뤄진 경우에도 이러한 모습을 볼 수 있는데 이명박 정부와 그 뒤를 이은 박근혜 정부가 하나의 예가 될 것이다. 대통령제하에서 한국의 정치는 계승의 정치가 아니라 부정의 정치가 이뤄지며, 이로 인해 새 대통령은 항상 아마추어 정부의 리더로서 일을 시작한다.

대통령제가 초래하는 권력 운용상의 문제점은 의회와의 관계에서도 나타난다. 대통령제에서는 국회의원을 뽑는 총선이 대통령 선거와 별도로 치러지는데, 총선에서 선출된 권력과 대통령 선거에서 선출된 권력이 다를 경우 많은 분란을 야기하게 된다. 쉽게 말해 여소야대일 경우이다. 대통령의 권한이 막강하더라도 대통령이 자신의 주요 정책을 관철하기 위해서는 법안 통과를 통한 의회의 도움이 필요한데, 여소야대의 상황에서 대통령의 실패를 바라는 야당이 법안 통과에 협조적일 리가 없다. 새로 선출된 대통령이 필요한 법안을 통과시키지 못해 긴 시간을 낭비하는 경우가 많으며, 이러한 상황을 인위적으로 타파하기 위해 의원 빼내오기 등의 부작용이 있었던 적도 있었다. 한국의 대통령제는 갈등과 적대적 분열, 정책 집행의 효율성이라는 측면에서 재고되어야 할 점이 많다.

내각제 도입에 대한 검토

한국의 대통령제에 이 같은 문제점이 많다면, 어떤 권력구조로의 개편이 필요할까?

권력을 잡는 과정이 죽기 살기식의 투쟁이 되지 않아야 하고, 갈등과 분열보다는 타협을 유도하는 시스템이어야 할 것이다. 민주주의의 또 다른 형태인 내각제에 대해 살펴보자.

내각제는 의회 내의 다수파가 정권을 잡는 것으로 입법권과 행정권이 융합된 제도이다. 대통령 선거와 국회의원 선거를 따로 치를 것 없이 국회의원 선거 결과로 정부 구성까지 마무리된다. 총선을 통해 다수당이 결정되면 당수 선출을 위한 당내 경선을 하게 되고, 여기에서 당수로 선출된 사람이 내각의 대표인 총리를 맡아 국정을 운영한다.

우선 내각제는 대통령제와 달리 개인에 의한 집권이 아니라는 점이 가장 특징적이다. 물론 내각제에서도 내각 대표인 총리가 여권의 선거를 주도하긴 하지만, 국회의원 선거는 기본적으로 정당과 지역 출마자들에 대한 지지를 표현하는 선거이다. 특정한 후보자 몇몇을 상대로 당락을 결정짓는 대통령 선거와는 성격이 다른 것이다. 대통령제에서 집권의 주체가 개인이라면, 내각제에서 집권의 주체는 정당이라는 집단이다.

내각제가 되면 우리의 대통령 선거처럼 당내 경선에서부터 후보자별 캠프를 구성할 필요가 없다. 총선을 통해 다수당이 결정되면 당수 선출을 위한 당내 경선만 치르면 되는 것이다. 캠프에 각계각층의 사람들을 모으고 거기에 목을 매는 사람들 때문에 어떻게든 사활을 걸고 정권을 잡아야 하고, 또 정권을 잡으면 고생한 사람들에게 대가를 배분해야 하는 시스템이 사라지는 것이다.

물론 내각제에서도 야당은 집권 세력을 비판하고 자신들이 정권을 잡기를 원한다. 하지만 선거가 대통령 개인이 아닌 정당이라는 집단을 향해 치러진다는 점이 정치 세력 간 대립의 정도를 대통령제처럼 심화되게 만들지 않는다. 또 내각제 하의 권력구성 시스템을 보면 극단적인 대립보다는 타협을 가능하게 하는 측면이 많다.

다수당에서 당수 선출을 위한 당내 경선을 할 때 경선에서 탈락한다고 해서 모든 것을 잃는 것이 아니다. 당수로 선출된 사람이 내각의 대표인 총리를 맡고 탈락자에게 주요 각료를 맡기는 경우가 많기 때문이다. 따라서 당내 경선도 죽기 살기의 외나무다리 결투가 아니다.

총선 결과 하나의 당이 과반을 차지하지 못할 경우 연립정부가 구성된다. 몇 개의 당이 연합해 정부를 구성하는 방식이다. 복수의 당이 정부 구성에 함께 참여해야 하는 만큼 정당 간 타협과 양보는 불가피하다. 연립정부에 소수정당이 참여하는 경우도 많은데 소수파에게도 권력을 나눈다는 측면에서 포용성이 높아지는 측면도 있다. 무엇보다 정당들 간 타협과 양보가 불가피하다는 것은 여야관계가 지금의 우리처럼 적대적 분열관계가 되지는 않는다는 것을 의미한다.

내각제에서는 하나의 당이 정부를 구성하든 다수의 당이 연립정부를 구성하든 정부를 구성하는 세력은 의석의 과반을 넘어야 하므로 정부는 언제나 국민 과반의 지지를 확보하게 된다. 30~40%대의 지지만으로 모든 권력을 독식하는 상황은 일어나지 않는 것이다. 또 다수당의 당수가 총리가 되는 만큼 여소야대라는 상황이 존재하지 않게 되고, 정부가 추진하는 법안이 의회 때문에 지체될 일도 없다. 여소야대 정국에서 대통령이 법안 통과를 위해 그토록 고군분투해야 하는 우리 상황을 감안해 보면, 내각제 정부의 효율성이 대통령제보다 훨씬 높다고 볼 수 있다.

하지만 이런 장점들에도 불구하고 우리 국민들이 내각제에 대해 가지고 있는 인식은 크게 호의적이지 않다. 제2공화국이 주는 이미지 때문일 것이다. 필자도 사실 전두환 정부 시절 중고등학교를 다닐 때 내각제는 혼란스러운 제도이며 분단된 한반도 상황에서는 강력한 권한을 갖는 대통령제가 적합하다는 교육을 반복적으로 받았다.

과연 그럴까. 내각제가 혼란스러운 제도라면 영국, 독일, 이탈리아, 호주, 뉴질랜드, 캐나다, 일본 등 수많은 선진국들이 내각제를 채택하고 있는 것을 어떻게 설명할 것인가? 영국의 대처, 독일의 메르켈처럼 오히려 내각제 국가에서는 강력한 지도자가 장기간 집권하며 정책을 수행한 경우가 많았다. 선진국 중에 대통령제를 채택하고 있는 대표적인 나라가 미국인데, 미국의 정치적 분열 또한 만만치 않음을 우리는 익히 목격하고 있다.

내각제가 가지고 있는 의회의 내각불신임 권한으로 정부가 수시로 교체될 가능성을 우려한다면 독일의 '건설적 불신임제도'를 도입할 수도 있다. 독일의 '건설적 불신임제도'는 의회가 내각을 불신임하려면 차기 총리를 미리 정해 놓도록 한 제도다. 차기 총리가 누가 될 것인지 결정해야만 내각을 실각시킬 수 있다는 것으로, 정치적으로 하나가 될 수 없는 야당 세력들이 현 정권의 붕괴만을 목표로 불신임제도를 남용하지 않도록 하는 안전장치이다.

권력구조 개편에 대한 논의는 많은 공론화 작업을 통해 국민적 공감대를 넓혀야 하는 사안이다. 하지만 적대적 분열로 국가적 에너지를 소비하고 있는 지금의 한국 정치 상황으로 볼 때 권력구조 개편은 더 이상 미룰 수 없는 과제이다. 일각에서 거론되는 대통령 중임제는 대통령제가 가지고 있는 갈등과 분열의 요소를 여전히 극복할 수 없다는 점에서 내각제에 대한 논의가 보다 적극적으로 검토될 필요가 있다.

이념을 넘어 실용주의의 길로

> 후에 일어난 왕조가 앞 왕조를 미워하여 역사적으로 자랑할 만한 것은 무엇이든 파괴하고 불살라 없애 버리기를 위주로 하므로, 신라가 흥하자 고구려 백제 두 나라의 역사가 볼 것 없게 되었으며, 고려가 일어나자 신라의 역사가 볼 것 없게 되었으며, 이조가 일어나자 고려의 역사가 볼 것 없게 되어, 언제나 현재로써 과거를 계속하려 하지 않고 말살하려고만 하였다. 그리하여 역사에 쓰일 재료가 빈약하게 된 것이다.[100]

단재 신채호 선생이 우리 역사를 기술하면서 사료로 쓰일 자료가 부족함을 한탄하면서 쓴 글이다. 새로 집권한 세력이 앞에 있었던 세력들의 장점을 보존하고 계승하는 것이 아니라, 자신들의 정당성을 위해 앞선 세력들의 단점만 부각하고 자취를 말살하면서 우리 역사가 발전적으로 계승되지 못했다는 것이다.

비록 시대는 다르지만 지금의 우리 상황 또한 진보-보수 간 적대적 분열 속에 상대의 단점 찾기에만 혈안이 돼 있다는 점에서 과거의 얘기로만 들리지는 않는다. 우리 사회가 발전적으로 나아가기 위해서는 상대를 깎아내리기만 하는 것이 아니라 인정할 점은 인정해 주고 상대의 장점은 보존해 나가는 노력이 필요한데, 지금의 우리 사회는 신채호 선생이 한탄했던 것처럼 상대 세력을 물어뜯기에만 혈안이 돼 있는 듯하다.

우리 사회에서 진보적 가치를 가지는 것이 의미가 있었던 시기가 있었다. 군사정권하에서 민주주의와 인권이 유린될 때, 열악한 노동 환경 속에서 노동자의 인권이 내팽개쳐질 때, 진보는 민주화를 위해 노동자의 인권을 위해 싸웠다. 북한이 악마화되고 반공이 절대시되던 시기, 진보가 이념의 지평을 넓혀 북한 체제를 객관적으로 바라볼 수 있도록 도움을 준 것 또한 사실이다. 변화하지 않으려는 보수에 대해 끊임없이 문제를 제기하면서, 진보가 우리 사회를 긍정적인 방향으로 이끄는 데 일정 정도 공헌을 했음을 부인할 수 없다.

하지만 지금 진보와 보수의 대립이 우리 사회 발전에 도움을 주고 있는가?

우리 사회의 진보와 보수는 지금 사실상의 '적'이다. 상대가 하는 일에는 무조건 반대부터 하고 장점은 덮어두고 단점은 부풀린다. 반면 자기편이 하는 일은 설령 잘못이 있더라도 감추거나 모른 채한다. 옹호냐 비판이냐의 기준이 '내 편이냐 네 편이냐'에 따라 결정되다 보니 합리성은 사라지고 편 가르기 싸움만 남았다. 이제 유명한 말이 돼 버린 '내로남불내가 하면 로맨스 남이 하면 불륜'이 지금 우리 사회 진보-보수의 현실을 가장 극명하게 표현해 주고 있다.

편가르기에 매몰되면 이성적 판단이 마비된다. 우리가 제3국 간의 축구경기를 볼 때는 객관적 시각으로 경기를 보게 되지만, 한국과 다른 나라의 월드컵 경기를 볼 때는 조금만 우리에게 불리한 판정이 나와도 심판을 비난하고 우리 팀의 반칙을 심판이 못보고 넘어가면 '후유'하고 안도의 한숨을 내쉬는 것과 같은 이치이다. 내가 한쪽 편에 속한다고 강하게 느낄수록 그 편의 이해관계와 관련된 사안에 대해 객관적으로 판단하기는 더욱 어려워진다.

갈수록 편가르기가 심화되는 분열의 가장 큰 책임은 정치권이 져야 한다. 정파의 이익을 위해, 선거에서의 이해관계를 위해 분열에 기생하는 정치를 진보와 보수를 대표하는 정치 세력들이 하고 있기 때문이다. 51%의 지지, 경우에 따라서는 40%대의 지지만 얻어도 정권을 획득하거나 유지할 수 있다는 생각에 다른 생각을 가진 국민들을 이해시키려는 노력은 아예 도외시하고 지지자들을 위한 정치에만 올인한다. 당연히 생각이 다른 국민들은 결사반대하게 되고 모든 것이 이기느냐 지느냐의 싸움이 되면서 정책은 실용주의와는 거리가 먼 교조적인 가치 고수에 집착하게 된다.

틀리면 바꿀 수 있어야 하고 그것이 흠인 것도 아닌데, 내가 틀렸음을 인정하는 것을 상대와의 싸움에서 지는 것이라고 생각한다. 때문에 정책 전환이라는 것은 있을 수가 없고, 유연성을 상실한 고집불통식의 정책 고수는 갈수록 합리적 중도 세력의 지지를 이탈하게 만든다. 어느 정권이든 임기가 지나갈수록 중도층의 지지를 잃고 임기 말 빈사상태의 지지율에 머무르는 경우가 많은 것은 분열의 정치가 낳은 또 다른 부작용이다.

민주주의는 다양성 위에 존재한다. 너와 내가 다르다는 것이 이상할 것 없고 서로 다른 목소리를 내는 사람들이 동시에 존재하는 것이 민주사회이다. 그리고 그러한 다양성은 서로에 대한 인정과 결과에 대한 승복, 나와 생각은 달라도 상대도 잘 되기를 바라는 기본적인 민음하에 존재한다. 하지만 우리 사회의 진보-보수 간에는 서로를 향한 공존의 공감대를 찾아보기 어렵다. 지금 진보-보수는 총성 없는 전쟁을 하고 있다. 우리 사회의 진보-보수는 다양성으로 포장된 적대적 분열 속에 놓여 있을 뿐이다.

사실 우리 국민들 대다수는 진보나 보수라기보다 회색지대일 수 있는 중도에 있다고 봐야 한다. 기본적으로 개인과 가족의 이익을 위해 살지만 사회 정의나 도덕이 무너지는 것에는 분개하고, 그렇다고 대기업이나 권력층 등 사회 근간이 무너지는 혁명적인 상황도 바라지 않는다. 강자가 전횡하는 사회가 되어서는 안 된다고 생각하지만, 약자를 우선시해야 한다는 정의감에 전적으로 동조하고 있는 것도 아니다. 북한을 추종하는 것은 싫어하지만 무조건적인 친북 딱지를 붙이는 것도 거부하며, 미국의 강압적인 태도에 때때로 화를 내지만 미국과 가까운 관계를 유지하기를 바라고 미군 철수도 바라지 않는다. 모든 점에서 진보인 사람도 모든 점에서 보수인 사람도 없으며, 보수적인 성향의 사람도 몇몇 부분에서는 진보적일 것이며 진보적인 성향의 사람도 몇몇 부분에서는 보수적일 것이다. 복잡다단한 세상을 진보나 보수로 구분하는 것이 이제는 시대에 뒤떨어진 것일 수 있다.[101] 국민들은 이제 고답적인 이념 전쟁에 지쳐 있으며 내 삶에 실질적으로 도움이 되는 실용주의의 정치를 원하고 있다.

우리 국민들은 대단히 우수하다. 6·25전쟁의 참화를 딛고 빠른 시간 내에 경제성장을 해 세계 10위권의 경제대국으로 발돋움했고, "한국에서 민주주의를 기대하는 것은 쓰레기통에서 장미꽃이 피기를 바라는 것과 같다"고 했던 외국인의 말이 무색하게 민주화도 이뤄냈다.

물론 시련이 없었던 것은 아니나, IMF 구제금융도 '금모으기 운동' 같은 국민적 역량이 결집되면서 어느 나라보다 빠른 시간 내에 극복하는 저력을 보여줬다. 국민적 에너지가 하나로 모일 때 그 어떤 나라도 하지 못했던 괄목할만한 성과를 이뤄낼 수 있음을 그동안의 역사가 실증하는 것이다.

하지만 지금처럼 우리 스스로 적대적으로 분열돼 있는 한 우리는 앞으로 나아가기 힘들다. 무한 경쟁의 시대, 우리의 역량을 결집해도 쉽지 않은데 국민적 에너지를 서로를 헐뜯는데 쓰고 있으니 어떻게 대한민국이 세계 속에서 앞으로 나아갈 수 있겠는가? 지금과 같은 적대적 분열을 극복하지 못하면 우리는 제자리를 맴돌 수밖에 없으며, 지금과 같은 편가르기가 사라지지 않는 한 합리성과 상식에 기반한 사회를 건설할 수 없다. '적'은 바로 우리 안에 있는 것이다.

5

통일은
이제 멈출 수 없다

콜의 리더십과 한국 정치의 한계

독일 통일이 1980년대 말 동구 사회주의권 붕괴라는 역사적 흐름 속에서 자연스럽게 찾아왔다고 생각한다면 오산이다. 당시 동독은 대규모 시위가 벌어지고 많은 동독인들이 서독으로 탈출하는 등 위기를 맞고 있었지만, 서독과 동독이 한 나라를 이룰 수 있을 것이라고 보는 시각은 많지 않았다. 독일은 2차 대전의 전범국으로 주변국들이 통일을 원하지 않는 상태였고, 독일의 주권 또한 완전하지 않았다. 독일은 2차 대전 전승국인 미국, 영국, 프랑스, 소련의 영향 아래 놓여 있었다. 독일 내에서도 통일이 가능하리라고 기대하는 사람은 많지 않았다.

이러한 상황에서 독일 통일을 가능하게 한 주요 요인 중 하나로 빼놓을 수 없는 것은 당시 서독 총리였던 콜의 리더십[102]이다. 콜은 결코 녹록치 않은 상황에서도 통일에 대한 강한 의지와 현실성 있는 접근,

변화하는 상황을 정확히 읽고 주어진 기회를 잡아내는 뛰어난 정치적 능력으로 그 자신조차 예상치 못한 빠른 시간 내에 독일 통일이라는 과업을 이뤄냈다.

냉철한 현실론자 콜

독일 통일이 가능하기 위해서는 2차 대전 전승국인 미국, 영국, 프랑스, 소련의 동의가 있어야 했지만, 당시 이들 나라들은 독일 통일에 호의적이지 않았다. 독일이 하나의 나라로 통일돼 다시 강성해질 경우 세계대전을 두 차례나 일으켰던 과거처럼 유럽에 또 어떤 불안을 몰고 올지 모른다는 우려 때문이었다. 콜은 전승 4개국을 상대로 통일을 설득하는 작업에 들어갔다.

미국의 조지 W. 부시 대통령은 통일을 희망하는 독일인들의 요구를 지지한다는 입장이었지만, 통일독일이 나토NATO에 잔류해야 한다는 조건이 확고했다. 나토NATO는 유럽의 서방국가들이 연합한 안보기구로, 미국은 독일 통일로 인해 유럽의 안보 지형이 흔들려서는 안 된다는 입장이었다. 하지만, 이 조건은 소련으로서는 받아들이기 힘든 것이었다. 바르샤바조약기구WTO로 나토에 대항하고 있었던 소련 입장에서는 동독까지 포함된 통일독일이 나토에 가입하는 것은 안보상의 손해를 의미하는 것이었기 때문이다.

콜은 통일독일이 나토에 잔류한다는 방침을 정하고 소련의 고르바초프와 수차례 접촉해 끈질긴 설득을 진행한 끝에 고르바초프의 동의를 받아냈다. 통일독일의 나토 잔류에 대한 고르바초프의 동의를 이끌어 낸 주요한 매개체는 돈이었다. 개혁 개방을 추진 중이던 소련의 국내 상황이 여의치 않은 상황에서, 콜은 소련에 대규모 차관을 제공하는 등 선물보따리를 푼 끝에 소련을 설득할 수 있었다. 독일은 동독에 주둔 중이던 소련군의 철수 비용까지 부담했다.

2차 대전 기간 동안 독일로부터 막대한 피해를 보았던 영국과 프랑스도 독일 통일에 부정적이었다. 영국과 프랑스는 옛 독일 땅이었다가 폴란드로 편입된 오더-나이세선 동쪽 땅을 그대로 폴란드 영토로 인정하라고 요구했고, 당시 가장 강력한 통화 가운데 하나였던 독일의 마르크화를 포기하고 유로화를 도입해 유럽 통합을 추진해야 한다고 요구했다. 이는 독일이 받아들이기 어려운 조건들로, 독일 통일을 바라지 않는 속내가 담겨 있었다.

하지만 콜 총리는 이런 조건들을 모두 수용했다. 독일 통일을 위해서는 전승 4개국의 동의를 끌어내야 한다는 현실을 정확히 인지하고 있었기 때문이다. 때로는 돈으로, 때로는 기존 영토의 포기를 수용하는 것으로, 때로는 강력한 경제적 기득권을 포기하는 것으로 콜은 전승국들의 요구를 수용했다. 보기에 따라서는 독일의 국가적 자존심을 훼손당하는 것으로 생각할 수도 있었지만, 콜은 철저히 현실에 입각해 전승국들의 독일 통일 동의를 얻는 대가로 양보할 것은 과감히 양보했다. 콜은 감상적 통일론자가 아니라 현실을 꿰뚫어볼 줄 아는 냉철한 현실론자였던 것이다.

콜, 통일의 기회를 잡다

1989년 중후반 동독 주민들의 대탈출과 대규모 시위가 일어나기 시작할 때까지만 해도 서독은 통일에 별 관심이 없었다. 동독이 혼란해지는 상황에서 동독 내부가 폭력적 상황이나 물리적 충돌로 이어지지 않게 유도하는 것이 서독의 주요 관심사였고, 콜 총리 또한 예외가 아니었다.

하지만, 동독 내의 상황이 갈수록 심각해지고 11월 9일 베를린 장벽이 개방되는 단계로 발전하자, 콜 정부는 동독의 안정과 개혁이 아니라 동독의 근본적 변화를 추구하는 쪽으로 대동독정책의 방향을 전환하기 시작한다. 서독은 동독에 경제지원을 해 주는 대신, 동독 정부가 정치범 석방과 자유선거 수용, 비판 야당의 인정 등 정치개혁에 나설 것을 촉구했다.

콜 정부는 11월 28일 연방의회에 '독일과 유럽의 분단 극복을 위한 10개항 방안'을 제출하면서 한발 더 나아갔다. '10개항 방안'의 핵심은 동독이 제안한 조약공동체를 우선 구성한 뒤 국가연합을 거쳐 최종적으로 연방통일국가로 간다는 것으로, 독일 통일을 국제정치의 화두로 내세우며 독일이 통일에 대한 주도권을 가지겠다고 선언한 조치였다. 불과 얼마 전까지만 해도 통일에 대해 깊이 생각하지 않았지만, 콜 총리는 독일 통일이라는 역사적 기회가 다가오고 있다는 것을 느끼기 시작했다. 콜은 이제 국내외의 반대를 무릅쓰고라도 통일의 길을 열어가야 한다는 의지를 다지고 있었다.

하지만 '10개항'이 발표될 때까지만 해도 콜은 통일까지는 상당한 시간이 걸릴 것으로 생각하고 있었다. 콜은 회고록에서 이 당시 독일 통일이 3년이나 4년 뒤에 가능할 것으로 생각했다고 적었지만, 이 무렵 콜이 했던 여러 언급들을 보면 통일까지 5년 내지 10년이라는 긴 기간을 상정하고 있었던 것으로 보인다. 독일 통일의 분위기는 조성되고 있었지만, 상황은 여전히 혼란스러웠고 전망도 여전히 불투명했던 것이다.

1990년으로 해가 바뀌는 국면에서 콜 총리는 다시 한번 방향을 전환한다. 독일 통일까지 수년을 기다리는 것이 아니라 빠른 시간 내에 통일을 추진하기로 한 것이다. 콜은 이 당시 통일이라는 역사적 기회가 예상보다 빨리 다가오고 있고 이를 놓쳐서는 안 된다고 생각했던 것 같다. 콜의 방향 전환에 영향을 미친 주요한 사건은 1989년 12월 19일 드레스덴 방문이었던 것으로 보인다. 드레스덴은 제2차 세계대전 말기 연합군의 폭격으로 도시 대부분이 파괴되고 2만 5,000여 명의 사상자가 발생했던 곳으로 전쟁의 아픔을 안고 있는 도시였다. 콜은 이 방문에서 동독 국민들의 열광적인 환호를 받았다. 콜은 회고록에서 독일통일로 가는 길목에서 경험한 핵심 체험이 드레스덴 방문이었으며, 동독 국민들이 자신에게 얼마나 큰 희망과 기대를 걸고 있는지를 확연히 느낄 수 있었다고 적었다. 12월 19일 저녁 수행원들을 드레스덴의 호텔방에 부른 자리에서 콜은 이렇게 말했다. "통일은 이제 시작됐다. 더는 멈출 수 없다"[103]

드레스덴 방문만으로 콜의 생각이 바뀌었다고 볼 수는 없겠지만, 어쨌든 이 무렵을 거치면서 콜이 급속한 통일로 방향을 전환한 것은 분명해 보인다. 콜은 1990년 1월 중순 동독 정부와 약속했던 조약공동체 구성 약속을 보류시키면서, 빠른 시간 내에 동독의 권력 교체를 추구하는 쪽으로 방향을 선회했다. 1990년 3월 동독 최초의 자유선거가 이뤄질 때까지, 동독 모드로 정부의 안정에 도움이 되는 모든 조치를 중단했던 것이다.

그리고 콜은 동독의 선거를 그냥 지켜본 것이 아니라 적극적으로 개입했다. 콜의 기민당은 동독 지역의 정치적 동반자로 동독 기민당 중심의 '독일동맹'을 결성하게 한 뒤 선거에 개입해 승리했다. 콜은 특히 선거 직전에 1:1 비율의 동서독 화폐교환 비율을 발표함으로써 '독일동맹'이 48%의 지지로 압도적인 승리를 거둘 수 있게 했다. 동독 주민들의 요구에 부합하는 1:1 비율의 화폐교환을 선거 직전에 발표해 통일정책을 선거 전략으로 이용했다는 비판이 나오지만, 콜의 승리가 빠른 독일 통일에 기여한 것도 엄연한 사실이다. 경제현실에 맞지 않는 1:1 비율의 화폐교환으로 독일이 상당한 후유증을 겪은 것도 부인할 수 없는 사실이지만, 콜은 회고록에서 통일로 가는 과정에서의 자신의 결정을 다음과 같이 옹호했다.

> 통일비용이 생각보다 많이 들었지만, 그것을 미리 알았다 하더라도 달리 행동하지는 않았을 것이다. 통일을 뒤로 미뤘을 경우 그로 인해 발생하는 정치적 대가(결국 그것은 경제적 대가이기도 하다.)는 통일을 서두름으로써 지게 된 재정적 부담보다 훨씬 큰 짐을 지워줄 것이 분명했기 때문이다.[104]

베를린 장벽이 개방될 때에도 불과 11개월 뒤 일어날 통일을 예측하지 못할 정도로 당시 상황은 유동적이었다. 하지만 콜은 예상보다 상황이 급박하게 돌아가면서 통일의 기회가 다가온다고 생각되자 지체하지 않고 그 기회를 잡았다. 특히 국면 국면마다 달라진 콜의 결단이 누구도 생각하지 못했던 급속한 독일 통일을 가져왔다는 점에서 보면 콜의 정치적 감각과 결단력은 높이 평가받을 만하다. 좀 더 시간을 가지고 통일을 추진했더라면 독일 통일의 후유증이 작지 않았겠느냐는 비판을 할 수도 있겠지만, 시간을 끄는 사이에도 과연 통일열차가 떠나지 않고 기다리고 있었겠느냐는 비판에 자신 있게 말할 수 있는 사람은 없을 것이다.

1980년대 말 독일에 격변이 몰아치던 시기, 콜이 아닌 다른 사람이 서독의 총리를 맡고 있었더라도 독일 통일이 이룩될 수 있었을까? 독일 통일의 가장 큰 동력은 동독 주민들의 변화 욕구와 통일 열망이었지만, 콜이 아닌 누구라도 독일통일을 이룰 수 있었다고 보는 것은 정확한 인식이 아닐 것이다. 통일이라는 기회의 창이 열렸지만 불확실한 가능성만이 존재했던 시기, 가능성을 현실로 만든 데에는 콜의 리더십이 중요한 역할을 했다.

한국에서 콜의 리더십은 발휘되기 힘들다

콜이 독일통일을 추진하며 혼돈스런 상황을 헤쳐 가던 시기, 서독 내에서 반대의 목소리가 없었던 것은 아니었다. 사민당과 녹색당 등 야당들과 좌파 지식인들은 동독의 개혁을 바라면서도 동독의 존속을 주장했고, 독일의 미래는 서독이 동독을 흡수하는 형태가 아닌 국가연합 형태의 결합이 되어야 한다고 주장했다.

하지만 서독 내부의 이견은 한국처럼 분열적으로 표출되지는 않았다. 야당과 일부 지식인들이 콜의 통일정책에 반대를 계속하긴 했지만, 집단적인 반정부 시위나 콜에 대한 노골적인 비아냥과 적대, 무조건적인 정부 정책의 반대와 같은 현상은 나타나지 않았다. 서독의 여러 이견들은 대체로 전통적인 정치의 범주 안에서 소화됐고, 콜은 뛰어난 정치적 감각을 발휘하며 이러한 이견들을 극복해 갔다. 지금과 같이 인터넷이 존재하지 않아 정치적 반대의 목소리가 실시간으로 표출되고 결집될 수 없었던 점도 콜 주도의 통일정책이 큰 무리 없이 추진될 수 있었던 이유일 수도 있다.

이에 비해, 대한민국은 대통령이 리더십을 발휘하기 어려운 구조이다. 진보와 보수로 지칭되는 두 세력이 적대적으로 분열돼 있어, 상대측 세력이 대통령을 배출했을 경우에는 기를 쓰고 반대하기 일쑤다. 대통령에 대한 반대를 표현하는 수준도 도를 넘어선다. 인터넷이 활성화된 한국에서 익명의 그늘 아래 대통령은 시정잡배보다 못한 사람으로 매도되기 다반사다. 이러한 '대통령 깎아내리기'는 SNS를 통해 순식간에 동조자들에게 전파된다. 비슷한 정치적 성향을 연결시켜 주는 SNS의 특성상 자극적인 대통령 비난은 동조자들 사이에 대통령에 대한 부정적 인식을 더욱 증폭시키고, 이러한 부정적 인식이 더욱더 자극적인 반反대통령 선동을 만드는 상승 작용을 일으킨다. 집회의 자유가 보장돼 있다 보니 광화문과 서울 시청 등지에서는 반정부 집회가 수시로 열린다.

반대 세력이 대통령에 대한 부정적 인식을 강화할수록 대통령과 청와대는 열혈지지 세력을 끌어안는 데 혈안이 된다. 강력한 반대 세력이 존재하는 상황에서 정권을 안정적으로 운영하기 위해서는 확실한 지지 세력을 확보해야 하기 때문이다. 취임 초 모든 대통령들이 반대 세력까지 포용하는 대통령이 되겠다고 말하지만, 얼마 지나지 않아 대통령과 집권층이 보여 주는 것은 열혈지지 세력에 올인하는 모습이다. 사람을 쓰더라도 능력이 우선이 아니라 정권에 대한 충성심이 우선이고, 정권에 대한 충성심을 보여주는 사람은 문제점이 있더라도 묵인하려 하기 때문에 항상 정권의 비리가 불거진다. 대통령이 코드 인사와 지지 세력의 굴레 안에 갇힐수록 반대 세력은 더욱더 극렬하게 반발하고 중도층의 민심도 멀어져 간다.

이렇게 대통령이 한쪽 진영의 대표자로 자리매김하면서, 원심력이 강하게 작용하는 한국의 분열적 정치구도에서 대통령이 국민의 전반적 지지를 이끌어 내 정책을 실행하기는 어려워졌다. 자신이 속한 진영을 중심으로 중도를 최대한 끌어들이려 하지만 반대 세력의 공세에 맞서 지지 세력에 집중하다 보면 중도층은 정권을 떠나간다. 임기 중후반으로 갈수록 이러한 경향은 더욱 심해지고 지지 세력에 집중한 대통령의 행동은 흔히 '독선'이라는 이름으로 불리게 된다.

내부 분열로 대통령의 국내 정치적 토대가 약한 상황에서는 대외 관계에서 주도권을 행사하기도 어렵게 된다. 주변의 다른 나라들도 대한민국 내의 상황을 실시간 들여다보고 있는데, 국민의 반 가까이가 반대하고 수시로 반정부 시위가 열리는 한국 대통령의 목소리에 힘이 실리지는 않을 것이다. 더구나 주변국의 이해관계와 관련이 있는 문제라면, 주변국들이 한국 내부의 반대 목소리를 이용해 자신들의 이익에 부합하는 쪽으로 상황을 전개시키기 위해 한국 대통령의 목소리를 의도적으로 폄훼할 수도 있다. 콜이 독일 통일의 주도권을 가지겠다고 선언한 '10개항 방안'과 같은 조치가 정부 주도로 발표되더라도, 주변국에 영향을 미치기에 앞서 우리 내부의 분열로 힘을 받지 못할 가능성이 높은 것이다.

분열이 협상력을 높이는 경우가 있기는 하다. 한미 방위비 협상에서 반미시위가 우리 정부의 협상력을 높여줄 수 있는 것과 같은 경우이다. 하지만 비교적 정형화된 협상 틀 내에서 양자가 주고받는 것을 정하는 협상이 아니라 유동적이고 혼돈스런 미지의 장에서 새로운 길을 열어 가야 하는 상황이라면, 분열은 협상력을 높이기보다 스스로의 힘을 갉아먹는 자중지란으로 귀결될 가능성이 높다. 주변국들의 이해관계가 첨예하게 맞부딪히게 될 유동적인 통일 국면에서 대통령에 대한 극단적인 비난과 비아냥, 집단적인 반정부 시위가 수시로 일어난다면 대통령이 제대로 리더십을 발휘하기는 힘들 것이다.

통일 국면에서 객관적인 국력이 가장 약한 한국이 주변 강대국들을 상대로 목소리를 제대로 내면서 상황을 돌파하려면, 국민들의 전반적 지지를 바탕으로 한 강력한 추진력이 대통령에게 부여되어야 한다. 하지만 지금의 대한민국에서는 그런 것을 기대하기 힘들어 보인다. 이렇게 되면 대통령이 할 수 있는 역할에는 한계가 있을 수밖에 없다. 지금의 대한민국은 콜과 같은 지도자가 나온다 해도 내부에서 발목이 잡혀 리더십을 발휘하기 어려운 구조이다.

6

현실은 원하지 않는
쓰디쓴 것이 될 수도 있다

기대와 현실의 괴리

청의 침입으로 남한산성으로 피신한 인조가 전쟁 발발 두 달도 안 돼 삼전도의 치욕을 겪고 항복한 병자호란.[105] 명나라와의 의리를 주장해 전쟁을 자초하면서도 정작 전쟁에 대해서는 아무 대비도 하지 않고 있다가 치욕적인 패배를 당한 것으로 알고 있는 사람들이 많지만, 사실 조선은 청나라의 침입을 예측하고 있었고 청나라와의 전쟁을 대비하며 나름의 준비를 하고 있었다.

당시 조선의 전쟁전략은 각 지역의 산성들을 거점으로 하는 방어 전략이었다. 훤히 트인 평지나 평지의 성에서 강력한 청의 기병들과 맞서 싸워서는 승산이 없다는 것을 조선은 알고 있었다. 산악 지형의 이점을 이용해 적과 맞서면서 전쟁을 장기전으로 이끈다는 것이 조선의 전략이었다. 조정도 강화도로 파천해 물에 약한 청군을 상대로 장기전을 치른다는 계획이었다.

하지만 청군은 조선의 기대와는 전혀 다르게 움직였다. 조선의 군대가 지키고 있는 각 지역의 방어거점들을 공격하지 않고 곧바로 서울의 도성으로 진군했다. 조선군은 산성으로 들어간 탓에 대로를 따라 서울로 진군하는 청군에게 오히려 길을 열어준 꼴이 됐다. 인조가 당초 계획했던 강화도로 파천하지 못하고 남한산성에 머물게 된 것은 청군의 진격 속도가 너무 빨랐기 때문이었다. 청군은 정확히 조선의 허점을 찌른 것이다.

그렇다면 조선은 직도直擣, 즉 청군이 서울을 바로 찌를 가능성을 전혀 예측하지 못했던 것일까? 역사적으로 침략군이 적의 수도를 바로 기습한 사례는 인조 이전에도 있었다. 조선도 물론 이런 사례들을 알고 있었다. 때문에 광해군 때에는 청의 전신인 후금군이 직도할 경우에 대한 대비책이 여러 차례 논의됐고, 인조 1년1623에도 인조가 이를 우려하는 기록이 있다.

하지만 조선은 인조 초반 이후 청군의 직도 가능성에 대해 심각하게 고민한 흔적이 없다. 청군이 순차적으로 성을 점령하는 방식으로 진행됐던 정묘호란을 거치면서 청군이 직도하는 일은 없을 것이라는 고정관념이 형성됐을 수도 있고, 청의 강력한 기병과 평지에서 맞서 싸워서는 안 된다는 정묘호란의 교훈을 통해 산성 위주의 방어전략을 짜다 보니 직도에 대비할 수 없었는 지도 모른다.

어쨌든 병자호란 직전의 조선 조정은 청의 침략에 대비하고 있었으면서도 자신들이 원하는 방식으로 전쟁이 치러지기를 바라는 기대에만 매몰돼 있었다. 청군의 직도 가능성이 현실이 될 수 있었지만 무슨 이유에서인지 조선 조정은 이를 무시했다. 야전에서의 전투 능력이 부족한 상황에서 직도에 대한 대비책이 마땅치 않았고, 또 직도는 일어나서는 안 될 것이었기 때문에, 이에 대한 대비를 의식적으로든 무의식적으로든 머리에서 지워버렸을 수도 있다. 하지만 현실은 조선의 기대와는 전혀 다르게 나타났고, 그 결과 조선은 두 달도 안 되는 짧은 기간 내에 치욕적인 패배를 당해야만 했다.

당연한 얘기지만 '기대'와 '현실'은 다른 것이다. 기대는 내가 바라는 것 내가 바라는 소망을 담은 것이지만, 현실은 내가 바라느냐 아니냐에 관계없이 객관적 실체로 존재하는 것이다. 때문에 현실은 때때로 내가 대면하고 싶지 않은 쓰디쓴 것이 될 수도 있다.

사람들은 그래서 기대를 반영해서 현실을 보고 싶은 유혹에 빠지게 된다. 내가 원하지 않는 일이 일어날 것이라고 생각하는 것은 너무 괴로운 일이기 때문이다. 이런 경향이 심해지면 강한 '기대' 때문에 '현실'을 왜곡해서 이해하려는 현상까지 나타난다.

진보나 보수 또한 기대가 강하게 작용하는 집단이다. 자신들이 생각하는 가치에 기반해 세상을 바라보고 움직이려 하기 때문에 '사실'보다는 '관점'에 기반해 사물을 보려는 경향이 강하다. 또 관점이 강하게 작용하기 때문에, 자신들의 관점에 동의하지 않는 사람들에 대해서는 배타성이 강하게 표출된다.

하지만 이렇게 기대와 관점을 앞세우는 시각이 실질적인 문제 해결에 얼마나 도움이 될지는 의문이다. 객관적인 현실 혹은 사실을 냉정하게 받아들이지 않는다면 허공 속의 대책이 논의되게 되고 그 결과는 엄청난 피해와 뒤늦은 후회로 다가올 뿐이다.

더구나 관점을 앞세우며 진보-보수가 서로 싸우는 데 집중한다면

서로에 대한 적대감 때문에 현실을 객관적이고 냉철하게 보려는 노력을 더욱 등한시하게 된다. 모든 것이 이기느냐 지느냐의 싸움으로 변질되면 실용주의에 기반한 현실적인 의견은 설 자리가 없어진다. 극단주의가 횡행하게 되면 합리적인 의견을 갖고 있는 사람들은 입을 닫아버린다. 적대적 갈등 속에 국가적 에너지는 낭비되고 정책은 표류할 뿐이다.

독일의 콜 총리가 무리하다 싶을 정도였던 전승국들의 요구를 수용했던 것은 독일 통일을 위해 전승국 설득이 필요하다는 철저한 현실론에 기반했기 때문이었다. 만약 콜이 국가적 자존심을 앞세워 오더-나이세선 동쪽 땅이나 마르크화를 포기할 수 없다고 전승국들과 맞섰다면 통일의 기회를 놓쳐버렸을 수도 있다. 내가 바라는 '기대'와 객관적으로 존재하는 '현실'은 다를 수 있다는 생각, 철저하게 현실에 기반한 냉철한 인식이 통일 국면에서 필수적이다.

대북정책에서의 기대와 현실

한국 사회에서 진보와 보수의 차이를 극명하게 드러내는 분야 중 하나가 대북정책이다. 진보나 보수나 북한 비핵화와 한반도의 평화적 통일이라는 궁극적 목표 지점에는 뜻을 같이 하지만, 진보 진영은 대화와 협상에 중점을 두는 반면 보수 진영은 제재와 압박을 강조한다는 점에서 방법론의 차이가 있다.

흔히 제재와 압박으로 북한의 비핵화를 이룰 수 없다고 말한다. 맞는 말이다. 북한은 북한의 존속을 핵심 이익으로 삼는 중국의 후원을 받고 있고, 중국이 대북제재에 동참한다 하더라도 자력갱생으로라도 버틸 수 있는 능력을 갖고 있다. 북한 주민들은 못 먹고 못사는 데 적응이 돼 있고 북한 정권의 주민통제력만큼은 아직 확고한 상태이기 때문에, 외부의 제재와 압박이 가해진다 해서 북한 정권이 버티지 못할 정도의 위기에 처할 가능성은 높지 않다. 제재와 압박으로 북한 비핵화를 이루거나 북한 정권의 붕괴를 추구하겠다는 것은 과도한 '기대'에 불과한 것이다.

그렇다면 대화와 협상으로 북한 비핵화를 이룰 수 있는가? 대화와 협상으로 북한 비핵화를 달성한다는 것은 북한이 스스로 핵을 포기할 수 있는 여건을 마련한다는 뜻으로 북한이 느끼는 안보위협이 해소되는 것을 의미한다. 이른바 미국의 대북적대정책 철회와 북미관계 정상화, 한반도 평화체제 수립이 그러한 방안으로 거론된다.

하지만 I장에서 살펴보았듯이 북한이 미국 주도의 국제사회에 편입되지 않는 한 북한이 느끼는 안보위협은 사라지지 않는다. 미국이 아무리 한미군사훈련을 없애고 전략자산들의 한반도 전개를 중지시키며, 북한을 대상으로 하는 공격무기들을 한반도 주변에서 철수시킨다고 해도 괌이나 하와이, 미 본토 등에서 북한을 공격할 능력은 여전히 유지되기 때문이다. 미국이 전 세계적 차원에서 핵무기를 비롯한 전략무기들을 완전히 폐기하겠다고 나오지 않는 한, 북한이 느끼는 군사적 위협은 사라지지 않는다. 북미 간 외교관계를 수립하고 평화협정을 체결한다고 해서 안보 우려가 완전하게 해소되는 것도 아니다. 미국과 외교관계를 맺고 있는 나라라고 해서 미국이 절대로 전쟁을 하지 않는 것은 아니기 때문이다.

북한의 안보위협은 북한이 미국 주도의 국제사회에 편입돼 원활하게 상호 교류와 협력을 할 수 있을 때 사라진다. 미국과 교류 협력을 하고 있는 여러 나라들이 미국이 핵무기를 가지고 있다고 해서 안보위협을 느끼지 않는 것과 같은 이치이다. 트럼프 타워가 평양에 건설되고 미국인과 북한인들이 상호 왕래와 정보 유통을 자유롭게 할 수 있게 되면 북한의 안보위협은 자연스럽게 사라진다. 이렇게 되려면 북한이 외부 교류와 외부 정보 유입을 상당 수준으로 허용해야 하는데, 북한 체제의 경직성으로 볼 때 이는 힘들 것이라고 I장에서 지적한 바 있다.

북한 체제의 경직성이 해소되지 않고 미국 주도의 국제사회에 북한이 편입되지 못한다면 북한이 핵을 포기할 수 있는 대외여건은 마련되지 않는다. 북한의 안보위협이 사라지지 않기 때문이다. 이런 상태에서 북한 정권이 핵무기를 포기할 수는 없을 것이다. 1994년 북미 제네바합의나 2005년 9·19 공동성명 당시처럼 북한의 핵무기 개발 수준이 낮은 단계라면 북한이 안보우려에도 불구하고 보상을 전제로 한 비핵화 타협을 추진할 수도 있겠지만, ICBM급 미사일까지 개발해 핵무기 완성 단계에 근접한 북한이 비핵화 협상에 매달릴 이유도 없어 보인다. 흔히 북한 비핵화를 이끄는 유인으로 경제개발에 대한 북한의 욕구를 들지만, 김정은 정권에 있어 경제개발이 안보보장보다 우위에 놓일 수는 없다. 결국 지금 단계에서 대화와 협상을 통해 북한 비핵화를 이룬다는 것도 과도한 '기대'에 불과한 것이다.

제재와 압박을 통해서도 대화와 협상을 통해서도 북한 비핵화를 이루기 어렵다면 북한의 핵보유를 인정해야 하는가?

그럴 수는 없다. 북한 핵보유가 NPT 체제 위반이라는 점을 떠나, 북한의 핵보유는 우리 국익에 심각한 위협이 된다. 핵무기는 비대칭

무기이기 때문에 재래식 무기로는 대처할 수 없다. 우리 독자적으로 핵무기를 개발하든지, 그것이 어렵다면 미국의 확장억제에 더욱 매달릴 수밖에 없어 안보 종속은 더욱 심화된다.

북한이 인도나 파키스탄처럼 사실상의 핵보유국으로 인정받는 경우를 생각해 볼 수 있지만, 미국이 북한을 사실상의 핵보유국으로 인정하고 관계 개선에 나설 실익이 높지 않아 보인다. 미국 입장에서는 북한을 불량국가로 그대로 남겨두면서 군비증강의 명분으로 활용하는 것이 보다 이익이라 생각할 것이다.

이 지점에서 유엔의 대북제재는 상수가 된다. 북한이 핵무기를 포기하지 않지만 북한의 핵보유를 인정할 수 없는 상태에서, 유엔의 대북제재는 당분간 상시적으로 존재할 수밖에 없는 것이다. 유엔의 대북제재가 계속되면 우리가 국제사회의 경제시스템에서 이탈할 생각을 하지 않는 한 남북 경협의 진전도 어려워진다.

이 같은 상황을 감안할 때 정부가 남북 경협에 목을 매는 것은 현실적이지 않다. 북한이 핵을 포기하지 않는 상태에서 남북관계의 한계는 명확하며, 남북관계를 진전시켜 북한을 설득해 핵을 포기하도록 하겠다는 것도 과도한 '기대'에 불과하다. 남한이 남북관계 진전에 목을 매면 맬수록 북한은 자신들이 필요한 만큼 남한을 이용할 뿐이다.

그렇다고 해서 남북관계를 모두 그만두자는 말은 아니다. 대북제재에 저촉되지 않는 범위에서 정부 차원의 인도지원이나 민간단체의 교류 협력, 인적교류 등은 상황에 따라 계속 실행할 수 있을 것이다. 평창 올림픽과 같은 이벤트를 남북관계 개선의 동력으로 삼을 수도 있고, 돼지열병이나 코로나19 같은 보건 분야에서 남북이 협력의 방향을 모색할 수도 있다. 비핵화협상 또한 계속해야 한다. 북한의 비핵화 가능성은 낮아 보이지만 비핵화를 계속 요구하고, 북한이 고립에서 벗어나기 위해 비핵화와 관련된 일부 진전된 전술적 조치를 취한다면 우리도 그에 맞춰 국제사회와의 협의하에 제재의 예외를 인정받아 일부 전향적인 조치를 취할 수도 있다. 개성공단과 금강산 관광 같은 것이 우리가 취할 수 있는 전향적 조치 가운데 하나가 될 수 있을 것이다. 중요한 것은 북한 핵보유와 유엔의 대북제재가 당분간 지속될 '현실'이라는 점을 인정하고, 북한의 일부 전술적 변화 하나하나에 일희일비하지 말고 냉정한 판단하에서 남북관계를 관리할 필요가 있다는 것이다.

제재와 압박으로 북한의 변화를 강제하겠다는 보수나 대화와 협상으로 북한의 변화를 유도하겠다는 진보나 한반도 상황을 변화시켜보겠다는 과도한 기대와 의욕에 넘쳐 있다. 갑갑한 한반도 상황의 변화를 위해 무엇인가를 추구하는 시도 자체는 높이 평가할만한 것이지만, 기대와 의욕이 현실보다 너무 앞서 있을 때 대북정책은 허공 속의 이상을 쫓게 된다. 더구나 진보와 보수가 집권 시기마다 제각각의 대북정책을 펴는 상황은 대북정책의 공허함을 배가시킬 뿐이다.

우리는 좀 더 차분해질 필요가 있다. 통일에 대한 이상과 남북관계에 대한 애정을 강하게 가지고 있어야 하지만, 객관적 현실을 냉정하게 인식하고 때로는 상황을 지켜볼 줄도 알아야 한다. 지금 상황에서 남북관계는 당분간 쿨하게 유지될 수밖에 없다. 변화되는 상황을 냉철하게 분석하다 우리가 개입해야 할 시점과 개입해야 할 지점에서 정확히 행동하는 것, 철저하게 현실에 기반한 대북정책과 리더십이 필요하다.

7

우리 삶의 상당 부분은
진영대결과는 관계가 없다

중도 실용주의

통일 국면의 지도자가 국민들의 전반적 지지를 바탕으로 강력한 추진
력을 발휘할 수 있어야 한다고 할 때, 지도자가 어느 한 진영의 대표
주자여서는 곤란하다. 지도자가 한 진영의 대표주자이고 그 진영에
소속돼 있다는 인식을 강하게 가지고 있을 경우, 상대편 진영의 극단
적인 반발을 불러일으키면서 분열은 심화되고 국민적 역량의 결집도
어려워지기 때문이다.

통일 국면에서 국민적 역량을 결집할 리더십을 발휘하기 위해서는
진영에 갇혀 있지 않은 지도자가 중심을 잡아야 한다. 한쪽 진영에 얽
매이지 않은 채 철저하게 현실에 발붙이고 주변 상황을 냉정하고 객
관적으로 바라볼 수 있는 지도자가 리더십을 발휘해야 한다. 합리적
진보와 합리적 보수 세력을 포괄해 중도의 영역을 넓히고 편가르기
세력들을 좌우 양 극단으로 최소화할 수 있다면, 신영에 갇혀 있지 않

음으로 해서 양 진영을 포괄할 수 있는 리더십의 영역을 창출할 수도 있을 것이다. 이른바 중도 실용주의에 기반한 리더십이다.

중도 실용주의란 무엇인가[106]

진보와 보수 양 극단론자들의 맹목적 투쟁에서 벗어나고자 하는 중도 실용주의는 기본적으로 생활정치, 즉 내 삶에 실질적으로 도움을 주는 실용주의의 정치를 지향한다. 사실 우리 삶에 중요한 상당 부분은 좌우 이념대결과는 관계가 없는 것이다. 지식정보화 시대에 진보나 보수의 범주로 재단할 수 있는 정치이슈는 급감했고, 중도적이고 실용적인 접근을 요하는 이슈는 확대되고 있다. 급변하는 지식정보화 시대에 어떻게 적응하고 국민들의 생활을 향상시킬 것인가 하는 부분에서 진보나 보수의 이념대결이 끼어들 여지는 별로 없다. 우리는 목소리만 높이는 극단적 이념론자보다 실질적인 해결책을 제시할 수 있는 능력 있는 전문가와 경험자를 원한다. 능력 있는 전문가들은 대개 정치적 성향이 강하지 않은 중도주의자들인 경우가 많다.

중도 실용주의는 좌우의 한쪽을 양자택일식으로 선택하는 것이 아니라 양쪽의 관점을 열린 자세로 수용한다. 부의 재분배가 중요하지만 부를 증대시키는 것도 중요하다고 생각하며, 범죄자에 대한 교화가 중요하지만 흉악범에 대한 강력한 처벌도 필요하다고 생각한다. 자주국방 능력을 향상시키는 것에 동의하지만 한미동맹의 중요성을 간과하지도 않는다. 중도 실용주의는 한쪽의 관점을 고수하는 것이 아니며, 변화되는 현실에 따라 관점의 수정이 가능하다고 생각한다. 또, 과도한 '기대'에 집착해 '현실'을 외면하는 어리석음을 범하지 않으려 노력한다.

중도를 지향하는 움직임은 사실 오래전부터 서구에서 화두가 되어왔다. 복지국가 모델인 사회민주주의가 한계를 드러내면서 시장 기능을 중시하는 신자유주의가 부상했지만 이마저도 빈부 격차와 양극화 심화라는 사회적 병폐를 드러내자, 제3의 길로 지칭되는 중도 지향의 움직임이 좌파의 혁신이라는 형태로 시작된 것이다.

미국의 빌 클린턴Bill Clinton은 1992년 '중도'의 가치를 내세우며 대통령에 당선됐다. 클린턴은 전통적 좌파의 주장에서 벗어나 미국의 약속은 '균등한 결과'가 아니라 '균등한 기회'라는 점, 경제성장은 모두에게 기회를 확대하는 전제조건이라는 점, 미국 시민권은 권리뿐 아니라 책임을 수반한다는 점 등을 강조하며 중도주의 진보운동을 주창했다. "우리의 어젠다는 좌파적이지도 보수적이지도 않으며, 그것은 둘 다이지만 둘과 다르다It is both. and it is different"라는 말처럼 미국 민주당은 중도주의 정당으로 리모델링됐다.

'담대한 중도'를 표방한 버락 오바마Barack Obama 역시 부시 시대의 좌우 양극 분열주의하에서 좌파도 우파도 아닌 중도통합 노선을 제시했다. "진보의 미국도 없고 보수의 미국도 없습니다. 미합중국만이 있습니다. 흑인의 미국도 백인의 미국도 라티노의 미국도 아시아계의 미국도 없습니다. 미합중국만이 있습니다. … 이라크전에 찬성하는 애국자도 있습니다. 이라크전에 반대하는 애국자도 있습니다"라는 연설이 오바마의 노선을 잘 보여준다.

18년 보수당 정권에 종지부를 찍고 총리가 된 영국의 토니 블레어Tony Blair도 노조 중심의 전통 노동당 노선에서 벗어나 중도를 지향함으로써 집권에 성공했다. '제3의 길'을 주창한 블레어는 국가 경쟁력이 강화되지 않고는 복지도 축소될 수밖에 없다는 현실론을 받아들였고, 일할 의지나 일하려는 노력을 보이지 않는 자에게는 복지 혜택도 축소해야 한다는 '일하는 복지'를 강조했다. 노동당 내에서 신자유주의의 아류 내지 수정주의라는 비판이 나오기도 했지만, 블레어의 이러한 중도로의 혁신이 영원한 야당으로 전락할 것이라던 노동당의 재집권을 가능하게 했다.[107]

프랑스의 에마뉘엘 마크롱Emmanuel Macron은 아예 중도를 기치로 한 정당을 새로 만들었다. 사회당의 프랑수아 올랑드 대통령 아래에서 경제산업부 장관을 지냈던 마크롱은 사회당을 탈당한 뒤 중도를 기치로 한 '앙 마르쉬전진'라는 정당을 만들어 대통령선거에서 승리했다. 마크롱은 이데올로기에 집착해 문제 제기만 하는 좌파와 우파를 둘 다 퇴행적 보수주의라고 규정하면서, 중요한 것은 이념논쟁이 아니라 현실을 직시하며 문제를 해결할 수 있는 능력이라고 강조했다. 좌우 진영의 극단적 포퓰리즘 세력보다는 중도좌파와 중도우파가 훨씬 더 많은 공통점을 갖고 있다는 것이 마크롱의 생각이었다.

다만, 이러한 중도 지향의 정치인들이 집권까지 이르게 된 것이 이들이 좌우의 중간 지점을 택했기 때문이라고 말하는 것은 정확한 설명이라고 볼 수 없다. 유권자들이 이들에게 지지를 보낸 것은 이들 노선이 단순히 좌우의 중간이기 때문은 아니었다. 클린턴은 좌파와 우파의 주장을 고루 수용했지만, 좌파와 우파를 넘어서는 새로운 희망의 메시지를 창안했다. 미국의 미래를 위한 비전을 제시하는 새로운 메시지를 만들어 미국 국민들에게 다가갔던 것이다. 2000년 한 조사에 따르면, 미국 유권자들은 클린턴 대통령을 "거의 모든 주제에서 중도주의자"로 여겼지만, "중도주의를 단순한 좌우의 중간으로 보는 것이 아니라 전혀 판이한 접근법"으로 생각했다. 중도주의가 국민들에게 다가가기 위해서는 좌우의 단순한 중간이 아닌 새로운 무엇이 되어야 했던 것이다.

오바마의 경우도 중도통합 노선과 함께 '그래 할 수 있어Yes we can'라는 말로 국민들에게 희망의 길을 제시했다. 대통령 선거를 '냉소주의 정치'와 '희망의 정치' 간의 선택으로 규정하면서 오바마를 선택하는 것이 미국을 희망으로 이끄는 길이라고 유권자들을 설득했다. "우리는 단순히 백악관을 차지하는 정당을 교체하는 것 이상을 추구합니다. 우리는 워싱턴의 구태를 근본적으로 변화시킬 것입니다" 오바마는 자신의 집권이 단순한 진영의 교체가 아니라 미국을 전진시키는 길이 될 것이라고 강조했다.

블레어의 영국 노동당 또한 "노동당의 집권으로 영국이 미래의 새로운 진로를 갖게 될 것"이라며 영국민들에게 희망을 제시했고, 프랑스의 마크롱도 자신의 승리를 프랑스가 낙관주의와 희망을 다시 얻는 새로운 출발이라고 규정하며 좌우 이념대결에 지쳐 있던 유권자들로부터 지지를 이끌어 냈다.

중도 실용주의가 의미 있는 정치 세력이 되기 위해서는 단순히 진보와 보수의 중간에 그쳐서는 안 된다. 중도 실용주의는 진보와 보수를 아우르는 것이 되어야 하지만, 그것에 머무르는 것이 아니라 그것을 넘어서 국민들에게 새로운 가치와 희망을 제시할 수 있는 것이 되어야 한다. 우리 사회가 지금의 답답한 진영 대결에서 벗어나 전진할 수 있다는 희망, 미래는 지금까지보다 더 좋을 것이라는 희망을 제시할 수 있을 때 중도 실용주의는 기존의 구체제를 넘어서는 새로운 정치 세력으로서의 의미를 국민들에게 인정받게 될 것이다.

한국형 중도 실용주의의 비전

중도 실용주의가 진보-보수의 단순한 중간을 넘어 새로운 비전을 제시하는 것이어야 한다고 했을 때, 한국형 중도 실용주의의 비전은 어떤 것이 되어야 할까.

중도 실용주의가 내 삶에 실질적으로 도움을 주는 실용주의의 정치를 지향하는 만큼, 한국형 중도 실용주의는 우리 사회의 서민과 중산층의 삶을 옥죄는 구조적 문제점들을 개선하고 자라나는 세대에게 미래한국의 희망을 제시할 수 있는 것이 되어야 한다. 보다 구체적으로 말하자면, 가계를 짓누르는 사교육비와 월급으로는 따라잡을 수 없는 비싼 주거비, 대다수가 대학에 가지만 대학을 졸업하고도 일자리를 찾을 수 없는 암울한 고학력 사회의 문제점에 대해 개선책을 내놓아야 하고, 갈수록 양극화가 심화되며 중산층이 흔들리는 경제 현실에 대해 해법을 제시해야 한다. 또, 저임금을 기반으로 한 산업화를 거쳐 IT 강국으로 살길을 개척해 온 한국 경제가 앞으로 어떤 주력산업을 통해 먹고 살길을 찾을 것인지, 10년 뒤 20년 뒤의 대한민국을 내다보고 자라나는 세대의 미래를 개척할 준비를 하는 것도 중도 실용주의의 정치가 할 일이다. 내 삶에 도움이 되는 생활정치, 나와 내 자녀들의 삶에 직접적인 도움을 주는 실용주의 정치는 진보-보수의 진영 대결과는 아무런 관련이 없다.

21세기 전 세계적 무한경쟁의 시대에서 정부가 주력해야 할 과제는 한국 사회의 미래를 준비하는 것이다. 우리 사회의 구조적 문제점을 어떻게 개선해 서민과 중산층의 삶을 윤택하게 만들 것인지, 대한민국의 미래를 위해 어떤 경쟁력을 확보할 것인지가 국정의 주요 과제가 되어야 한다. 한국형 중도 실용주의는 정치적 이슈에 매몰돼 과거 회귀적으로 진영 간의 싸움에 매달리는 것을 지양하며, 내 삶에 직접적인 도움을 주고 우리 사회의 미래를 준비하는 희망과 전진의 정치를 지향한다.

　물론, 중도 실용적인 생활정치를 지향한다고 해서 가치가 중요하지 않다는 것은 아니다. 우리가 미래를 지향하기 위해서는 한국 사회의 건강성에 대해 자긍심을 가질 수 있는 가치가 보장되어야 한다. 공정과 정의, 재산이나 사회적 지위에 따라 차별받지 않는 기회의 균등, 사회적 약자에 대한 보호 등이 우리가 지켜야 할 가치이다. 이러한 가치들은 진영 논리에 따라, 내 편이냐 네 편이냐에 따라 차별 적용되는 것이 아니라 누구에게나 공평하게 적용되어야 한다.

　한국형 중도 실용주의는 진보와 보수 진영의 적대적 분열 속에서 미래를 향한 '제3의 길'을 찾아보려는 시도이다. 원래 '제3의 길'은 시대에 따라 다양한 의미로 사용돼 왔다. 자본주의와 공산주의의 대립이 한창일 때 '제3의 길'은 복지국가를 지향했던 사회민주주의자들의 노선을 의미했다. 또 복지국가 모델인 사회민주주의의 한계가 드러나고 이를 비판하며 등장했던 시장 중심의 신자유주의마저 폐단이 드러나자, 사회민주주의와 신자유주의를 뛰어넘는 새로운 시도라는 의미로 '제3의 길'이 사용되기도 했다.[108]

필자가 여기서 제시하는 '제3의 길'은 서구에서 사용돼 온 기존 의미와는 또 다른 한국적 의미의 '제3의 길'이다. 분열의 한국 정치에서 탈피해 미래를 지향하고 답답한 진영 대결에서 벗어나 희망과 전진의 길을 가자는 것이 한국적 '제3의 길'이 지향하는 바이다. '제3의 길'이 가지는 의미는 역사적 시기마다 다르지만, 기존 체제가 한계를 드러낼 때마다 새로운 시도를 모색하자는 것이 '제3의 길'의 취지였던 만큼, 지금의 한국 사회에서 '제3의 길'은 또 다른 생명력을 부여받을 수 있는 상황에 있다.

중도 실용주의 세력 형성의 가능성

정권 후반기로 가면서 집권 세력에 대한 지지가 떨어지면, 사람들은 그 대안으로 현실적인 비중을 갖고 있는 다른 진영의 야당 세력에게 지지를 표하기도 한다. 한쪽 진영에 대한 비호감으로 다른 진영의 대표 세력에게 표를 주는 것이다. 하지만 정권 교체가 돼서 야당 세력이 집권을 한다 한들 별로 달라지는 것은 없다. 집권 세력의 실패에 대한 반사이익으로 정권을 잡은 야당도 진영 논리에 빠진 편가르기 세력이라는 점에 있어서는 크게 차이가 없기 때문이다. 결국 조금 시간이 흐르면 새로운 집권 세력의 독선에 대한 거부감이 높아지고, 정권을 빼앗긴 기존 집권 세력이 극단적인 반정부 투쟁에 나서면서 대립과 분열은 계속된다. 양 진영이 자기편의 기득권에 빠져 대립하는 지금의 정치 상황에서는 어느 누가 정권을 잡든 근본적으로 달라지는 것이 없는 것이다.

갈수록 높아지는 정치 혐오와 무당파의 증가는 한국적 의미의 '제

3의 길', 한국형 중도 실용주의 세력 형성의 가능성이 우리 사회에 잠재돼 있다는 것을 의미한다. 하지만 가능성을 현실화시킬 수 있느냐 하는 것은 쉬운 문제가 아니다. 진보-보수 양 극단으로 나뉘어 있는 한국 정치의 현실에서 중도가 세력을 형성하기도 어렵고, 어렵사리 중도 세력이 형성된다 해도 현실 정치에서 힘을 발휘할 수 있다는 믿음을 주지 못하면 국민들의 표를 얻기도 어렵다. 국민들은 방향이 옳다고만 해서 따라가는 것이 아니며, 현실 정치에서의 실효성 등을 감안해 지지 여부를 결정한다.

서구에서 중도 지향의 움직임이 좌파의 혁신이라는 형태로 나타났던 것도 제3 세력 형성의 어려움을 반증하는 사례이다. 클린턴이나 오바마, 블레어는 미국 민주당과 영국 노동당 출신이었고, 프랑스의 마크롱은 독자정당을 창당했지만 원래 사회당 올랑드 대통령 정부에서 장관을 지냈던 사람이었다. 진보나 보수 세력에 기반을 두지 않은 제3 세력이 독자적으로 정치집단화하기는 그만큼 어려운 것이다.

이런 측면에서 보면, 한국의 중도 실용주의 세력도 기존 진보 정당이나 보수 정당 내에서 혁신의 형태로 등장하는 것이 바람직하다. 기존 정당 내에서 개혁적 마인드를 가진 정치인들이 소모적 이념대결을 뒤로하고 미래로 나아가자는 세력을 형성하고 당의 주도권까지 쥐게 될 때, 진보의 혁신 혹은 보수의 혁신 형태로 한국적 '제3의 길' 출현이 가능할 수 있다.

하지만 기존 거대 양당 속에서 중도로의 혁신이 가능할지 현재로서는 누구도 자신하기 어렵다. 최근의 한국 정치는 여는 여대로 야는 야대로 강성 지지 세력의 비타적 주노권 내에서 자유롭지 못했기 때문이다. 21대 총선으로 국회의 세대교체가 이뤄진 만큼 진보 내에서든 보수 내에서든 새로운 혁신의 움직임이 생겨나고 성공할 수 있을지 주목해 볼 일이다. 하지만 보다 심화된 양당 체제가 자칫 진보-보수 양 진영 간 대결을 더욱 격화시키지는 않을까 우려된다.

만약 기존 진보 정당이나 보수 정당이 계속 강성 지지 세력에 의해 좌우되면서 당내 개혁적 움직임을 봉쇄당하게 된다면, 중도 실용주의 세력화를 위해 독자적인 제3 세력의 형성이 불가피할 수도 있다. 제3 세력이 형성돼 자리를 잡는 것이 한국 정치에서 쉽지 않은 일이지만, 진보의 혁신 혹은 보수의 혁신에 대한 기대가 끝내 실망으로 바뀔 경우 한국 정치는 다시 한번 새로운 정치 세력의 출현을 요구받게 될지도 모른다.

에필로그

2008년 6월 통일부 기자단이 국가정보원을 방문했다. 북한 문제에 대한 개괄적인 설명을 듣고 국정원을 견학하는 차원이었다. 이날 국정원은 기자단에 북한 정세에 대해 설명하면서 "김정일 위원장의 건강에는 큰 이상이 없는 것 같다"고 밝혔다. 정기적으로 유럽의 심장병 의사들을 초청해 검진을 받고 있다는 것이었다.

하지만, 이로부터 불과 두 달 만에 김정일 위원장은 뇌졸중으로 쓰러졌다. 갑자기 뇌졸중으로 쓰러지는 사람을 사전에 예측하기란 아무리 정보기관이라도 어려운 것이겠지만, 북한 최고지도자에게 일어날 변고를 우리나라 최고의 정보기관이 두 달 전에도 짐작하지 못한 것이다.

독일에서도 베를린 장벽이 갑자기 개방되리라는 것, 이로부터 1년 이내에 통일이 이뤄질 것이라는 것을 아무도 예측하지 못했다. 독일 통일을 주도한 콜 총리조차도 베를린 장벽이 개방됐지만 독일 통일까지는 수년이 걸릴 것으로 생각했다고 한다.

우리가 과거를 공부하고 이론화하는 것은 미래를 예측하기 위해서지만, 전문가라는 사람들조차도 역사적 격변을 사전에 예측한 경우는 별로 없었다. 과거 역사를 보면, 별것 아닌 것처럼 보였던 조그만 사건이 역사의 큰 물줄기로 이어지는 경우도 있었고 예상치 않았던 우연이 역사적 판도를 바꾸는 큰 계기로 작용하기도 했다.

지금 시점에서 한반도의 통일 국면이 언제 어떻게 펼쳐질지 누가
자신할 수 있을까? 한반도 구도의 변화는 우리가 기대하고 예상하는
경로를 따라 진행될 수도 있지만, 우리가 전혀 예상하지 못한 상태에
서 돌발 변수처럼 우리에게 다가올 수도 있다. 또, 그러한 국면은 매
우 오래 뒤에 펼쳐질 수도 있지만, 의외로 가까운 시기에 우리를 기다
리고 있을 수도 있다. 그러한 국면이 다가왔을 때 우리는 통일이라는
역사적 기회를 놓치지 않고 잡을 수 있을까?

　우리는 준비돼 있는가?

참고문헌

1. 왜 '준비되지 않은 통일'인가

■ 단행본

김석진·양문수, 『북한 비공식 경제 성장요인 연구』 (서울: 통일연구원, 2014).

김재철, 『중국의 정치개혁: 지도부, 당의 지도력 그리고 정치체제』 (서울: 한울, 2002).

마리-클레르 베르제르(Marie-Claire Bergere) 저, 박상수 역, 『중국 현대사: 공산당, 국가, 사회의 격동』 (서울: 심산, 2009).

박형중, 『북한의 개혁·개방과 체제변화』 (서울: 해남, 2004).

벤저민 양(Benjamin Yang) 저, 권기대 역, 『덩샤오핑 평전』 (서울: 황금가지, 2004).

성숙희, 『북한이탈주민의 남한방송 수용』 (서울: 한국방송영상산업진흥원, 2005).

손선홍, 『분단과 통일의 독일 현대사』 (서울: 소나무, 2005).

신정현·김영윤·김현·정성장, 『국가연합 사례와 남북한 통일과정: 남북연합 형성에 관한 새로운 모색』 (서울: 한울, 2004).

안정식, 『한국의 자주적 대북정책은 가능한가: 탈냉전기 한미 대북정책의 갈등과 협력』 (파주: 한울, 2007).

양영식, 『통일정책론: 이승만 정부로부터 김영삼 정부까지』 (서울: 박영사, 1997).

양창석, 『브란덴부르크 비망록: 독일통일 주역들의 증언』 (서울: 늘품플러스, 2011).

에드워드 베르(Edward Behr) 저, 유경찬 역, 『차우셰스쿠: 악마의 손에 키스를』 (고양: 연암서가, 2010).

윌리엄 듀이커(William J. Duiker) 저, 정영목 역, 『호치민 평전』 (파주: 푸른숲, 2003).

이종석, 『새로 쓴 현대북한의 이해』 (서울: 역사비평사, 2000).

이종석·최은주 편저, 『제재속의 북한경제, 밀어서 잠금해제』 (성남: 세종연구소, 2019).

이효원, 『통일헌법의 이해』 (서울: 박영사, 2016).

정영태·김진무·안찬일·이영종·이윤걸·임을출·현인애, 『북한의 부문별 조직실태 및 조직문화 변화 종합연구: 당·정·군 및 경제·사회 부문 기간조직 내의 당 기관 실태를 중심으로』 (서울: 통일연구원, 2011).

최병욱, 『최병욱 교수와 함께 읽는 베트남 근현대사』 (파주: 창비, 2008).

통일부, 『독일통일 총서 6: 정당 분야 관련 정책문서』 (서울: 통일부, 2014).

통일부, 『통일백서 1990』 (서울: 통일원, 1990).

통일부, 『통일백서 1995』 (서울: 통일원, 1995).

한국의회발전연구회, 『양원제 국가에 있어서 상원의 역할에 관한 연구-한국 국회의 상원 도입에 대한 함의를 중심으로』 (서울: 국회사무처, 2013).

홍양호, 『통일의 길: 한 통일관료의 통일여정』 (서울: 통일신문사, 2018).

Juan J. Linz and Alfred Stepan, Problems of Democratic Transition and Consolidati -on (Baltimore: The Johns Hopkins University Press, 1996).

Valerie Bunce, Do new leaders make a difference? (Princeton: Princeton University Press, 1981).

■ 논문

곽정래, "탈분단과 민족동질성 제고를 위한 방송콘텐츠 확산 방안 연구," 『통일과 방송』, 제4호 (2015년).

김갑식, "북한 정치체제의 변화: 특징과 한계 그리고 전망," 윤대규 편, 『북한 체제전환의 전개과정과 발전조건』 (서울: 한울, 2008).

김갑식, "사회주의 체제전환국의 정치체제 변화," 윤대규 편, 『사회주의 체제전환에 대한 비교연구』 (서울: 한울, 2008).

김근식, "비핵화 모델의 사례와 교훈: 문재인 정부의 '코리아 모델'은 성공 가능한가?," 『한국과 국제정치』, 제35권 제1호 (2019년 봄).

김명준·곽정래·주승현, "1998년 이후 남북한 간 '방송교류협력'에 대한 평가 및 미래 조망," 『정치커뮤니케이션연구』, 통권 42호 (2016년 가을).

김봉주, "미국 연방제 vs 우리나라 지방자치제," 『한국회의법학회지』, 제6호 (2009년 6월).

김선화, "대의 민주주의와 다수결 원리: 가중다수결을 중심으로," 『법과 사회』, 제52호 (2016년 8월).

김승대, "헌법개정과 남북한 통일," 『공법연구』, 제39집 제2호 (2010년 12월).

김인춘, "스웨덴 식민주의와 스웨덴-노르웨이 연합(1814~1905): 연합 해체 후 탈민족주의의 노르딕 공동체와 평화," 『서양사 연구』, 제54집 (2016년 5월).

박경석, "확대된 유럽연합의 정치적 지배구조: 효율적 의사결정의 관점," 『EU학 연구』, 제11권 제2호 (2006년 12월).

박노호, "EU 회원국 간 경제적 이해관계 상충의 원인 및 사례 분석," 『유럽연구』, 제28권 제2호 (2010년 여름).

박영민, "북한의 체제 유지 메커니즘에 관한 연구 – 체제 내구력 요인 및 평가를 중심으로," 한국외국어대학교 정치외교학과 박사학위 논문, 2012.

윤관재, "연방국가와 단일국가의 행정부에 대한 비교연구: 미국과 프랑스의 사례를 중심으로,"

『한국행정논집』, 제17권 제3호 (2005년 9월).

이동기, "보수주의자들의 '실용주의'적 통일 정책-1980년대 서독 콜 정부의 동방 정책 계승," 『역사비평』, 통권 83호 (2008년 여름).

이성, "남북 예멘 통일사례 연구 – 성급한 통일합의의 위험성을 중심으로," 국민대학교 정치대학원 안보전략전공 석사학위 논문, 2019.

이수훈, "베트남 발전노선에 관한 연구: 통합에서 편입으로," 『한국과 국제정치』 (1994년 12월호).

이윤범, "베트남의 정치·경제 체제 변화: 도이 머이 정책과 공산당 역할을 중심으로," 국민대학교 정치외교학과 박사학위 논문, 2002.

장경원, "EU의 동유럽 확대와 공법적 과제: 조직법상의 적응문제 및 의사결정절차를 중심으로," 『행정법 연구』, 통권 18호 (2007년 하반기).

정창화, "유럽연합(EU)의 정책결정시스템에 관한 연구," 『한독사회과학논총』, 제21권 제1호 (2011년 3월).

정철, "통일헌법의 권력구조," 『법학논총』, 제25권 제2호 (2012년 10월).

조성환, "민주화 이후 한국 진보·보수의 이념적·정치적 경쟁의 특성: 진보헤게모니 구축, 진보테제의 형성·전개의 비판적 분석," 『통일전략』, 제16권 제1호 (2016년 1월).

채형복, "다양성 속에서의 통합: 유럽시민권과 합리적 의사결정제도," 『유럽연구』, 통권 제18호 (2003년 겨울).

최양근, "통일연방국가 연구-단계적 연방국가와 지역정부 권한배분을 중심으로," 『법학논총』, 제31집 (2014년 1월).

최완규, "북한 국가성격의 이론과 쟁점: 비교사회주의적 관점," 최완규 편, 『북한의 국가성격 변용에 관한 연구』 (서울: 한울, 2001).

최완규, "북한 체제의 지탱요인 분석: 쿠바 사례와의 비교론적 접근," 『현대북한연구』, 제9권 제2호 (2006).

최완규·이무철, "북한의 체제전환 전략과 국제협력: 평가와 과제," 『현대북한연구』, 제12권 제1호 (2009).

최완규·최봉대, "사회주의 체제전환 방식의 비교연구," 윤대규 편, 『사회주의 체제전환에 대한 비교연구』 (서울: 한울, 2008).

최장욱, "최근 통일사례가 한반도 통일방안에 주는 함의 – 독일, 베트남, 예멘 통일사례를 중심으로," 『한국군사학논총』, 제7집 제1권 (2018년 6월).

한관수·장윤수, "한국의 보수와 진보의 대북관에 대한 연구," 『한국정치학회보』, 제46집 제1호 (2012년 봄).

■ 기타

권양주, "통일 논의와 바람직한 남북한 통일방식,"『국방논단』, 제1357호, 2011.4.25.

김진석, "왜 중도를 두려워하는가,"『황해문화』, 통권 88호 (2015년 가을).

김학준, "민족공동체와 남북한 체제연합 연구: 제6공화정「한민족공동체통일방안」의 배경,"
　　　『통일문제연구』, 3 (1989년 9월).

김학준, "민족통일에의 새로운 비전,"『민족지성』, 45 (1989년 11월).

박상호, "아날로그 방송 종료 정책 시청자주권이 빠졌다 - 지상파방송 디지털 전환 과정의 문제
　　　점과 과제,"『신문과 방송』, 통권 502호 (2012년 10월).

서소영, "북한 이동통신시장 동향: 이동전화시장을 중심으로,"『방송통신정책』, 제25권 제20호
　　　(2013년 11월).

오경섭 평, "권위주의 지배의 정치 - The Politics of Authoritarian Rule, Milan W. Svolik,"
　　　『KINU 통일』, v. 2 n. 1 (2016년 봄).

윤성이, "무엇이 이념 갈등을 증폭시키는가,"『황해문화』, 통권 88호 (2015년 가을).

임혁백, "보수·진보 갈등에서 통합의 길은 없는가?,"『헌정』, 통권 385호 (2014년 7월).

장명봉, "국가연합의 한 사례 고찰 -「아랍공화국연합」의 경우,"『통일논총』, 제6권 제2호
　　　(1986년 12월).

조영남·안치영·구자선,『중국공산당 당내 민주주의 연구』, 2011년도 국회연구용역과제 연구보
　　　고서, 2011.9.1.

채진원, "중도수렴의 확대 경향성과 그 과제,"『황해문화』, 통권 88호 (2015년 가을).

최장집,『한국의 베트남 경제 진출과 베트남의 도이머이, 그리고 북한의 개혁 개방과 그 가능
　　　성』, https://www.powerplantkr.com/choi/?q=YToxOntzOjEyOiJrZXI3b3JkX3
　　　R5cGUiO3M6MzoiYWxsIjt9&bmode=view&idx=2025120&t=board

통일부·통일연구원,『한민족공동체통일방안: 30주년 의의와 과제』, 자료집, 2019.9.9.

한병진·최완규, "김정은 정권의 체제내구력 평가와 한국의 대북정책 모색,"『국회입법조사처 정
　　　책연구용역보고서』, 2012.9.13.

2. 통일 후유증, 감내해야 한다면 조금 덜 힘들게

■ 단행본

강문성·김형주·박순찬·이만종·이영훈·이종화·이홍식·편주현,『점진적 통일과정에서의 동북아
　　　경제협력과 남북힌 경제통합 방안』 (세종: 대외경제정책연구원, 2015).

국가정보원, 『통계로 보는 독일통일』 (서울: 국가정보원, 2017).

김정원·강구섭·김현철·조정아·안승대·이호경, 『남북한 교육통합을 위한 남북한 교사 재교육 방안』 (서울: 한국교육개발원, 2016).

김정원·김지수·양희준·강구섭·나귀수·신동훈·김선·박수현, 『남북한 학제 비교 및 통합방안 연구』 (서울: 한국교육개발원, 2015).

류전철·김성룡, 『독일 통일 사례에 비추어 본 통일 대비 검찰의 과제 및 대응전략』 (서울: 대검찰청, 2015).

법원행정처, 『독일통일과 사법통합』 (서울: 법원행정처, 1995).

전홍택 편, 『남북한 경제통합 연구: 북한경제의 한시적 분리 운영방안 – KDI 연구보고서 2012-10』 (서울: 한국개발연구원, 2012).

조정아·이교덕·강호제·정채관, 『김정은 시대 북한의 교육정책, 교육과정, 교과서』 (서울: 통일연구원, 2015).

통일부, 『독일통일 총서 15: 화폐통합 분야 관련 정책문서』 (서울: 통일부, 2016).

한국보건사회연구원, 『통일한국의 사회보장체계 구축을 위한 기초연구(Ⅲ)』 (세종: 한국보건사회연구원, 2015).

한국수출입은행 북한·동북아연구센터 편, 『북한의 금융』 (서울: 오름, 2016).

헬무트 콜(Helmut Kohl) 저, 김주일 역, 『나는 조국의 통일을 원했다 – 헬무트 콜 총리 회고록』 (서울: 해냄, 1998).

■ 논문

강구섭, "독일통일 후 동독출신 교사 처리 사례 고찰: 남북한 교육통합에 주는 시사점," 『비교교육연구』, 제25권 제3호 (2015년 6월).

강기운, "통일 한국의 사회보장정책에 관한 연구 – 사회보장제도 통합방안을 중심으로," 서울시립대학교 행정학과 석사학위 논문, 2001.

강의식, "독일통일 후 구동독지역의 역사교육의 변화와 문제," 『역사와 역사교육』, 제22호 (2011년 9월).

강효백, "홍콩특별행정구의 제도적 특성에 관한 연구 – 홍콩기본법을 중심으로," 『국제법무연구』, 제12권 제1호 (2008년 2월).

경쾌수, "북한 보건의료 인력개발을 위한 제언," 『의학교육논단』, 제18권 제1호 (2016년 2월).

김동하, "홍콩의 센트럴 점령 시위를 통해서 본 일국양제 고찰," 『한중사회과학연구』, 제13권 제4호 (2015년 10월).

김신희, "통일 후 북한교원 통합을 통한 남북한 마음통합: 북한 교원 재임용을 중심으로," 『윤리연구』, 제105호 (2015년 12월).

김연정·이철수·이일학, "비정부기구를 통한 남북한 보건의료인 교류의 현황과 전망," 『대한의사협회지』, 제56권 제5호 (2013년 5월).

김진숙, "북한 '약학부문사업'과 보건의료 연구," 북한대학원대학교 사회문화언론전공 박사학위 논문, 2012.

김진숙, "통일 대비 남북한 통합 교육과정 연구," 『교육광장』, 통권 59호 (2016년 봄).

노영돈·최영춘, "홍콩기본법에 관한 연구 – 홍콩기본법상 고도자치권을 중심으로," 『법학논총』, 제31집 제4호 (2014년 12월).

도상범, "중국·홍콩 경제협력강화협정 연구 및 남북 경제협력강화협정 체결에의 시사점," 『국외훈련검사 연구논문집』, 제26집 (2011년).

민하주·정형선·김선미, "북한의 보건의료시스템과 그 이용실태에 대한 질적 연구: 2010년대 북한이탈주민의 경험을 중심으로," 『사회보장연구』, 제31권 제4호 (2015년 11월).

박상민·이혜원, "북한의 보건의료 현황과 효율적 지원방안," 『대한의사협회지』, 제56권 제5호 (2013년 5월).

백진현, "통일한국의 연금제도," 『통일문제연구』, 제19호 (1997년 3월).

서양원, "화폐통합 이론과 남북한에의 적용," 연세대학교 경제학과 박사학위 논문, 2007.

신영전, "통일 후 북한 의료안전망 구축방안," 『대한의사협회지』, 제56권 제5호 (2013년 5월).

윤석준, "체제통합국 사례에 비추어 본 한반도 통일 후 보건의료체계 구축의 시사점," 『대한의사협회지』, 제56권 제5호 (2013년 5월).

이미진·김한나·조단비·김소윤, "북한의 보건의료시스템," 『대한의사협회지』, 제56권 제5호 (2013년 5월).

이백규, "북한의 사법제도와 형사법 개관," 『통일과 법률』, 통권 제23호 (2015년 8월).

이영섭, "유로의 도입과정과 남북한의 점진적 화폐통합: 통화경쟁 논의를 중심으로," 『EU학 연구』, 제7권 제1호 (2002년 8월).

이윤성, "북한 의사 양성 교육과 자격," 『의학교육논단』, 제18권 제1호 (2016년 2월).

이종화, "중국의 대일통(大一統)과 일국양제(一國兩制) 홍콩 그리고 제국성에 관한 시론적 연구," 『국제·지역연구』, 제26권 제1호 (2017년 봄).

이현재, "남북한 화폐통합 방안에 관한 연구," 『경상논총』, 제5권 제1호 (2012년 8월).

이혜경, "남북한 보건의료 인력의 통합방안 연구," 『의학교육논단』, 제18권 제1호 (2016년 2월).

이효원, "남북통일 이후 사법조직의 통합방안," 『서울대학교 법학』, 제51권 제1호 (2010년 3월).

정선주, "남북한 통일과 북한법조인의 지위," 『민사소송』, 1998.1.20.

조원홍, "통일 전후 동서독 교육통합과정 연구," 『육군3사관학교 논문집』, 제63집 제1권 (2006년 10월).

최기준, "북한의 보건의료 현황과 의료보장제도," 『건강보험포럼』, 제7권 제1호 (2008년 봄).

최재필, "북한이탈의료인의 남한 적응," 『대한의사협회지』, 제56권 제5호 (2013년 5월).

최재필, "북한이탈의사 교육: 서울의료원에서의 경험을 중심으로," 『의학교육논단』, 제14권 제2호 (2012년 10월).

현기석, "북한 사회복지제도 연구: 보건의료 분야를 중심으로," 서강대학교 공공정책대학원 북한정치전공 석사학위 논문, 2013.

■ 기타

국회의장 정의화, 『남북한 보건의료협정 추진을 위한 국회세미나』, 세미나 자료집, 2015.5.4.

김경윤, "북한의 의료 인력 양성과 시스템," 『보건세계』, 통권 659호 (2015년 겨울).

김주경·이승현, "북한의 보건의료 현황과 남북한 보건의료 협력 방안," 『지표로 보는 이슈』, 제34호 (2015년 10월).

노용환, "통일한국의 사회복지정책 기본추진방향," 『보건복지포럼』, 제17호 (1998년 2월).

신희영, 『보건의료 R&D 남북공동 연구 창조경제 한 축 기대: 북한 의료 붕괴 상황 수준…외부 지원 절실』 (청주: 한국보건산업진흥원, 2015).

양창영 국회의원·한반도선진화재단, 『통일 후 북한교육 어떻게 할 것인가?』, 남북한 교육통합 세미나 자료집, 2015.8.5.

윤석준, "통일후 보건의료체계 구축 방안," 『북한』, 통권 503호 (2013년 11월).

이일학, "북한 의료현황과 지원방향," 『KPI 리포트』, 제4호, 2010.1.7.

정형선·신현웅·이규식·이금순, "통일 한국 건강보장제도의 구상," 『건강보장정책』, 제13권 제2호 (2014년 12월).

통일준비위원회·대한변호사협회, 『통일 대한민국의 미래상: 통일 대한민국의 법질서를 중심으로』, 토론회 자료집, 2016.10.12.

한국수출입은행, 『북한의 금융: 실태와 과제』, 한국수출입은행 창립 40주년 기념 세미나 자료집, 2016.6.28.

한반도선진화재단·한국보건사회연구원, 『'통일복지' 무엇을 어떻게 할 것인가? - 통일한국 사회복지 정책방향: 쟁점과 과제』, 2015.2.12.

황나미, "북한의 우선순위 보건문제와 향후 과제," 『보건복지포럼』, 통권 제89호 (2004년 3월).

■ 단행본

국회환경경제연구회·고려대학교경제연구소, 『북한 인프라 구축을 위한 남북 환경·에너지 경협 방안』 (서울: 국회환경경제연구회, 2000).

김규륜, 『남북한 에너지분야 교류·협력 발전방향』 (서울: 통일연구원, 2001).

김기홍·강일규, 『정부부처 연계 특성화고 지원 사업 운영 실태 조사 분석 및 발전 방안』 (세종: 한국직업능력개발원, 2016).

김석진·이석기·양문수, 『통일 이후 북한 산업개발전략 연구』 (서울: 산업연구원, 2011).

김우철, 『주택임대소득에 대한 과세합리화 방안 연구』 (서울: 국회예산정책처, 2016).

김유찬·유도원, 『통일비용 및 재원조달 방안에 관한 연구』 (서울: 국회예산정책처, 2010).

김주영, 『서민 주거비 부담 완화를 위한 임대주택사업 대안 모색』 (서울: 국회입법조사처, 2013).

김효진·진규남·박신원·심영종·이정민·정종석, 『남북개발협력 대비 북한 건설인프라 현황분석 기초연구』 (대전: 한국토지주택공사 토지주택연구원, 2016).

박상수, 『부동산 보유세의 과세체계 개편에 관한 연구: 주택과 비주거용 건물을 중심으로』 (서울: 한국지방세연구원, 2014).

박용석, 『북한 경제 및 건설시장에 관한 기초 연구: 북한내 최우선 건설 수요를 중심으로』 (서울: 한국건설산업연구원, 2012).

복거일·김우택·이영환·박기성·변양규, 『기본소득 논란의 두 얼굴』 (서울: 한국경제신문, 2017).

성낙문·김연규·안병민, 『남북 연결 도로·철도의 교통수요 및 비용분석 연구』 (고양: 한국교통연구원, 2005).

손기웅, 『독일통일 쟁점과 과제 1』 (서울: 늘품플러스, 2009).

손기웅, 『독일통일 쟁점과 과제 2』 (서울: 늘품플러스, 2009).

양현모, 『독일통일의 경험이 남북한 체제통합에 주는 교훈: 행정통합을 중심으로』 (서울: 한국행정연구원, 1998).

어기구·신범철·이덕재, 『일자리나누기 정책의 현황과 과제』 (서울: 한국노총중앙연구원, 2014).

윤여상·한명섭·홍덕화·김웅기·서상범·김신규·송인호, 『과거청산과 통합』 (서울: 북한인권정보센터, 2016).

윤희숙, 『정책의 배신』 (파주: 21세기북스, 2020).

이상준·김천규·이백진·이현주·임강택·장형수·홍순직·조봉현, 『한반도·동북아 공동발전을 위한 북한국토개발 핵심 프로젝트 실천방안 연구』(안양: 국토연구원, 2015).

제레미 리프킨(Jeremy Rifkin) 저, 이영호 역, 『노동의 종말』(서울: 민음사, 2004).

주성하, 『서울과 평양 사이』(서울: 기파랑, 2017).

주승현, 『조난자들 – 남과 북, 어디에도 속하지 못한 이들에 관하여』(파주: 생각의힘, 2018).

최준욱, 『통일재원 조달 방식에 대한 연구』(서울: 한국조세연구원, 2011).

통일부, 『독일통일 20년 계기: 독일의 통일·통합 정책 연구 – 제1권 분야별 연구』(서울: 통일부, 2011).

통일부, 『독일통일 총서 1: 군사 분야 관련 정책문서』(서울: 통일부, 2013).

통일부, 『독일통일 총서 2: 행정 분야 관련 정책문서』(서울: 통일부, 2013).

통일부, 『독일통일 총서 5: 경찰 분야 관련 정책문서』(서울: 통일부, 2014).

통일부, 『독일통일 총서 7: 과거청산 분야 관련 정책문서』(서울: 통일부, 2014).

통일부, 『독일통일 총서 10: 통일비용 분야 관련 정책문서』(서울: 통일부, 2015).

통일부, 『독일통일 총서 11: 신탁관리청 분야 관련 정책문서』(서울: 통일부, 2015).

통일부 통일교육원, 『2017 북한 이해』(서울: 통일교육원, 2016).

SBS 미래부, 이창재 편, 『더 좋은 사회 더 나은 미래: 미래한국리포트』(파주, 한울, 2017).

■ 논문

강현숙, "저출산·고령화의 원인과 대책," 『시정연찬』, 제25호 (2013년).

고일동, "북한의 공업단지 분포 및 사회간접자본 실태에 관한 고찰," 『토지연구』, 제5권 제5호 (1994년 10월).

권기철, "통일을 지향한 북한지역 국토개발 과제," 『국토계획』, 제49권 제5호 (2014년 8월).

김두환·최대식·정연우, "북한지역 개발협력을 위한 국토종합구상 연구," 『LHI Journal』, 제6권 제2호 (2015년 5월).

김복순, "자영업자의 고용구조 변화와 특징," 『노동리뷰』, 통권 제94호 (2013년 1월).

김성욱, "남북한의 통일 이후 북한주택의 사유화에 관한 민사법적 고찰," 『법과 정책』, 제20집 제1호 (2014년 3월).

김용민, "노동의 종말과 '기본소득' 그리고 새로운 대안사회," 『문학과 환경』, 제13권 제2호 (2014년 12월).

김재영, "통일비용의 재원과 조달방법," 『통일법연구』, 제1권 (2015년 10월).

김정숙, "선취업·후진학 체제 전환 이후 특성화고등학교의 변화 양상과 그 동인 분석: A특성화고 사례 연구," 충북대학교 교육학과 박사학위 논문, 2017.

김주진, "북한의 정보통신망 구축 전략과 남북한 연결 방안," 『과학기술정책』, 제14권 제4호 (2004년 7-8월).

김진혁, "미국경찰 체제에 대한 비판적 고찰 및 시사점," 『한국공안행정학회보』, 제22권 제1호 (2013년 3월).

김한준, "4차 산업혁명이 직업세계에 미치는 영향 - 4차 산업혁명에 대한 재직자 인식 조사," 『고용이슈』, 제9권 제5호 (2016년 9월).

박동균·조기웅, "미국 재난관리에 있어 군의 역할 및 한국적 함의," 『한국위기관리논집』, 제9권 제7호 (2013년 7월).

박순필, "정부의 행정전산망 사업 운영과 관리 실태에 대한 연구: 주민등록관리업무 전산망사업의 평가," 이화여자대학교 행정학과 석사학위 논문, 1992.

박종두, "한국의 자치경찰제 도입방안에 관한 연구," 연세대학교 행정대학원 석사학위 논문, 2008.

박준·이태리, "부동산 보유세 변화의 거시경제 파급효과 분석," 『도시행정학보』, 제29집 제4호 (2016년 12월).

박해육, "통일 이후 구동독의 행정이행과 인력통합을 위한 인사정책: 남북한 통일에 대비한 인력통합의 모색," 『한국행정연구』, 제11권 제4호 (2002년 겨울).

방면석, "선진외국 자치경찰제도 비교 연구," 한경대학교 전자정부대학원 석사학위 논문, 2010.

설인효, "20세기 초 미 육군 개혁과정: '개혁 정체 및 후퇴기(1904-1909)'를 중심으로," 『군사』, 제86호 (2013년 3월).

송인호, "통일 후 북한 국유재산 사유화 방안에 대한 법적 고찰," 『인권과 정의』, 통권 제433호 (2013년 5월).

송지원, "핀란드의 기본소득제도 실험," 『국제노동브리프』, 제15권 제2호 (2017년 2월).

신용도, "북한지역 통신망 구축방안에 관한 연구," 『교수논총』, 제37집 (2004).

안영진, "독일의 지방 행정구역 개편에 관한 고찰: 구동독을 중심으로," 『국토지리학회지』, 제46권 제4호 (2012년 12월).

오호영, "누가, 왜 사교육을 받는가," 『직업과 인력개발』, 제14권 제3호 (2011년 가을).

윤재영, "남북한 통합전력망 구상," 『에너지경제연구』, 제6권 제1호 (2007년 6월).

윤주환, "북한 상하수도 인프라 재구축: 현황과 전망," 『한국물환경학회지: 수질보전』, 제24권 제6호 (2008년 11월).

이경국, "남북한 경제통합과정에서 기업의 사유화 방안," 『북한연구』, 제7권 (2004년).

이상준, "북한 지역개발 방향에 대한 연구," 『LHI Journal』, 제6권 제2호 (2015년 5월).

이성우·조재현, "통일비용 조달을 위한 입법 연구," 『통일과 법률』, 통권 제14호 (2013년 5월).

이승협, "고용위기와 일자리 나누기 – 독일 폭스바겐 모델을 중심으로," 『시민사회와 NGO』, 제12권 제1호 (2014년 봄/여름).

이해정, "북한 지역의 토지·주택·기업 사유화에 관한 연구," 이화여대 북한학과 박사학위 논문, 2015.

장형수, "통일과 재원조달 논의에 대한 새로운 고찰," 『정책연구』, 통권 171호 (2011년 겨울).

조돈문, "유연안정성 모델의 두 유형: 덴마크와 네덜란드의 유연안정성 모델 비교," 『스칸디나비아연구』, 제15호 (2014년 8월).

지대환, "통일 후 북한 지역의 부동산공시제도 확립방향에 관한 연구," 인천대학교 행정대학원 사법행정학과 석사학위 논문, 2010.

최차순, "주택가격과 보유세간의 관계 분석," 『부동산학보』, 제63집 (2015년 12월).

최항석, "사교육의 문제점 및 경감 대책 분석에 관한 연구," 『미래교육연구』, 제4권 제3호 (2014년 12월).

현인애, "북한의 주민등록제도에 관한 연구," 이화여자대학교 대학원 북한학협동과정 석사학위 논문, 2008.

Lucio Baccaro, "유럽의 노동시장 조정: 사회적 협의의 종말인가?," "『국제노동브리프』, 제14권 제1호 (2016년 1월).

■ 기타

강만수, "정부, 일자리 만들기가 아니라 일자리 나누기에 집중해야," 『월간조선』, 통권 431호 (2016년 2월).

고영선, "남북통일을 위한 재정조달," 『KDI 북한경제리뷰』, 제14권 제11호 (2012년 11월).

과거청산통합연구원, 『한반도 통일을 위한 '과거청산'의 의의와 과제』, 2016 과거청산통합연구원 세미나 자료집, 2016.5.3.

교육을 바꾸는 새 힘·국회 혁신교육포럼, 『사교육 과열: 원인은 무엇이고 어떤 특단의 대책이 필요한가』, 제5회 대한민국 교육문제 심층진단 및 대안마련을 위한 토론회 자료집, 2015.8.25.

구영식, 『여성 '보육–노동' 욕망 충족시키는 파트타임』, 오마이뉴스, 2010.11.29.

국회 경제민주화포럼, 『국민이 선택한 기본소득』, 국회 경제민주화포럼 토론회 자료집, 2017.4.16.

국회 외교통일위원회, 『남북한간의 효율적인 교통 물류 시스템 구축을 위한 SOC 개발방향에 관한 연구』 (서울: 국회 외교통일위원회, 2014).

국회의원 김상희, 이원욱·인구정책과 생활정치를 위한 의원모임, 『혼인·출산 막는 미친 주거비, 저출산·고령화 해결을 위한 주택정책 방향은?』, 토론회 자료집, 2017.5.24.

국회의원 안상수, 『사교육비 절감 및 과천의 교육현실에 대한 대책을 위한 대토론회』, 세미나 자료집, 2010.11.9.

국회의원 한명숙, 『청년 주거 문제 해결 방안 모색: 일본 및 국내 사례 분석 중심으로』, 국회 한명숙의원실 정책 자료집, 2014.12.8.

국회통일외교안보포럼·한국자산관리공사, 『독일 신탁관리공사 모델을 통해 조망하는 한반도 통일 준비』 (서울: 정문헌 의원실, 2014).

기획재정부, 『저출산·고령화 정책 추진방향』, 업무보고자료, 2016.7.22.

김민희, "고졸 만세! 특성화고 10년이 바꾼 풍경," 『주간조선』, 통권 2447호, 2017.3.6.

김보경, ""생계 위한 노동 이제 그만" 핀란드 기본소득 실험에 세계 주목," 『뉴스저널』, 통권 202호 (2017년 2월).

김성윤, 『통일을 준비하자 (통일재원 어떻게 조달하나!)』 (서울: 통일부, 2010), 국회도서관 전자자료.

김순남, "효율적인 사교육비 경감 방안: 사교육 없는 학교를 통한 사교육비 경감 대책의 해법 탐색," 『교육평론』, 통권 217호 (2010년 12월).

김완, "이재명의 기본소득이 뜨겁다," 『한겨레21』, 제1154호, 2017.3.27.

김용기, "일자리 나누기와 연대임금: 獨 고생산성, 저실업률 비결," 『신동아』, 통권 689호 (2017년 2월).

김용태, "통일 후 북한 지역 주택 수요−'300만호 이상'," 『CERIK 저널』, 통권 제216호 (2014년 5월).

김용하, "기본소득의 의미와 현실," 『복지이슈 Today』, 제48호 (2017년 3월).

대한법무사협회 법제연구소·북한개발연구소, 『북한 부동산 공시제도와 통일 후 전망』, 세미나 자료집, 2017.4.6.

명수정, "북한의 환경 현황과 물관리 분야의 협력과제," 『한국수자원학회지: 물과 미래』, 제48권 제7호 (2015년 7월).

민족화해협력범국민협의회·국회 외교통일위원장 유기준, 『남북 공동번영을 위한 북한 SOC 개발협력 추진 방향』, 통일준비 토론회 자료집, 2014.11.25.

민주연구원·사회경제정책연구회, 『자영업 보호 및 육성 대책: 자영업·소상공인 어떻게 살릴 것인가?』, 2016 사회경제정책포럼 제4회 자영업·소상공인 분야 자료집, 2016.6.22.

민주연구원·사회경제정책연구회, 『중소기업·자영업 위기와 개혁 방안: 2017 대선 핵심 아젠다를 제안한다!』, 2017 사회경제정책포럼 제3회 산업 분야 자료집, 2017.1.17.

민주정책연구원·사회경제정책연구회, 『주거정책 현황과 주거비 부담 완화 방안: 주거불안 어떻게 해소할 것인가?」, 2016 사회경제정책포럼 제7회 주거 분야 자료집, 2016.7.13.

바른사회시민회의, 『기본소득제 vs 안심소득제, 복지정책의 새로운 모델을 묻는다』, 정책토론회 자료집, 2017.3.28.

박승민·배진영, "북한 사회안전부 刊 주민등록사업참고서: 숫주민을 기본군중·복잡한군중·적대계급잔여분자로 분류," 『월간조선』, 제28권 제7호 (2007년 7월).

박영환, "전 세계가 주목하는 핀란드 '기본소득' 실험," 『Weekly Newsis』, 제510호, 2017.1.10 - 1.16.

박희경·이상은, "북한 수도사업 참여를 위한 제언," 『물산업동향』, 제4호 (2005년 8월).

배성열, "통일 독일의 토지·주택 사유화 전략 분석," 『캠코 리뷰: 금융과 국가자산』, 제8호(2015년 12월).

배준희·김기진, "제조·의료·교육…'노동의 종말' 온다," 『매경 이코노미』, 제1850호, 2016.3.23.

백승호, "해외 기본소득 실험들 비교 평가," 『복지이슈 Today』, 제48호 (2017년 3월).

변양규, "근로시간 단축, 일자리나누기, 그리고 '불편한 진실'," 『KERI Column』, 2012.2.20.

보건복지부, 『기초연금 도입 1주년, "생활에 도움 된다"』, 보도자료, 2015.7.7.

보건복지부, 『초저출산 위기 극복을 위한 향후 대응방향: 2017년 연두업무보고를 중심으로』, 국회 저출산고령화대책특별위원회 보고자료, 2017.1.18.

북한민주화추진협의회, 『북한 정권 붕괴 후 탈북민들의 역할』, 북한자유주간 토론회 자료집, 2016.4.28.

손봉균, "통일 후 북한 사회간접자본(SOC) 어떻게 건설할 것인가?," 『국토』, 통권 411호 (2016년 1월).

송채경화, "이번 대선 최대 이슈는 기본소득," 『한겨레 21』, 제1145호, 2017.1.16.

신영규, "핀란드 기본소득제도 도입 시도를 둘러 싼 쟁점," 『복지이슈 Today』, 제48호 (2017년 3월).

안효상, "기본소득 아이디어는 어떻게 출현했나," 『복지이슈 Today』, 제48호 (2017년 3월).

오호석, "총체적 난제에 빠진 골목상권, 자영업 위기의 시대, 원인과 대책은?," 『행정포커스』, 통권 제100호 (2012년 11/12월).

우미숙, "집이 필요한 사람 모여라: 주거문제를 함께 해결하는 청년주거협동조합 모두들," 『살림이야기』, 통권 36호 (2015년 5월).

이동주·표한형·홍성철·장윤섭, "베이비붐 세대 자영업 창업 급증: 우려와 대책," 『KOSBI 중소기업 포커스』, 제29호, 2012.8.27.

이삼식, "저출산·고령화 대책의 현황과 정책과제," 『보건복지포럼』, 통권 231호 (2016년 1월).

이상준, "북한지역의 국토개발과 수자원분야의 과제," 『한국수자원학회지: 물과 미래』, 제48권 제7호 (2015년 7월).

이승윤, "노동과 소득보장에 대한 새로운 패러다임: 기본소득,"『복지이슈 Today』, 제48호 (2017년 3월).

이영대, "사교육 경감 및 공교육 정상화 대책과 과제,"『교육평론』, 통권 266호 (2015년 1월).

이재완·김태형·김형진, "북한의 잠재수요지역에서의 통신망구축 전략,"『한국해양정보통신학회 종합학술대회』, 제12권 제2호 (2008년 10월).

이종태, "'파트타임 정규직'이 네덜란드에선 가능해,"『시사IN』, 제384호, 2015.1.24.

이현숙, "2016년 스위스 '보편적 기본소득' 국민투표와 이슈들,"『복지이슈 Today』, 제48호 (2017년 3월).

임언선, "주택임대소득 과세제도에 대한 쟁점과 향후과제,"『국회입법조사처(NARS) 현안보고 서』, 제297호, 2016.8.12.

장주희, "노동의 종말은 오는가? - 미래의 직업생활,"『미래정책 Focus』, 제2권 (2014년 가을호).

정인환 "정인환의 세상보기: 4차 산업혁명과 노동의 종말,"『인재경영』, 통권 146호 (2017년 2 월).

조명래, "세계 곳곳 뿌리내린 협동조합 주택을 찾아서,"『서울사랑』, 통권 149호 (2015년 2월).

조성재, "고용창출형·시간단축형 일자리나누기를 향하여,"『노동법률』, 통권 228호 (2010년 5 월).

조성재, "일자리나누기 사업 평가와 향후 과제,"『월간 노동리뷰』, 통권 58호 (2009년 10·11·12월).

청년플랜 2.0, 민달팽이 유니온,『민달팽이 청년들의 공동체로 살아남기』, 청년 주거문제 해결 을 위한 토론회, 2014.12.8.

철도로세계로의원포럼,『남북철도 복원과 대륙철도 연결, 그리고 한국의 미래』, 제3차 정책세미 나 자료집, 2006.6.28.

한국고용정보원,『직업인 44.7% "4차 산업혁명으로 내 직업 일자리 감소할 것』, 보도자료, 2016.10.24.

한국고용정보원,『AI·로봇-사람, 협업의 시대가 왔다!』, 보도자료, 2016.3.24.

한국접경지역통일학회,『한반도 신경제지도 구상과 DMZ - 발전방향의 모색』, 2018 한국접경 지역통일학회 추계학술회의 자료집, 2018.10.31.

행정자치부,『저출산 고령화 대책 추진상황』, 저출산고령화대책특별위원회 업무보고자료, 2016.7.22.

행정자치부,『지자체 저출산 시책 지원방안』, 저출산고령화대책특별위원회 업무보고자료, 2017.1.18.

황진희, "남북철도 연계를 위한 북한 항만 관리체계와 항만 현황,"『한국철도기술』, 제56권

(2014년 7·8월).

허선, "기본소득 논쟁의 세 가지 관점," 『복지이슈 Today』, 제48호 (2017년 3월).

홍승아, 『정규직 파트타임 근무의 보호와 차별 해소』, 한국여성정책연구원 2010년 정책제안서.

Daniel Gross, "일본, 산업자동화 국가 맞아?," 『뉴스위크 한국판』, 제19권 제29호, 2009.7.22.

4. 통일 시대를 이끌 리더십을 기대하며

■ 단행본

강원택, 『어떻게 바꿀 것인가: 비정상 정치의 정상화를 위한 첫 질문』 (고양: 이와우, 2016).

구범진, 『병자호란, 홍타이지의 전쟁』 (서울: 까치, 2019).

김부식 저, 이강래 역, 『삼국사기』 (파주: 한길사, 1998).

손선홍, 『분단과 통일의 독일 현대사』 (서울: 소나무, 2005).

신채호 저, 박기봉 역, 『조선상고문화사(외)』 (서울: 비봉출판사, 2007).

신채호 저, 박기봉 역, 『조선상고사』 (서울: 비봉출판사, 2006).

앤서니 기든스(Anthony Giddens) 저, 한상진·박찬욱 역, 『제3의 길』 (서울: 생각의 나무, 1998).

에릭 존 홉스봄(Eric John Hobsbawm) 저, 강명세 역, 『1780년 이후의 민족과 민족주의』 (서울: 창작과비평사, 1994).

이상신·박종철·윤광일·윤지성, 『통일 이후 통합방안: 민족주의와 편익을 넘어선 통일담론의 모색』 (서울: 통일연구원, 2017).

전국역사교사모임, 『처음 읽는 중국사』 (서울: 휴머니스트 출판그룹, 2018).

즈비그뉴 브레진스키(Zbigniew Brzezinski) 저, 김명섭 역, 『거대한 체스판: 21세기 미국의 세계전략과 유라시아』 (서울: 삼인, 2000).

황태연, 『투쟁하는 중도 – 극중(極中)의 중도개혁주의, 그 철학과 비전』 (서울: 넥센미디어, 2020).

헬무트 콜(Helmut Kohl) 저, 김주일 역, 『나는 조국의 통일을 원했다 – 헬무트 콜 총리 회고록』 (서울: 해냄, 1998). '

■ 논문

강세구, "운양호사건에 관한 고찰," 『군사』 15 (1987년 12월).

유은상, "독일통일 문제와의 관련 속에서 본 국가연합 문제 – 발터 울부리히트와 헬무트 콜의 국가연합제안 비교를 중심으로," 『논문집』, 제2호, 1995.2.10.

이동기, "국가연합과 평화체제: 분단 독일의 국가연합안 개관," 『시민과세계』, 통권 27호 (2015년 하반기).

이동기, "더 나은 통일안은 없었는가?: 1989/90년 헬무트 콜, 국가연합 그리고 독일 통일," 『독일연구』, 제20호 (2010년 12월).

이동기, "1989/90년 독일통일 과정 시 서독 좌파의 비판과 대안들," 『서양사연구』, 제43집 (2010년 11월).

이상신, "18대 대선과 태도극화: 정치적 소통은 분열을 심화시키는가?," 『한국정당학회보』, 제12권 제1호 (2013년 3월).

이주홍, "독일통일과정과 자기결정권: 헬무트 콜의 이원외교전략을 중심으로," 연세대학교 행정대학원 국제관계·안보전공 석사학위 논문, 2012.

■ 기타

고세훈, "제3의 길은 새로운 대안인가?: 영국 노동당의 권력구조와 정책변화," 『담론 21』, 1호 (1998년 11월).

김구철, "새로운 정치노선의 개막을 알리는 정치지도자, 토니 블레어," 『담론 21』, 3호 (1999년 6월).

김진석, "왜 중도를 두려워하는가," 『황해문화』, 통권 88호 (2015년 가을).

김학준, "분단의 배경과 고정화 과정," 송건호·진덕규·김학준·오익환·임종국·백기완·김도현·이동화·유인호·이종훈·염무웅·임헌영, 『해방전후사의 인식 1』 (파주: 한길사, 2004).

박상봉, "독일 통일의 주역들(I): 헬무트 콜 – 독일 통일의 선봉장," 『통일경제』, 53 (1999년 5월).

박상봉, "헬무트 콜 치열한 외교전 뚫고 독일 통일을 이루다," 『미래한국』, 551호, 2017.6.28.

신창민, "통일비용과 분단비용 재점검과 시사점," 『OK times: Overseas Koreans times』, 통권 140호 (2005년 7월).

윤성이, "무엇이 이념 갈등을 증폭시키는가," 『황해문화』, 통권 88호 (2015년 가을).

이봉기, "통일의 분수령 다시 보는 콜의 리더십," 『통일한국』, 422호 (2019년 2월).

채진원, "중도수렴의 확대 경향성과 그 과제," 『황해문화』, 통권 88호 (2015년 가을).

주석

1   통일이 둘이 하나가 된 결과라면, 통합은 둘이 하나가 되는 과정이라고 볼 수 있다. 따라서, 통합은 통일 이전부터 통일 이후까지 계속되어야 하는 과정이다.

2   한미 군 당국은 북한 급변사태에 대비해 '작계 5029'를 준비해 놓은 것으로 알려졌으며, 한국 정부는 북한 정권이 무너질 경우 북한 지역을 비상통치하기 위한 '충무 9000' 계획을 작성해 놓은 것으로 알려져 있다.

3   손선홍, 『분단과 통일의 독일 현대사』 (서울: 소나무, 2005).

4   진보-보수의 이념적 갈등과 관련된 기술은 다음의 글들을 참조했다. 김진석, "왜 중도를 두려워하는 가," 『황해문화』, 통권 88호 (2015년 가을): 윤성이, "무엇이 이념 갈등을 증폭시키는가," 『황해문화』, 통권 88호 (2015년 가을): 조성환, "민주화 이후 한국 진보·보수의 이념적·정치적 경쟁의 특성: 진보헤 게모니 구축, 진보 테제의 형성·전개의 비판적 분석," 『통일전략』, 제16권 제1호 (2016년 1월): 채진 원, "중도수렴의 확대 경향성과 그 과제," 『황해문화』, 통권 88호 (2015년 가을): 한관수·장윤수, "한국 의 보수와 진보의 대북관에 대한 연구," 『한국정치학회보』, 제46집 제1호 (2012년 봄).

5   안정식, 『한국의 자주적 대북정책은 가능한가: 탈냉전기 한미 대북정책의 갈등과 협력』 (파주: 한울, 2007).

6   홍양호, 『통일의 길: 한 통일관료의 통일여정』 (서울: 통일신문사, 2018).

7   이동기, "보수주의자들의 '실용주의'적 통일 정책-1980년대 서독 콜 정부의 동방 정책 계승," 『역사비 평』, 통권 83호 (2008년 여름).

8   최완규, "북한 국가성격의 이론과 쟁점: 비교사회주의적 관점," 최완규 편, 『북한의 국가성격 변용에 관 한 연구』 (서울: 한울, 2001).

9   조영남·안치영·구자선, 『중국공산당 당내 민주주의 연구』, 2011년도 국회연구용역과제 연구보고서, 2011.9.1.

10   기업들이 실질적인 경영권을 가지고 생산과 관리 책임을 다하게 하는 제도. 국가가 지시하는 과제만 수 행하던 과거 방식에서 벗어나 기업 스스로의 계획에 의해 물건을 생산하고 판매하게 함으로써 기업의 자율성을 높이고 생산성을 높인 제도이다. 공장의 노동자들에게도 일한 만큼 분배한다.

11   북한 협동농장에서 10~15명의 분조는 생산과 분배의 최소 단위였다. 하지만 이렇게 대단위로 일하게 되면 그 안에서 혼자 열심히 일한다고 해도 더 많이 받을 수 있는 구조가 아니기 때문에 일을 열심히 하 려는 의욕이 떨어지게 된다. 이에 따라 북한은 포전담당책임제를 통해 1인 내지 2~4명의 소수가 특정 경작지의 생산을 담당하고 결과에 따라 분배도 받도록 했다. 생산 단위가 소규모로 줄어들면서 개인이 나 가족 단위의 생산이 이뤄지게 됐고, 열심히 일한 만큼 얻어가는 것이 늘어나면서 생산 의욕이 높아 지게 됐다.

12   이종석·최은주 편저, 『제재속의 북한경제, 밀어서 잠금해제』 (성남: 세종연구소, 2019).

13   Valerie Bunce, *Do new leaders make a difference?* (Princeton: Princeton University Press, 1981).

14   마리-클레르 베르제르(Marie-Claire Bergere) 저, 박상수 역, 『중국 현대사: 공산당, 국가, 사회의 격 동』 (서울: 심산, 2009): 벤저민 양(Benjamin Yang) 저, 권기대 역, 『덩샤오핑 평전』 (서울: 황금가지, 2004): 김재철, 『중국의 정치개혁: 지도부, 당의 지도력 그리고 정치체제』 (서울: 한울, 2002).

15 이윤범, "베트남의 정치·경제 체제 변화: 도이 머이 정책과 공산당 역할을 중심으로," 국민대학교 정치
    외교학과 박사학위 논문, 2002: 윌리엄 듀이커(William J. Duiker) 저, 정영목 역, 『호치민 평전』(파
    주: 푸른숲, 2003): 최병욱, 『최병욱 교수와 함께 읽는 베트남 근현대사』(파주: 창비, 2008): 이수훈,
    "베트남 발전노선에 관한 연구: 통합에서 편입으로," 『한국과 국제정치』(1994년 12월호).

16 손선홍, 『분단과 통일의 독일 현대사』(서울: 소나무, 2005): 양창석, 『브란덴부르크 비망록: 독일통일
    주역들의 증언』(서울: 늘품플러스, 2011).

17 1979년 서유럽을 겨냥한 소련의 SS-20 미사일 배치에 대응해 미국이 퍼싱-II 미사일을 배치하기로
    하면서 유럽의 평화운동가들이 시위를 벌였고 동독도 마찬가지였다. 동독 정부로서도 퍼싱-II 미사일
    의 서독 배치에 반대하는 시위를 막을 이유가 없었고, 퍼싱-II 미사일이 배치된 1983년말부터 니콜라
    이 교회에서는 월요 예배 뒤 1시간 정도의 무언의 평화 시위가 계속됐다. 양창석, 『브란덴부르크 비망
    록: 독일통일 주역들의 증언』(서울: 늘품플러스, 2011), pp. 31-32.

18 동구 사회주의 체제전환의 유형별 차이에 대해서는 다음의 자료들을 참조. Juan J. Linz and Alfred
    Stepan, *Problems of Democratic Transition and Consolidation* (Baltimore: The Johns Hopkins
    University Press, 1996): 최완규·최봉대, "사회주의 체제전환 방식의 비교연구," 윤대규 편, 『사회주
    의 체제전환에 대한 비교연구』(서울: 한울, 2008): 박형중, 『북한의 개혁·개방과 체제변화』(서울: 해
    남, 2004): 김갑식, "사회주의 체제전환국의 정치체제 변화," 윤대규 편, 『사회주의 체제전환에 대한 비
    교연구』(서울: 한울, 2008).

19 북한 체제가 무너지지 않는 이유에 대해서는 최완규, "북한 체제의 지탱요인 분석: 쿠바 사례와의 비교
    론적 접근," 『현대북한연구』, 제9권 제2호 (2006).

20 루마니아 사례에 대해서는 박형중, 『북한의 개혁·개방과 체제변화』(서울: 해남, 2004): 에드워드 베르
    (Edward Behr) 저, 유경찬 역, 『차우셰스쿠: 악마의 손에 키스를』(고양: 연암서가, 2010).

21 예멘 통일과 관련해서는 다음을 참조했다. 이성, "남북 예멘 통일사례 연구 – 성급한 통일합의의 위험
    성을 중심으로," 국민대학교 정치대학원 안보전략전공 석사학위 논문, 2019: 최장옥, "최근 통일사례
    가 한반도 통일방안에 주는 함의 – 독일, 베트남, 예멘 통일사례를 중심으로," 『한국군사학논총』, 제7
    집 제1권 (2018년 6월).

22 한병진·최완규, "김정은 정권의 체제내구력 평가와 한국의 대북정책 모색," 『국회입법조사처 정책연구
    용역보고서』, 2012. 9. 13: 박영민, "북한의 체제 유지 메커니즘에 관한 연구 – 체제 내구력 요인 및 평
    가를 중심으로," 한국외국어대학교 정치외교학과 박사학위 논문, 2012.

23 오경섭 편, "권위주의 지배의 정치 – The Politics of Authoritarian Rule, Milan W. Svolik," 『KINU
    통일』, v. 2 n. 1 (2016년 봄).

24 한병진·최완규, "김정은 정권의 체제내구력 평가와 한국의 대북정책 모색," 『국회입법조사처 정책연구
    용역보고서』, 2012. 9. 13.

25 박형중, 『북한의 개혁·개방과 체제변화』(서울: 해남, 2004): 에드워드 베르(Edward Behr) 저, 유경찬
    역, 『차우셰스쿠: 악마의 손에 키스를』(고양: 연암서가, 2010).

26 통일부, 『통일백서 1990』(서울: 통일원, 1990): 통일부, 『통일백서 1995』(서울: 통일원, 1995).

27 신정현·김영윤·김현·정성장, 『국가연합 사례와 남북한 통일과정: 남북연합 형성에 관한 새로운 모색』
    (서울: 한울, 2004).

28 김인춘, "스웨덴 식민수의와 스웨덴-노르웨이 연합(1814~1905): 연합 해체 후 탈민족주의의 노르딕
    공동체와 평화," 『서양사 연구』, 제54집 (2016년 5월).

29 장명봉, "국가연합의 한 사례 고찰 – 「아랍공화국연합」의 경우," 『통일논총』, 제6권 제2호 (1986년 12 월).

30 김학준, "민족공동체와 남북한 체제연합 연구: 제6공화정 「한민족공동체통일방안」의 배경," 『통일문제 연구』, 3 (1989년 9월): 김학준, "민족통일에의 새로운 비전," 『민족지성』, 45 (1989년 11월).

31 통일부·통일연구원, 『한민족공동체통일방안: 30주년 의의와 과제』, 자료집, 2019.9.9.

32 정창화, "유럽연합(EU)의 정책결정시스템에 관한 연구," 『한독사회과학논총』, 제21권 제1호 (2011 년 3월): 박경석, "확대된 유럽연합의 정치적 지배구조: 효율적 의사결정의 관점," 『EU학 연구』, 제11 권 제2호 (2006년 12월): 박노호, "EU 회원국 간 경제적 이해관계 상충의 원인 및 사례 분석," 『유럽 연구』, 제28권 제2호 (2010년 여름): 장경원, "EU의 동유럽 확대와 공법적 과제: 조직법상의 적응문제 및 의사결정절차를 중심으로," 『행정법 연구』, 통권 18호 (2007년 하반기).

33 가중다수결이란 일반적으로 다수결은 다수결인데 좀 더 가중치를 둔 다수결, 즉 가결에 필요한 정족수 를 과반보다 더 높인 형태를 말한다. 대통령 탄핵과 헌법 개정 시 국회 재적의원 3분의 2 이상의 찬성을 얻도록 하는 것이 가중다수결의 한 형태이다. 가중다수결로 안건이 통과되기 위해서는 절반보다 더 높 은 찬성이 있어야 하므로 소수의견을 가진 사람들의 찬성까지 최대한 얻어내야 한다. 이런 의미에서 가 중다수결은 소수의 의견까지 포괄하는, 단순 다수의 힘이 아니라 구성원들의 합의를 강화하는 규정으 로 이해된다. 유럽의 가중다수결도 구성국들 간 합의를 강화하는 장치로서의 의미도 가지고 있다고 볼 수 있다. 김선화, "대의 민주주의와 다수결 원리: 가중다수결을 중심으로," 『법과 사회』, 제52호 (2016 년 8월).

34 김봉주, "미국 연방제 vs 우리나라 지방자치제," 『한국의회법학회지』, 제6호 (2009년 6월).

35 성숙희, 『북한이탈주민의 남한방송 수용』 (서울: 한국방송영상산업진흥원, 2005), pp. 42–46.

36 손선홍, 『분단과 통일의 독일 현대사』 (서울: 소나무, 2005).

37 해방 뒤 우리 헌법 제정과 정부 출범 과정을 살펴보면 다음과 같다. 1948년 5월 10일 남한 지역 총선 거에 의해 구성된 제헌국회가 5월 31일 개원해 헌법 제정에 착수한 뒤 7월 12일 헌법 초안이 국회 본 회의를 통과했으며 7월 17일 국회의장이 헌법을 공포하면서 헌법이 시행됐다. 그리고 이러한 헌법을 바탕으로 8월 15일 정부가 수립됐다. 제헌국회는 헌법을 만들기 위해 소집된 기관으로 헌법을 제정함 으로써 소임을 다했지만, 헌법 부칙에 따라 헌법 제정 이후에도 일반 입법기관으로서 계속 존속하게 됐 다. 헌법 부칙 102조에 "이 헌법을 제정한 국회는 이 헌법에 의한 국회로서의 권한을 행하며, 그 의원의 임기는 국회 개회일로부터 2년으로 한다"라고 명시했기 때문이다. 결국, 1948년 국회는 7월 17일까 지는 헌법제정기관으로서 제헌국회의 성격을 가지며, 그 이후에는 일반 입법기관으로서의 성격을 가진 다. 또, 헌법을 먼저 제정하고 그 헌법에 따라 정부가 수립됨으로써 처음부터 정치권력이 헌법에 기초 해야 한다는 법치주의가 적용됐다고 볼 수 있다.

38 통일조약(통일합의서)의 내용과 관련해서는 이효원, 『통일헌법의 이해』 (서울: 박영사, 2016)를 주로 참고했다.

39 한국의회발전연구회, 『양원제 국가에 있어서 상원의 역할에 관한 연구–한국 국회의 상원 도입에 대한 함의를 중심으로』 (서울: 국회사무처, 2013).

40 미국 의회에서 양원제가 채택된 계기는 1787년 필라델피아 제헌의회에서 작은 주와 큰 주들이 대타협 한 결과였다. 당시 큰 주들은 인구수에 비례한 의원 선출을 주장해 의회 내에서 작은 주들의 영향력을 약화시키려고 했고, 작은 주들은 의회 내에서 목소리를 낼 수 없을 것을 우려해 모든 주가 인구에 상관 없이 입법부에서 동등하게 한 표를 행사하는 방안을 선호했다. 결국 양측은 상원의 경우 인구수에 관계 없이 모든 주에 동등한 대표권을 인정하고, 하원의 경우 인구 비례에 따라 의원 수를 정하는 타협안에

합의했다. 이러한 합의에 따라, 미국 하원은 주별 인구 비례에 따라 선출되지만, 상원은 모든 주에서 2명씩 선출되고 있다. 상원은 50개 주에서 2명씩 100명으로 구성되며 임기는 6년인데 2년마다 전체 의석의 1/3씩을 선출한다. 미국은 상원의 권한이 하원과 동등한 '강한 양원제' 국가로 상하 양원 간 의견이 일치하지 않는 경우 양원 협의를 통해 합의안을 도출하도록 하고 있다. 미국 상원의 이러한 강력한 권한 때문에 입법절차에 시간이 많이 걸리고 의회의 비효율성이 지적되기도 한다. 또 미국 상원은 조약 체결에 대한 비준권과 고위공무원에 대한 인준권, 탄핵심판권을 독점적으로 가지고 행정부를 견제하고 있다.

41 통일부, 『독일통일 총서 6: 정당 분야 관련 정책문서』 (서울: 통일부, 2014).

42 사회주의통일당의 후신정당으로 창립된 민사당은 창립 초기 저조한 지지율로 당의 존립 자체가 불투명할 정도의 위기를 겪었으나, 점차 지지율을 높여가며 구동독 지역을 중심으로 자리를 잡았다. 이는 구서독 주도로 진행되는 통일독일의 현실과 동서독 지역의 격차에 실망하고 있던 구동독 주민들이 구동독 지역을 대변할 것임을 공식화한 민사당을 지지한 결과로 분석된다. 여기에 민사당은 신자유주의 정책에 반대하고 시장개방과 규제완화보다는 사회안전망의 복구와 적극적인 국가의 역할을 강조하는 등 사회주의적 가치를 표방하면서, 구동독 지역뿐 아니라 구서독 지역에서도 젊고 교육수준이 높은 화이트칼라 계층으로 지지세를 확산시키면서 명실상부한 중요 정치세력으로 자리를 잡게 되었다.

43 손선홍, 『분단과 통일의 독일 현대사』 (서울: 소나무, 2005); 통일부, 『독일통일 총서 15: 화폐통합 분야 관련 정책문서』 (서울: 통일부, 2016); 양창석, 『브란덴부르크 비망록: 독일통일 주역들의 증언』 (서울: 늘품플러스, 2011).

44 헬무트 콜(Helmut Kohl) 저, 김주일 역, 『나는 조국의 통일을 원했다 – 헬무트 콜 총리 회고록』 (서울: 해냄, 1998), p. 201.

45 동서독 통계는 국가정보원, 『통계로 보는 독일통일』 (서울: 국가정보원, 2017), 남북한 통계는 한국은행 자료.

46 재산의 소득환산액은 다음과 같이 계산된다.

재산의 소득환산액 = [{(일반재산−기본재산액) + (금융재산−2,000만 원) − 부채} × 재산의 소득환산율(연 4%) ÷ 12월] + P

기본재산액은 대도시 1억 3,500만 원, 중소도시 8,500만 원, 농어촌 7,250만 원

P는 고급자동차(3,000cc 이상 또는 4,000만 원 이상) 및 회원권의 재산가액

기초연금은 소득인정액이 선정기준액 이하일 때 지급대상이 된다. 2018년 기준 기초연금을 받을 수 있는 노인 단독가구 선정기준액 131만 원을 식에 넣어 계산해 보자.

기초연금 지급기준인 131만 원의 소득인정액은 소득평가액과 재산의 소득환산액의 합계이다. 여기서 다른 소득 없이 주택만 보유한 것으로 가정했으므로 소득평가액은 0이 된다. 즉, 재산의 소득환산액이 곧 소득인정액이 되는 것이다.

재산의 소득환산액을 131만 원으로 놓고 식을 구성해 보자. 금융재산과 부채, P(고급자동차나 회원권)가 모두 없다고 보고, 기본재산액은 대도시 기준 1억 3,500만 원을 적용하기로 한다.

1,310,000 = (일반재산−135,000,000) × 0.04 ÷ 12

이 식을 계산하면 일반재산은 5억 2,800만 원이 나온다. 즉, 대도시 노인 단독가구의 경우 다른 소득 없이 주택만 가지고 있다고 할 때, 주택가격이 5억 2,800만 원 이하일 경우 기초연금 지급대상이 된다. 다만, 5억 안팎의 집을 가시고 있는 노인의 경우 현실적으로 이자소득 같은 다른 소득이나 재산이 조금이라도 있을 가능성이 높으므로, 실제 기초연금 지급 주택가격 상한선은 이보다 낮을 가능성이 높다.

47 북한의 교육제도와 남북한 교육통합 문제에 대해서는 다음의 글들을 참조했다. 김정원·김지수·양희
준·강구섭·나귀수·신동훈·김선·박수현, 『남북한 학제 비교 및 통합방안 연구』(서울: 한국교육개발원,
2015): 조정아·이교덕·강호제·정채관, 『김정은 시대 북한의 교육정책, 교육과정, 교과서』(서울: 통일연
구원, 2015). 김진숙, "통일 대비 남북한 통합 교육과정 연구," 『교육광장』, 통권 59호 (2016년 봄): 조
원홍, "통일 전후 동서독 교육통합과정 연구," 『육군3사관학교 논문집』, 제63집 제1권 (2006년 10월):
양창영 국회의원·한반도선진화재단, 『통일 후 북한교육 어떻게 할 것인가?』, 남북한 교육통합 세미나
자료집, 2015.8.5: 김정원·강구섭·김현철·조정아·안승대·이호경, 『남북한 교육통합을 위한 남북한 교
사 재교육 방안』(서울: 한국교육개발원, 2016): 강구섭, "독일통일 후 동독출신 교사 처리 사례 고찰:
남북한 교육통합에 주는 시사점," 『비교교육연구』, 제25권 제3호 (2015년 6월): 김신희, "통일 후 북한
교원 통합을 통한 남북한 마음통합: 북한 교원 재임용을 중심으로," 『윤리연구』, 제105호 (2015년 12
월): 통일부 통일교육원, 『2017 북한 이해』(서울: 통일교육원, 2016).

48 독일의 경우 동독 교사들의 재교육은 동독의 각 주와 자매결연을 맺은 서독 주의 지원하에 이루어졌다.
재교육은 구동독 각 주의 교육부나 관련기관, 지역교육청, 서독 자매주의 연수기관, 학교 등에서 실시
됐고 1일 교육, 2~3일 교육, 1주일 교육 등 다양한 방식으로 실시됐다. 재교육 참여는 기본적으로 동독
교사의 자율적 판단에 맡겨졌지만, 일부 주의 경우 재교육과 계속근무 조건을 연계한 경우도 있었다.
동독 교사 재교육에 대해서는 양적으로 부족했다는 평가가 많다. 특히 재교육이 거주지나 근무지 부근
에서 실시돼 교육에 쉽게 참가할 수 있어야 하는데, 재교육이 주요도시에서 주로 실시되면서 거리가 먼
지역에서는 재교육 참가가 여의치 않은 경우도 다수 발생했다.

49 북한의 의료시스템과 남북한 의료통합의 문제는 다음의 글들을 참조했다. 민하주·정형선·김선미, "북
한의 보건의료시스템과 그 이용실태에 대한 질적 연구: 2010년대 북한이탈주민의 경험을 중심으로,"
『사회보장연구』, 제31권 제4호 (2015년 11월): 이미진·김한나·조단비·김소윤, "북한의 보건의료시스
템," 『대한의사협회지』, 제56권 제5호 (2013년 5월): 박상민·이혜원, "북한의 보건의료 현황과 효율
적 지원방안," 『대한의사협회지』, 제56권 제5호 (2013년 5월): 김진숙, "북한 '약학부문사업'과 보건의
료 연구," 북한대학원대학교 사회문화언론전공 박사학위 논문, 2012: 최기춘, "북한의 보건의료 현황
과 의료보장제도," 『건강보험포럼』, 제7권 제1호 (2008년 봄): 김경윤, "북한의 의료 인력 양성과 시스
템," 『보건세계』, 통권 659호 (2015년 겨울): 김주경·이승현, "북한의 보건의료 현황과 남북한 보건의
료 협력 방안," 『지표로 보는 이슈』, 제34호 (2015년 10월): 신희영, 『보건의료 R&D 남북공동 연구 창
조경제 한 축 기대: 북한 의료 붕괴 상황 수준…외부 지원 절실』(청주: 한국보건산업진흥원, 2015): 이
일학, "북한 의료현황과 지원방향," 『KPI 리포트』, 제4호, 2010.1.7: 이윤성, "북한 의사 양성 교육과
자격," 『의학교육논단』, 제18권 제1호 (2016년 2월): 최재필, "북한이탈의료인의 남한 적응," 『대한의
사협회지』, 제56권 제5호 (2013년 5월): 최재필, "북한이탈의사 교육: 서울의료원에서의 경험을 중심
으로," 『의학교육논단』, 제14권 제2호 (2012년 10월): 이혜경, "남북한 보건의료 인력의 통합방안 연
구," 『의학교육논단』, 제18권 제1호 (2016년 2월): 신영전, "통일 후 북한 의료안전망 구축방안," 『대
한의사협회지』, 제56권 제5호 (2013년 5월): 윤석준, "체제통합국 사례에 비추어 본 한반도 통일 후
보건의료체계 구축의 시사점," 『대한의사협회지』, 제56권 제5호 (2013년 5월): 경쾌수, "북한 보건의
료 인력개발을 위한 제언," 『의학교육논단』, 제18권 제1호 (2016년 2월): 김연정·이철수·이일학, "비
정부기구를 통한 남북한 보건의료인 교류의 현황과 전망," 『대한의사협회지』, 제56권 제5호 (2013년
5월): 윤석준, "통일후 보건의료체계 구축 방안," 『북한』, 통권 503호 (2013년 11월).

50 북한의 법조 시스템과 남북한 사법통합에 대해서는 다음의 글들을 참조했다. 류전철·김성룡, 『독일 통
일 사례에 비추어 본 통일 대비 검찰의 과제 및 대응전략』(서울: 대검찰청, 2015): 법원행정처, 『독일
통일과 사법통합』(서울: 법원행정처, 1995): 이백규, "북한의 사법제도와 형사법 개관," 『통일과 법
률』, 통권 제23호 (2015년 8월): 이효원, "남북통일 이후 사법조직의 통합방안," 『서울대학교 법학』,

제51권 제1호 (2010년 3월): 정선주, "남북한 통일과 북한법조인의 지위," 『민사소송』, 1998.1.20.

51 대부분 민형사 사건의 1심은 시·군·구역 인민재판소에서 이뤄지며, 1심 판결에 대한 상소나 항의(검사 가 상소하는 경우 항의라고 한다)가 이뤄질 경우 도·직할시 재판소가 2심을 담당하며 이것이 최종심이 다. 도·직할시 재판소는 중요한 민형사 사건의 1심을 담당하기도 하는데 이런 사건의 상소나 항의가 이 뤄질 경우 2심을 중앙재판소가 담당한다. 중앙재판소는 직접 1심 재판을 담당하는 경우도 있으며, 확 정된 판결·판정이 법의 요구에 어긋나 이를 바로잡는 비상상소 사건이나 새로운 사실이 나타나 확정된 판결·판정을 바로잡아야 하는 재심 사건의 심리를 담당한다고 한다. 중앙재판소는 평양에, 도·직할시 재판소는 평양과 각 도청 소재지에, 시·군·구역 인민재판소는 각 시 또는 1~4개 군, 구역마다 설치돼 있 다.

52 유영태, "공화국 형사재판에서 노는 변호인활동의 본질," 『정치법률연구』, 제1호 (2006년), 이백규, "북한의 사법제도와 형사법 개관," 『통일과 법률』, 통권 제23호 (2015년 8월), p. 45에서 재인용.

53 북한은 변호사 자격을 제한하고 있는데 공민으로서 법률전문가의 자격을 가진 자, 법 부문에서 5년 이 상 일한 자, 해당 분야의 전문가 자격을 가진 자로 단기 법률교육을 받고 변호사 시험에 합격한 자만 변 호사가 될 수 있다. 변호사 자격심사는 조선변호사회 중앙위원회에서 정한 절차에 따라 이뤄지며 조선 변호사회 중앙위원회가 심사를 통해 변호사 자격을 박탈할 수도 있다. 변호사 개인이 사건을 수임하는 우리와 달리 북한은 변호사회가 일괄적으로 사건을 수임해 처리하고 소속 변호사에게 보수를 지급한 다. 변호사의 개인적 활동이란 있을 수 없고 변호사는 조선변호사회와 노동당에 의해 통제된다.

54 독일의 경우 구서독 지역에서 구동독 지역으로 파견되거나 전보된 법조 인력 수는 1992년 말 기준으로 1,500여 명에 달했다. 판·검사와 기타 고위직공무원이 786명, 사법보좌관 등 상급공무원이 503명, 서 기관 등 중하급공무원이 207명이었는데, 하위직공무원보다는 상위직공무원이 더 많이 동독 지역으로 파견되거나 전보됐다. 독일 정부는 서독지역 판사들의 동독지역 파견, 전보를 촉진하기 위해 면세혜택 을 주고 상여금과 별거수당을 지급하기도 하는 등 여러 유인책을 썼지만 서독지역 법조인들이 파견을 지원하지 않아 사법통합에 많은 어려움을 겪었다.

55 판사는 법관선출위원회(4명의 판사 또는 검사, 1명의 연방의회 의원, 5명의 주의회 또는 지방의회 의 원으로 구성)의 심사를 거쳐 재임용 여부가 결정됐다. 재임용 심사를 통과한 판사는 수습판사로 임명해 일정 기간 동안 재교육을 받고 3~5년간 근무한 이후 다시 심사과정 거쳐 종신판사로 임명될 수 있었다. 검사의 경우도 검사선임위원회를 구성해 재임용 여부를 심사했다. 재임용된 검사는 3~5년간 수습기간 을 거쳐 정식검사로 임용됐고, 정식검사로 임용되기 전에는 단독으로 수사권이나 기소권, 항소권을 행 사할 수 없도록 했다.

56 통일부, 『독일통일 총서 5: 경찰 분야 관련 정책문서』 (서울: 통일부, 2014), pp. 59~61.

57 강효백, "홍콩특별행정구의 제도적 특성에 관한 연구 – 홍콩기본법을 중심으로," 『국제법무연구』, 제 12권 제1호 (2008년 2월): 김동하, "홍콩의 센트럴 점령 시위를 통해서 본 일국양제 고찰," 『한중사 회과학연구』, 제13권 제4호 (2015년 10월): 노영돈·최영춘, "홍콩기본법에 관한 연구 – 홍콩기본법 상 고도자치권을 중심으로," 『법학논총』, 제31집 제4호 (2014년 12월): 이종화, "중국의 대일통(大一統)과 일국양제(一國兩制) 홍콩 그리고 제국성에 관한 시론적 연구," 『국제·지역연구』, 제26권 제1호 (2017년 봄).

58 별도의 회계단위 도입과 관련된 논의는 주로 다음의 자료를 참고했다. 강문성·김형주·박순찬·이만종·이 영훈·이종화·이홍식·편주현, 『점진적 통일과정에서의 동북아 경제협력과 남북한 경제통합 방안』 (세종: 대외경제정책연구원, 2015).

59 한국수출입은행 북한·동북아연구센터 편, 『북한의 금융』 (서울: 오름, 2016): 한국수출입은행, 『북한의 금융: 실태와 과제』, 한국수출입은행 창립 40주년 기념 세미나 자료집, 2016.6.28.

60 한국보건사회연구원, 『통일한국의 사회보장체계 구축을 위한 기초연구(III)』 (세종: 한국보건사회연구원, 2015): 강기운, "통일 한국의 사회보장정책에 관한 연구 – 사회보장제도 통합방안을 중심으로," 서울시립대학교 행정학과 석사학위 논문, 2001: 노용환, "통일한국의 사회복지정책 기본추진방향," 『보건복지포럼』, 제17호 (1998년 2월): 한반도선진화재단·한국보건사회연구원, 『'통일복지' 무엇을 어떻게 할 것인가? – 통일한국 사회복지 정책방향: 쟁점과 과제』, 2015.2.12.

61 이 부분에 대한 논의는 전홍택 편, 『남북한 경제통합 연구: 북한경제의 한시적 분리 운영방안 – KDI 연구보고서 2012-10』 (서울: 한국개발연구원, 2012)에서 도움을 받았다.

62 이해정, "북한 지역의 토지·주택·기업 사유화에 관한 연구," 이화여대 북한학과 박사학위 논문, 2015: 통일부, 『독일통일 총서 11: 신탁관리청 분야 관련 정책문서』 (서울: 통일부, 2015): 송인호, "통일 후 북한 국유재산 사유화 방안에 대한 법적 고찰," 『인권과 정의』, 통권 제433호 (2013년 5월): 배성열, "통일 독일의 토지·주택 사유화 전략 분석," 『캠코 리뷰: 금융과 국가자산』, 제8호(2015년 12월).

63 "통일은 국토의 효율적 이용에 적합한 방향으로 추진되어야 하고, 토지에 관한 법적 관계를 불안하게 하여서는 안된다"는 정도의 규정을 포함시키는 것이 바람직하다는 견해도 있다. 김승대, "헌법개정과 남북한 통일," 『공법연구』, 제39집 제2호 (2010년 12월), p. 151.

64 통일부, 『독일통일 총서 10: 통일비용 분야 관련 정책문서』 (서울: 통일부, 2015).

65 통일 후에도 경쟁력이 있는 북한 산업은 어떤 것들일까? 여기에 대한 힌트는 과거의 남북경협에서 얻을 수 있다. 남북이 현격한 경제력 격차가 있음에도 불구하고 우리가 교역을 통해 북한으로부터 물건을 반입했다는 것은 북한 제품의 경쟁력이 있었기 때문인 것으로 볼 수 있기 때문이다.

남북교역이 비교적 잘 됐던 노무현 정부 시기인 2006년 6월 자료를 대표적으로 살펴보자. 2006년 6월 자료를 살펴보는 것은 이 때가 2006년 10월 북한의 1차 핵실험이 이뤄지기 전으로 남북 교역이 정치적 사건에 관계없이 비교적 잘 되고 있었던 시기로 보이기 때문이다.

통일부 자료를 보면 이 시기 남북 간 일반교역액 27,875,000달러(북한으로부터의 반입액이 93.8% 차지) 가운데 농림수산물과 철강금속제품, 광산물의 비중이 94.4%로 대다수를 차지하고 있다. 구체적으로 살펴보면 농림수산물이 48%, 철강금속제품이 33.7%, 광산물이 12.7%이다. 농림수산물과 광산물이 1차 생산물이라는 것은 명확하고, 철강금속제품이 어떤 품목인지 궁금할 수 있는데 철강금속제품 중에는 고철과 아연괴, 기타철구조물이 상당 부분을 차지하는 것으로 나타난다. 철강금속제품도 고부가가치의 상품이라기보다는 생산원료로 쓰일 수 있는 1차 생산물의 개념인 셈이다. 결국 북한 생산물 중에 경쟁력이 있는 제품은 농수축산물과 광물 등의 1차 생산물이 대다수다.

남북은 일반교역 외에도 원자재를 북한에 보내 임가공을 시키는 위탁가공 형태의 교역도 진행했다. 통일부 자료를 보면 2006년 6월 14,176,000달러의 위탁교역액 가운데 섬유류의 비중이 75.5%, 전기전자제품 비중이 18.8%로 대다수를 차지한다. 북한 지역의 저임금을 활용해 의류 등의 임가공을 주로 했다는 얘기다. 전기전자제품 항목을 보면 TV나 냉장고 부품, 라디오카세트, 통신용 전선 등이 상당한 비중을 차지하는 것으로 나타나는데, 이는 높지 않은 기술수준이 필요한 가전제품류 조립에 북한 저임 노동력을 활용했다는 의미로 해석할 수 있다.

이상의 일반교역과 위탁가공 교역 이외에 남북 간 교역의 중요 비중을 차지한 형태는 개성공단이다. 개성공단은 알다시피 우리 기업이 북한의 저임 노동력에 기반해 사업을 진행한 형태이다.

이상의 남북 간 교역 형태를 종합해보면, 통일 이후에도 북한이 경쟁력을 가질 수 있는 부문은 크게 두 가지이다. 1차 생산물을 판매하든지 저임의 노동력을 활용하는 것이다. 다른 형태의 기업은 남한 기업이 매입해 완전히 재편하지 않는 한, 북한 기업이 아무리 싼 제품을 생산한다 해도 품질이 뒤떨어지기 때문에 남한 제품과의 경쟁에서 경쟁력을 확보하기 힘들 것이다. 결국 경쟁력이 없는 북한 기업 상당수는 구조조정을 거쳐 남한 기업에게 매각하는 방안을 고려해야 할 것이다.

한시적 분리기간 동안 1차 생산물을 생산하는 곳은 자본주의적 사유화 과정을 거쳐 기업으로 성장시킬 수 있을 것이다. 물론 경영 노하우 등은 남쪽의 지원이 있어야 할 것이다. 저임 노동력을 활용하는 부분은 한시적 분리기간이 종료되면 기본적으로는 활용하기 힘든 부분이다. 완전 통합 이후에도 북한 지역의 임금 수준이 남한 지역보다 약간 낮을 수는 있지만, 노동력의 자유이동이 보장되는 상황에서 임금격차가 크게 유지되기는 힘들다. 다만, 저임 노동력은 한시적 분리기간 동안 북한 경제를 활성화시키는 방안으로써는 의미가 있을 것이다. 한시적 분리기간 동안 저임 노동력을 활용한 북한 경제 활성화를 추진하되, 완전통합 시기가 가까워짐에 따라 남북한 간 임금격차를 줄여나가야 한다.

66 김유찬·유도원,『통일비용 및 재원조달 방안에 관한 연구』(서울: 국회예산정책처, 2010): 최준욱,『통일재원 조달 방식에 대한 연구』(서울: 한국조세연구원, 2011): 김재영, "통일비용의 재원과 조달방법,"『통일법연구』, 제1권 (2015년 10월): 이성우·조재현, "통일비용 조달을 위한 입법 연구,"『통일과 법률』, 통권 제14호 (2013년 5월): 장형수, "통일과 재원조달 논의에 대한 새로운 고찰,"『정책연구』, 통권 171호 (2011년 겨울).

67 손기웅,『독일통일 쟁점과 과제 1』(서울: 늘품플러스, 2009): 통일부,『독일통일 총서 1: 군사 분야 관련 정책문서』(서울: 통일부, 2013).

68 동독의 직업군인, 장기복무군인의 복무관계는 기본적으로 통일과 동시에 소멸하는 것으로 규정됐는데 구체적으로는 ▲동독군의 직업군인 및 장기복무자가 전역을 신청하면 받아들이고 ▲장기복무자의 복무기간이 끝나면 전역시키며 ▲직업군인이 의무복무기간이 끝났거나 이미 지난 경우 전역시킬 수 있고 ▲직업군인, 장기복무자가 요구되는 인성이나 전문적 자질에 적합하지 않은 경우, 현재까지의 복무직위가 전부 혹은 부분적으로 해체되는 등의 이유로 더 이상 필요하지 않은 경우 전역시킬 수 있는 것으로 규정했다. 또, 인간의 존엄성과 법치국가의 기본원리에 배치되는 자, 동독의 국가안전부(슈타지, 동독의 비밀 정보기관)에서 근무했기 때문에 복무연장이 부적절한 것으로 판단되는 자는 즉각 전역시키며 서독으로 탈출하려는 사람들을 사살한 국경수비대원도 편입에서 제외시켰다.

69 통일부,『독일통일 총서 5: 경찰 분야 관련 정책문서』(서울: 통일부, 2014).

70 동독 경찰 재임용을 위해 인사위원회가 설치됐다. 동독 시절 인권이나 법치국가의 원칙에 반하는 행동을 한 사람들을 통합 과정에서 배제하기 위해서였다. 인사위원회는 내무부 고위관리, 고위경찰관, 경찰 노조 대표, 내무부 인사위원, 외부 법률가와 교회 같은 민간기관 대표 등으로 구성되었다. 인사위원회는 국가안전부(슈타지, 동독의 비밀 정보기관) 연루 여부와 적성, 능력, 전문성, 연령, 계급 등을 고려해 재임용 여부를 결정했다. 재임용 불가로 분류된 사람들은 슈타지 경력자, 고문행위자, 수용소 운영 관련 책임자, 정치사상범 대상 증거조작이나 보고서 조작에 관여한 자, 직무 수행능력이 없는 자, 건강이 부적합한 자, 민주경찰 직무를 수행하기에 부적합한 자, 직무상 부정적 평가를 받은 자, 업무 공백기간이 상당한 자, 중독 증상이 있는 자 이다. 또, 동독 지역에서 자행된 불법행위에 대한 청산을 위해 통일범죄중앙수사부라는 조직이 설치됐다. 통일범죄중앙수사부는 검사 80명, 수사경찰 340명 정도로 구성됐다.

71 양현모,『독일통일의 경험이 남북한 체제통합에 주는 교훈: 행정통합을 중심으로』(서울: 한국행정연구원, 1998): 통일부,『독일통일 총서 2: 행정 분야 관련 정책문서』(서울: 통일부, 2013).

72 동독 공무원들에 대한 재임용 방침은 대체로 다음과 같이 정해졌다. ▲통합 행정기관으로 이관된 동독 기관에 근무했던 사람의 경우 고용이 유지된다. 다른 사람들의 고용관계는 통일되는 날부터 일단 정지된나. ▲고용관계가 정지돼 있는 동안에는 노동자 평균 월급의 70%가 대기수당으로 6개월 동안 지급된다. ▲고용주는 노동청과의 협조하에 대기상태에 있는 노동자가 새로운 일자리를 찾기 위해 필요한 연수 또는 재교육을 받을 수 있도록 돕는다. ▲6개월 내에 행정기관 내에서 적합한 일자리를 찾을 수

없을 경우 해당 노동자의 고용계약은 해지된다. ▲대기기간 동안 다른 노동활동을 통해 수입을 얻을 경우 그만큼 대기수당에서 제하도록 한다. ▲다음과 같은 경우에는 합법적으로 해고할 수 있다. 공공기관 종사자가 전문자격을 소지하지 않거나 업무에서 필요로 하는 능력이 없는 경우, 또 근무하던 기관이 해체되거나 다른 기관으로 합병돼 담당해왔던 업무가 사라졌을 경우, 기타 해당 업무에 대해 더 이상 수요가 없을 경우 ▲예외적으로 다음과 같은 경우는 즉각적인 해고가 가능하다. 법치국가의 원칙을 어겼거나 인권을 탄압한 경우, 동독의 비밀경찰을 위해 일한 경우.

73 통일부, 『독일통일 총서 7: 과거청산 분야 관련 정책문서』 (서울: 통일부, 2014).

74 윤여상·한명섭·홍덕화·김웅기·서상범·김신규·송인호, 『과거청산과 통합』 (서울: 북한인권정보센터, 2016).

75 윤주환, "북한 상하수도 인프라 재구축: 현황과 전망," 『한국물환경학회지: 수질보전』, 제24권 제6호 (2008년 11월): 명수정, "북한의 환경 현황과 물관리 분야의 협력과제," 『한국수자원학회지: 물과 미래』, 제48권 제7호 (2015년 7월): 박희경·이상은, "북한 수도사업 참여를 위한 제언," 『물산업동향』, 제4호 (2005년 8월): 이상준, "북한지역의 국토개발과 수자원분야의 과제," 『한국수자원학회지: 물과 미래』, 제48권 제7호 (2015년 7월).

76 남북한 사회갈등과 관련한 부분은 다음의 책들을 참조했다. 주승현, 『조난자들 – 남과 북, 어디에도 속하지 못한 이들에 관하여』 (파주: 생각의힘, 2018): 주성하, 『서울과 평양 사이』 (서울: 기파랑, 2017).

77 오호영, "누가, 왜 사교육을 받는가," 『직업과 인력개발』, 제14권 제3호 (2011년 가을): 최항석, "사교육의 문제점 및 경감 대책 분석에 관한 연구," 『미래교육연구』, 제4권 제3호 (2014년 12월): 교육을 바꾸는 새 힘·국회 혁신교육포럼, 『사교육 과열: 원인은 무엇이고 어떤 특단의 대책이 필요한가』, 제5회 대한민국 교육문제 심층진단 및 대안마련을 위한 토론회 자료집, 2015.8.25: 국회의원 안상수, 『사교육비 절감 및 과천의 교육현실에 대한 대책을 위한 대토론회』, 세미나 자료집, 2010.11.9: 김순남, "효율적인 사교육비 경감 방안: 사교육 없는 학교를 통한 사교육비 경감 대책의 해법 탐색," 『교육평론』, 통권 217호 (2010년 12월): 이영대, "사교육 경감 및 공교육 정상화 대책과 과제," 『교육평론』, 통권 266호 (2015년 1월).

78 김복순, "자영업자의 고용구조 변화와 특징," 『노동리뷰』, 통권 제94호 (2013년 1월): 민주연구원·사회경제정책연구회, 『자영업 보호 및 육성 대책: 자영업·소상공인 어떻게 살릴 것인가?』, 2016 사회경제정책포럼 제4회 자영업·소상공인 분야 자료집, 2016.6.22: 민주연구원·사회경제정책연구회, 『중소기업·자영업 위기와 개혁 방안: 2017 대선 핵심 아젠다를 제안한다!』, 2017 사회경제정책포럼 제3회 산업 분야 자료집, 2017.1.17: 오호석, "총체적 난제에 빠진 골목상권, 자영업 위기의 시대, 원인과 대책은?," 『행정포커스』, 통권 제100호 (2012년 11/12월).

79 김주영, 『서민 주거비 부담 완화를 위한 임대주택사업 대안 모색』 (서울: 국회입법조사처, 2013): 국회의원 한명숙, 『청년 주거 문제 해결 방안 모색: 일본 및 국내 사례 분석 중심으로』, 국회 한명숙의원실 정책 자료집, 2014.12.8: 민주정책연구원·사회경제정책연구회, 『주거정책 현황과 주거비 부담 완화 방안: 주거불안 어떻게 해소할 것인가?』, 2016 사회경제정책포럼 제7회 주거 분야 자료집, 2016.7.13: 국회의원 김상희, 이원욱·인구정책과 생활정치를 위한 의원모임, 『혼인·출산 막는 미친 주거비, 저출산·고령화 해결을 위한 주택정책 방향은?』, 토론회 자료집, 2017.5.24: 우미숙, "집이 필요한 사람 모여라: 주거문제를 함께 해결하는 청년주거협동조합 모두들," 『살림이야기』, 통권 36호 (2015년 5월): 청년플랜 2.0, 민달팽이 유니온, 『민달팽이 청년들의 공동체로 살아남기』, 청년 주거문제 해결을 위한 토론회, 2014.12.8: 박상수, 『부동산 보유세의 과세체계 개편에 관한 연구: 주택과 비주거용 건물을 중심으로』 (서울: 한국지방세연구원, 2014): 박준·이태리, "부동산 보유세 변화의 거시경제 파급효과 분석," 『도시행정학보』, 제29집 제4호 (2016년 12월): 최차순, "주택가격과 보유세간의

관계 분석," 『부동산학보』, 제63집 (2015년 12월).

80   강현숙, "저출산·고령화의 원인과 대책," 『시정연찬』, 제25호 (2013년): 기획재정부, 『저출산·고령화
     정책 추진방향』, 업무보고자료, 2016.7.22: 보건복지부, 『초저출산 위기 극복을 위한 향후 대응방향:
     2017년 연두업무보고를 중심으로』, 국회 저출산고령화대책특별위원회 보고자료, 2017.1.18: 행정자
     치부, 『저출산 고령화 대책 추진상황』, 저출산고령화대책특별위원회 업무보고자료, 2016.7.22: 행정
     자치부, 『지자체 저출산 시책 지원방안』, 저출산고령화대책특별위원회 업무보고자료, 2017.1.18.

81   1차 산업혁명: 18세기 영국에서 증기기관 개발과 기계화로 촉발된 변화, 2차 산업혁명: 19세기 전기
     발명으로 촉발돼 대량생산이 본격화된 것, 3차 산업혁명: 20세기 후반 컴퓨터에 의한 정보화 및 자동화
     생산시스템이 불러온 변화, 4차 산업혁명: 인공지능, 로봇, 생명과학 등이 정보통신기술과 융합돼 나타
     나는 혁신적 변화

82   제레미 리프킨(Jeremy Rifkin) 저, 이영호 역, 『노동의 종말』 (서울: 민음사, 2004): 김한준, "4차 산
     업혁명이 직업세계에 미치는 영향 – 4차 산업혁명에 대한 재직자 인식 조사," 『고용이슈』, 제9권 제5
     호 (2016년 9월): 배준희·김기진, "제조·의료·교육…'노동의 종말' 온다," 『매경 이코노미』, 제1850호,
     2016.3.23: 장주희, "노동의 종말은 오는가? – 미래의 직업생활," 『미래정책 Focus』, 제2권 (2014년
     가을호): 정인환 "정인환의 세상보기: 4차 산업혁명과 노동의 종말," 『인재경영』, 통권 144호 (2017
     년 2월): 한국고용정보원, 『직업인 44.7% "4차 산업혁명으로 내 직업 일자리 감소할 것"』, 보도자료,
     2016.10.24: 한국고용정보원, 『AI·로봇–사람, 협업의 시대가 왔다!』, 보도자료, 2016.3.24: Daniel
     Gross, "일본, 산업자동화 국가 맞아?," 『뉴스위크 한국판』, 제19권 제29호, 2009.7.22.

83   어기구·신범철·이덕재, 『일자리 나누기 정책의 현황과 과제』 (서울: 한국노총중앙연구원, 2014): 이승
     협, "고용위기와 일자리 나누기 – 독일 폭스바겐 모델을 중심으로," 『시민사회와 NGO』, 제12권 제1
     호 (2014년 봄/여름): 강만수, "정부, 일자리 만들기가 아니라 일자리 나누기에 집중해야," 『월간조선』,
     통권 431호 (2016년 2월): 김용기, "일자리 나누기와 연대임금: 獨 고생산성, 저실업률 비결," 『신동
     아』, 통권 689호 (2017년 2월): 변양규, "근로시간 단축, 일자리 나누기, 그리고 '불편한 진실'," 『KERI
     Column』, 2012.2. 20: 조성재, "고용창출형·시간단축형 일자리 나누기를 향하여," 『노동법률』, 통권
     228호 (2010년 5월): 조성재, "일자리 나누기 사업 평가와 향후 과제," 『월간 노동리뷰』, 통권 58호
     (2009년 10·11·12월).

84   윤희숙, 『정책의 배신』 (파주: 21세기북스, 2020).

85   이종태, "'파트타임 정규직'이 네덜란드에선 가능해," 『시사IN』, 제384호, 2015.1.24: 홍승아, 『정규
     직 파트타임 근무의 보호와 차별 해소』, 한국여성정책연구원 2010년 정책제안서.

86   기본소득에 대해서는 다음의 자료들을 참고했다. 안효상, "기본소득 아이디어는 어떻게 출현했나," 『복
     지이슈 Today』, 제48호 (2017년 3월): 김용한, "기본소득의 의미와 현실," 『복지이슈 Today』, 제48호
     (2017년 3월): 허선, "기본소득 논쟁의 세 가지 관점," 『복지이슈 Today』, 제48호 (2017년 3월): 김용민,
     "노동의 종말과 '기본소득' 그리고 새로운 대안사회," 『문학과 환경』, 제13권 제2호 (2014년 12월): 송지
     원, "핀란드의 기본소득제도 실험," 『국제노동브리프』, 제15권 제2호 (2017년 2월): 신영규, "핀란드 기본
     소득제도 도입 시도를 둘러 싼 쟁점," 『복지이슈 Today』, 제48호 (2017년 3월): 김보경, "'생계 위한 노동
     이제 그만' 핀란드 기본소득 실험에 세계 주목," 『뉴스저널』, 통권 202호 (2017년 2월): 박영환, "전 세계
     가 주목하는 핀란드 '기본소득' 실험," 『Weekly Newsis』, 제510호, 2017.1.10 – 1.16: 이현숙, "2016
     년 스위스 '보편적 기본소득' 국민투표와 이슈들," 『복지이슈 Today』, 제48호 (2017년 3월): 백승호, "해
     외 기본소득 실험들 비교 평가," 『복지이슈 Today』, 제48호 (2017년 3월): 국회 경제민주화포럼, 『국민이
     선택한 기본소득』, 국회 경제민주화포럼 토론회 자료집, 2017.4.16: 복거일·김우택·이영환·박기성·변양
     규, 『기본소득 논란의 두 얼굴』 (서울: 한국경제신문, 2017): 바른사회시민회의, 『기본소득제 vs 안심소득

제, 복지정책의 새로운 모델을 묻는다」, 정책토론회 자료집, 2017.3.28: 김완, "이재명의 기본소득이 뜨겁다," 『한겨레21』, 제1154호, 2017.3.27: 송채경화, "이번 대선 최대 이슈는 기본소득," 『한겨레 21』, 제1145호, 2017.1.16.

87 안심소득제에 대한 논의는 주로 복거일·김우택·이영환·박기성·변양규, 『기본소득 논란의 두 얼굴』 (서울: 한국경제신문, 2017)에서 참조했다.

88 위의 책, pp. 122-123.

89 여기서 언급하고 있는 '소득'은 '소득인정액'의 개념으로 이해해야 한다. 소득인정액은 '소득평가액'과 '재산의 소득환산액'을 합한 금액으로, 근로소득이 없더라도 고가의 부동산 등을 소유한 재력가들의 재산을 소득으로 변환시킨 개념이다.

90 SBS 미래부, 이창재 편, 『더 좋은 사회 더 나은 미래: 미래한국리포트』 (파주, 한울, 2017).

91 강세구, "운양호사건에 관한 고찰," 『군사』 15 (1987년 12월).

92 전국역사교사모임, 『처음 읽는 중국사』 (서울: 휴머니스트 출판그룹, 2018).

93 신채호 저, 박기봉 역, 『조선상고문화사(외)』 (서울: 비봉출판사, 2007); 신채호 저, 박기봉 역, 『조선상고사』 (서울: 비봉출판사, 2006).

94 김부식 저, 이강래 역, 『삼국사기』 (파주: 한길사, 1998).

95 에릭 존 홉스봄(Eric John Hobsbawm) 저, 강명세 역, 『1780년 이후의 민족과 민족주의』 (서울: 창작과비평사, 1994).

96 즈비그뉴 브레진스키(Zbigniew Brzezinski) 저, 김명섭 역, 『거대한 체스판: 21세기 미국의 세계전략과 유라시아』 (서울: 삼인, 2000).

97 강세구, "운양호사건에 관한 고찰," 『군사』 15 (1987년 12월), pp. 109-110.

98 온라인 공간의 편향성과 관련해서는 다음의 글들을 참조했다. 윤성이, "무엇이 이념 갈등을 증폭시키는가," 『황해문화』, 통권 88호 (2015년 가을); 이상신, "18대 대선과 태도극화: 정치적 소통은 분열을 심화시키는가?," 『한국정당학회보』, 제12권 제1호 (2013년 3월).

99 대통령제·내각제와 관련된 권력구조 개편 논의는 다음의 책을 주로 참조했다. 강원택, 『어떻게 바꿀 것인가: 비정상 정치의 정상화를 위한 첫 질문』 (고양: 이와우, 2016).

100 신채호 저, 박기봉 역, 『조선상고사』 (서울: 비봉출판사, 2006), pp. 44-45.

101 이 단락은 김진석, "왜 중도를 두려워하는가," 『황해문화』, 통권 88호 (2015년 가을)를 참조했다.

102 이동기, "더 나은 통일안은 없었는가?: 1989/90년 헬무트 콜, 국가연합 그리고 독일 통일," 『독일연구』, 제20호 (2010년 12월): 이동기, "1989/90년 독일통일 과정 시 서독 좌파의 비판과 대안들," 『서양사연구』, 제43집 (2010년 11월): 이동기, "국가연합과 평화체제: 분단 독일의 국가연합안 개관," 『시민과세계』, 통권 27호 (2015년 하반기): 이주홍, "독일통일과정과 자기결정권: 헬무트 콜의 이원외교전략을 중심으로," 연세대학교 행정대학원 국제관계·안보전공 석사학위 논문, 2012: 이봉716, "통일의 분수령 다시 보는 콜의 리더십," 『통일한국』, 422호 (2019년 2월): 박상봉, "독일 통일의 주역들(I): 헬무트 콜 - 독일 통일의 선봉장," 『통일경제』, 53 (1999년 5월): 박상봉, "헬무트 콜 치열한 외교전 뚫고 독일 통일을 이루다," 『미래한국』, 551호, 2017.6.28.

103 헬무트 콜(Helmut Kohl) 저, 『나는 조국의 통일을 원했다 - 헬무트 콜 총리 회고록』, pp, 158-171.

104 위의 책. p.267.

105 병자호란과 관련된 내용은 다음의 책을 참조했다. 구범진, 『병자호란, 홍타이지의 전쟁』 (서울: 까치,

2019).

106 이 단락에 대한 논의는 황태연,『투쟁하는 중도 – 극중(極中)의 중도개혁주의, 그 철학과 비전』(서울: 넥센미디어, 2020)을 참고했다.

107 고세훈, "제3의 길은 새로운 대안인가?: 영국 노동당의 권력구조와 정책변화,"『담론 21』, 1호 (1998년 11월): 김구철, "새로운 정치노선의 개막을 알리는 정치지도자, 토니 블레어,"『담론 21』, 3호 (1999년 6월).

108 앤서니 기든스(Anthony Giddens) 저, 한상진·박찬욱 역,『제3의 길』(서울: 생각의 나무, 1998).